Alfons Wilding
Die Welt des MERKUR 3

Alfons Wilding

Die Welt des MERKUR 3

Erlebnisse und Betrachtungen eines Mediziners
während und nach der Stasi-Zeit

Die Deutsche Nationalbibliothek verzeichnet diese Publikation in der Deutschen Nationalbibliografie. Detaillierte bibliografische Daten sind im Internet über http://dnb.nb.de abrufbar.

Autor: Dr. Alfons Wilding
Fotos : Dr. Alfons Wilding
Schriftart: Linotype Palatino
Herstellung: Amazon KDP
ISBN: 9781706524977
2. korrigierte und erweiterte Ausgabe
ISBN: 9781706524977

Den Honig der Weisheit für das Leben in der Welt sammelt man von Dornen, nicht von Blumen.

Dr. jur. Graf A. Wilding
deutscher Stoiker und Autor

Anmerkung zur Dokumentation:
Die Protokolle, Notizen, Abbildungen und Anlagen stammen aus der persönlichen Stasi-Akte, die der Autor als Kopien mit Schwärzungen von dem »Bundesbeauftragten für die Unterlagen des Staatssicherheitsdienstes der ehemaligen Deutschen Demokratischen Republik« erhalten hat (Anschrift: 10106 Berlin, Karl-Liebknecht-Straße 31/33). Mit Brief vom 31.10.2014 wurde Dr. Alfons Wilding die Verwendung der personenbezogenen Unterlagen erlaubt, wenn §§ 3 Abs.3 und 32 Abs.3 des Stasi-Unterlagen-Gesetzes beachtet werden und »überwiegende schutzwürdige Interessen anderer Personen nicht beeinträchtigt werden« (Akten-Zeichen: 063154/92 Z).

Anmerkung zur Abbildung (Titelblatt-Rückseite):
Die Ansicht zeigt einen Zweibett-Verwahrraum der U-Haftanstalt des »Roten Ochsen« aus der Zeit der Inhaftierung um 1975. Der Autor hat das Foto in der Gedenkstätte aufgenommen. Dazu liegt eine Genehmigung des Gedenkstättenleiters Dr. A. Gursky (ROTER OCHSE – Stiftung Gedenkstätten Sachsen-Anhalt, 06108 Halle/Saale, Am Kirchtor 20 b) vor.

Anmerkung zum Titelbild:
Das Aquarell von Armin Schulze (1906–1987) trägt den Titel »Der Urteilsspruch«. Der Maler und Grafiker der Dresdener Schule gehört zu den Künstlern der verschollenen Generation des »Expressiven Realismus«. Seine Positionierung hat keinen Bezug zu den von der DDR geförderten politischen und ideologischen Zielen des »Sozialistischen Realismus«. Sie trägt einen humanistischen und demokratischen Ansatz, der den hohen Anspruch für eine ehrliche Aufarbeitung der deutschen Geschichte einschließt.

Inhalt

Kapitel A

Es ist besser ein Licht zu entzünden,
als auf die Dunkelheit zu schimpfen.
Meister Konfuzius (Kong Qiu)
chinesischer Philosoph

A1 Vorwort

Wir Biologiestudenten und jungen Mitarbeiter trafen uns in kleinerem Kreis öfter in »jemandes Bude«, um freier miteinander reden zu können als in einer Kneipe. Es war das Jahr 1968, der Prager Frühling hatte uns begeistert. Die Partei- und Staatsführung war aufgeschreckt, die Stasi war bemüht, aus dem Uni-Bereich Informationen zu erhalten, und so wurde eine Kommilitonin, von der wir das nie gedacht hätten, zum »Informellen Mitarbeiter« (IM) und hat vier Jahre lang Berichte über uns für die »Vorlaufakte Botanik« abgeliefert. Diese wurde geschlossen, da der Nachweis einer »Oppositionellen Gruppenbildung nicht erbracht werden konnte.« Ich kann nur sagen: »Glück gehabt«. Mit etwas Anpassung konnte man in unserem Bereich in Halle auch ohne SED-Mitgliedschaft eine Anstellung an der Uni bekommen, für eine höhere Laufbahn waren zumindest »gesellschaftliche Aktivitäten« erforderlich. Für eine erfolgreiche wissenschaftliche Arbeit »auf Weltniveau« musste man versuchen, »Reisekader für das Nichtsozialistische Wirtschaftsgebiet« (NSW-Reisekader) zu werden. Grundbedingung war eine stabile Ehe, damit die Rückkehr einigermaßen sicher war. Trotzdem haben einige Kollegen ihre Westreise ohne Rückkehr angetreten, es gab ja dann auch die Familienzusammenführung. Wer sonst die DDR verlassen wollte, der hatte nur die Möglichkeit, den Todesstreifen an der offiziellen Staatsgrenze oder an der Berliner Mauer zu überwinden, mit einem hohen Risiko für Leib und Leben. Dann gab es Bundesbürger, die ihren Landsleuten aus dem Osten als sogenannte Fluchthelfer mit umgebauten Autos, gefälschten Papieren und anderen Tricks zur illegalen Ausreise verhalfen. Es gab keine legale Ausreisemöglichkeit für das Gros der DDR-Bürger! Und als der Staatssicherheitsdienst das mitbekommen hatte, wurde ein Netz von »falschen« Fluchthelfern installiert, die dann die Ausreisewilligen direkt in das Gefängnis brachten. Von besonderer Tragik war es nun, dass es nicht ein DDR-Bürger auf der Flucht nach Westen über den Todesstreifen war, der am 25.11.1968 durch die Explosion von zwei Minen schwer verletzt wurde, es war ein minderjähriges Kind, das vom Westen in den Osten zu seiner Großmutter wollte. Das hat mich damals so erschüttert, dass ich es mit einem spontan aufgeschriebenen Gedicht seelisch verarbeiten musste, hier der Schluss:

> Wer versuchte, unser Herz aufzureißen
> und Hass zu säen in die klaffende Wunde?
> Und wer verletzte die Würde des Menschen,
> ein wollendes Wesen zu sein?

Man mag über Republikflucht moralisch differenziert reflektieren, völkerrechtlich war das Verlassen der DDR vollkommen gerechtfertigt und jede Unterbindung desselben, mit welchen Methoden auch immer, eine Verletzung des Völkerrechtes durch einen Staat, der eigentlich nach internationaler Anerkennung strebte. Und die Methoden des hier im Buch geschilderten Stasi-Verhörs sollte man nach Artikel 5 der Allgemeinen Erklärung der Menschenrechte kritisch sehen: »Niemand darf der Folter oder grausamer, unmenschlicher oder erniedrigender Behandlung oder Strafe unterworfen werden.«

Es muss jeder mit sich selbst klären: Warum habe ich es auf mich genommen, aus meiner Heimat zu fliehen? Wen habe ich verlas-

sen: Die Parteibonzen, die Offiziellen oder Inoffiziellen Mitarbeiter der Staatssicherheit oder meine Verwandten, Freunde und Mitbürger, Schüler, Patienten, Sportfreunde, zu denen ich ein gutes Verhältnis hatte und die mich brauchten?
Aber schon 25 Jahre nach der Wiedervereinigung droht das Vergessen, wissen wenige der Jüngeren die Ereignisse richtig zu benennen. Die Komplexität der DDR-Geschichte ist nicht mit dem zusammenfassenden Begriff »Unrechtsstaat« als aufgearbeitet zu sehen. Sie ist im historischen Zusammenhang zu sehen, auf Ursachen und auch mögliche Alternativen in der Zeit nach dem 2. Weltkrieg zu untersuchen. Mit allen Mitteln, die einem demokratischen Staat zu Gebote stehen, muss eine umfassende Aufklärung erfolgen, wozu das vorliegende Buch einen wichtigen Beitrag liefert. Unrecht geschieht weltweit noch in vielen Regionen in unterschiedlicher Weise. Und wenn es ohne Gewalt überwunden werden soll, dann hilft vor allem eines: Bildung, Aufklärung, Wissen. Die zukünftige Gesellschaftsordnung kann nur die einer »Geistesgesellschaft« sein. In diesem Sinne wünsche ich dem Buch meines Klassenkameraden, mit dem ich in unserer Schulzeit die gleichen Anschauungen in guter Freundschaft geteilt habe, eine aufnahmebereite und kritische Lesergemeinde.

Dr. Volker Schmidt
Halle/ Saale im Dezember 2014

A 2 Prolog

Der Leser kommt zu Wort und sieht in der Darstellung der Welt des „MERKUR 3“ eine „sehr persönliche Vergangenheitsbewältigung“, eine „merkwürdige deutsch-deutsche Geschichte“ und „Literatur für den Geschichtsunterricht“. Der Autor analysiert das Leben der Menschen im „sozialistischen Staat deutscher Nation“ unter Verwendung historischer, philosophischer und medizinischer Fakten. Ihm misslingen zwei Fluchtversuche in die BRD und führen wegen Versuch des „ungesetzlichen Grenzübertritts“ zur Haft in Gera, Halle/S. und Cottbus. Ein Leser sagt: Trotz mancher Fachausdrücke gelingt es dem Autor, eine verständliche Form zu finden, diese Zeit sachlich und doch emotionsgeladen zu schildern. Das im „Roten Ochsen“ von Halle Erlebte und insbesondere das perverse Spiel der DDR-Justiz als verlängertem Arm des MfS, sind inhumane Mittel des perfektionierten Terrors. Die Stasi versucht ihn psychisch zu brechen, was aber nicht gelingt. Nach „Aberkennung der Staatsbürgerschaft der DDR“, Freikauf und Ausreise in die BR Deutschland muss die deutsch-deutsche Migration auch kritisch hinterfragt werden. Für den Autor selbst wird das Erlebte zur Lehrzeit, verbunden mit unmissverständlicher Einsicht, das in jeder Lebenssituation „der Mensch für den Menschen eine heilige Sache“ sein muss, so wie es schon der römische Politiker und Philosoph SENECA gefordert hat: „HOMO RES SACRA HOMINIS“. Nur so können die Menschen dazu beitragen, die Verantwortung für eine humanistisch geprägte Welt zu übernehmen.

Der 2. Auflage ist ein Register beigefügt worden.

Dr. Alfons Wilding
Januar 2020

A 3 Einführung

Am 18. Dezember 1974 verändert sich die Welt des jungen Mediziners Wilding. Ich sitze in einem Auto mit bundesdeutschem Kennzeichen an der Autobahnraststätte der A 9 bei Köckern (Sachsen-Anhalt). Eigentümliche Blickkontakte der Volkspolizei lösen in mir eine äußerlich nicht erkennbare Panik aus. »Hat die VP etwas mitbekommen?«, so meine besorgte Frage in den Raum. Heute wollen mich nämlich Leute des Fluchthilfeunternehmens Lindner unbehelligt nach Nürnberg bringen. So die geheime Planung. Weitere Details sind nicht bekannt. Wie schön wäre es, wenn ich in wenigen Stunden wohlbehalten in Bayern ankäme. Es ist Mitte der siebziger Jahre, die innerdeutsche Grenze trägt einen hermetisch abgeriegelten Limes des »Kalten Krieges«, geschmückt mit tödlichen Selbstschussanlagen, ausstaffiert mit jederzeit aktiven Minensperren, verziert durch scharfe Schäferhunde und verbarrikadiert durch schussbereite Grenzschützer. Das Sperrsystem aus meterhohem Stacheldraht, der die ganze DDR umgibt, erweckt unwillkürlich den Eindruck eines großen Konzentrationslagers. Dem Volk wird unverblümt die Banalität einer sicheren Friedensgrenze vorgegaukelt. Und legal haben Bürger dieses Staates im arbeitsfähigen Alter kaum eine Möglichkeit, den undemokratischen Teilstaat auf deutschem Boden für immer zu verlassen. Da hilft weder das von der DDR 1973 ratifizierte Abkommen des »Internationalen Paktes über bürgerliche und politische Rechte« mit dem Recht auf Ausreise (Artikel 12 Absatz 2) noch das international sanktionierte 1503-Verfahren der UNO. Beides wird den DDR-Bürgern verschwiegen und bei Antrag versagt. Und die BR Deutschland redet weiter emotionslos vom Bemühen einer Wiedervereinigung in der Zukunft. Es bleibt nach reiflicher Überlegung nur der illegale Weg über die Mithilfe von Angehörigen aus dem bundesdeutschen Westen. Mein zunehmender Verlust des Heimatgefühles hat die Frage nach »Abhauen oder bleiben« schon längst beantwortet. Ich nehme es vorweg: Die zwei Fluchtversuche misslingen, und ich komme in die U-Haft Gera und U-Haft Halle/Saale, später für 16 Monate in den strengen Vollzug des Stasi-Gefängnisses von Cottbus.

Nach Entlassung aus der Staatsbürgerschaft der DDR gemäß Paragraph 10 DDR-Staatsbürgerschaftsgesetz und mit Übersiedelung in die BR Deutschland Ende 1976 bleibe ich nicht untätig. Ich bekomme durch eine nebenberufliche Arbeit als Gefängnisarzt in Diez/Rheinland-Pfalz von 1983 bis 1987 einen vielschichtigen Einblick in das Gefängnisdasein, da dort neben lebenslang einsitzenden Kriminellen auch RAF-Mitglieder und ein Nazi-Verbrecher mitbetreut werden müssen. Der Vergleich mit dem zuvor selbst Erlebten in U-Haft (Gera und Halle) und im DDR-Gefängnis hat bereits eine ungewollte, fast professionelle Bereicherung erbracht. Im Jahre 2002 wird zusammen mit den mitbetroffenen Angehörigen ein Film über die Flucht gedreht, den das WDR-Fernsehen unter der Federführung des Fernsehjournalisten H. Kulick dreht: »Wir waren böse«. Mehrere TV-Sender strahlen die 45-minütige Dokumentation aus. Im Oktober 2006 folgt unter Leitung des Historikers Dr. A. Gursky eine öffentliche Veranstaltung in der Gedenkstätte des »Roten Ochsen«. Das alles formt das Bild bei der Vorbereitung dieses Buches. Nach Beendigung der beruflichen Tätigkeit als Internist in eigener Niederlassung bringe ich Erlebtes aus der Untersuchungshaft mit der bereits existierenden breiten Fachliteratur in Verbindung und gebe der Zeitgeschichte eine retrospektive Ordnung. Insofern ist der Weg zur Niederschrift mehr als drei Jahrzehnte gereift.

Ich bin bei den beiden Fluchtvorhaben nicht alleine unterwegs. Das Ganze ist ein Familiendrama. Ohne es zu ahnen, fungieren die fluchtwilligen Personen als Figuren, die laut Akte der BStU (Bundesbeauftragter für die Unterlagen des Staatssicherheitsdienstes der DDR) die Decknamen MERKUR 1, 2, 3 und 4 tragen. Den Betroffenen ist zum Zeitpunkt der beiden Fluchtversuche nicht bekannt, dass die von nahen Verwandten beauftragten Fluchtunternehmen Löffler, später Lindner bereits von der

Staatssicherheit unterwandert sind. Das letzte der beiden Fluchtgeschehen läuft nach einem geschickt eingefädelten Drehbuch des MfS (Ministerium für Staatssicherheit) ab. Ein Stasi-Führungsoffizier von Halle hat es in Absprache mit der Potsdamer und Berliner Zentrale vorgezeichnet. Die Akte bei der Gauck-Behörde hält präzise und minutengenau das geheimnisumwitterte Migrations-Schauspiel fest. Nach DDR-Gesetzen ist 1974 der Versuch einer Übersiedelung von Deutschland nach Deutschland ohne Genehmigung staatlicher Stellen eine strafbare Handlung. An dieser Stelle versuche ich jetzt eine dokumentarische Analyse.

Die moderne Gefängnisliteratur verlangt vom Erzähler eine Doppelrolle, die sowohl subjektive als auch objektive Elemente enthält. Subjektiv ist sie mit persönlichen Erfahrungen zu füllen, um Fragen zu beantworten, beispielsweise

1. Welche seelischen Qualen durchlebt der eingesperrte politische Gefangene?
2. Welche Möglichkeiten gibt es, den Terror der Totalisolation zu lindern?
3. Welche metaphysischen Überlebensmuster kann der Inhaftierte entwickeln?
4. Welche Erlebnisse haben prägenden Charakter für das weitere Leben?

Die objektive Rolle wird in erster Linie von den zur damaligen Zeit aktuellen und vielschichtigen gesellschaftspolitischen Umständen bestimmt. Im Buch geht es neben einer historischen Nachlese, die die Zeit meines Erwachsenwerdens kennzeichnet, vor allem um die Vita der indoktrinierten MfS- und SED-Politik, um die Vita des Zusammenlebens mit den DDR-Mitbürgern und um die Vita des kirchlichen Lebens als Sohn eines Pfarrers. Durch den Beruf als Arzt weiß ich, dass jede inhumane Haft den Menschen nicht nur akut krank machen, sondern auch im Verborgenen tiefe seelische Narben induzieren kann. Deshalb habe ich die erlebte Zeit in Isolationsfolter des »Roten Ochsen« von Halle/Saale einer besonderen Bewertung unterzogen. Die detaillierte Beschreibung der physiologischen und psychologischen Vorgänge des überforderten Gehirns soll zeigen, wie komplex das Stoffwechselspiel verzahnt ist und wie der Betroffene zumeist unbemerkt, letztlich aber doch massiv körperlich beeinflusst und geschädigt wird. Dem Leser versuche ich die außergewöhnliche Situation mit der medizinischen Kenntnis von heute verständnisvoll nahe zu bringen. Darüber gibt es im Gefängnisschrifttum bisher nur äußerst wenige Veröffentlichungen.

Im vorliegenden Erlebensbericht wird nur die U-Haft beschrieben. Da in dieser Zeit jegliche Form von Aufzeichnungen strengstens verboten war, legte ich sofort nach Entlassung aus der Haft Notizen an, die eine ganze Reihe erlebter wörtlicher Einlassungen dokumentieren. So konnte ich früh dem Erinnerungsverlust Vorschub leisten. Im Gegensatz zur bekannten Literatur vermeide ich in der Darstellung bewusst Klarnamen. Alle erwähnten Personen, nicht nur die, die in der Akte des BStU dokumentiert sind, tragen Buchstaben von A bis Z. Bis heute ist umstritten, ob beispielsweise Klarnamen der MfS-Mitarbeiter genannt werden dürfen. In einem Urteil des Berliner Landgerichtes wird festgestellt, dass ein Stasi-Mann von einst »keine Lust mehr habe«, sich rechtfertigen zu müssen. Denn alles liege ja schon so lange zurück. Aus diesem Grund empfiehlt der bekannte Historiker H. Knabe etwas sarkastisch untermalt, dass ein jeder Stasi-Forscher gut beraten sei, wenn er vor Veröffentlichung seines Manuskriptes ein detailliertes Rechtsgutachten einhole. Die Situation ist grotesk und doch realitätsnahe. Nicht nur aus dieser Überlegung heraus habe ich mich entschlossen, auch alle anderen erwähnten Personen zu anonymisieren. Davon ausgenommen bleiben nur Persönlichkeiten von historischer Tragweite. Das Personenregister befindet sich in einem gesonderten Kapitel. Ich kann so problemlos und unbeschwert berichten, ohne dabei einen Realitätsverlust ertragen zu müssen. Ich bin mir dessen bewusst, dass mein Anonymisierungsversuch auch skurril wirken kann.

Fatal wäre es, wenn ich als Zeitzeuge stumm bliebe. Es liegt nahe, wenn ein unbeteiligter und überaus kritischer Beobachter der Szene sagt, dass keiner aus einem untergangenen terroristischen System Lehren ziehen will. Man möchte das Thema quasi als Historie abhaken. Nur, das Problem der Folter ist heute noch genauso aktuell wie damals. Nach Amnesty International wird heute immer noch in 141 Ländern dieser Welt gefoltert. Es empört mich bei Kenntnis dieses Sachverhaltes, dass es die Menschheit nicht schafft, die kranke Welt des MERKUR 3 kleiner werden zu lassen. Mit den bescheidenen Mitteln des Empörten bleibe ich aktiv, auch wenn Freunde und Bekannte wiederholt die von mir im Gespräch geschilderte Vergangenheit nicht nur salopp kommentieren, sondern auch mit allerlei beschwichtigenden Argumenten herunterspielen. Es sei ja nun einmal so: Die Welt des Bösen muss nun einmal als Tatsache hingenommen werden. Ich meine, eine Zukunft mit menschlichem Antlitz gelingt nur, wenn den folgenden Generationen die Historie in allen Schattierungen bekannt ist. Die Geschichte lehrt es uns, gerade wir Deutsche brauchen das Wissen darüber. Jeder wünscht sich Frieden und Freiheit in einer Demokratie mit menschlichem Antlitz.

A 4 Mein Deckname MERKUR 3

Die Motivation zur Migration war geboren. Unter solchen Überlegungen begannen 1972 die ersten Gespräche mit den Verwandten aus der Bundesrepublik, um möglichst eine sichere Übersiedlung zu finden. Trotz ständig böser Ahnungen wusste ich nicht, dass die DDR-Behörden bereits recht früh ein geheimdienstliches Netz in meiner Nähe gesponnen hatten. Die Staatssicherheit vor Ort besaß zahlreiche und ungewöhnliche Möglichkeiten, ein Fadenkreuz mit dem Ziel zu spinnen und Flüchtlinge frühzeitig einzukreisen. Nach Durchsicht der Akten beim BStU, das war erstmals 1992, wurde mir ihr mächtiges Aktionspotential bewusst. Wie lief die persönliche Einkreisung ab? Wenn der Verdacht bestand, dass Bürger das Herrschaftssystem illegal verlassen wollen, begann ein unerbittlicher Ermittlungsmarathon zur Entlarvung des Vaterlandsverräters. Dafür hatte sich der Staat ein spezielles Strafgesetzbuch geschaffen, was durch ein umfangreiches und raffiniertes Machwerk mittels »Mielke-Richtlinien« ergänzt wurde. In einer offiziösen Selbstdarstellung nennt sich das federführende Ministerium für Staatssicherheit (MfS) schönfärberisch »ausführendes Organ der Diktatur des Proletariats«. **(1)** Das Netz von Paragraphen und Vorgaben hatte eine eigene, widerwärtige deutsche Sprache, ganz nach dem russischen Muster der »Tscheka«, dem ersten Geheimdienst der Sowjetunion (SU). Am Anfang stand die sogenannte »Operative Personenkontrolle« (OPK), die zum Erkennen von Personen mit feindlich-negativer Einstellung nötig schien. Wenn man im Volksmund von »Wer bin ich?« sprach, dann gebrauchte der Mielke-Geheimdienst die Formulierung »Wer ist wer?«. **(2)** Die zu beantwortende Frage galt bei jedem neuen Fall als Dienstanweisung, die zu einer konsequenten Umsetzung führte. Auf einer Zentralen Dienstkonferenz formulierte es Mielke so:

Wer ist der Feind?
Wer nimmt eine feindliche Haltung ein?
Wer kann zum Feind werden?
Wer lässt sich vom Feind missbrauchen?

Der Stasi-Chef kannte nur schwarz oder weiß, den Bürger von der Straße entweder als Freund oder als Feind zu beurteilen. Die Einstellung des Bürgers sollte immer analysiert werden. Sinn des Fragespieles ist es, folgendes zu beantworten: 1.) Kann sich das System hinsichtlich Wort und Tat auf ihn verlassen? 2.) Muss das System aufgrund erster Erkenntnisse eine »umfassende und verdichtete Steuerungs- und Manipulationsform« starten? **(3)** In der Untersuchungsbehörde der Staatssicherheit wurden diese

Fragen mit noch umfassenderer Präzision gestellt. Der Apparat schöpfte aus einem Repertoire von »Operativ-technischen Mitteln und Methoden« **(4)**, wie beispielsweise aus der illegalen Post- und Telefonkontrolle, der Entnahme von Geruchskonserven aus unterschiedlichsten Körperregionen, der Veranlassung heimlicher Hausbesuche mit und ohne Nachschlüssel und viele weitere dubiose, zumeist illegale Maßnahmen. Das bewusste Versteckspiel erlaubte eine uneingeschränkte Vielfalt mit dem Ziel, den Bürger und sein Umfeld bis ins Schlafzimmer zu observieren.

In der Geheimdienst-Sprache wurde danach festgehalten: Zur Fixierung von Fakten mussten insbesondere in der »Operativakte« (OP) alle »feindlich-negativen Bestrebungen« bis ins Detail ermittelt werden. Wenn der »Operativplan« mit Materialbeschreibung vorlag, sorgte der zuständige Kreisdienstleiter für weitere gezielte Anweisungen. Die höherstufige Analyse hieß dann: »Einschätzung des Materials«, »Täter-Charakteristik« und »Maßnahme-Pläne«. All das waren notwendige Grundlagen für eine mögliche anschließende »Täter«-Fahndung. **(5)** In speziellen Legenden skizzierte man die Denk- und Verhaltensweise der observierten Person. Hierzu gehörten auch weltanschauliche, moralische und charakterliche Grundeinstellungen des Betroffenen. Das detaillierte psychologische Muster verlangte markante Persönlichkeitseigenschaften, wie beispielsweise die Beleuchtung von Disziplin, Gepflogenheiten, Willensstärke und Zuverlässigkeit. Am Ende der Ermittlungen wurden glaubhaft abgefasste und möglichst unkomplizierte Analysen verlangt. Man nannte es: »Die Legende muss für ihren Träger passfertig sein.« **(6)** Der inszenierte Operativplan der MfS-Zentrale erhielt Unterstützung durch einen »Komplex sicher bedingender und ergänzender sowie aufeinander abgestimmter Maßnahmen«, wozu der Einsatz zuverlässiger, operativ erfahrener und für die Lösung der Aufgabe geeigneter Informeller Mitarbeiter (IM) zählte, der durch sogenannte »Gesellschaftliche Mitarbeiter für Sicherheit« (GMS) vor Ort, beispielsweise als

Hausnachbar, ergänzt wurde. Die Heimlichtuerei bekam dann ihre absolute Krönung, wenn sogenannte »Unbekannte Mitarbeiter« (UMA) noch zusätzlich tätig wurden. Diese anonym arbeitenden MfS-Berufsoffiziere mit speziellen Observationsaufgaben durften wegen strengster Konspiration die Liegenschaften des MfS nicht betreten. Sie sollten als MfS-Mitarbeiter nicht in Erscheinung treten. **(7)** Die zuletzt genannte Schnüffler-Gruppierung verkehrte gewissermaßen als Privatperson in der allgemeinen Bevölkerung. Sie musste völlig unauffällig fungieren, mit dem Ziel »am umfassendsten in die Konspiration des Feindes einzudringen«. **(8)** Es gehörte zum Wesen der Staatssicherheit, sich ständig auf der Jagd nach Feinden zu befinden. **(9)** Und den hauptamtlich angestellten Ermittlern bewegte ein fast ängstliches Bestreben nichts zu übersehen, jede Kleinigkeit im Blick und im Griff zu haben, gepaart mit dem Streben nach Lückenlosigkeit. **(10)** Ein Vorgang musste, so ihre Sprache, planmäßig, zielgerichtet, allseitig und umfassend erkundet werden. Ziel der obersten Dienstherren war es, vor allem die geforderten Gesichtspunkte der psychologischen Einkreisung optimal zu eruieren. Laut Studieneinführung zum Thema »Die Bedeutung psychologischer Erkenntnisse für die Praxis im MfS« wird mit aller Konsequenz verlangt, dass in der Wissenschaftskonzeption auf die auswählende Übernahme von Erkenntnissen der psychologischen Eignungsdiagnostik, der Arbeitsmedizin und anderer medizinischer Richtungen, der psychologischen Diagnostik der Persönlichkeit, der forensischen Psychologie, der Kriminalistik, der klinischen Psychologie und Teilen der Psychiatrie zu achten ist. Federführend waren hier die Studien- und Forschungseinrichtungen der Juristischen Hochschule des MfS in Potsdam. Zahlreiche Dissertationen und Habilitationen wurden darüber verfasst. Ihre sogenannten »Forschungsergebnisse« hatten zum Ziel, die betroffenen Menschen faktisch vogelfrei zu machen. Mit Abschluss des Operativvorganges (OV) folgte eine offensiv-dynamische Bearbeitung mit weiteren Schritten, wie der gezielten Überwerbung, Maßnahmen der Zersetzung, der Weiterleitung zum »Zentralen operativen Vorgang« (ZOV) oder der Übergabe von Informationen an die Partei- und Staatsfunktionäre, die ihrerseits entschied. **(11)** Der nun vorliegende umfassende Schriftsatz zur Person bildete im juristischen Sinne Grundlage für eine mögliche Beweismittelakte des Untersuchungsvorganges (UV) oder für die Einleitung eines Ermittlungsvorganges (EV). **(12)** Die gesammelten Fakten waren Grundlage nach § 19, Absatz 1, Ziffer 2 und Absatz 2 StEG der DDR. **(13)** Man beachte, schon vor Beginn einer Gerichtsverhandlung war damit das Drehbuch für Prozess und Strafmaß geschrieben, so dass sich Staatsanwaltschaft und Gericht lediglich als Vollzugsorgane des Partei- und Staatswillens nur noch zu betätigen hatten. Eine Aussage des selbst betroffenen DDR-Prominenten W. Janka beschreibt es mit den Worten: »Wenn die Partei Weisung gibt, folgten die Richter.« **(14)**

Wie sah es nun nach 1970, also vor meinem Fluchtversuch, bei der halleschen Stasi aus? Bereits zu diesem Zeitpunkt hatte sich das MfS im roten Herz Mitteldeutschlands, dem Industriegürtel und Chemie-Dreieck von Halle-Merseburg-Bitterfeld, ein immenses Arsenal von Geheimdienst-Institutionen »Am Gimmritzer Damm« geschaffen. Dort residierte der Ziehsohn Mielkes MOY. (Name bekannt), der 3130 hauptamtliche Mitarbeiter und etwa 6500 Informelle Mitarbeiter unter sich hatte. **(15)** Die Bezirksverwaltung Halle besaß den zweifelhaften Ruf, abseits vom störenden Interesse westlicher Medien besonders kompromisslos und gnadenlos gegenüber Andersdenkenden vorzugehen. **(16)** Man beachte ihre umfangreiche Rolle. Zum Zwecke allseitiger Aufklärung fungierte das MfS sowohl als politische Geheimpolizei als auch Untersuchungsorgan bei Straftaten und geheimer Nachrichtendienst. **(17)** Der Hallenser auf der Straße wusste, dass »Am Kirchtor in Halle« (Untersuchungs-Haftanstalt) Lebensschicksale geschrieben werden.

Was fand ich nun von all den genannten Vorgängen in den persönlichen BStU-Akten? Kaum Interessantes, vor allem keinerlei Unterlagen, die die internen MfS-Vorgänge beleuchten würden.

Nach Abschluss der Ermittlungen wurden die Akten erstmals gesäubert. Und in den Wendejahren 1989/1990 vernichtete man sehr oft weitere kompromittierende Vorgänge. Trotz intensivster Bemühungen fand ich in den BStU-Behörden weder eine operative Personenkontrolle (OPK) noch eine umfassende »Zentrale Materialablage« (ZMA). Selbst in den Nebenstellen polizeilicher Behörden von Halle und Merseburg war nichts archiviert. Im BStU fand ich neben einer Handakte nur Material-Listungen und eine Vernehmungsakte von der U-Haft in Gera und Halle, zusätzlich noch Fotos und unbedenkliche U-Haft-Vermerke. Wo ist die erarbeitete operative Legende, die daraus resümierenden operativen Kombinationen und passfähigen Legenden, die als erarbeitete Stasi-Materialien den zielgerichteten Weg zum »Wer bin ich« zeigen würden? Man stelle sich vor, dem Betroffenen wären diese Details in die Hände gefallen. Dann wüsste man, wie die Mielke-Kohorte einen eingeschätzt hat. Stelle man sich vor, der überaus reichhaltige Informationsfluss aus dem Pfarrhaus mit den nichtstaatskonformen Denkanstößen wäre aus der Sicht eines Tschekisten (hauptamtlicher Mitarbeiter der Staatssicherheit) nachzulesen gewesen. Offensichtlich wollten die verantwortlichen Personen des Geheimdienstes den Anschein der Legalität wahren und eine Schar von Zuarbeiten schützen. Ein umfangreiches Schrifttum bestätigt diese Einlassung. Zur Wendezeit wurde man im Schreddern und Vernichten kompromittierender Unterlagen besonders aktiv. Das angeblich rechtsstaatliche Legalitätsprinzip sollte gewahrt bleiben und gleichzeitig sollte eine »geheimpolizeiliche Maxime des größtmöglichen politisch-operativen Nutzens« zur Verfügung stehen. **(18)**

Am Rande machte ich beim Durchforsten der langsam vergilbten Blätter mit allerhand Schwarzstift-Streichungen einen amüsanten Fund. Uns Fluchtwilligen gab dieses Institut verdeckte Namen, quasi Fantasienamen, durchnummeriert mit MERKUR 1 bis 4. Ich war MERKUR 3. Bei der Vergabe des Synonyms werden die Märchendichter des MfS weder Überlegungen hinsichtlich des ständig auf der Flucht sich befindenden Gestirns Merkur, noch für die Mythologie »Merkur und die Psyche« im Auge gehabt haben. Dafür war man in den Reihen der Codegeber zu wenig lyrisch interessiert und auch oft nicht gebildet. Mit der Namensgebung schließt sich für mich der Kreis der Fabelfiguren. Es scheint so, als ob jede Geschichtsperiode Personen mit einer fantasievollen Identität braucht. Das Pseudonym aus der Jetztzeit hatte wohl den Sinn, die Arbeit weiterer Dienststellen bei der Analyse und Reproduktion von Informationen zu erleichtern. Denn nicht nur das Opfer hatte einen verklärten Namen. Auch die Täter, insbesondere die schnüffelnden informellen Mitarbeiter, besaßen die verdeckte Identifikation, damit der Denunziant nicht sofort erkennbar wird. Es schien der Behörde wichtig zu sein, den Schutz dieses Personenkreises besonders hoch zu halten. Leider fand ich keine einzige Täterakte. Ich entdeckte nur Fabelnamen in der Opferakte des Operativvorganges. Die Literatur schreibt über die Decknamen: »Die personenbezogenen Akten des Ministeriums für Staatssicherheit sind alle nach dem gleichen Prinzip aufgebaut. Auf dem Deckel stehen in der Regel der Deckname und eine Nummer, was jedoch nichts darüber aussagt, ob es sich um eine Täter- oder Opfer-Akte handelt. Decknamen bekamen natürlich alle Erfassten.« **(19)** Der Codename ist also kein fester Besitz des Trägers, sondern wie eine Spielkarte, die der Firma Stasi gehört, vergleichbar einem Autokennzeichen oder einer Telefonnummer. **(20)** Auf diesem Wege erhielt auch die »Zentrale Auswertungs- und Informationsgruppe« (ZAIG), das heißt das »Gehirn der Staatssicherheit« über mich Details. Man konzipierte in kompakter Form Fakten unter anderem für einen Bericht dem »SOUD«, dem in Moskau stationierten zentralen Datenspeicher der sozialistischen Geheimdienste, der mit einer Statistik und Lageeinschätzung beliefert wurde. **(21)** In einer der Stasi-Unterlagen befand sich ein solches, mehrfach gefaltetes, etwa ein Meter langes Blatt in russischer Sprache.

Die sehr gut bezahlten Mitglieder des Mielke-Konzerns fungierten in erster Linie mit den Weihen der Macht. Man war stolz »Schild und Schwert der Parteiführung« zu sein. Und man legte Wert auf das Prädikat Weltniveau. Für mich hat die ideologiegetränkte DDR-Behördensprache, trotz des wenig dichterisch veranlagten Geheimdienst-Vokabulars eine tiefere Bedeutung. **(22)** Zu diesem Thema gab Honecker einem Interviewer folgende Antwort: Wer also war die DDR? Seine lapidare Antwort: »Ein gescheitertes Experiment.« **(23)** Anscheinend war ich auch ein gescheitertes Versuchskarnickel. Die DDR bleibt eine historische Posse unglaublicher Größe. Bei solchen Gedankengängen ist mir als Mediziner zum Weinen. Ich stelle mit Wehmut fest: Zur Zeit des Kalten Krieges hat das Rad der europäischen Geschichte einen bleibenden Schadenerlitten.

Kapitel B

Historische Nachlese

Die Tragik des 20. Jahrhunderts liegt darin,
dass es nicht möglich war, die Theorien von
Karl Marx zuerst an Mäusen auszuprobieren.
Stanislaw Lem
polnischer Mediziner

B 1 Heimatgefühl und Wohlfühlort

Ich bleibe dabei, die Heimat sollte ein Wohlfühlort sein. Am Tag vor dem geplanten zweiten Fluchtversuch streife ich von wahnwitzigen Emotionen geplagt durch meine Geburtsstadt Halle an der Saale. Ich verliere mich im Für und Wider einer metaphysisch moderierten Gedankenwelt. Es ist ein unfreundlicher, trüber, nasser und kühler Dienstag, der gleich dem Wetter meine wehmutsvolle Stimmung trifft. Jetzt soll das dreißigjährige Leben hier enden, die Epoche von Schulzeit über Universitätsausbildung, die fröhlichen Stunden mit Posaunenchor und Freunden bis hin zu den ersten Schritten im verantwortungsvollen Medizinerleben. Der Abschied aus freien Stücken geschieht mit dem Bewusstsein, die geliebte Heimat niemals aus dem Herzen zu verlieren. Erst jetzt wird mir die Endlichkeit des Tuns klar, für viele Jahre oder vielleicht für immer den Ort der Eltern, Großeltern, Freunde und Bekannte zu verlassen. Kehre ich nicht der vertrauten Heimat den Rücken, die die Vorfahren und Mitbürger durch persönlichen Fleiß, Mut, Tapferkeit und Aufopferung mitgeformt haben. Ich will zunächst nur geografisch die mitteldeutsche Heimat verlassen, nicht aber ihre über tausendjährige deutsche Geschichte, nicht die ans Herz gewachsene Natur zwischen Elbe, Saale und Unstrut, nicht die historischen Orte mit ihren Burgen und Kirchen missen und auch nicht die omnipotenten Persönlichkeiten von Luther, Bach, Händel, C. D. Friedrich bis Nietzsche missen. Heimat schreibt Geschichte mit Tradition und Verbundenheit. Und doch gibt es jetzt eine Zäsur. Mit gleichem Atemzug schweifen meine Gedanken in Erinnerung, ohne sie auszusprechen. Endlich kann ich die Stätten der duldsam ertragenen dümmlichen Bürokraten, repressiv und machtbesessen agierenden Bonzen und die verblendet, fanatisch fungierenden SED-Ideologen verlassen. In den siebziger Jahren kann keiner glauben, dass das von Waffengerassel und Feinddenken durchdrungene System eines Tages mit bürgernaher Friedfertigkeit und unzähligen Kerzen vor den Kirchen zu Fall gebracht werden kann. Selbst ein weltfremder Optimist hätte einen solchen Traum zu dieser Zeit nicht geäußert. Am Tag vor dem Fluchtversuch sagt mir mein Inneres, dass ich genug Kraft besitze und mir die Entwicklung zur Persönlichkeit trotz aller Risiken »da drüben« gelingt. So ist der Abschied ohne wankelmütige Gedankengänge endgültig. Die Erinnerungen des Aufräumens zu Hause holen mich ein. Wie innerlich blockiert lief ich vor kurzem durch die vertraute, herrschaftliche Pfarrwohnung, die auch mein Reich war. Das eigene Arbeitszimmer beherbergt persönliche Erinnerungen, unzählige Bücher der Fach- und Weltliteratur und eine das geräumige Zimmer dominierende Monstera. Und in einem als Veranda abgetrennten Bereich erfreuen sich die im Frühjahr überaus bunt blühenden, teils selbst gezüchteten sortenreichen Kakteen bester Gesundheit. Das alles lasse ich mit Wehmut zurück.

Der Gang auf vertrauten Wegen, die täglich zur Uni benutzt wurden, bringt mich ins tiefere Nachdenken. Ist alles Wesentliche richtig sortiert? Sind persönliche Dinge und wichtige Unterlagen sicher verwahrt? All das geschieht mit Überlegung und Bedacht, ohne Kenntnis der Eltern. Beim Scheitern des Fluchtversuches sollen den wie Heuschrecken agierenden Stasi-Schnüfflern keinesfalls persönliche Dinge in die Hände fallen. Und das Verschweigen gegenüber den Eltern muss bewusst geschehen. Allein Nichtwissen schützt die Eltern, selbst wenn es sich um nahe Verwandte handelt. Die DDR-Welt zeigt ihr wahres Gesicht, geprägt von Hass, Erpressung und Bespitzelung. Der kilometerweite Gang durch den grauen Wintertag symbolisiert meine maßlose Enttäuschung über die ruinierte Natur der Heimat. Dabei empfinde ich die stinkende hallesche Luft der chemieverseuchten Industriestadt nur unterschwellig als abartig. Der medizinisch begründete, krankmachende Mief ist mir schon so vertraut, dass er einfach zur Saale und zu Halle gehört. Seine vielfältige Benzin-, Benzol- und Phenolemission aus den nahegelegenen Großbetrieben von Buna und Leuna umnebelt die historisch interessanten Bauten aus den vergangenen acht Jahrhunderten. Wertvolle Gebäude vergammeln und verfallen, da das in alle Ritzen eindringende Substanzgemisch ätzende Wirkung besitzt. Und auch Haut und Bronchien der hier wohnenden Menschen bleiben nicht verschont. Der Staat hat weder Geld für den geordneten Abriss der Ruinen, noch genügend Mut und Sinn für eine Gesundheitsprophylaxe trotz Kenntnis der immensen Folgen. Am Saaleufer angekommen, stimme ich leise, nicht zum ersten Mal, das mit der Alma Mater Hallensis oft gezwitscherte Lied »An der Saale hellem Strande« an. Der tiefe rotbraune Schlamm, der aus der trüben, gemächlich dahin fließenden Saale leuchtet, konkurriert mit dem Meter hoch, weißgrau aufschäumenden und stinkenden Wasserdampfgemisch am »Wehr«. Der vergiftete Heimatstrom zeigt seine sonderliche Würze. Jeder hier flanierende hallesche Bürger inhaliert ungebremst und in vollen Zügen die krankmachende Chemie. Mit meinen Eltern bin ich früher sonntags oft auf der Promenade langgelaufen. Nun stehe ich da, schüttele den in letzter Zeit häufig mit Migräne überschütteten Kopf und will eigentlich nur weg. Weg vom Niedergang dieser Welt. Die DDR bietet zu dieser Zeit das Bild einer vergammelten und sterbenden Provinz.

Sie ist ein schwerkrankes Konstrukt der Nachkriegszeit, die keine Perspektive hat. Mental haben mich Unwohlsein, Wut und Trauer gepackt. Das psychische Durcheinander hat Freude, Geborgenheit und Sicherheit verkümmern lassen. Ein überzogenes negatives Heimatgefühl überwiegt. Und selbst bisher positiv erscheinende Dinge werden schlecht geredet, weil eine Poesie des Wohlfühlens verloren gegangen ist. Hier sehe ich keinen Platz mehr für ein Leben mit Idealen. Als junger Mensch sucht man nach einer kreativen Zukunft mit humanistischem Antlitz, ohne irgendwelche amoralischen Einschränkungen. Das Studium der Medizin zeigt seine Wirkung. Als der Stadtrundgang zu Ende ist, stehe ich vor der früheren Gaststätte »Hofjäger«, direkt gegenüber dem durch einen Bombenangriff des zweiten Weltkrieges noch gezeichneten elterlichen Pfarrhaus. Trotz aller baulichen Mängel hat es mich lange beschützt. Morgen nicht mehr.

Insofern komme ich nach dem Rundgang nicht mehr heim. Der Autor W. Kohl spricht von einem »irgendwann Heimkommen« und schreibt dazu: »An den Platz, an dem man gehört. Es ist, als würde ihm Heimatrecht verliehen. Heimatrecht ist jener Raum, der seine Heimat war, den er jedoch so lange nur umkreisen konnte, ohne in ihm anzukommen.« **(1)** Das Ankommen in der Heimat ist ein vielschichtiges Geschehen. Interessant dazu die Meinung des Hirnforschers H. Schulze, der die medizinische Sicht favorisiert, wenn er sagt: »Am stärksten brennen sich Ereignisse im Gehirn ein, wenn sie mit starken Emotionen besetzt sind oder wenn sie häufig wiederholt werden. Auf das Erleben in der Kindheit trifft oft beides zu.« **(2)** Seine Aussage reicht mir nicht. Heimat ist nicht nur der Gefühlsort der Jugend. Wohlfühlen heißt auch, die Vita mit Natur und Gemeinschaft zu verbinden. Laut eines TNS-Forschungsergebnisses (März 2012) meinen 80 % der Befragten, dass Heimat »für ein Volk wichtig ist«, »Teil meiner Persönlichkeit sei« und mir »Rückhalt und Sicherheit« gibt. **(3)** Den Wohlfühlort gestalten in erster Linie nicht Regierungen, sondern Menschen, die trotz aller historischen

Verwerfungen klug handeln, sodass ihre Zukunft zu Hause lebenswert wird. Man weiß, dass nach Rückkehr aus der früher verlockenden Ferne die wohlige Seite der Nähe besonders geschätzt wird. Der Heimatmundartdichter und Erfinder der Liedpostkarte A. Günther aus dem Erzgebirge spricht mit Wehmut von Sehnsucht nach Heimat, wenn er im Sprachschatz seiner Heimat sagt: »Es ganze Labn ist ne Sehnsucht nooch der Haamit.« Verehrer ließen den Spruch 1995 in einen Oberwiesenthaler Gedenkstein, direkt neben dem Heimatmuseum, eingravieren. **(4)** Sehnsucht nach Heimat wächst mit dem Erlebten in der Ferne. Ferne und Nähe ergänzen sich blendend, wenn Heimweh aufkommt. Die moderne Welt lebt von Wanderungen der Menschen, die sich aus alten Strukturen lösen und geistig und moralisch neue Wege gehen wollen. Die Sehnsucht nach Heimat trifft zutiefst die sensiblen Nerven. Insofern bleibt es bei E. Blochs »Prinzip Hoffnung«: »Heimat ist das, was allen in der Kindheit scheint und worin noch niemand war.« **(5)** Zur Wohlfühlgestaltung der Welt reicht mir diese philosophisch untermauerte Hoffnung nicht. Sie sollte vielmehr Ansporn für eine sinnvolle Solidarisierung sein, so wie es der französische Widerstandskämpfer, Buchenwaldüberlebende und Mitwirkende an der Allgemeinen Erhebung der Menschenrechte St. Hessel in seinen Schriften tut. Er proklamiert vehement als Rebell einer ganzen Epoche den wahrhaften Weltbürger, der eine »neue Weltheimat« bauen will. **(6, 7)** Eine solche Heimat besteht aus einer verantwortungsvollen Weltgesellschaft, die von Emotionen und Zuversicht erfüllt ist. Erst dann bekommt der Ort oder das Land ein von allen akzeptiertes wohliges Heimatgefühl.

B2 DDR-Leben und frühe Honecker-Ära

Die Epoche vor und nach dem eigenen Fluchtdebakel verlangt eine historische Bewertung aus der Sicht eines kritischen DDR-Bürgers. Es ist die bis 1974 selbst erlebte und danach misstrauisch beobachtete Zeit der ersten Regierungsphase Honeckers von 1971 bis 1978, in der trotz Todesstreifen und fast perfekter Überwachung noch immer zuhauf DDR-Deutsche migrierten. Meiner Meinung nach trägt diese Epoche einen eigenen Stempel, den ich nach der heißen Periode des Kalten Krieges als Phase der Konsolidierung bezeichne. Zwischen Ost und West bestimmte sehr bald der sogenannte Kalte Krieg die politische Bühne. H. E. Richter sieht mit Hilfe der psychoanalytischen Aufarbeitung den Ost-Westkonflikt als altbekannten und doch permanenten Wiederholungsfall der Weltgeschichte. Es war offensichtlich gut, wieder einen »Sündenbockmechanismus« zu haben, um einem äußeren Feind entschieden Paroli bieten zu können. Da die unkritische Idealisierung des eigenen politischen Systems auf den edlen Prinzipien von Menschlichkeit und Gerechtigkeit baue, sei ein Umdenken im Sinne des Abbaus von Feindbildern zwischen den Völkern nicht möglich. **(1)** Sinngemäß schreibt er: Wenn man als psychoanalytischer Sozialpsychologe auf der höchsten Ebene die Ost-West-Politik benennen sollte, würde man sie als im höchsten Maße neurotisch deformiert klassifizieren. »Phobische Züge, paranoides Misstrauen, Sprachverarmung, Zwangsmechanismen, Heuchelei bis zu betrügerischer Irreführung beherrschen die Szene. (...) Ihr Umgang miteinander ist zu einem Krieg mit anderen Mitteln entartet. Sie fürchten geradezu den Austausch menschlicher Freundlichkeit. (...) So demonstrieren sie uns Formen einer perversen Pseudokommunikation.« **(2)** Und genau diesen Umgangsstil benutzen die Gesellschaftssysteme auf beiden Seiten des Todesstreifens sehr bald nach dem 2. Weltkrieg exemplarisch, auf der einen Seite die Sowjetunion (SU) mit ihren osteuropäischen Satellitenstaaten und der DDR und auf der anderen die USA mit den westeuropäischen Verbündeten und dem westlichen Teilstaat Deutschlands (BRD). Beide deutsche Teilstaaten wuchsen stellvertretend für ihre Blöcke ins internationale Rampenlicht. Die innerdeutsche Grenze bekam die Funktion einer waffenstrotzenden und undurchdringlichen Barriere. Mit der »Demarkationslinie« machte man auf beiden Seiten der Machtblöcke Politik. Die Teilung des deutschen Vaterlandes schien besiegelt, zumal die SU an ihrer Westgrenze einen besonderen Status quo ihrer Hegemonialmacht anstrebte. Zusätzlich bestand Groß-Berlin als Sonderfall, eine von den vier Siegermächten kontrollierte Stadt. Auf beiden Seiten der unnatürlichen Grenze sprach man in Festreden vom Bestreben nach Frieden auf europäischem Boden. Die für viele Deutsche anfangs noch bedeutende Frage nach Wiedervereinigung wurde sehr bald international uninteressant. Keine politische Seite konnte und wollte die immer komplizierter werdenden Probleme des Ost-West-Gegensatzes lösen. Als Honecker 1971 in Ost-Berlin (die DDR sprach von Berlin als »Hauptstadt der DDR«) die Staatsführung übernahm, sah er die deutsche Frage für die nächsten hundert Jahre nicht mehr lösbar. Politiker aller Couleurs fragten sich, wie man eine Balance und Friedensordnung zwischen beiden Blöcken festschreiben könne, ohne die eigene Position in Frage zu stellen. Man redete auf westlicher Seite scheinheilig vom Wunsch nach einer gemeinsamen deutschen Nation, die einer eher substanzlosen und emotionslosen Aussage entsprach. Einflussreiche politische Kräfte, beispielsweise die in der SPD, suchten schon bald nach einem gemeinsamen Nenner mit der östlichen Seite. Die politischen Schlagworte hießen »Wandel durch Annäherung« und »Schaffung gut nachbarschaftlicher Beziehungen«. Der Journalist J. Hafkemeyer beschreibt in dem kürzlich erschienen Buch Bahrs Spagat im erfolgreichen Annäherungsversuch. Nach seinen Worten bohrte E. Bahr, Brandts erster Diplomat, permanent dickste diplomatische Bretter. (3) In einer TV-Serie mit dem Titel »Geheimdiplomatie des Egon Bahr« vom

12.03.2012 wird sein politisches Prozedere detailliert beschrieben. Bahr und Brandt hatten begriffen, dass man im Ost-West-Poker nur eine positive Kanalisierung erreichen kann, wenn der politische und strategische Stillstand im beiderseitigen Interesse der Machtblöcke überwunden wird. Bis zur Wiedervereinigung gab es in den bundesdeutschen politischen Kreisen von links bis rechts immer wieder ablehnendes Gerede, wobei nach Bahr die Heuchler aus den eigenen Reihen die schlimmsten Vertreter gewesen seien. **(4)** Seine monatelang stille Diplomatie mit dem Ziel festgefahrene Strukturen im feindlichen Ost-West-Denken aufzuweichen, war letztlich die Grundlage für die nachfolgende erfolgreiche europäische Politik von Schmidt, Kohl und Gorbatschow. Und gleichzeitig bemühte sich die östliche Seite krampfhaft um die weltweite internationale Anerkennung ihres deutschen Teilstaates. Mitte der 70er-Jahre proklamierte sie die »Nation DDR«. Gleichzeitig forderte Honecker von der Bundesrepublik, sie solle unverzüglich auf den Provisoriums-Vorbehalt verzichten. Kein Verantwortlicher der westlichen deutschen Seite wollte und konnte das umsetzen. Denn im Artikel 11, Absatz 1 war für alle deutschen Bürger ein Freiheitsversprechen verankert. Da heißt es: Alle deutschen genießen Freizügigkeit im Bundesgebiet. Man garantierte somit auch jedem DDR-Bürger »wegen einer drohenden Gefahr für Leib und Leben, für die persönliche Freiheit oder aus sonstigen zwingenden Gründen die Möglichkeit der Übersiedlung ohne wesentliche Nachteile« **(5).**

Im Grunde suchten die westlichen Politiker nach einer Staatsbürgernation, nach einer modernen Staatsform, die auch den bestehenden Rechtsanspruch in Bezug auf die internationale Flüchtlingskonvention erfüllt. Was heißt das? Bereits 1951 hatte die UNO eine allgemeine Flüchtlingskonvention beschlossen. Das internationale Gremium der UNO forderte seither diese Rechtsstellung für Flüchtlinge ein. Da stand geschrieben: »Migranten sind die Menschen, die aus der begründeten Furcht der Verfolgung wegen ihrer Rasse, Religion, Nationalität, wegen ihrer politische Zugehörigkeit zu einer bestimmten sozialen

Gruppe oder wegen ihrer politischen Überzeugung sich außerhalb des Landes befinden, dessen Staatsangehörigkeit sie besitzen, und den Schutz dieses Landes nicht in Anspruch nehmen können oder wegen dieser Befürchtungen nicht in Anspruch nehmen wollen.« **(6)** Leider besaß die internationale Gemeinschaft keinerlei Machtmittel, diese gesetzlichen Regelungen durchzusetzen. Auch das spätere »New Yorker Protokoll« über die Rechtsstellung der Flüchtlinge sah keine administrativen Möglichkeiten, trotz nationaler Normierung, die weltbürgerlichen Elemente durchzusetzen. **(7)** Bis heute bestehen einflussreiche Staaten weiter auf der Floskel der »inneren Angelegenheit«. Man bedenke, in mehr als hundert Ländern sind mittlerweile die Migrationsgesetze pro forma geltendes Völkerrecht. **(8)** Die immens hohen Zahlen von fast zweihundert Millionen Flüchtlingen, die das 20. Jahrhundert überschatten, sprechen eine andere Sprache. Hier wirken wohl nur die UNO-Abkommen auf dem geschriebenen Papier beruhigend.
Wie handelten nun die beiden deutschen Teilstaaten nach dem Honecker-Regierungsantritt? Honecker, seit dem 03. Mai 1971 an der Macht, proklamierte den Slogan, den er »Einheit von Wirtschaft von Sozialpolitik« bezeichnete. Letztlich kehrte man mit schöner Umschreibung auf das alte sowjetische Muster der ökonomischen Staatsführung zurück. Die angeblich neue Formel überzeugte nur die, die dem gesellschaftlichen Lager der ideologisch Überzeugten angehörten. Doch es gelang ihm nicht, den Bürgern seines Machtbereiches das Bleiben auf diese Weise zu versüßen. Die Mehrheit der ruhebewahrenden Werktätigen blieb misstrauisch oder sogar ablehnend. Stasi-Chef Mielke kannte durch die permanente Erforschung der Meinung der Bürger deren wahre mentale Einstellung. Deshalb antwortete er recht schnell auf die neue gesellschaftliche Gesamtlage hinsichtlich Fluchtbegehren und sprach vom möglichen »Missbrauch der neuen Lagebedingungen zur Intensivierung seiner konterrevolutionären, subversiven Tätigkeit.« **(9)** Seine Institution ließ mittels Selbstschussautomaten SM 70 über hunderte von Kilo-

metern die innerdeutsche Grenze sichern. Man bedenke, diese Automaten sind bei Berühren menschentötend. Das SED-Politbüro glaubte damit eine allgemein stabilisierende Wirkung zu erreichen. Honecker gab vor der SED-Spitze zu Protokoll: »Die Grenzsicherungsanlagen müssen so angelegt werden, dass sie dem Ansehen der DDR nicht schaden. Überall muss ein einwandfreies Schussfeld gewährleistet werden. Nach wie vor muss bei Grenzdurchbruchsversuch von der Schusswaffe rücksichtslos Gebrauch gemacht werden. An den jetzigen Bestimmungen wird sich diesbezüglich weder heute noch in Zukunft etwas ändern.« **(10)** So veranlasste Mielke im Zuge der »Grenzsicherung« umgehend technische Grenzveränderungen, wie die Installation von Infrarotstrahlern, Röntgen- und radioaktiven Gammastrahlern. **(11)** Mit dem »Verkehrsvertrag« vom 03.06.1972 trat zwischen Ost- und Westdeutschland das »Transitabkommen« in Kraft. Neben einer Vereinbarung über den Transitverkehr von zivilen Personen und Gütern zwischen der Bundesrepublik und Westberlin ist eine Vereinbarung über die Erleichterungen und Verbesserungen des Reise- und Besuchsverkehrs in Berlin enthalten. Auch hier reagierte Stasi-Chef Mielke prompt, bedeutete diese massive Aufrüstung doch, das große DDR-Gefängnis weiter zu perfektionieren. Es hieß im Sprachgebrauch seiner Institution: Die Staatssicherheit hat die »operative Kontrolle« zu optimieren, denn die neuen Reiseerleichterungen werden »negativ politisch-ideologische Auswirkungen auf einen bestimmten Teil unserer Bürger« haben. **(12)** Hier umschreibt der Geheimdienst-Chef mit seinen schnöden Worten, dass pfiffige Mitbürger aus seinem Machtbereich mögliche Schlupflöcher zur Flucht nutzen. Mit den Worten des bekannten Psychoanalytikers H.E. Richter heißt das, dass Mielke den Ostdeutschen weiter permanent demütigen und unterdrücken wollte. Richter umschreibt dies mit seinen psychologisch fundierten Worten: »Am besten funktionieren wir, wenn wir uns überhaupt soweit abzustumpfen oder zu verhärten vermögen, dass uns gar keine gefühlshaften Impulse, keine Sehnsüchte oder Ängste mehr in die Quere kommen. Totale Endemotionalisierung, Kühle und Glätte machen uns am brauchbarsten.« **(13)** Mit Recht fragt er: »Aber was rechtfertigt aber eigentlich unsere Annahme, dass ausgerechnet ein so aufregendes Feld wie die Politik den handelnden Personen die Möglichkeit einräumen könnte, ihre Emotionalität abzuschalten und sich ausschließlich nüchterner Sachlichkeit hinzugeben?« **(14)** An anderer Stelle gibt er selbst die Antwort: »So wird es verständlich, wenn ein Gemeinwesen als Ganzes aggressive größenwahnsinnige Ziele verfolgt, obwohl oder gerade weil jedes seiner abhängigen Mitglieder mehr oder weniger zu einem fügsamen Werkzeug geschrumpft ist, dessen persönliche Geltung immer mehr absinkt.« **(15)** Richters allgemein gehaltene Definition beschreibt treffend die psychosoziale Situation im Osten des deutschen Vaterlandes.

Mit Inkrafttreten des Berlin-Abkommens am 03.06.1972 kam es zu einer erheblichen Zunahme des Reiseverkehrs. Der Transitverkehr ermöglichte eine leichtere Abfertigung an den Kontrollpunkten von und nach Berlin über DDR-Gebiet. Der Verdacht des Missbrauches auf den Strecken durch den Osten eröffnete neue vielfältige Wege. Der Artikel 16 des Transitabkommens sollte Missbrauch wohl unterbinden, blieb aber doch ein Junktim. Deshalb forderte Mielke im Referat der Dienstkonferenz vom 10. 03. 1972 folgendes:

1. Ein neues Regime für die Abfertigung und Absicherung des Transitverkehrs,
2. maximal den Sicherheitserfordernissen der DDR Rechnung zu tragen und
3. Erfüllung der politisch-operativen Aufgaben des MfS wirksam zu unterstützen. **(16)**

Zusätzlich verlangte er neben einer massiven Verstärkung des Dienstbereiches HA VI, vor allem eine allgemeine Neubildung bzw. Umstrukturierung. **(17)** Und der Dienstbereich HA VIII erhielt den Verantwortungsbereich für die Transitstrecken übertragen, mit der Maßgabe, »von der Einfahrt bis zur Ausfahrt aus der DDR eine möglichst lückenlose, ununterbrochene Kon-

trolle, Überwachung und Beobachtung der Transitreisenden und der Transportmittel zu gewährleisten«. **(18)**
Die politische Bühne Deutschlands hatte wieder Fahrt aufgenommen. So unterzeichnete die DDR-Staatsführung am 21.06.1973 den in Kraft getretenen sogenannten »Grundlagenvertrag« (genauer »Vertrag über die Grundlagen der Beziehungen zwischen der Bundesrepublik Deutschland und der Deutschen Demokratischen Republik«). Das Abkommen hatte in sechs Punkten weitreichende Wirkung für die nächsten Jahre. Offen blieben die unterschiedlichen Auffassungen beider Seiten zur »Nation« und zur »Staatsbürgerschaft«. Die öffentliche Ordnung in der Bundesrepublik mit ihren demokratischen Einrichtungen ließ der Regierung keinen politischen Spielraum. Im BVG-Urteil vom 31.07.1973 bestand das Gericht auf dem Verfassungsgebot der Wiedervereinigung und der Nichtakzeptanz einer DDR-Staatsbürgerschaft. **(19)** Aus dieser Überlegung heraus verfasste die Bundesregierung ein Zusatzprotokoll zum »Grundlagen-Vertrag«. Da heißt es unter anderem: »Im Zusammenhang mit der heutigen Unterzeichnung des Vertrages über die Grundlagen der Beziehungen zwischen der Bundesregierung Deutschland und der Deutschen Demokratischen Republik beehrt sich die Regierung der Bundesrepublik Deutschland festzustellen, dass dieser Vertrag nicht im Widerspruch zu dem politischen Ziel der Bundesrepublik Deutschland steht, auf einen Zustand des Friedens in Europa hinzuwirken, in dem das deutsche Volk in freier Selbstbestimmung seine Einheit wiedererlangt«. **(20)** Aufgrund des mittlerweile weltweiten Prestigegewinnes fühlte sich die DDR-Führung nun stark genug, weitere internationale Abkommen einzugehen. Gleichzeitig blieb sie beim Prinzip der politischen Doppelmoral. So akzeptierte man in insgesamt 24 multilateralen Verträgen den Schutz der Menschenrechte, um sich gleichzeitig beim besonderen Schutz des Individuums mit dem Prinzip der individuellen Menschenrechte gewissermaßen taub zu stellen. **(21)** Dafür gab es eine billige Ausrede. Die DDR-Führung behauptete, diese Prinzipien

seien im sozialistischen Staat der DDR bereits verwirklicht. Und die inzwischen erworbene Anerkennung auf politischer Bühne sei Grund genug, Früchte zu ernten. Die gleichen Weltanschauungsapostel, die solche Thesen offerierten, hatten sich nach innen, quasi im Glaskasten der Privilegien, von der Gesellschaft abgeschottet. Man war überzeugt, dass die Früchte tragende Leidenschaft der Ideologen eine bemerkenswerte Stabilisierung nach außen erreicht habe. Für ihre hierzu erforderliche totalitäre Handlungsweise hatten sie Prämissen ermittelt. Es waren die »drei R« von Rechtsempfinden, Rechthaberei und Realumsetzung. Nur wenn nach diesem Prinzip gehandelt wurde, konnte die totalitäre Gesellschaftsstruktur der DDR stabil bleiben. Viele Bürger mit Sinn für eine reale Politik und für kritisches Denken kannten die Denkstrukturen des SED-Machtapparates. Politisch mitdenkende Kreise der Intelligenz suchten sehnsüchtig nach einem reformkritischen Weg, der zwischen der absurden SED-Politik und dem tristen Alltag eine Lösung anbieten könnte. Man hatte selbst in systemkonformen Kreisen erkannt, dass eine realistische Umsetzung der sozialistischen Ideologie auf der Grundlage der Philosophie des Marxismus nicht gelingen kann. Die von der Staatsführung propagierte Heilslehre hatte keine Symbiose geschaffen. Und die kleine Partei-Oberschicht entfernte sich immer mehr von der bestehenden Realität des Alltages. Es galt weiter das prophetische Dogma »Die Partei, die Partei, die hat immer recht.« Dieses Lied von Louis Fürnberg benutzte die Staatspartei bei jeder Gelegenheit als Lobeshymne. Die totalitäre Disziplinierung des Menschen wurde in den bestehenden unumstößlichen Wahrheits- und Erklärungsmonopol der SED eingebunden. Und im Resultat dieser Denkweise wurde die bewusste Strategie der allumfassenden Kollektivierung betrieben. Die Lehre des »Marxismus-Leninismus« übernahm dabei die Funktion einer politischen Religion, die jede Form zwischenmenschlicher Beziehungen erklären könne. Letztendlich brauche man eine individuelle und zwischenmenschliche Pluralität nicht mehr. Ein MfS-Hauptmann beschreibt den neuen sozialistischen Menschen mit seiner Fähigkeit, gnadenlos zu funktionieren, wenn der verführte Mensch sich anstandslos überzeugen lässt. Er behauptet: »Die feindliche Manipulierbarkeit strebt die geistige Zersetzung, Deformation und Uniformierung des Menschen an, um die aktive eigenständig-schöpferische Tätigkeit des DDR-Bürgers ausschalten bzw. in systemkonforme Bahnen lenken zu können.« **(22)** Was für eine ideologische Folklore! Darüber hinaus postulierten die Ideologen der Partei den Gang der Geschichte zu kennen und meinten: »Wer sich nicht belehren ließ, war dumm und böse.« **(23)** Autoren beschreiben in einer wissenschaftlichen Abhandlung die Menschenführung für eine kollektivistische Anthropologie: »Das System hat jeden einzelnen so lange bearbeitet, bis der psychologische Mechanismus der Selbstversklavung und Selbstzerstörung gesichert war. Dieser Vorgang war deshalb so übel und so bitter, weil der einzelne seine Entfremdung schließlich nicht mehr wahrnahm und sein gestörtes Verhalten rationalisierte im Dienste der großen Lehre, als patriotische Pflicht, für den Sieg des Sozialismus.« **(24)** Man bedenke: Durch eine sozialistische Versorgungsdiktatur büßen alle ihre menschliche Würde ein und die Betroffenen werden notgedrungen zu Untertanen des Machtprinzips. Eine »Diktatur der Liebe« kann es prinzipiell nicht geben. Der Einzelne wird nur akzeptiert, wenn er dem unmenschlichen System zu Dienste steht. Die Grundfunktion der sozialistischen Ideologie bestand darin, das entwürdigende Prinzip so zu verschleiern, dass der Untertan gegen den SED-Wohlfahrtsstaat nicht mehr revoltiert. **(25)** Alle waren totalisiert. Jeder wurde dazu verpflichtet, die Identität des Systems aufrecht zu erhalten. Auch der permanent kontrollierte und subtil verängstigte Nachbarkollege zog im Endergebnis dieses Spieles am gleichen Strang der vorgegebenen gesellschaftlichen Uniformität. »Falls das Individuum seine Selbst-Beschneidung unterließ und versuchte, selbstverantwortlich zu handeln, beging er das größte Staatsverbrechen gegen das totalitäre System und wurde terrorisiert.« **(26)** Gleichzeitig sah man ein sogenanntes realsozialistisches Verständnis der Menschenrechte. **(27)** An der MfS-Hochschule von Potsdam formulierte man es so: Da der Vorgang der alles behindernden Klassengegensätze im Sozialismus bereits überwunden sei, bestünde zwischen dem Individuum und der gemeinsam zu gestaltenden Gesellschaft eine neue Beziehung. Damit sei der staatliche Schutz des einzelnen Bürgers nicht mehr nötig, denn es bestände ja die verpflichtende Einheit zur Gestaltung neuer gesellschaftlicher Beziehungen. Die Argumentation der DDR-Ideologen war letztlich nur eine theatralische dialektische Munition ihrer Propagandisten. Ihre Argumentation gab der Führungsebene im Staatsapparat beruhigende Impulse. Gleichzeitig versuchten die staatskonformen Medien mit den vorgefertigten Reden auf galante Weise internationale Gesetze auszuhebeln. Da schrieb man: Wenn ein Individuum sich nicht mehr als selbstständige Persönlichkeit begreift, dann ist der Artikel 13 Absatz 2 der Allgemeinen Erklärung der Menschenrechte ohne Bedeutung. Man bedenke, was dieser Passus tatsächlich aussagen will, wenn es heißt: »Jeder Mensch hat das Recht, jedes Land, einschließlich seines eigenen, zu verlassen sowie in sein Land zurückzukehren«. Der bekannte bundesdeutsche Jurist Bauer sieht in der DDR-Argumentation eine Rechtsbeugung. Er schreibt: »Wo das Recht geschändet wird, gibt es keine Mitmenschlichkeit, keine Humanität, keinen Respekt vor der Menschenwürde.« **(28)** Aus psychologischer Sicht H. E. Richters resultiert daraus ein höchst gefährliches Angebot, nämlich, dass die »staatliche Obrigkeit sich als eine Art Ersatzgewissen etabliert«, wörtlich: »Die Führung des Kollektivs kann diesen Prozess so steuern, dass sie einerseits die Bereitschaft zur Unterwerfung und Aggressionsunterdrückung für die Festung ihrer Herrschaft nach innen ausnutzt und dass sie sich jedoch andererseits der abgespaltenen antisozialen Impulse bedient, um diese nach außen zu lenken gegen alles. (…) So wird es verständlich, wenn ein Gemeinwesen als Ganzes aggressive größenwahnsinnige Ziele verfolgt, obwohl (…) jedes seiner abhängigen Mitglieder mehr oder weniger zu einem fügsamen

Werkzeug geschrumpft ist, dessen persönliche Geltung immer mehr absinkt.« **(29)**
Meine Einstellung zur Weltanschauungsdiktatur im Osten hatte 1973 einen Tiefpunkt erreicht. Aus diesem Grunde wollte ich nicht mehr nur Werkzeug sein, mit dem eine Macht nach Gutdünken spielen kann. Deshalb hatte ich in dieser psychisch ausweglosen Lage bereits den Aufbruch, die Flucht aus solcher nivellierenden und blinden Welt abartiger Triebkräfte vollzogen. Der Psychoanalytiker Richter sagt es mit den folgenden Worten klar und deutlich: »Wer nicht leiden will, muss hassen!« **(30)** So weit war ich dem heuchlerisch verformten System durch Hass fast antichristlich entglitten.
Wer nicht so wie meine Angehörigen und ich dachte, der musste im Sozialismus nach DDR-Prägung verbleiben und sich notdürftig arrangieren. Solches Tun setzte voraus, dass man im System einen Hauch von Glauben an Anstand empfinden muss, am ehesten im Sinne einer »Anstandspflicht, die eigene Angst zu unterdrücken oder zumindestens zu verschweigen«. **(31)** Da stellt sich die Frage, welche Formen des gesellschaftlichen Widerstandes Mitte der siebziger Jahre DDR-typisch waren. Der bekannte DDR-Historiker H. Knabe postuliert eine Typologie des politischen Widerspruches mit zehn Stufen der Opposition, die seiner Meinung nach von »Resistenz« über »aktiven Widerstand« bis zum »Aufstand« reichen würde. **(32)** Ich meine, dass in der ersten Honecker-Regierungszeit kein organisierter Widerstand bestand. Es werden im Schrifttum die frühen Andersdenker als »Opposition im sozialmoralischen Milieu« oder mit einem »Potenzial für abweichendes Verhalten« beschrieben, nur kleine Gruppen, die sich verschwiegen und abgeschieden zuhause trafen. **(33)** Diese Menschen wollten keine politische Gruppenbildung im Sinne einer echten Opposition sein. Viele dieser kritisch denkenden Bürger bewegten sich zwischen Lethargie, Inaktivität und Angepasstsein. Das Nichtmitmachen bedeutete, dass das Mitmachen am gesellschaftlichen Leben oft nur ein »Eingeschriebensein« war. Man war Mitglied in einer

der Massenorganisationen, beispielsweise der FDJ, DSF, GST und FDGB. Die Beteiligung an diesen staatskonformen Vereinigungen ließ wie im heutigen Vereinsleben Tätigkeiten als Kassenwart oder Mitarbeit bei der Programmgestaltung zu. Der Arbeitsplatz bildete weiter die entscheidende staatlich instruierte Einflussnahme. Mit der Seele waren die wenigsten dabei. Erst wenn man in der beruflichen Hierarchie weiterkommen wollte, blieb vielen nichts anderes übrig, als einer Partei beizutreten. Schlaumeier meinten gut zu handeln, bei einer der ideologisch angepassten Blockparteien, wie der CDU, NDPD, LDPD oder DBD eingeschrieben zu sein. Die Mitgliedschaft in einer dieser Parteien zählte mehr als fachliche Kompetenz. Normalität war es SED-Mitglied zu sein, denn allein diese marxistisch-leninistische Partei mit ihrem angeblichen wissenschaftlichen Weltbild sei die »Avantgarde der Gesellschaft«. In der Hochzeit des DDR-Systems gab es immerhin 2,3 Millionen eingeschriebene SED-Mitglieder. Viele Menschen verhielten sich trotz ständiger Bedrängung durch staatliche Stellen weiterhin passiv. Diese unauffällig agierenden Personen sorgten auf ihre Weise dafür, dass sie dazugehörten. An den von der staatlichen Propaganda befohlenen Demonstrationen, beispielsweise am 1. Mai, 8. Mai oder 9. November jeden Jahres konnte man auch fehlen. »Der Herr Müller war wieder einmal krank«, so hieß es oft lakonisch. Und den Schulzen lockten nur die an diesen Tagen aufgestellten Stände zum Verkauf der sonst so selten angebotenen Apfelsinen oder Bananen. Wenn eine Wahl anstand, dann überlegte der Müller insgeheim, ob er es wagen könne, an der Scheinwahl von bereits zuvor feststehenden 99,8 Prozent Zustimmung nicht teilzunehmen. Durch das geschickte Stimmzettel-Einwerfen wäre ein Nein von den eingeteilten Aufsehern bemerkt worden. Man hätte ja zuvor die provisorisch aufgestellte, so gut wie nicht benutzte Wahlkabine, aufsuchen müssen. Das aber unterließen die 99 Prozent sogenannten »Wähler«.

Es gab in den siebziger Jahren nur wenige Personen, die das DDR-System kritisch hinterfragten. Die echte Opposition bestand aus einer Schicht von Akademikern, Künstlern und Theologen, die dem Betätigungsfeld der werktätigen Bevölkerung, eine damals gern und oft gebrauchte Umschreibung für den Normalbürger, fremd gegenüber standen. Sie blieben im Verborgenen. Da gab es die Künstler-Szene, die seit dem 4. Plenum des ZK der SED (Dezember 1971) bisher nicht für möglich gehaltene Freiheiten zugesprochen bekam. Diese sozialistische Kunst und Kultur durfte sich nun ganz offiziell der Basis des nationalen Erbes bedienen und Gedankengänge des westlichen kritischen Denkens, wenn auch nur gezielt, verarbeiten. Recht bald merkte die SED-Führung aber, dass das Kunst- und Kulturregime zu staatlich reglementiert war. Folglich verschwanden auch viele kritische Künstler in den bereits von mir beschriebenen persönlichen Raum. Kunst und Kultur blühten nun im privaten Sektor der Freundes- und Bekanntenkreise. Viele blieben apolitisch. Das änderte sich erst mit der Biermann-Ausbürgerung. Der kritische Liedermacher trug auch in kirchlichen Einrichtungen der DDR seine systemkritischen Gedichte und Lieder vor. Nur wenige Menschen hatten Glück sie zu hören und zu genießen. Die Mehrzahl der Einwohner nahm erst 1976 per Fernsehen (ARD) die Möglichkeit oppositioneller Einwände genüsslich wahr. Nach seinem Gastspiel in der Bundesrepublik Deutschland verweigerte die DDR-Behörde ihm die Wiedereinreise. Das war gewissermaßen die besondere Form der Ausbürgerung. Der plumpe Herausschmiss des Künstlers bewirkte eine sich schnell artikulierende Bewegung der Querdenker, Andersdenker und Ausreise-Antragsteller. Aus der bisher stillen Oppositionsbewegung der Schriftsteller, Musiker und Maler entstand eine sich öffentlich und freimütig äußernde Bewegung mit politischem Unterton. Plötzlich war die bisher anormale oppositionelle Ruhe dahin. Das half auch der kleinen Gruppe von Andersdenkenden, die sich tatsächlich andersdenkend verhielten. Sie stellten aus Sicht der SED-Führung eine doch gefährliche Rolle der »parasozialen Opposition« dar. Sie suchten nach einer Demokratisierung der Gesellschaft und nach einem wirtschaftlich prosperierenden DDR-System, letztlich eine eigene Führungsrolle im Machtsystem. Die Partei titulierte sie sofort als Vertreter des »Sozialdemokratismus« mit »konterrevolutionären« Absichten. So konnte man sie kriminalisieren. Die hallesche Universität hatte in ihren Reihen Visionäre mit reformsozialistischen Ansichten, die tatsächlich nach einem besseren Sozialismus suchten. Ohne eine effiziente Bindung an die führenden Vertreter von Partei und Staat zu erhalten kann ein naturgemäß sichtbarer Kurswechsel nicht gelingen. Ende der siebziger Jahre löste sich die visionäre Sozialismus-Debatte in Schall und Rauch auf. Mittlerweile stand der wohl prominenteste Vertreter Professor Havemann, ein emeritiertes SED-Mitglied, unter Hausarrest. Und auch der Sozialist Bahro war inzwischen juristisch über Haft kaltgestellt. Beide genannten Parteireformer verstanden sich als Vertreter für »Elemente einer neuen Politik« (Titel eines Buches von Bahro), die ein neues Verhältnis von Ökologie und Sozialismus proklamierten. Wohlweislich suchten sie den Erhalt und die Stabilisierung der vorhandenen gesellschaftlichen und sozialen Verhältnisse. Seit dem Schock der Biermann-Ausbürgerung sah sich die DDR-Jurisprudenz genötigt, Andersdenkende mit dem Paragraphen 106 des StGB der DDR (Staatsfeindliche Hetze: »Wer die verfassungsmäßigen Grundlagen der sozialistischen Staats- und Gesellschaftsordnung der DDR angreift oder gegen sie aufwiegelt, ...«) zu belegen und mundtot zu machen. Jede Form des Andersdenkens als die SED-Spitze konnte mit Verrat am sozialistischen Staat abgeurteilt werden. So erhielten die Reformer des eigenen Systems den Stempel der kriminellen Handlung. Prof. Havemann ordnete die hier beschriebene Straftat richtig ein, als er an seine unzufriedenen und irritierten Mitglieder der sozialistischen Gemeinde schrieb: »Diese Gruppen verfolgen den Versuch, in der Wahrheit zu leben«. Er war es auch, der nach 1976 die Menschenrechtsgruppen unterstützte, als er eine Legalisierung von oppositionellen Gruppen forderte und die Lösung der Menschenrechtsfragen im Sinne des »neuen Sozialismus« verlangte. **(34)** Die kritischen Denker schufen so ab Mitte der siebziger Jahre eine Form der »institutionalisierten Opposition.«(**35)** Alle Andersdenker wussten, dass sie von der Stasi in Wort und Tat präzise erfasst waren. Man arbeitete mit diversen Methoden. Zumindestens erhielt ein solch »Entlarvter« eine Vorladung zum Parteisekretär, mit dem Ziel der Zurücknahme von nicht parteikonformen Äußerungen. Meistens folgte das Schwert der Rehabilitierung mit unterschiedlichster Farbgebung. Eine gängige Form bestand in der stillen Erpressung. So konnte das MfS konsequent und geheim die Zahl seiner informellen Mitarbeiter ausbauen, gewissermaßen die Erpressung als Form der Werbung benutzen. Notfalls kam die strafrechtliche Verfolgung als extremste Form der Einschüchterung zur Umsetzung. Das SED-Sprachrohr »Neues Deutschland« wusste, wann es hochrangige politische bzw. gesellschaftliche Personen, in Absprache mit den Parteioberen, als »Kämpfer gegen den Sozialismus« zu brandmarken hatte. Die breite Bevölkerungsschicht war von solchen Harakiri-Kämpfern an der SED-Front nur gering berührt. Trotz der KSZE-Abschlusskonferenz in Helsinki (30.07.1975 bis 01.08.1975) und dem dort beschlossenen »Korb 3« (Verweis auf Menschenrechte) sahen sowohl die Parteigrößen als auch SED-Funktionäre noch immer ihre unantastbare führende Rolle als Vollstrecker nach sozialistischen Gesetzen und einer Handlung nach sozialistischer Ordnung. Der Psychoanalytiker H. E. Richter verstand es vortrefflich, diese zwiespältige Rolle der totalitären Funktionäre zu deuten. Er schreibt: »Menschen mit einer zwangsneurotischen Struktur glauben an die schützende Allmacht von Satzungen, Ordnungen und Sicherheitssystemen jeder Art. (…) Insgeheim sind sie aber weder willens noch im Stande, sich wirklich mit Hilfe irgendeiner formalen Regelung mit ihrer sozialen Umwelt versöhnlich zu arrangieren. Ihr unbewältigter innerer Aggressionsdruck macht zunichte, was sie sich als redliches Bestreben so sehr einsuggerieren, dass sie daran schließlich nicht mehr zu zweifeln vermögen.« **(36)** Mit den Beschlüssen von Helsinki hatten die in einer lethargischen und gedemütigten Grundstimmung verharrenden Menschen begriffen, dass im gesellschaftlichen Kräftespiel eine neue Rollenverteilung keimt. Händeringend suchte und fand der Unterdrückungsapparat neue Qualitäten. Der Historiker Knabe beschreibt sie treffend: »Diese weichen Formen der Verfolgung und Unterdrückung (z. B. Richtlinie 11–76) – Rufschädigung, Organisation beruflicher und gesellschaftlicher Misserfolge zur Untergrabung des Selbstvertrauens u. a. – waren auf den ersten Blick nicht als Menschenrechtsverletzungen erkennbar und verstießen trotzdem gegen die Allgemeine Erklärung der Menschenrechte durch die UNO und waren kaum weniger wirksam, als die groben Methoden der Unterdrückung.« **(37)** Das international gewonnene Ansehen der DDR verbot drakonische Repressalien. Wie auch immer man die siebziger Jahre der Honecker-Ära sehen möchte, die kritischen oppositionellen Töne aus der anfänglich doch tristen Bewegung bekamen ab 1978 eine neue Qualität und bereiteten damit die spätere friedliche Revolution von 1989/90 vor.

Die Zeit der »Abstimmung mit den Ausreise-Anträgen« erlebte ich persönlich nicht mehr. Am 20.10.1976 wurde ich an die Bundesrepublik Deutschland verkauft. Nun besaß ich als angeblich zutiefst Erniedrigter und Gekränkter, in Wirklichkeit äußerst glücklicher junger Arzt den Status eines Migranten. Mit Freude nahm ich in der Haft (Karl-Marx-Stadt, jetzt Chemnitz) die von Mielke persönlich unterschriebene Urkunde zur »Aberkennung der Staatsbürgerschaft der DDR« in Empfang. Und wenige Wochen später erhielt ich einen neuen Pass, der mich wieder zum Deutschen machte. So kann man in paradoxer Weise innerhalb Deutschlands zum Auswanderer und Einwanderer werden. Was für eine Paranoia.

B 3 Die Kirche im Sozialismus

Wenige Jahre nach Gründung der DDR begann bereits der Kirchenkampf im Osten des deutschen Vaterlandes mit dem Ziel des Staates, insbesondere die Jugend von der Kirche fern zu halten. Immerhin war Anfang der 50er-Jahre die Evangelische Kirche in Mitteldeutschland noch eine Volkskirche. Das SED-Politbüro ging mit äußerster Brachialgewalt vor und untergrub mit undemokratischen und gesetzeswidrigen Maßnahmen die Jugendarbeit der christlichen Konfessionen. Im FDJ-Sprachrohr »Junge Welt« wurde am 1. April 1953 eine Sondernummer gegen die Arbeit der »Jungen Gemeinde« veröffentlicht, die im Grunde der Form nach einer Hetzschrift entsprach. Der damalige Vorsitzende der FDJ (»Freie Deutsche Jugend«, eine von der SED installierte Organisation zur Förderung der staatskonformen Parteiziele) E. Honecker setzte einen sogenannten Plan für die »Entlarvung der Jungen Gemeinde« um. Die kirchlichen Einrichtungen seien eine »Tarnorganisation für Kriegshetze, Sabotage und Spionage«, die von internationalen Kräften gesteuert würden. In Wirklichkeit waren die kirchlichen Aktivitäten nichts anderes als die legale Möglichkeit der christlichen Jugendarbeit, die in Gesprächskreisen, Freizeitveranstaltungen und Musikabenden anfangs viele Jugendliche ansprach. Mitte der 50er-Jahre leitete eine solche Gruppe mein Vater in der St. Georgen-Gemeinde von Halle (Glaucha). Den mir vorliegenden BStU-Unterlagen kann ich interessante Details entnehmen. Im Jahre 1955 hatte die MfS-Bezirksstelle Halle in Absprache mit der Berliner Zentrale einen sogenannten »Überprüfungsvorgang« bei Pfarrer Wilding eingeleitet. Dieser mündete wenige Monate später in einen »1. Operativplan«, der aus 5 Punkten bestand:

1. Überprüfung in der Abt. XII des MfS (Zentrale Auskunft und Speicherung),
2. Einleitung einer Postsperre,

3. Überwachung der Sonntagspredigten,
4. »Aufklärung« der Kirchenratsmitglieder,
5. Überwachung der Bibelstunden.

Zwei eingeschleuste GI (Geheime Informatoren) mit den Decknamen »Fred« und »Wolfram« (beide Namen unbekannt) steuerten und kontrollierten die Stasi-Aktion. Zusätzlich schuf sich der Geheimdienst durch einen Theologiestudenten (Name bekannt) eine »Vertrauensstellung«, indem der Genannte meinem Vater bei technischen Problemen zur Abendgestaltung (Film- und Musikvorführungen) half. **(1)** Als 11-jähriger Bub bekam ich mit, dass mein Vater die Funktion der GI (später IM) sehr schnell erkannt hatte und entsprechend »vorsichtig« reagierte. Es kam aber auch wiederholt zu Debatten mit der Mutter, die die Einsatzfreude ihres Mannes zu bremsen suchte. Die Stasi-Aktion gipfelte schließlich in einem unverhofften nächtlichen »Besuch zweier Herren in Lederjacke« am Bett meiner Eltern. Einer der Fremden habe mit bedrohlicher Rede dem »Herrn Pfarrer geraten, die Arbeit mit der Jungen Gemeinde zu beenden«, so die Mutter im Gespräch später mir gegenüber. Leider gibt es nach 1955 keine BStU-Akten mehr, obwohl der Vater noch 23 Jahre (bis 1978) voller Passion seinem Beruf nachgegangen ist. (Die Unterlagen des MfS wären sicherlich sehr interessant. Man hat sie vermutlich zur rechten Zeit vernichtet.)

Im gesellschaftlichen Machtpoker nahmen die Kirchen der DDR eine Sonderstellung ein. Deshalb versuchte die Stasi aus diesem Kreis durch »allmähliches Heranziehen zur Mitarbeit« ausreichend IM zu gewinnen. Die tiefere ideologische Beeinflussung der Kirche wurde durch weitere Verordnungen gefestigt, so die Richtlinie 1/68 und die Richtlinie 1/79. Letztere galt als Grundlage für eine konsequente und umfassende Zusammenarbeit der Kirche mit dieser Behörde. Anfangs blieb man in »vertraulichen Gesprächen« und oft ohne schriftliches Einverständnis locker und angeblich unverbindlich, um vor allem die kirchliche Denkweise kennenzulernen. In der Tat war das von Seiten der Stasi nur ein bewusstes und taktisches Manöver. **(2)**

Wie war die kirchliche Situation zu meinem Fluchtzeitpunkt? Die Mielke-Behörde hatte seit Anfang der 70er-Jahre vor allem die kirchlichen Würdenträger als Zielgruppe. Dazu lese ich: Als ein Musterbeispiel gilt unter altgedienten Offizieren der Hauptabteilung XX/4 das erfolgreiche Einwirken auf die evangelische Bundessynode 1974. Zu diesem Zeitpunkt gelang es mit geheimdienstlicher Arbeit zum ersten Mal, die Leitung des Kirchenbundes und die Synode zu einem klaren Bekenntnis zur DDR zu bringen, dem Meilenstein zur »Kirche im Sozialismus.« **(3)** Der Görlitzer Bischof der Bekennenden Kirche H.J. Fränkel sah sich in dieser Phase noch als Vertreter zahlreicher oppositioneller Gruppen und widersprach dem Anspruch der SED-Ideologen, »die Wahrheit im letzten Sinne« zu vertreten. Er entweihte mit theologischer Rhetorik die Lehrsätze der SED-Gelehrten. Die Führungsriege reagierte auf ihre Weise, indem sie solche Theologen wie ihn mit Rufschädigung und Isolierungsversuchen belegte und damit dessen oppositionelle Position untergrub. **(4)** Die Mehrzahl der evangelischen Kirchenführer wirkte recht früh angepasst, fehlte der Mehrzahl von ihnen wohl das Format für einen Durchsetzungswillen. Vielleicht war das Phänomen der politischen Ermüdung auch das erste Zeichen eines allgemeinen Führungsproblems in der Kirche. **(5)** Anders verhielten sich die kirchlichen Mitarbeiter und Rechtsanwälte, wie beispielsweise der Konsistorialpräsident M. Stolpe, der eine eher vermittelnde Funktion suchte und übernahm. In den 70er-Jahren häuften sich die Konflikte mit dem MfS, vor allem bei kirchlichen Synoden und Basistreffen, auf denen grundsätzlich die potentielle Gefahr bestand, dass Kritik an den Verhältnissen in der DDR geübt wurde. Mit Argwohn belauschte man staatlicherseits vor allem die kirchliche Jugendarbeit. Auch bei den nichtkirchlichen Jugendlichen gewann die Kirche beispielsweise bei Gedichte-Lesungen und Musik-Abenden wieder an Attraktivität. **(6)** In der Literatur wird dies mit offener Arbeit umschrieben, das heißt der Raum der Kirche gab die Möglichkeit zur Diskussion über Probleme und aktuelle Themen, die in der allgemeinen Öffentlichkeit, insbesondere in den ideologisch geprägten Lehreinrichtungen, keinen Platz haben durften. **(7)** Haspel beschreibt treffend die politische Diakonie der DDR-Kirche und sagt: »So übernahm die offene Arbeit die Funktionen des politischen Systems, wie beispielsweise Interessenartikulation, Missstände ermahnen und einen ergebnisoffenen politischen Diskurs führen.« **(8)** Erst Ende der 70er-Jahre bekam die Qualität der Arbeit einen politischen Charakter mit sozialem Unterton, beispielsweise zur Thematik der Gewaltlosigkeit, Friedenspolitik, Ökologie und Menschenrechtsfragen. Neubert spricht davon, dass bereits 1977 die erste »institutionalisierte Opposition« bestand. **(9)**

Das Verhältnis Kirche-Staat zeigte mittlerweile erhebliche Risse, insbesondere nach dem IX. Parteitag der SED vom Mai 1976. Von der Mehrzahl der Kirchenführer war die kirchliche Funktion des »Wächteramtes« (nach der »Wächteramts-Theorie«) als politisch-ideologisches Konzept verlassen worden. Das Konzept nach dem Willen bürgerlich orientierter Geistlicher und nach dem der sozialismusfeindlichen »Bekennenden Kirche« wurde quasi ad acta gelegt. **(10)** Parallellaufend dazu verfügte die Staatsführung bei der für Kirchenfragen zuständigen Stelle (Staatssekretariat für Kirchenfragen) eine noch schärfere Gangart. Man sprach davon, jetzt die reaktionären Kräfte in der Kirche entscheidend zu schwächen. **(11)** Im Grunde ging es dem Staat darum, die religiöse Institution nicht nur langfristig zu schwächen, sondern nach den Leitsätzen der marxistischen Lehre in ferner Zeit doch noch liquidieren zu können. Der damals wortführende Bischof A. Schönherr gebrauchte zur Erklärung des Staat-Kirche-Verhältnisses ein einprägsames und markantes Gleichnis, als er auf einem Dresdner Konvent vom 14. März 1974 davon sprach: Das Verhältnis von Staat und Kirche ist gleich wie das von Katz und Maus. Die hat nur zwei Möglichkeiten: Entweder sie verkriecht sich in ihr Loch oder sie tritt der Katze gegenüber und überzeugt sie davon, dass es gegenwärtig nicht opportun ist, die Maus zu fressen. **(12)** So saß die Kirchen-

führung zwischen den Stühlen von »unten« und von »oben«. Der bekannte Bischof Krusche sprach von zunehmender Ratlosigkeit. Das spürte ich auch bei internen Gesprächen mit dem Vater. Weshalb war das so? Es gab zahlreiche Gründe.
Bereits dreißig Jahre früher hatte der bekannte Theologe D. Bonhoeffer es ausgesprochen. Er beschrieb es so: »Bei genauerem Zusehen zeigt sich, dass jede starke äußere Machtentfaltung, sei sie politischer oder religiöser Art, einen großen Teil der Menschen mit Dummheit schlägt. Ja, es hat den Anschein, als sei das geradezu ein soziologisch-psychologisches Gesetz. Die Macht der einen braucht die Dummheit der anderen. (...) Es wird wirklich darauf ankommen, ob Machthaber sich mehr von der Dummheit oder von der inneren Selbstständigkeit und Klugheit der Menschen versprechen.« **(13)** Die angebliche Wissenschaftlichkeit der marxistischen Lehre reichte eben nicht aus, die christliche Lehre in die Ecke zu verbannen, weil nach Ansicht ihrer Propheten nur Dumme sie glauben würden. DDR-Wissenschaftler versuchten dem Volk die Unwissenschaftlichkeit der christlichen Glaubenssätze näher zu bringen und das christlich orientierte Volk gleichzeitig für dümmlich rückständig zu verkaufen. Nach meiner Meinung wuchs von Jahr zu Jahr tatsächlich das Dilemma. Es endete in einer zunehmenden Entfremdung zwischen Obrigkeit von Staats- und Kirchenführung und dem christlichen Fußvolk. So schrieb ein Pfarrer an seine Kirchenleitung folgende beschwörende Zeilen: »Ich empfinde es als beschwerlich, gefährlich und beschämend, dass in kirchlichen Verlautbarungen viele Worte bei der Verletzung von elementaren Menschenrechten in Südafrika und anderen weit entfernten Gebieten gefunden werden, aber keine oder nur wenige Worte (...) bei Vorkommnissen (besser: unhaltbaren Zuständen) in unserem Land.« **(14)** Hierzu eine persönliche Erfahrung, die ich kurz vor der Verhaftung und Überstellung in die U-Haft des »Roten Ochsen« erlebte. Sonntags früh, gegen 09.00 Uhr, erklangen auf dem Laurentius-Friedhof von Halle Posaunenklänge. Die vier bis sechs blechblasinteressierten Hobbymusi-

ker, unter ihnen auch ich, gestalteten ihr Werk voller Hingabe und Leidenschaft. Letztlich wurden christliche Lieder ganz gezielt zur gegenüber liegenden Stasi-U-Haft »Am Kirchtor« geschmettert. Ein jeder von uns ahnte das Leid der Menschen dort. An einem dieser Sonntage hatte sich in der ehrwürdigen kleinen Laurentius-Kirche der Dessauer Kirchenpräsident Dr. E. Natho zur Predigt angesagt. Wir gingen nach unserem Auftritt geschlossen hin und lauschten seinen Worten. Der erst seit kurzer Zeit als leitender Geistlicher der Evangelischen Landeskirche Anhalts tätige Theologe sprach von der Wichtigkeit der Kirche im Sozialismus. Wortlos blieb das Gesagte im Raum stehen, auch bei meinen Mitbesuchern und mir. Den zumeist älteren, nicht zahlreichen Kirchgängern ging es sicher nicht anderes. Denn Parolen von Durchhalten und Aushalten im aufkeimenden Sozialismus konnten den Zuhörern keinen Trost spenden. Wer sich Mitte der 70er-Jahre in der Evangelischen Kirche Verdienste erwerben wollte, der sah die schwierige Phase in der Gesellschaft und ihre Verantwortung für die ganze östliche Kirche, ohne es aussprechen zu können. In einem Kommentar der EKD-Synode aus dieser Zeit wird die bischöfliche Haltung beschrieben, dass die evangelische Kirche keine echte Oppositionspartei sein wolle, der man zu bestimmtem politischen Verhalten und zu Machtansprüchen gegenüber dem Staat raten müsse. **(15)** Mir reichten die Worte des Kirchenpräsidenten nicht. Ich sah keinen sinnvollen Weg der Kirche im Sozialismus. In meinen Ohren klang ein kürzlich aufgenommener Aufruf meines Vaters nach, den er in einer Predigt äußerte: »Lebt in Wahrheit, ohne Lug und Trug. Es kommt der Tag, an dem unser Handeln vor Gott zu bestehen hat!«

Eine außergewöhnliche Widerstandsaktion im Sinne des individuellen Protestes gegen die SED-Ideologie bestand in der Handlung der Selbstverbrennung des Anhaltiner Pfarrers O. Brüsewitz, der sich am 18. August 1976 auf den Zeitzer Marktplatz stellte und sich mit Benzin übergoss. Er zog sich lebensgefährliche Verbrennungen zu. Seine Handlung galt als Fanal gegen das

Stillhalten der evangelischen Kirche und gegen die inhumane Politik des Staates. Er bezeichnete es als »Kampf gegen den Kommunismus«; auf seinen mitgeführten und aufgestellten Transparent stand: »Funksignal an alle, (...) Funksignal an alle. (...) Wir klagen den Kommunismus an, wegen Unterdrückung der Kirche, Schulen an Kindern und Jugendlichen!« **(16)** Pfarrer Brüsewitz kam in das Bezirkskrankenhaus Halle-Döllau, in dem ich zuvor tätig war, und verstarb wenige Tage später an den Brandverletzungen. Viele andere Geistliche waren der Meinung, dass die Kirchenführung die Gläubigen zu oft in der Auseinandersetzung mit der Staatsführung allein gelassen hätten. Die Literatur bestätigt diese Aussage. Da schreibt ein Verantwortlicher: »Es war dies eine Zeit, in der die allgemeine Resignation vieler Kirchenmitglieder deutlich erkennbar wurde.« **(17)** Die Kirchenleitung suchte sich mit dem Regime auf einen ominösen Nenner zu einigen. So blieb für Medienvertreter unklar, warum im Konsistorialbüro von Sachsen-Anhalt (Magdeburg), das unter juristischer Leitung von M. Stolpe stand, die »Akte Brüsewitz« nicht mehr auffindbar war. **(18)** In einigen Kommentaren lese ich bemerkenswertes: »Mag die SED auch versuchen, Pfarrer Brüsewitz als anormal abzustempeln und seinen Selbstverbrennungsversuch als Verzweiflungstat eines Einzelnen abzuwerten, so stehen dahinter dennoch die Not und Verzweiflung von Millionen Menschen, nicht nur in der Kirche, sondern in der ganzen Bevölkerung der DDR.« Im Jahr 1976 erreichte die Selbsttötungsrate in der DDR mit 13,6 Suizidenden pro einhunderttausend Einwohner ein Maximum. War der Tod des Pfarrers also Spitze eines Eisberges und damit verantwortlich für ein durch die politischen Verhältnisse erzeugtes suizidales Klima? **(19)** Statistiken belegen es. Das MfS registrierte bei kirchlichen Mitarbeitern bzw. deren Angehörigen zwischen 1976 und 1980 eine höhere Rate von Suizidversuchen, davon 18 tödlich. **(20)** Der Autor U. Grashoff meint dazu: Die Tat des Pfarrers blieb ein Bezugspunkt oppositionellen Handels. Ausreiseantragsteller aus Karl-Marx-Stadt nahmen im Sommer 1978 auf Brüsewitz'

Grab eine Einpflanzung vor, neben die sie eine Karte legten mit der Aufschrift: »Auch für uns gestorben«. **(21)** Das Resümee von Grashoff ist treffend. Bei der Aktion, die sich auf das Fanal von Zeitz bezog, überwog deutlich der demonstrative Aspekt gegenüber der resignativ-selbstdestruktiven Betrachtungsweise. »Die Menschen, die riskante politische Selbstverbrennungen wählten, wollten nicht in den Himmel, nicht in die Erde, sie wollten in die Bundesrepublik.« **(22)** Honecker gab nach dem Vorfall seiner Administration trotz des politischen Druckes von außen keine Mitschuld, begriff aber, dass nun ein geregeltes Verhältnis zur Kirche notwendig war. Keine Seite wollte eine ideologische Zuspitzung. Staatlicherseits musste man einen politischen und gesellschaftlichen Konsens mit der Kirche finden. Der Mielke-Apparat wusste, dass er die Kirche nur bedingt in das gesellschaftliche System integrieren kann, zumal er dies auch nur notgedrungen wollte. Sein Ziel war es, die kirchlichen Institutionen weiter heuchlerisch zu hofieren, andererseits wegen des ständigen Unsicherheitsfaktors noch konsequenter zu kontrollieren. Dazu schreibt Hanke: »Aber der Kampf zwischen Angepassten und Unbequemen sollte möglichst unter dem Dach der Kirche im Sozialismus, dem kirchlichen Handlungsraum, selbst ausgetragen werden. Progressive, auf realistische Positionen stehende Gläubige wurden gefordert, negative kirchliche Kräfte offensiv zu bekämpfen.« **(23)** Die DDR-Führung bezog also gegenüber dem mittlerweile gegründeten DDR-Kirchenbund eine ambivalente Haltung. Einerseits wurde in der Praxis an dem Versuch festgehalten, die gesellschaftliche Rolle der Kirche zu beschneiden und sie auf die sozialistische Politik zu verpflichten, andererseits erkannte man die grundsätzlichen weltanschaulichen Gegensätze an und billigte der Kirche theoretisch eine eigene Positionsbeschreibung zu. **(24)** Und die Bundessynode brachte es nach vielen Diskussionen auf die Formel des Erfurter Propstes Dr. H. Falcke. Er beschreibt eine »Dialektik von radikaler Freiheit und Bindung aus der Befreiung des Menschen durch Jesus Christus« und verband sie mit dem »Modell im Sozialismus«. **(25)** Der zwischen Staat und Kirche in jeder Phase seines aktiven Lebens zwiespältig operierende Konsistorialpräsident und stellvertretende Kirchenbund-Vorsitzende M. Stolpe beschreibt diese Überlegungen mit den Worten einer »Kirche als Lerngemeinschaft«: »Kirche im Sozialismus wäre die Kirche, die dem christlichen Bürger und der einzelnen Gemeinde hilft, dass sie einen Weg in der sozialistischen Gesellschaft in der Freiheit und Bindung des Glaubens finden und bemüht sind, das Beste für alle und für das Ganze zu suchen.« **(26)** In der zweiten Hälfte der 70er-Jahre trug das Aufeinander zugehen von Kirche und Staat Früchte. Die bereits im Jahre 1968 vom damaligen thüringischen Landesbischof M. Mitzenheim beschriebene Option »Kirche im Sozialismus« gipfelte jetzt in einer Kooperationsbereitschaft mit dem Staat. **(27)** Der Bischof Hempel nannte sie eine Gratwanderung zwischen Anpassung und Verweigerung. **(28)** Auf diese Form der kooperativen Zusammenarbeit konnten die Ideologen in der Partei einlenken, obwohl sie noch immer eine weiter verdeckte Bearbeitung und Schwächung der Kirche betrieben. In einer Dienstvorschrift wird »die vorbeugende Verbindung, Aufdeckung und Bekämpfung« der organisierten Opposition unter dem Dach der Kirche intensiv weiter beschrieben. Über den kirchlichen Verwaltungsapparat, der mit zahllosen informellen Mitarbeitern unterwandert war, erhielt man genügend Einblicke in die Struktur der Glaubensgemeinschaft. Auf die Mitwirkung kirchlicher Kräfte bei der Disziplinierung von Oppositionellen legte das MfS großen Wert. **(29)** Am 06. März 1978 endete das Katz-und-Maus-Spiel der beiden ungleichen Partner in dem bekannten Spitzengespräch zwischen dem Staatsrats-Vorsitzenden E. Honecker und dem leitenden Bischof A. Schönherr. Der Staatssekretär für Kirchenfragen H. Seigewasser sprach von einem historischen Gespräch, in dem beide Seiten ihr zwiespältiges Verhältnis neu definiert hätten. Gerade wegen der unverrückbaren Grundpositionen bemühte man sich, die bestehenden Konflikte in einem vernünftigen Rahmen zu halten. Die Sachfragen wurden münd-

lich gelöst, ein offizielles Vertragswerk ist vermieden worden. Die SED sprach von der »Notwendigkeit des gemeinsamen historischen Anliegens«. Und die Kirchenführung sah die Beschlüsse als »Entfaltungsmöglichkeiten von neuer Qualität«, im Grunde nichtssagende Worte. In einem Kommentar von Funder heißt es: »In erster Linie stellte die Einigung auf dem kleinsten gemeinsamen Nenner wohl einen notwendigen Baustein der Ost-West-Entspannung dar. Im Zeichen des KSZE-Prozesses brauchte die SED im eigenen Land Ruhe. Die Kirche versprach sich davon einen größeren Handlungsspielraum.« **(30)**
Die Beschreibung der kirchlichen Situation ist nur eine gesellschaftspolitische Seite, die den Alltag im Osten Deutschlands zu dieser Zeit am Rande bestimmte, das heißt, man kann und darf ihre Rolle in den siebziger Jahren nicht überbewerten. Die Mehrheit der Bevölkerung war vom Alltag des täglichen Lebens belastet. Viele Bürger sahen ihr persönliches Glück zu dieser Zeit eher in der »Datsche«, dem Schrebergarten mit Häuschen und vielleicht sogar in dem schon vor 8 Jahren bestellten »Trabi«. Die Menschen entzogen sich sowohl dem ideologischen Anspruch der Partei als auch dem stillen Dasein kirchlicher Institutionen. Der Entzug von der Kirche war den Machthabern vor allem durch die Jugendweihe gelungen. Als Ersatz für die früher übliche Konfirmation gab es für den Großteil der 14-jährigen Jugendlichen nun das »Gelöbnis auf den Staat«. Ende der 70er-Jahre war die DDR-Bevölkerung schon mehrheitlich säkularisiert. Man bedenke, zur Zeit der DDR-Gründung (1949) hatten nur sieben Prozent aller Bürger keine Konfession. Am Ende der DDR (1989) besaßen nur noch etwa dreißig Prozent der Bürger eine Kirchenzugehörigkeit. Wer es wie ich wagte, sonntags in die Kirche zu gehen, wer an Kirchen-Freizeit-Veranstaltungen teilnahm oder wer in der »Jungen Gemeinde« mitarbeitete, der erzeugte bei Funktionären automatisch den Verdacht einer möglichen »antisozialistischen Konspiration«. Insofern entsprach die persönliche Denk- und Handlungsweise vieler säkularisierter Bürger einer inneren Emigration ohne Zugehörigkeit

zur Kirche. Und ich ahnte, dass viele kirchliche Institutionen vom Ministerium für Staatssicherheit infiltriert waren. Ein informeller Mitarbeiter packte nach der Wende aus und sagte voller Stolz: »Wissen Sie, wir waren höchst erfolgreich. Es ist nicht sonderlich bekannt, dass am Ende 65 Prozent der Kirchenführer Informelle Mitarbeiter für uns waren, und der Rest stand sowieso unter operativer Bearbeitung. (...) Wenn wir zum Beispiel einen Pastor wollten, fanden wir (...) Dinge, die wir als Druckmittel einsetzen konnten. Doch meistens sagten die Leute sowieso ja.« **(31)**
Den Beginn der zweiten Phase der Honecker-Ära erlebte ich in der DDR nicht mehr. Jetzt begannen die letzten zwölf Jahre DDR-Geschichte, eine historisch außergewöhnliche Zeit voller Turbulenzen, in der die DDR-Kirche eine zunehmend wichtigere und tragende Rolle übernehmen sollte. Mein Wissen über diese Zeit kann keine objektive Sichtweise vermitteln, wäre sie doch Medienwissen und nur subjektiv. Der Blick auf die eigene Geschichte soll eine objektive historische Bewertung haben. Für mich bleibt die selbst erlebte »Kirche im Sozialismus« in der ersten Phase der Honecker-Ära eine verlogene Gratwanderung und ein unbrauchbarer Modellversuch mit einer phantasievollen Umschreibung des eigentlich von keiner Seite gewünschten Konsenses. Der scheinfromme und simulierte Unterton war nicht zu überhören.

B 4 Migration von Ost nach West

Die Fluchtbewegung innerhalb des rudimentären Deutschlands nach Kriegsende ging anfangs in mehrere Richtungen. Die deutschen Menschen irrten umher und suchten entweder ihre alte oder eine neue Heimat. Aus der Erzählung meines Vaters weiß ich, dass er am Ende der Kriegsgefangenschaft in seiner Sauerländer Heimat eine Pfarrstelle angeboten bekam. Da meine Mutter aber in Halle/Saale inzwischen eine Wohnung eingerichtet hatte, ging er von der amerikanischen in die russische Besatzungszone, man sagte »über die grüne Grenze«. So trat er recht bald eine Pfarrstelle in Pouch bei Bitterfeld an. Die Flucht über die neu gezogene Interzonengrenze war 1945 noch unproblematisch. So wie er werden viele Männer und Frauen aus vor allem familiären Gründen gehandelt haben. Politische Beweggründe spielten zu diesem Zeitpunkt noch keine große Rolle. Mit der Gründung der drei Westzonen zur Bundesrepublik Deutschland und der vierten Besatzungszone zur DDR im Jahre 1949 sollte sich die Situation schnell und grundlegend ändern. Die anfänglich lockeren Grenzmarkierungen wurden zwischen Ost und West abgeriegelte Grenzen und ihre Durchlässigkeit von Jahr zu Jahr deutlicher erschwert. Sehr bald blieb für die Menschen nur noch das von den vier Siegermächten verwaltete Groß-Berlin als durchlässiges Schlupfloch. Und die Migration, so wie ich sie in der Folge erlebte, wurde bald einseitig, nämlich die von Osten nach Westen. Die politischen Systeme bestimmten die Fluchtrichtung. Bis zur hermetischen Abriegelung des Berliner Fluchtweges im Jahre 1961 verließen nach Angaben des Schrifttums immerhin 2 686 942 Personen den kommunistisch regierten Osten. **(1)** Es gab in dieser Zeit genug Menschen mit der vagen Überlegung, irgendwann doch noch in die aufgegebene Heimat zurückzukehren. Aber schon in den letzten Jahren vor dem Mauerbau änderten viele Bürger ihre Meinung, hatte sich doch das östliche Deutschland zunehmend politisch und öko-

nomisch von den Vorstellungen der Mehrzahl der Deutschen abgekoppelt. Nach der erlebten Nazi-Diktatur wollte sich der demokratisch denkende Deutsche frei entfalten können, auch wenn auf beiden Seiten der Zonengrenze sich das Brotverdienen nur mühsam verbesserte. Viele erkannten bereits Ende der fünfziger Jahre, dass die gesellschaftliche Zwangsjacke des ideologischen Systems im Osten eine bürgerliche Entwicklung nicht zuließ. In einer bekannten Studie bezeichnete Hirschmann die von den Bürgern zu dieser Zeit praktizierte Migration als »Exit«, das heißt als eine »Art des schlichten Weggehens«. **(2)**
Mit dem Berliner Mauerbau am 13. August 1961 trat für Gesamtdeutschland eine entscheidende Zäsur ein. Der Fluchtweg wurde zunehmend dornenreich und problematisch. In der Studie von Hirschmann wird die Zeit von 1961 bis 1974 als die Migration des »Voice« beschrieben. Er spricht von dem »Akt des sich Beschwerens« und der »Meckergesellschaft«. In der DDR entwickelte sich nach dem persönlichen Schock des Mauerbaues ein neuer Menschenschlag, nämlich der, der den Wunsch hatte, ins »Paradies« auswandern zu können. Ein Großteil der DDR-Bevölkerung vertrat mental, ohne es dem Nachbarn zu zeigen, die Ansicht, auf irgendeine Weise dem »großen Knast DDR« entfliehen zu können. **(3)** Nun war der Weg des unbehelligten Weggehens, das heimliche Auswandern mit einer Tasche und U-Bahn-Karte über Berlin, versperrt. Die Grenze Richtung Westen hatte im Sinne eines militärischen Sperrgebietes eine hermetische Abriegelung erfahren. Es gab an ihr bald überall Minen, dressierte Hunde, Todesstreifen und später auch SM-Selbstschussanlagen. Der von Hirschmann mit Phase 2 bezeichnete 14jährige Zeitraum, der vom Mauerbau bis zur KSZE-Abschlusskonferenz angegeben wird, beschreibt das Verlassen des Ostens als ein vom Grenzregime, wenn auch mit erheblichen Aufwand, noch relativ erfolgreich gelöstes Problem. **(4)** Er charakterisiert die Abriegelung als Epoche des »minimalistischen Spezialfalles unter dem Motiv des Widerspruches, man geht fort, ohne sich mit anderen abzustimmen, ohne Geräusche, im Schutz der

Nacht«. (5) Ich sehe unter dieser Migrationsform beispielsweise die Flucht mit Kraftfahrzeug-Verstecken im Pkw, mit Hilfsmitteln auf See oder in verplombten Lkws. In der Tat gab es darüber hinaus noch eine Reihe anderer Wege, selbst mit karnevalistischer Verkleidung, Troja lässt grüßen! Je nach Fluchtorganisation und Eigeninitiative schaffte auf diesem Wege immer noch knapp die Hälfte der Migranten den erfolgreichen Umzug, ohne von den recht gut geschulten DDR-Grenzern erwischt zu werden. Mitte der siebziger Jahre gelang auf diesem Migrationsweg knapp 40 % der Fälle die Flucht (6). Stasi-Chef Mielke hatte nicht nur mit Stacheldraht und Mauer sein Grenzregime undurchlässiger gemacht. Er wollte auch auf diesem Gebiet bald Weltniveau erreichen.

Meine Fluchtplanung gehört in diese Phase. Da die Fluchtbewegung der Ärzte in dieser Zeit erheblich zunahm, hatte die DDR-Staatspolizei besonderes Augenmerk auf fluchtwillige Akademiker gelegt. In einer Darstellung der östlichen Propaganda lese ich dazu: »Durch die Schleusungen von Wissenschaftlern, Ärzten und Facharbeitern in die Westzone soll der umfassende Aufbau des Sozialismus in der DDR erschwert und gestört werden.« (7) Ein anderer Autor beschreibt für das Gesundheitswesen die Situation dramatischer: »Die DDR beklagte allerdings immer wieder, dass die Fluchthilfe und Abwanderung von Fachkräften, sowie der akademischen und technisch-medizinischen Eliten fördere; in den 70er Jahren wurde sogar mit einem von der Fluchthilfe verursachten medizinischen Notstand im DDR-Gesundheitswesen argumentiert.« (8) Im Jahre 1974 kamen die Analytiker der Stasi zu dem nur intern geäußerten Schluss, dass die Ärzteflucht verheerende Folgen für das Gesundheitswesen habe. (9) Selbstkritisch formulierte die gleiche Behörde für den Zeitraum vom 01.01.1974 bis 31.07.1976 folgendes Statement: 404 Fluchtversuche von Angehörigen medizinischer Berufe waren illegal gelungen. (10) In der MfS-Information 572/76 schildert der Geheimdienst die Situation der Ärzteschaft recht plastisch: »In die SED (...) treten nur Karrieristen und die fachlich schwächeren Mediziner ein (Blatt 21).« **(11)** Mit derartigen Äußerungen wollte die ZAIG (Zentrale Auswertungs- und Informationsgruppe) als zuständiges Funktionalorgan des Ministers für Staatssicherheit im wiederholten Maße versuchen, das Ärzteproblem der politischen Führung mit dem notwendigen bedenklichen Unterton zu vermitteln. **(12)** Die Stasi-Analysten nannten gleichzeitig wesentliche Gründe der Flucht, so beispielsweise den unzumutbaren Zustand vieler Krankenhäuser, den fehlenden Wohnraum bei neugeschaffenen Arztstellen und die ausgesprochen niedrigen Einkommen der Mediziner. Und im Blatt 69 der Information 572/76 der ZAIG steht sinngemäß: Der Oberarzt in der Chirurgie eines Bezirkskrankenhauses erhält das gleiche Gehalt wie ein Klempner einer PGH (staatliche Produktions-Genossenschaft Handwerk). An anderer Stelle wird ganz offen ausgesprochen, was ich während meiner Tätigkeit im Bezirkskrankenhaus Halle-Dölau auch so empfand: Die Nichtmitglieder der SED haben im ärztlichen Beruf keine Perspektive.

Wie hatte sich die West-Migration in den siebziger Jahren entwickelt? Mit der Aushandlung der deutsch-deutschen Verträge und dem Abschluss der KSZE-Verträge bekam die Dynamik der legalen innerdeutschen Migration einen neuen Stellenwert, besaß sie doch einen nicht mehr kalkulierbaren und an Potential wachsenden Selbstläufer. Die Ideologen des östlichen Systems verrannten sich in lockere Sprüche und blieben doch ohne Format. Beispielsweise sprachen sie von »politisch-ideologischen Unklarheiten« der Flüchtenden, die durch den »Unglauben an die Kraft der Arbeiterklasse« und »fehlende unerschütterliche Gewissheit des Sieges des Sozialismus« in das Verderben des Kapitalismus liefen. **(13)** Diese abartigen und unglaubwürdigen Sprüche waren meines Erachtens nur Phrasen für Ohren in den Reihen der SED-Mittäter und SED-Mitläufer. Ihr Ziel, die Flüchtenden, Ausgewiesenen, Antragstellenden und Verhafteten als ideologieverblendete, egozentrische, gewissenlose und nur materiell orientierte Gestalten zu diskreditieren, schlug fehl. Ein

Autor sagt dazu im Stile der beschriebenen östlichen Ideologen sinngemäß: Diese Phase der Migration könne man als eine machtvolle Form des Klassenkampfes in der imperialen Postmoderne bezeichnen. **(14)** Auf jeden Fall hatten die Propagandisten begriffen, dass durch das Erreichen der hohen Migrationsrate diese Fluchtbewegung zum teuren Selbstläufer wurde. Und wenn auch nahe Verwandte und Freunde zum Auswandern ermunterten, dann kam es zur Eigendynamik von Migranten-Netzwerken im Sinne einer sogenannten »Kettenwanderung«. **(15)** Das MfS gebrauchte in seinen Berichten dafür den Begriff der »Rückverbindungen«. Sicherlich war dies ein wesentlicher Grund, weshalb ich nach meiner DDR-Ausweisung im Jahre 1976 eine Zehn-Jahres-Sperre der Wiedereinreise bekam. So blieb mir eine Wiedereinreise ins Elend des »sich ständig weiterentwickelnden Sozialismus« erspart.
Wer das gelobte Land, so wie ich, still und heimlich unter Umgehung staatlicher Stellen verlassen wollte, der war nach dem StGB der DDR ein »Verbrecher«, eine »miese Gestalt«, die mit aller Härte zu bestrafen sei. Seit Gründung der DDR saßen wegen Flutversuches Abertausende in Zuchthäusern. Aus diesem Grunde sah sich die Bundesregierung genötigt, eine Rechtsstelle (»Außenstelle des Bundesministeriums für Gesamtdeutsche Fragen«) einzurichten. Fragen der Hilfe von Menschen innerhalb von Deutschland wurden zum Thema Nummer eins. Als östliche Mittler fungierten Korrespondenzanwälte, wie der Rechtsanwalt Dr. W. Vogel, ein mit dem DDR-Justizapparat eng verbundener geheimer Mitarbeiter des MfS (Deckname »Eva«, später »Georg«), außerdem der von westlicher Seite beauftragte Rechtsanwalt J. Stange, ein Westberliner Anwalt mit Wohnsitz in der BRD, später zusätzlich der Kirchen-Anwalt von Wedel aus Westberlin. So begann im Jahre 1962 der aus grauer Vorzeit bekannte deutsche Weg des »Verkaufs der Landeskinder«. Die evangelische Kirche als Organisator machte einen Probelauf von fünfzehn seit langem einsitzender DDR-Häftlinge gegen Lieferung von drei Waggonladungen Kali für die östliche Man-

gelwirtschaft. Meine Gedanken schweiften unwillkürlich bei Kenntnis vom Verkauf der Landeskinder in der historischen Parallele. Vor zweihundert Jahren verschacherte Landgraf Friedrich der Zweite von Hessen/Kassel mittels üblicher Subsidien-Verträge junge Deutsche nach England, die dann gegen die Revolutionstruppen in Amerika eingesetzt wurden. **(16)** Und jetzt? Eine zweite peinliche Handlung, die meines Erachtens als politischer Exzess nicht zu übertreffen ist.
Was wurde bezüglich des Häftlingsfreikaufes auf beiden deutschen Seiten ausgehandelt? Die bundesdeutschen Stellen legten eine Akte unter dem blumigen Namen an: »Besondere Bemühungen der Bundesregierung im humanitären Bereich«. Der Literatur entnehme ich, dass einige Persönlichkeiten der BR Deutschland das abartige Geschäft schon von Anfang an erheblich irritierte. So schreibt der Bundesminister R. Barzel: Er habe im Rahmen der Geschäftsvorbereitung, u.a. unter Mithilfe von Rechtsanwalt Stange und Staatssekretär Rehlinger, »ein Gefühl der Peinlichkeit und der inneren Abwehr« verspürt. Barzel schreibt in seinen Memoiren weiter: »Der Preis für die Häftlinge wurde von Fall zu Fall ausgehandelt. Widerlich! Das Kopfgeld richtete sich nach dem menschlichen und politischen Gewicht«. **(17)** Der von östlicher Seite mitgetragene Menschenhandel ging auf, nachdem Rechtsanwalt Dr. Vogel dem Stasi-Führungsoffizier Major H. Volpert und dem Stasi-Minister E. Mielke die Angelegenheit des Austausches in der Stasi-Sprache mit blumigen Worten verkaufte. Er sprach vom »behutsamen Vorgehen gegen den Feind«. **(18)** Die erstellten Häftlingslisten (»H«-Listen) wurden ab 1964 mit einer Preisliste verknüpft. Der abscheuliche Handel sah vier Kategorien vor. Ich lese dazu: Danach müssen für die auf den Listen mit »(X)« bezeichneten Häftlinge 20.000 DM Kopfgeld bezahlt werden und für die mit einem einfachen »X« 40.000 DM, für die mit einem »XX« 80.000 DM und für Personen mit der Markierung »0« keinerlei DM bezahlt werden.**(19)** Der vom Osten beauftragte Rechtsanwalt Dr. Vogel beschreibt in einem Interview die Zahlungen und rechtfertigt die Kopfgelder

mit frühkapitalistischer Logik: »Bei uns wird das Delikt nach dem Schaden beurteilt, der dem sozialen System und der Gesamtheit zugefügt worden ist. Die grundlegende Auffassung, dass diese Delikte auch materiell wieder gut zu machen sind, ist in Wirklichkeit der einzige und wahre Hintergrund dieses Austauschverfahrens«. **(20)** Sehr bald wandelte sich der Deal in einen immensen Waren- und Devisenhandel. Die evangelische Kirche von Deutschland hatte bereits im Vorfeld auf anderen Gebieten genügend Erfahrung im Ost-West-Geschäft gesammelt. Bereits seit 1957 lief unter Federführung des »Diakonischen Werkes« von Stuttgart der gut inszenierte Schacher mit Warenlieferungen und Geldverrechnungen im sogenannten »Kirchengeschäft«. So bekam der DDR-Staat ganz nach Wunschliste u.a. Kohle, Stahl, seltene Metalle, Naturkautschuk, Silber, Kupfer, Getreide, Kakao, Kaffee, Medikamente, Lebensmittel, Textilien, quasi alles Produkte, die es im DDR-Handel nicht gab. Laut Anordnung des DDR-Ministerpräsidenten O. Grotewohl durfte das nach dem Prinzip der Vorfinanzierung aus dem Westen laufende Transfergeschäft ein Volumen von max. 45 Million Mark der DDR nicht übersteigen. **(21)** Im Gegenzug erhielten die evangelischen DDR-Gliedkirchen den Transferbetrag im Verhältnis von 1 zu 1 in Mark der DDR gutgeschrieben. Es war das sogenannte »A-Geschäft«. Die östliche Kirche erhielt auf diesem Wege bis zum Jahre 1990 ausreichend Gelder zum Bezahlen der Pfarrer-Gehälter, von Kirchenbauvorhaben, für die Diakonie zur Versorgung der Krankenhäuser und Pflegeeinrichtungen. Es waren insgesamt vier Milliarden DM. Staatlicherseits regelte man die Bezahlung in der Verfügung Nr. 44/66, die mit den Worten umschrieben wurde: »Kommerzielle Beziehungen zu den in der DDR zugelassenen Religionsgemeinschaften, die aus dem Ausland, der Bundesrepublik und Westberlin materielle Unterstützung erhalten«. Auch die katholische Kirche gestaltete auf gleicher Basis ihr »Sondergeschäft C«. Aus all dem muss man schlussfolgern, die Kirchen der DDR und der BRD wurden ungewollt mit zum Geburtshelfer des »Bereiches

Kommerzielle Koordinierung« (»KOKO«). **(22)** Dieser Staatskonzern lief unter der Führung des MfS-Obersten Schalck-Golodkowski, der ihn zu einem Großkonzern im Interesse der DDR ausbaute. Mittlerweile bestanden zahlreiche, vor allem ausländische Handelsgesellschaften, wie beispielsweise das »Intrac« (Jahresumsatz von 20 Milliarden Mark), die Stasi-Firma »Asimex« und eine in Liechtenstein ansässige Briefkastenfirma »Elm-Soka« (Vaduz) mit dem Strohmann und griechischen Kunsthändler Constantin Assimakis. **(23)** Kontrollen des sonderlichen Handels wurden von beiden deutschen Seiten ausdrücklich für überflüssig gehalten. Die bundesdeutsche Zollfahndung entwickelte ganz bewusst hier keine besonderen Aktivitäten. Der BRD-Chefunterhändler Seidel besaß eine persönliche Zuständigkeit. Dazu lese ich: »Er führte die Kosten bei der Ostberliner Handelsbank oder der Staatsbank und niemand konnte ihm reinreden«. Nur das Öl-Geschäft lief noch kurioser. Dieses Rohmaterial wurde gleich auf dem Weltmarkt weiterveräußert und so galant an der Londoner Börse zu Devisen »gedreht«. **(24)** Mit deutlicher Kritik lese ich an anderer Stelle: »Der ganze Schwindel« des Freikaufs-Geschäftes bleibt ein Debakel, auch wenn man seitens der DDR-Unterhändler vom Prinzip her ein Devisenvergehen und seitens der bundesdeutschen Seite ein großes Täuschungsmanöver zu Lasten der Steuerzahler hätte sehen können.« **(25)** Ich meine, auf beiden Seiten der mörderischen Demarkationslinie bestand ein Interessenkartell, ein knallhartes und weltweit einmaliges Geschäft, verbunden mit dem Motiv einer grenzenlosen politischen »Giftmüll-Entsorgung«. **(26)** Viele Beteiligte hatten ihre monetären Eigeninteressen, beispielsweise die dubiosen Zwischenhändler von »KOKO«, wie der wegen Untreue in Tateinheit mit Betrug verurteilte Ministerialdirektor a. D. Hirt, auch die gut honorierten Rechtsanwälte (Rechtsanwalt Dr. Vogel bekam für seine Tätigkeit jährlich 1 Million DM.), die zum Wohle der DDR-Kirche aktiven Vertreter des Diakonischen Werkes, bis hin zum Geheimdienst-Oberen Volpert (der MfS-Offizier und Sonderbeauftragte, der in seinem

Privathaus zahllose westliche Luxusartikel bunkerte, starb später eines »nicht natürlichen Todes« in der Sauna). Der Geldfluss war nicht nur üppig genug, sondern offensichtlich auch »schmutzig«. »Verrechnet wurde das Kopfgeld über einen Geheimfond, über den im Bundeshaushalt die Mittel zur Förderung der Grundlagen und Bildungsarbeit sowie von Maßnahmen im Bereich der innerdeutschen Beziehungen und der Grenzgebiete«. **(27)** Man kann über die Wortwahl nur staunen. Aus den hier genannten Gründen musste der Schacher mit den leidgeprüften Menschen geheim gehalten werden. Deshalb ordnete die Regierung der BR Deutschland eine dreißigjährige Sperre für einen von der Gruppe Bündnis 90/ Die Grünen erstellten »Köppe-Bericht« an. Der 1993 eingesetzte Untersuchungsausschuss sollte neben den Aktivitäten des KOKO-Bereiches der involvierten Staatssicherheit auch eine Reihe von Firmen, Institutionen und Personen auf bundesdeutscher Seite beleuchten, die »mit der vom Westen gedeckten grenzüberscheitenden Staatskriminalität« in Verbindung gebracht werden könnten. Man behauptet, dass der Bundesnachrichtendienst zu dem Gesamtkomplex genügend Informationen hätte beisteuern können. **(28)** Ich erspare keinem Leser an dieser Stelle weitere Details. Ab 1977 gab es auf Drängen der DDR-Seite eine deutliche Preissteigerung »pro Kopf«. Man einigte sich bewusst auf die recht ungerade gehaltene Summe von 95.847 DM »pro Kopf« Häftling. **(29)** Inzwischen war der Handel ein lukratives und kalkuliertes Geben und Nehmen. Ökonomisch gesehen standen den Einnahmen der DDR keine größeren Aufwendungen gegenüber. Der Magdeburger Oberstaatsanwalt W. Klein gab dazu vor dem Bonner Schalck-Untersuchungsausschuss des Bundestages, der zur Klärung der Ungereimtheiten eine Reihe von Fragen beantworten sollte, folgende Stellungnahme: »Auf Dienstbesprechungen (sei) stets die Weisung erteilt worden, Strafen von mehr als einem Jahr auszusprechen mit der Begründung: Wenn ihr weniger verhängt, kriegen wir diese Modalitäten mit dem Freikauf nicht hin«. **(30)**

Wie lief nun das Prozedere des Häftlingsverkaufs ab? Auf beiden deutschen Seiten gab es sogenannte Verkaufslisten, beispielsweise die

- »F-D-Liste« (Sonderfälle des OS Volpert)
- »F-Z-Liste« (Vorschläge des MfS und MdI)
- »W-F-Liste« (HA IX – Härtefälle)
- »Wunschliste« (Bürgerersuchen von westlichen Politikern)
- »HW-Liste« (»Onkel-Fälle« des SPD-Politikers H. Wehner)
- »H-Sonderfälle« (Sonderfälle mit hohen Strafen bzw. besonderer Qualifikation)
- »FDB-Liste« (»Dringlichkeitsliste«, die es erst seit 1985 gab).

Rechtsanwalt Dr. Vogel übermittelte die ersten Häftlings-Daten mit Angabe von Art und Maß der Verurteilung etc.. Das »Bundesministerium für innerdeutsche Beziehungen« war dadurch in die Lage versetzt, nach Teilverbüßung der Strafe rechtzeitig einen Antrag auf Übersiedlung zu stellen. Das »Referat Plewa« des innerdeutschen Ministeriums erstellte aus mehreren Einzel-Listen eine sogenannte Haftliste. Nun übermittelte der bundesdeutsche Rechtsanwalt Stange die dem Ostberliner Rechtsanwalt Dr. Vogel, der seinerseits die Wunschliste an das Ministerium für Staatssicherheit weiterleitete. Die MfS-Abteilung HA IX, die die gesamte Häftlingskartei besaß, übergab alle genannten Daten an die zuständige operative Diensteinheit. Nicht jeder geprüfte Antrag wurde genehmigt. Die Stasi-Abteilung HA IX erstellte ihrerseits eine neue Liste für den Verhandlungspoker mit der westlichen Seite. Dabei benannte die DDR ein Drittel der aufgeführten Gefangenen, zwei Drittel die Vertreter der Bundesregierung. So ergab sich aus den Verhandlungen eine »F-Liste«, die dann gemeinsam zu einer »zentralgenehmigten End-Liste« zusammengeschweißt wurde. **(31)** Das »Deutschland-Archiv« kam zu dem erschreckenden Ergebnis, dass der Anteil der »echten politischen Häftlinge« nur 56,1 Prozent betragen habe. **(32)** Leider wurden von Seiten des Ostens im Pokergeschäft immer wieder Kriminelle und auch vereinzelt Agenten mit benannt. Laut MfS-Bericht steuerte beispielsweise im Jahre 1970 die Stasi

102 erfundene Personen bei, die einfach mitgezählt wurden. **(33)** Am Schluss des Menschenhandels unterzeichneten die Verantwortlichen eine schriftliche Erklärung mit Details, wie beispielsweise Häftlingsdaten, Transporteinzelheiten und die finanziellen Leistungen. Rechtsanwalt von Wedel, der von Seiten der evangelischen Kirche teilnahm, erinnert sich an die lockeren Sitzungen: »Wir vier (die Rechtsanwälte Stange, Vogel, und der Regierungsbeauftragte Plewa) waren ein nettes Team, alle ungefähr ein Alter. Das war 'ne richtig burschikose Runde. Dann sagte der Jürgen (Stange): Wolfgang (Vogel) tu mal 'nen Kreislauf aus! Und der Wolfgang holte den Cognac aus dem Schrank, da floss immer viel Alkohol«. **(34)**

Ein sonderliches Spektakel inszenierte der Ministerpräsident von Bayern, Franz Josef Strauß. Seine Hilfe in Not bestand darin, dass er sich zum Hoffnungsträger für legal ausreisewillige DDR-Bürger ausgab. Die zahllosen treugläubigen Menschen sandten heimlich, ohne Kenntnis der DDR-Behörden, (lt. DDR-StGB strafbar!) Ausreisepetitionen. Die Anträge sammelte man in den Räumen der Münchner Kanzlei, bis die zur Verfügung stehenden Räumlichkeiten die Hilfegesuche zur Ausreise nicht mehr fassten. Bearbeitet wurden die Petitionen größtenteils nicht. Sehr bald begriffen Strauß und seine Mitarbeiter, dass der korrekte Weg über die zuständige Stelle des innerdeutschen Ministeriums eingehalten werden muss. Die letztgenannte Behörde wusste aber nichts vom sonderlichen Strauß-Angebot. Eines Tages karrte man die bisher unbekannten Hilfsgesuche per Umzugsunternehmen von München nach Berlin. Das Hilfsversprechen von Strauß hatte Folgen, hatte er doch keine andersartige »Humanitätsquellen« gegenüber den DDR-Behörden anzapfen können. So musste die zuständige bundesdeutsche Behörde nach Erhalt der Kartons die liegengebliebenen Petitionen vorrangig bearbeiten. **(35)** Die Sonderaktion führte dazu, dass die eigene Arbeit eine Zeitlang ruhen musste.

Was geschah in der DDR mit den vereinnahmten Geldern? Die jährlichen Zahlungen von 100 Millionen DM gaben dem östlichen System eine erhebliche Stütze. Auf jeden Fall haben sich die Verantwortlichen auf ihre persönliche Weise bereichert. Stasichef Mielke besaß eine Verfügungsgewalt über ein Konto 0528 bei der Ostberliner Bank, auf dem permanent Freikaufs-Zahlungen flossen. Das bei der deutschen Handelsbank AG Berlin unter der genannten Nummer eingetragene »Mielke-Konto« bestand mit sechs Unterkonten bereits seit 1965. Man entzog bewusst dieses »Verfügungs-Konto« der staatlichen Kontrolle, indem man Verfügungen des Vorsitzenden des Ministerrates Nr. 129/72 vom 14.09.1972 und Nr.165/72 vom 23.11.1972 beschloss. Die jährlich 30 bis 40 Millionen DM aus dem Häftlings-Freikauf dienten Mielke und seinem Stab für die Beschaffung »spezieller Technik« beim MfS, dem Kauf von Luxusgütern für die SED-Führungsriege und zur Begleichung von DDR-Wirtschaftsschulden. Und noch dreister bediente sich Staatschef E. Honecker auf seinem ab 1974 eingerichteten »Sonderkonto Erich Honecker«, das die Kontonummer 0628 der KOKO-Hausbank (Deutsche Handelsbank AG) trug. Am Ende der DDR-Zeit hatte das Konto von Honecker noch einen Bestand von 2,3 Milliarden DM. **(36)** Für die 33 755 Häftlinge bezahlte die Bundesregierung zwischen 1964 und 1989 den gigantischen Betrag von mehreren Milliarden, ganz genau 3 436 900 755,13 DM.

Der Bürger und Steuerzahler kann nicht einverstanden sein, dass Milliarden DM-Beträge nach der Wende im Osten verschwunden sind. Es ist mir unerklärlich, warum die gesamtdeutschen Finanz- und Strafbehörden bisher keine Möglichkeit sahen, den Schwindel aufklären zu können. In der »Sächsischen Zeitung« las ich kürzlich: »Fini ist tot, wo sind die Millionen?« Die deutschen Behörden wissen bereits seit 1990, dass Million-Beträge des DDR-Staatseigentums versandet sind. Auf jeden Fall ging die »rote Fini« auch bei den Politgrößen des Arbeiter- und Bauernstaates der DDR ein und aus. Bereits zur Wende-Zeit hatte die Wiener Kommerzial-Rätin Rudolfine Steindling Geld vergraben, was sie als beauftragte Treuhänderin der kommunistischen Partei Österreichs und als Geschäftsführerin des DDR-

Außenhandelsbetriebs »Novum« und »Transcarbon« verwaltete. Beide Betriebe besaßen ein Vermögen von etwa 400 Millionen Euro. Laut Mitteilung der »Sächsischen Zeitung« sei etwa die Hälfte dieser sogenannten SED-Millionen verschwunden. Die in Chanel-Mode und Champagner-Sekt verliebte »Fini« starb nun in Tel Aviv. Der »Spiegel« wusste zu berichten: »Die rote Fini sei für Israel so etwas wie ein wandelnder Bankautomat« gewesen. Man fragt sich: Wer mag jetzt noch Zugriff haben? **(37)** Da sie ein Schwindel erregendes Transaktions-Karussell betrieben hat, verbunden mit Barabhebungen und Anlage auf anonymen Spar- und Wertpapierkonten, können die bundesdeutschen Behörden weiter beharrlich suchen und klagen. Man kann nur staunen.

Auf jeden Fall regt es zum Nachdenken an. Abschließend möchte ich voller Empörung die Worte des Präsidenten des Diakonischen Werkes Neukamm gebrauchen, der bestens über all die genannten Handlungen und Geschäfte der letzten Jahrzehnte zwischen Ost und West informiert war, und selbst am Ende mit Verbitterung resümiert: »Aller falscher Jubel muss nun aufhören«. **(38)**

Kapitel C

Deutsche Migration

Erich Honecker kommt von seinem Staatsbesuch in Bonn nach Ost-Berlin zurück. Die Stadt ist hell erleuchtet, aber keine Menschenseele auf der Straße. Er lässt sich an die Berliner Mauer chauffieren und findet dort ein riesiges Loch mit einem handgeschriebenen Zettel. Darauf steht: »Erich, du bist der Letzte. Wenn du auch rüber willst, dann mache bitte zuvor das Licht aus!«
DDR-Witz

C 1 Einreise in die »Deutsche Demokratische Republik«

Selten kam es vor, dass ich mit meinen Angehörigen in die DDR eingereist bin. Es war 1968 ein noch außergewöhnliches Unterfangen, mit dem Familienauto zu einer von DDR-Seite erlaubten Individualreise aufzubrechen. A., B. und ich waren Studenten der Medizin an der ehrwürdigen Martin-Luther-Universität Halle-Wittenberg. Damals stellten Reisen und vor allem Grenzgänge eine noch sonderliche Realität dar. Jede Ein- und Ausreise, von West nach Ost oder umgekehrt, erzeugte neben physischen vor allem psychische Spannungen. Da gab es unbekannte Tücken von allerlei Unangenehmen. Das Gemütsleben lag einfach frei, wenn der Eiserne Vorhang seine Realität mit der markanten Umschreibung einer permanenten Undurchdringlichkeit aufzeigte. Bürger in den beiden sich mit strotzenden Waffensystemen gegenüberstehenden Blöcken verbanden mit dem Wort

Grenze Begriffe wie Grenzbefestigung, Grenzsoldat, Sicherungssystem, Panzer und Atomwaffen. Die nicht gern ausgesprochenen Festungsgedanken bestanden nicht nur für die seltenen legalen Reisen nach dem »Westen«. Auch die Reise nach dem »Osten«, das heißt bei Fahrten eines DDR-Deutschen in die sogenannten Bruderländer oder bei Einreise eines Bundesbürgers zu Verwandten nach Mitteldeutschland wurden mit äußeren und inneren Barrieren belastet. Der DDR-Deutsche war wie der BRD-Deutsche selbst im östlichen Europa ein Deutscher mit Vergangenheit. Ein gutes Beispiel gibt hierfür die sonderliche mentale Herausforderung, die R. Gernhardt in dem Lesebuch »Achterbahn« treffend schildert. **(1)** Wie verhält sich der Westdeutsche beim legalen Überqueren der Grenzbefestigungen nach Osten? Da lässt der Autor am Kontrollpunkt Wartha den einreisenden »Westler« seine gemischten Gefühle aussprechen. Letztlich sind es Gedanken, die auf beiden Seiten des Vorhanges geäußert wurden. Der Mensch aus der BR Deutschland beschreibt den Grenzkontrolleur der DDR mit kritischem Unterton: »Du brauchst sie dir doch bloß anschauen, dann weißt du, dass die rationalen Argumenten nicht zugänglich sind.« Und an anderer Stelle antwortet seine Begleiterin: »Musst du (Westreisender, der dem Zöllner die Papiere eilig übergibt) dich denn derart devot verhalten? (...) Er (Reisepassbesitzer der BRD) schämte sich ja selber für die Zuvorkommenheit und Eilfertigkeit, mit der er Papiere bereit hielt, den Kofferraum öffnete und Taschen auspackte. Dass andere Westler dem DDR-Grenzer noch zuvorkommender zur Hand gingen, war nur ein schwacher Trost. Die Deutschen waren nun mal geborene Untertanen, gewiss, doch untertänig benahm auch er sich; während der Kontrollen und erst recht danach, als er zu seinem eigenen Erstaunen auch noch lobende Worte für die Tatsache fand, dass ihm kein einziges Druckerzeugnis weggenommen worden war: (...) Die waren aber sehr korrekt heute!« Eine Feststellung, die nicht jeder differenziert denkende junge Ostdeutsche gegeben hätte. **(2)**

Unser Grenzgang, damals als DDR-Bürger von 20 bis 24 Jahren, wird verständlich, wenn man die eigene Entwicklung im Konsens der gesellschaftlichen Verhältnisse betrachtet. Wie sah ich mich als Reisender aus der DDR, der sich mittlerweile schon ein eigenes prüfendes Weltbild gezimmert hatte? Der SED-Staat verlangte die zwanghafte Umsetzung gesellschaftlicher Normen und der dafür aufgestellten Verordnungen und reglementierenden Gesetze im Rahmen der sogenannten »sozialistischen Erziehung«. Die mit Geboten und Verboten versehenen formalen Vorgänge zielten letztlich auf die Umsetzung komplexer Anpassungsforderungen ab. Den jungen Menschen wurden fortlaufend und vehement staatliche Forderungen zur Pflichterfüllung indoktriniert. Auf diese Weise konnte der ideologisch und parteilich Bedrängte seine Gesinnungstreue und die Leidenschaft einer angeblich vollkommenen Einstimmigkeit unter Beweis stellen. L. Fritze sagt: »Eine radikale Umwälzung schließt Umerziehung, also die gezielte Veränderung des Bewusstseins der Menschen ein. Weltanschauungsdiktaturen sind daher tendenziell auch Erziehungs- und Bekenntnisdiktaturen.« **(3)** Diese Grundsätze generierten aber bei mir nicht. Insofern war ich notgedrungen wohl argumentativ geübt und doch ständig taktisch äußerst vorsichtig. Die Philosophin Arendt meint mit Recht, dass selbst der anscheinend Umerzogene die innere Autonomie von Gedanken- und Willensfreiheit nicht so schnell aufgibt. **(4)** Der Student da »drüben« in der Bundesrepublik Deutschland, wie man selbst oft salopp formulierte, hatte zu dieser Zeit völlig andersartige Denkstrukturen. Dort tobte die aufbegehrende Jugend auf der Straße und an den Universitäten und verteufelte die Vatergeneration. Eine kleine Zahl hätte die Alten lieber an die Wand gestellt (RAF-Zeit). Es lag nahe, der düsteren deutschen Geschichte des Dritten Reiches zu entkommen. Und genau solche Retrospektiven hielten die jugendlichen Menschen in der BRD wach. Sie wollten die Vergangenheit aufarbeiten. Genau hier begann die entscheidende Zäsur im Denken und Handeln der Jugend zwischen »hüben und drüben«. Die jugendlichen

Geister im östlichen Deutschland mussten auf Geheiß des Staates politisch zugeknöpft und einseitig substantiiert bleiben. Angeblich sei das Thema des Faschismus aufgearbeitet, so die Propaganda der Gesellschaftswissenschaftler. Es war natürlich eine Lüge, denn nachweislich hatten alte Nazis bis in die Staatsspitze Führungspositionen inne. Die Wandlung von Braun in Rot fand unter Ausschluss der Öffentlichkeit statt. Mir war die Heuchelei wohl bekannt, nur Möglichkeiten zur Argumentation ließ das System nicht zu.

Wenn man die gesellschaftliche Gesamtwetterlage hinterfragt, wird die hier beschriebene Einreise in die DDR-Heimat verständlich. A., B. und ich, wir nahmen das Grenzschild »Deutsche Demokratische Republik« mit Widerwillen wahr und entwickelten bis zum Grenzschlagbaum immer nachdenklichere Gedanken. Das durch Hammer, Ähre und Sichel verzierte Emblem hatte für mich weder eine demokratische Legitimation, noch dokumentierte es eine vom Volk gewählte Republik. Mit dem Erreichen der Grenzmarkierung bekam ich das makabre Gefühl, bald wieder im großen Gefängnis eingelocht zu sein. Im Grunde konnte der reisende DDR-Bürger ohne Valutawährung im Säckel nur existieren, wenn er sich mit dem System der Erziehungsdiktatur, mit einem devoten Unterton der Adaption nach außen hin zufrieden gab. Man hatte gelernt, ein hohes Maß der Balance zu wahren, ohne selbst menschlich zu versagen. Staatskonforme Lehrer wussten die jüngeren Menschen mit dem Unterton von Machtausübung zu führen, wenn sie sagten, dass das Studieren an einer Hochschule der DDR eine »gesellschaftliche Auszeichnung« sei. So degradierte man sich selbst zum heuchlerischen Mitgestalter der gesellschaftlichen Szene.

Nach zwei Wochen Campingurlaub am ungarischen Donauknie, nach einem erlebnisreichen, lustigen und entkrampften Aufenthalt mit Jugendlichen aus den unterschiedlichsten Teilen Europas fiel uns die Rückreise ins gelobte DDR-Land nicht leicht. Die Rückreise sollte so vonstattengehen, dass wir in Tschechien einen Zwischenstopp einlegen. Aber es kam anders. B. fuhr mit dem Vehikel unter Ausnutzung der vollen Motorleistung in westlicher Richtung bravourös weiter. Irgendwann stellten wir fest, dass die Fahrt mit dem zugepackten Automobil schneller vorwärts ging als geplant. Und so entschlossen sich die Insassen ohne Stopp zur Weiterfahrt Richtung Heimat. Mittlerweile war es finster geworden, der Tag neigte sich in der untergehenden Sonne. Die tschechische Kontrollstelle wurde ohne größere Schikane passiert. Anders sollte es am Grenzzaun zur »Deutschen Demokratischen Republik« werden. Der sozialistische Schutzwall, eine mehrdeutige Bezeichnung für das Befestigungssystem zu sich selbst, hatte uns kurz vor 02.00 Uhr nachts wieder. B. steuerte das Gefährt bis etwa drei Meter vor den Schlagbaum. Mit müdem und angewidertem Blick trat ein Angehöriger der Grenztruppe, das ist die offizielle Bezeichnung für einen diensttuenden Beamten ostdeutscher Couleur, den späten Rückkehrern entgegen. Weitere Grenzer verharrten regungslos in gehörigem Abstand, gewissermaßen im müden Blickkontakt. Dienstbeflissene Staatsdiener haben natürlich hellhörige Ohren wie geschulte Wachhunde. Der auf uns zukommende Grüne befahl in geordnetem Sächsisch: »Personalausweise und Reisedokumente«. Er verschwand unter Mitnahme der Papiere in einem offensichtlich mit Technik gespickten Häuschen. Das Check-up ist sicher im Sinne einer peniblen Registratur und internationalen Fahndungsspielchens abgelaufen. Denn es dauerte. Nach der schwülheißen rasanten Fahrt im nichtklimatisierten Mobil hatte uns beim Warten die Müdigkeit übermannt. Und untätiges Verharren ließ die Wartenden zunehmend ungehaltener werden: »Was soll das hier. Die sollen doch froh sein, wenn wir wieder zurückkommen!«, meine nonchalante und unüberlegte Einlassung in den sterilen Raum des Wagens. Die Stimmung war nach den unbeschwerten Urlaubserlebnissen mit der Jugend Europas schnell wieder ins Negative umgeschlagen. In sarkastischem Unterton murmelte ich weiter: »Die DDR mit ihren heillosen Zwängen hat uns wieder.« Das Warten wurde immer länger. Erst Minuten später meldete sich der fleißige Kontrolleur zurück. Nun glaubten wir mit Erhalt der Ausweise die Fahrt fortsetzen zu können. Weit gefehlt, ein deutscher Grenzer erfüllt auch 02.20 Uhr nachts noch ohne bürgernahe Kompromisse seine Pflichten. Von einem zweiten Zöllner wurde B. mit spitzer, militärisch untermalter Zunge aufgefordert, das Auto zu verlassen: »Fahrzeugkontrolle«! Er stieg aus und öffnete ohne Widerrede den Kofferraum, so dass der dienstbeflissene Schnüffler den Stauraum der hereingepferchten zahlreichen Utensilien mit visueller Irritation betrachtete. Der Grenzaktivist schien unzufrieden zu sein, denn das Durcheinander im rückwärtigen Wagendepot bekam von ihm keine zufriedenstellende Note. Mit der ganzen Blüte seiner Autorität fuhr er B. an: »Sachen auspacken und die Koffer öffnen!« Mit einem Kraftakt nahm er die größte und schwerste Tasche und hievte sie mittels Schwung ins Scheinwerferlicht. Dabei hielt er sich theatralisch den Rücken: »Ich hab's im Kreuz!«, seine mitleidsvolle Reaktion in die Stille des Abfertigungsbereiches. Ein gestählter Deutscher, so mag sich der Zöllner wohl selbst gesehen haben, lässt bei der Umsetzung von Gesetzen keine Schwächen zu. Ich, der ich mich aus administrativem Getue bisher herausgehalten habe, wurde nun hinter den »Skoda« gerufen. Noch im Auto sitzend entzog ich dem von Müdigkeit und Kälte geprägten Körper die wärmende Hülle des flauschigen Morgenmantels. Das sattgrün leuchtende Textil fiel wegen meiner unkoordinierten Bewegungen nur mühevoll vom Leib. Mir wurde wortreich die Entrümpelung des vollgepackten Wagens übertragen. Halbgebeugt vollzog ich mit demonstrativem Widerwillen die geforderte Enthüllungsaktion des Kofferraumes. Taschen, Koffer und sonstige Teile boten dem grenzenlos neugierigen Kontrolleur nichts Außergewöhnliches. Er konnte keine Beanstandung aussprechen. Der Betrachter in Staatstracht war immer noch unzufrieden. Er zeigte auf den durch Reisesachen zugeschütteten Rücksitz, auf dem die mit angezogenen Beinen schräg da sitzende schläfrige A. ruhte. In Befehlston kam die Aufforderung: »Rücksitze frei machen und die Rücksitzbank öffnen!« A. stieg aus. Bei mir war inzwischen das emotionale Fass übervoll. Recht unwirsch sagte ich: »Kann ich nicht. Weiß nicht, wie die Rückbank zu entriegeln ist!« Da kennt die Staatsgewalt kein Pardon: »Das ist Ihre Aufgabe.«, die unmissverständliche Widerrede des Fahnders. Innerlich kochte ich: »Machen Sie's selber!«, meine ungehaltene und völlig unüberlegte dümmliche Äußerung. Neben mir stand B. regungslos mit seinem in Schonhaltung gebrachten Rundrücken da und beobachtete angewidert, vielleicht auch insgeheim verschmitzt, das ganze Theaterspiel. Der Zollbeamte schien von den Grenzgängern genug zu haben, denn im eingeübten Wegdrehen vom Auto äußerte er noch sarkastisch: »Wenn die Rückbank nicht geöffnet wird, bleiben Sie weiterhin vor Ort!« Strammen Schrittes verschwand der Grenzer vom Tatort. Für einige Minuten ließ sich keiner der Zollabfertigung mehr sehen. Unverrichteter Dinge saßen nun die drei aufmüpfigen Grenzgänger äußerst müde herum. Die Lektion des DDR-Machtapparates musste erst mal verdaut werden. Da zeigte der Rat von A. Wirkung, als sie äußerte: »B., klappe die Rücksitzlehne um. Ich will weiter. Ich will nach Hause in mein Bett.« Und so geschah es. Die uniformierte Person kam mit langsamen Schritten aus dem verglasten Zollhaus zurück und blickte unter Mithilfe einer überdimensional großen Taschenlampe lange und misstrauisch in die Leere des Raumes. An seinem Gehabe merkte man die innere Zufriedenheit, die angewiderten Grenzgänger jetzt voll im Griff zu haben. Und kurze Zeit später öffnete sich wortlos der Schlagbaum ins Vaterland. Die deutsche Gründlichkeit hatte uns wieder. Die Fahrt konnte zur Mitte Europas fortgesetzt werden. Auf der ersten von der Bundesrepublik finanzierten Autobahn A 14, der Strecke von Dresden Richtung Leipzig, entschädigten sich die Einreisenden mit einer Tempofahrt von mehr als den erlaubten 100 km pro Stunde. Auf dieser Neubaustrecke fehlte das für eine Autobahn in der DDR sonst typische rhythmische Holpern der Räder. »Ob das im Westen überall so ist?«, meine Frage in den Raum des aufheulenden Wagens. Angewidert vom Erlebten, konterte B. mit einem doppeldeutig klingenden Humor:

»Jetzt fahren wir erst einmal in der aufgehenden Sonne des Ostens nach Halle und studieren weiter Medizin.«
Heute bin ich der Meinung, dass der DDR-Alltag das gesellschaftliche Leben und seine politischen Auswirkungen weit mehr bestimmt haben, als es viele westliche Historiker wahr haben wollen. Insofern ist eine Deutung der deutschen Nachkriegsgeschichte einseitig, wenn eine selbsternannte Historikerelite, die selbst keine fortwährenden erniedrigenden Schikanen ertragen musste, hier ein bestimmendes Wort führt. Ein betroffener Bürger kann die erlebte Geschichte realistischer protokollieren und sie auch präziser beschreiben und deuten. Mit den Worten des Bundespräsidenten J. Gauck, gesprochen am 10. Mai 2000 in der Schweriner Schlosskirche, möchte ich zum Thema Staatsräson festhalten: »Die gebrannten Kinder der unterschiedlichen Diktaturen, die Opfer (...) verdienen es nicht, dass man die Schuld von terroristischen Staatsregimen auf offener Bühne relativiert und verhandelt, wer mehr oder weniger umgebracht und verhandelt oder wer schlimmer und weniger schlimm und ein bisschen besser ist. Jede Art von menschenverachtendem Unrecht verdient den Zorn der Menschen, verdient unser klares Nein.« **(5)**
Die Zeitgeschichte braucht auch die nur kleinen und unbedeutend erscheinenden Erlebnisse und Schicksale, von denen Menschen einer Diktatur berichten. Da sagt der Bundesbeauftragte für die Stasi-Unterlagen R. Jahn mit Recht, dass es kein allgemein gültiges Maß des »richtigen Verhaltens« in einer Diktatur gibt. Er beschreibt in seinem Buch »Wir Angepassten« sachlich und authentisch das DDR-Leben eines im Sozialismus heranwachsenden Menschen, der ein parteiloses Glück mit der »Normalität des Verstellens, Schweigens und Schwindelns« sucht. Es ist ein Spiel im »Eiertanz« des Angepasstseins. Erst nach dem Rausschmiss aus der Universität, nur wegen im Seminar kritisch gestellter Fragen, wird ihm die kleine Welt der DDR zu eng. Die bisherige Lebenszeit scheint verloren zu sein, eine späte Erkenntnis, erst recht für seinen Vater, der sich trotz des engen

»Rädchens im Mechanismus der Diktatur« um den beruflichen Erfolg bemüht hat. **(6)** Nicht wenigen Menschen mit Verstand und Akkuratesse ist es so ergangen. Albert Einstein ist da, wenn auch etwas überzogen, noch geradliniger und unbequemer, wenn er behauptet: »Die Welt ist viel zu gefährlich, um darin zu leben, nicht wegen der Menschen, die Böses tun, sondern wegen der Menschen, die daneben stehen und sie gewähren lassen.« **(7)**

C 2 Zwei Urlaubsreisen nach Bulgarien

Die erste Reise nach Bulgarien endete 1974 als Tragödie. Beteiligt waren drei Familienangehörige und ich. Es war unser erster Fluchtversuch. In der Akte »Ermittlungsverfahren Nr. Potsdam IV/1747/74« der BStU-Außenstelle Halle lese ich die Einlassung des Staatsanwaltes N. (Name bekannt). Er formuliert die Anklageschrift mit folgenden Sätzen: »Weiterhin teilte P. (westdeutscher Angehöriger der Familie) den Beschuldigten mit, dass die Ausschleusung im Sommer 1974 über das sozialistische Ausland erfolgen soll und unter Anwendung verfälschter Reisepässe der BRD durchgeführt wird. Zur Herstellung derartiger Reisepässe ließ sich P. von den Beschuldigten je ein Passbild geben und forderte sie auf, eine Reise ins sozialistische Ausland zu buchen. Den genauen Reisetermin und das Reiseziel sollten die Beschuldigten dem P. dann mitteilen. Im sozialistischen Ausland sollten die Beschuldigten dann durch einen Kurier der Menschenhändlerbande die verfälschten Pässe erhalten und weitere Instruktionen für ihre Ausschleusung entgegennehmen. Am 04.02.1974 buchen die Beschuldigten für sich und das Kleinkind der Beschuldigten (A.) für die Zeit vom 05.06. bis 19.06.1974 eine Individualtouristenreise nach Nessebar. Absprachegemäß teilten sie den Termin und das Reiseziel P. mit. Von P. wurden sie beauftragt, sich nach ihrer Ankunft in Nessebar sofort telefonisch bei ihm zu melden und den Namen ihres Hotels mitzuteilen, damit sie vom Kurier der Menschenhändlerbande Löffler schneller gefunden werden.« An anderer Stelle schreibt der Staatsanwalt N. weiter: »Am 03.06.1974 traten die Beschuldigten mit dem Kleinkind des Ehepaares (B.) die Reise nach der Volksrepublik Bulgarien an. Am 06.06.1974 kamen sie in Nessebar an und informierten noch am gleichen Tage telefonisch den P. in der BRD über ihren konkreten Aufenthaltsort im Hotel »Continental«. Während dieses Telefongespräches, das der Beschuldigte (B.) führte, wurde dem Beschuldigten von P. mitgeteilt, dass die Schleusung nicht durchgeführt werden kann. Die Beschuldigten kehrten dann am Ende ihres Urlaubs am 16.06.1974 in die DDR zurück. Im November 1974 hielt sich P. besuchsweise in Halle auf und teilte den Beschuldigten mit, dass die Ausschleusung von der VR Bulgarien aus kurzfristig verschoben werden musste. Die Ausschleusung werde aber noch bis Jahresende 1974 erfolgen.« So staatskonform und simpel formuliert es der Vertreter der DDR-Justiz. **(1)**

Zu dem hier geschilderten Sachverhalt muss ich Ergänzungen geben. Bereits im Dezember 1973 wurde der Verwandte P. während eines Treffens in Berlin-Ost beauftragt, Verbindung zu einer Fluchthilfe-Gruppe aufzunehmen. Bei einer weiteren Zusammenkunft im Februar 1974 teilte er mit, dass man eine Kontaktperson zur Fluchtausführung habe. Bei Zusage unsererseits würde die Angelegenheit geregelt. Der Fluchthelfer verlange finanzielle Vorleistungen, die man vorstrecken würde. Nach Übersiedlung müsse der Gesamtbetrag pro Person in Raten zurückgezahlt werden. Wir drei Erwachsenen waren damit einverstanden und beantragten, so wie besprochen eine Urlaubsreise nach Bulgarien. Zuständig war das Reisebüro der DDR, Zweigstelle Halle, in der Klement-Gottwald-Str.6. Dort planten wir eine Bahnreise als »Individual-Touristen-Reise«. Noch wusste keiner, ob die Fahrt überhaupt genehmigt wird. Denn die Entscheidung traf nicht das Reisebüro, sondern polizeiliche Behör-

den, besser gesagt, auch das MfS. Wir Antragsteller waren überglücklich, als nach gewisser Zeit ein positiver Bescheid kam.
A. erfreute die Nachricht so sehr, dass sie in die Stille ihrer Wohnung brüllte: »Wir dürfen ausreisen! Mir kommt es vor wie nach einem Lottogewinn!« Dabei drückte sie vehement und fast euphorisch ihre Tochter, die über die außergewöhnlichen schrillen Töne ihrer Mutter doch etwas erschrocken war. Die Kleine war gerade einmal drei Jahre alt. Sofort erhielt der Verwandte im Westen telefonisch Nachricht, was natürlich immer unter geheimnisumwitterter Chiffrierung vollzogen wurde. Es bestand ja immer die Gefahr, dass beim Mithören des Telefonates das geplante Vorhaben auffliegen könnte. P. erhielt, wie zuvor besprochen, im belanglos gehaltenen Gespräch mit unverdächtigem Inhalt den positiven Bescheid: »Wir fahren nach Hiddensee«. Unter diesem Code gaben wir grünes Licht für die Reise nach Bulgarien. In einem früheren Gespräch war das Prozedere abgesprochen worden.
Wie sollte die Flucht ablaufen? Entweder während der Bahnfahrt Richtung Bulgarien oder direkt nach Ankunft dort würde uns eine Person mit einem Erkennungs-Code aufsuchen. Der Unbekannte habe das Kennwort »Eichen«, den Kosenamen von P. zu nennen. Letztlich würde dieser mit uns alles Weitere absprechen. Im Vorgespräch musste jeder von uns ein Passbild mitgeben und wichtige Personal-Daten wie Augenfarbe, Größe, Passnummer übermitteln. Nun lief der Krimi an. Keiner der Betroffenen hatte darauf irgendwelche weiteren Einflüsse. Man hatte nur noch die Möglichkeit zu spekulieren. Gesprochen wurde weder mit Familienmitgliedern, noch in den Räumen der Angehörigen. Aus gutem Grunde. Die ganze DDR war äußerst hellhörig, besser gesagt verwanzt. Ende April suchte mich A. auf und wollte mit mir allein sprechen. Ich verstand ihren Wunsch zunächst nicht. Wir suchten die in unserer Nähe gelegenen »Franckeschen Stiftungen« auf. Da gab es neben mehreren Schulen und Fakultäten auch Grünflächen und Sportplätze. Hier konnte kein Dritter so leicht mithören. Diese Vorsichtsmaß-

nahme war nicht überzogen. Ich hatte schon lange den Verdacht, dass die elterliche Wohnung zumindestens über die Telefonanlage Mithörer hatte. Oft knackte es während der Telefongespräche auffällig, und die Stimme auf der anderen Seite war plötzlich auffallend leise. Seitdem wir wussten, dass es eine Reise nach Bulgarien geben wird, wirkte A. viel aufgeweckter, manchmal sogar fröhlich. In den menschenleeren, in der Nähe gelegenen »Stiftungen« konnten wir beide frei sprechen: »Bist du auch so froh, dass alles hier bald vorbei ist?«, so A. zu mir. »Ja.« Ich wusste im Moment nicht, worauf sie das Gespräch eigentlich lenken will. »Weißt du, Alf, ich halte es hier nicht mehr aus, die DDR ist es nicht mehr wert, Heimat genannt zu werden. Vor allem für meine Tochter tue ich das. Das weißt du.« »Ich verstehe es«, so meine kurze Antwort, »Du hast jetzt eine Familie.« Ich suchte in die Tiefe des Gespräches vorzustoßen, denn A. und B. waren bei den Vorbereitungen zur Flucht viel aktiver als ich. »Meinst du, dass man uns fingierte Reisepässe besorgt, wegen der übergebenen Daten und Fotos?« Darauf A.: »Glaube ich schon, die werden uns in Bulgarien mit dem Flugzeug herausholen!« »Wie meinst du das?« Meine Frage blieb im Raum stehen, als mittlerweile Freunde des Weges kamen. A. konnte natürlich auch keine Antwort geben. So blieb das Versteckspiel mit den zahlreichen Unbekannten bestehen. »Auf jeden Fall hast du Freitagnachmittag frei. Dann gehen wir mit B. gemeinsam zum Hauptbahnhof und holen die Fahrkarten.« »Ich bin um 15.00 Uhr bei euch.« Ein Außenstehender von heute kann kaum begreifen, mit welchen Unwägbarkeiten damals gerechnet werden musste. Unsere Eltern wussten mittlerweile, dass wir eine Reise ans Schwarze Meer planen. Mehr aber nicht. »Da könnt ihr Mal so richtig ausspannen«, meinte die Mutter. »Der Urlaub ist das Richtige, ihr werdet ja in der Klinik ganz schön gefordert! Seid froh, dass ihr zu viert fahren könnt.« »Ja, Muttern«, meine recht kurz angebundene, nichtssagende Gegenrede. Unsere Eltern suchten in ihrem Familienleben immer nach Harmonie. Sie fragten auch jetzt nicht weiter, denn keiner von uns benahm sich irgendwie außergewöhnlich auffällig. Und ich versuchte, trotz gewisser innerer Anspannung, Ruhe auszustrahlen. Deshalb gab ich auch zumeist sehr knapp gehaltene Antworten. Und doch litt ich unter erheblicher Anspannung. Nachts schlief ich schlecht, wirre Träume plagten mich. Solche Zustände hatte ich sonst nicht. Die Arbeit im Tag- und Nachtdienst, manchmal am Wochenende bis zu 56 Stunden, mit nur kurzer Unterbrechung nachts, forderte einen physisch doch erheblich. Und gleichzeitig versuchte ich eine allgemeine Ausgeglichenheit der Umgebung gegenüber zu zeigen. Das fiel in manchen Situationen schwer. Und irgendwelche unbewusst verdächtigen Handlungen und Äußerungen verboten sich. Die Reiseabsicht durfte keinesfalls gefährdet werden. Das Ganze sollte wie eine gewöhnliche Urlaubsreise erscheinen. Wir kauften die Bahnkarten für die Strecke von Halle nach Varna, unter Vorlage der im Frühjahr erworbenen Reiseunterlagen. Und die Platzkarten löste ich später mit B. in Leipzig. Endlich besaßen die Reiselustigen alle Dokumente, ein im Osten typisches und oft gebrauchtes, fast schon geflügeltes Wort. Sofort begann das Packen der Reiseutensilien nach strategischen Gesichtspunkten in koordinierter Absprache mit den anderen. Prinzipiell musste jeder Erwachsene ein Behältnis mitführen, in dem nur wenige Sachen verstaut werden sollten. Dieses Gepäckstück sollte in Nessebar dann für die geplante Ausreise Richtung Westen benutzen werden. Die Planung sah vor, dass das Umpacken am Zielort ein schnelles und unkompliziertes Handeln erlaubt. Der Kofferinhalt sollte aus zumeist hochsommerlichen und bequemen Utensilien bestehen und möglichst keine DDR-Etiketten tragen. Nicht erlaubt waren Originalurkunden jeglicher Art. Diese doch für Grenzkontrolleure sehr verdächtigen Papiere hatten wir bereits erfolgreich Richtung Westen verfrachten lassen.

Der Abschied zu Hause war nicht leicht. Am 04. Juni 1974 spät abends begann die Bahntortur, die über Leipzig, Dresden, Prag, Budapest nach Bukarest führen sollte. Es war eine lange, unbequeme und ermüdende Reise, ohne jeglichen Luxus. In Bukarest mussten wir umsteigen. Die Wartezeit vertrieben wir uns in Bahnhofsnähe. Hierbei erlebte ich ein sonderliches Ereignis, was mich nachdenklich stimmte. Es handelte sich um einen in diesem Lande wohl üblichen Transport eines Toten. Wie ein Defilee fuhr am Bahnhofsplatz ein ungeschmückter Lkw vorbei, bestückt mit einem offenen Sarg. Man sah eine eher noch jung wirkende weibliche Person, die die pralle Sonne starr anbetete. Die Episode schockierte mich zutiefst. Ist das etwa ein schlechtes Omen, so meine unausgesprochenen irritierenden Gedanken. B. mit seiner bekannten Schlagfertigkeit sprach das aus, was ich empfand: »Wird doch kein schlechtes Zeichen für uns sein.« Keiner der Anwesenden wollte zu dem Erlebnis und dem eben Gesagten sich weiter äußern. Uns allen war die Reise schon bis hierher in die Glieder gefahren. Übermüdet traf die Gruppe am Donnerstag, dem 06.06.1974 in Varna ein. Ohne viel Drumherum erreichten die müden Geister ihre Bleibe in dem Mittelklassehotel »Continental«. Die C. lag schläfrig in den Armen ihrer Mutter. Die fast zwei Tage Zugfahrt hatten körperliche Spuren hinterlassen. Die Dusche nahm uns den überaus intensiven Schweiß der letzten Tage vom Leib. Und lockere frische Textilien machten aus uns nun Urlauber. Jeder spürte die gewisse Ungeduld, innere Unruhe und ungewohnte, aber bewusst heruntergespielte Eile. Der Gang durch den Kurort gestaltete sich trotz müder Knochen als ein strammer und zielgerichteter Gang zum Postamt. Der Onkel P. wartete ja auf ein Signal von uns. Auf Anhieb klappte die Verbindung nicht, erst ein dritter Versuch gelang. Dann hörten wir gespannt in der Ferne seine hochdeutsche Stimme. Der verschlüsselte Code eröffnete das Gespräch. B. antwortete: »Unser Hotel heißt Continental«. P.s weiteres Reden war zunächst unverständlich: »Wir wünschen euch einen schönen Urlaub. Wir können euch nicht besuchen.« Erschrocken und überlaut folgt B.s Rückfrage: »Ich verstehe nicht, was ist los?« Ein präzises und verständliches Reden sieht anders aus. Das ist bei heißen Drähten zwischen Ost und West auch kaum anders möglich. Denn Telefonate über den Eisernen Vorhang wurden so gut wie immer geheimdienstlich mitgehört. Schließlich gab P. dem immer unruhiger werdenden B. die unmissverständliche Auskunft: »Wir können euch nicht besuchen. Wir fahren nicht nach Hiddensee.« Nun war B. die verschlüsselte Wortwahl verständlich. Die Flucht in Richtung Westen kann offensichtlich nicht stattfinden. Aus dem Mund von B. kam nur noch ein leises und unkoordiniertes »Tschüss«. Der entmutigende Gesprächsinhalt schockierte alle Mithörer. Wir wussten, was das bedeutet. B. ließ niedergeschmettert den Hörer fallen und fragte sich selbst: »Habe ich alles richtig verstanden?« Zu seiner Frau gerichtet: »Warum klappt die Tour nicht?« Noch immer hegte er Zweifel, ob bei der schlechten akustischen Telefonverbindung der Angehörige richtig verstanden worden war. Keiner wollte glauben, dass die Reise in die ersehnte freie Welt nicht in Erfüllung gehen würde. Die Hoffnung stirbt zuletzt. Mir ging es fast, wie bei einem geschockten Kranken, der gerade sein schweres Leiden erfahren hat. Unwillkürlich stellte man sich nun weitere Fragen.

Da wurde sofort simuliert. Hat der Geheimdienst unseren doch konspirativ anmutenden Fluchtversuch bemerkt? Erst nach der Wende erfuhr ich, dass die Stasi selbst in den osteuropäischen Ländern, außer Rumänien, über eigene Diensteinheiten verfügte. Die sogenannten »Operativgruppen« arbeiteten mit den jeweiligen Partnerdiensten bestens zusammen. In der Literatur steht dazu: »Insbesondere während der Sommersaison waren die Operativgruppen am Balaton, an der bulgarischen Schwarzmeerküste, in Prag und Budapest im Einsatz.« **(2)** Wir wussten zur Zeit unserer Bulgarienreise noch nicht, was bei einem Misslingen des Grenzübertrittes passieren würde. In der bulgarischen Zeitschrift »Anti« stand später dazu folgendes: »Ehemalige bulgarische Grenzoffiziere gaben (...) an, dass die DDR-Botschaft in Sofia bulgarischen Grenzern für jeden getöteten DDR-Flüchtling eine Prämie in Höhe von 2.000 Lewa (damals umgerechnet etwa 1.000 DM) gezahlt hätte, zudem seien mehrere Tage Sonderurlaub gewährt worden.« **(3)** Die Belohnung der Grenzer bei

Enttarnung von Falschpass-Besitzern war sicher nicht schlechter.
Nun hieß es, die Zeit bis zur Rückreise in die DDR sinnvoll zu gestalten. Am folgenden Tag besuchten wir das Zentrum der Altstadt mit ihrem Reichtum an Baudenkmälern. Einen besonderen Eindruck hinterließ die inmitten der einmaligen holzgetäfelten alten Wohnsiedlung eingebettete Kirche »Christus Pantokrator«. Sie hat einen besonderen Reiz der Modernität, eine harmonische Anordnung von horizontalen und vertikalen Farbmustern und typische Kombination des rot-weiß glitzernden Farbenreichtums. Diese Vielfalt an Baudenkmälern ist eine Folge des Kreuzzuges von Menschen aus allen Herren Länder. War Bulgarien doch schon über mehr als ein Jahrtausend der Handelsweg zwischen Europa und Asien, zwischen einer frühen Christianisierung bis zum Ural und einer 500-jährigen erfolglosen Islamisierung durch die Türken. Wir als momentan gescheiterte Migranten, gewissermaßen verhinderte Wanderer, schafften uns für wenige Tage eine gewisse Ablenkung, die doch tief sitzende Trauer zu verdauen. In einem Bulgarien-Reiseführer las ich zum Thema der Migration: Die Ost-West und West-Ost-Wanderung war im Bulgarischen Land über Jahrhunderte sehr intensiv. Thraker, Griechen, Römer, Byzantiner, Slaven und Osmanen suchten auf diesem Weg ihr Glück. All diese Völker hatten andere Ziele als wir. Nur bei ihnen war es grundlegend freier. Sie konnten im Land bleiben oder ohne außergewöhnliche Mühen in andere Länder weiterziehen. Ich wurde sentimental und sagte mir insgeheim, die Menschen sind nicht weiser geworden, obwohl doch die seither vergangene Zeit sehr lehrreich gewesen ist.
Die vier gestrandeten DDR-Bürger des Jahres 1974 hatten sich mittlerweile am zwei Kilometer langen Sonnenstrand eingerichtet. Immerhin ist der goldfarbene, feine, gewaschene Sand ein besonderes Geschenk der Natur. Inmitten der Menschenmassen mieteten wir einen Platz mit Schirm, um der Sonne und dem recht angenehmen warmen Schwarzmeer-Wasser huldigen zu

können. Das ruhige Wasser im flachen Grund gab der Nichte mit ihren neuen Spielkameraden ein außergewöhnliches Paradies. Die Fröhlichkeit der Kinder um uns ließ manches vergessen. Und es war eine besondere Augenweide, die vom Strand weg sich auftürmenden natürlichen Dünen zu bewundern. Da ragten auch einzelne Bauten heraus, die eine imposante Höhe boten. Einen besonderen Reiz stellten die markanten Windmühlen dar, so ähnlich wie die bekannte über der Landenge zur Neustadt. Eine Tour, etwas abseits der Meeresküste, brachte uns zu einer umgestalteten turmartigen Gaststätte. Die verträumte Form des Zylinders, ummauert von massiven Steinquadern, ließ erahnen, dass es sich um einen windmühlenartigen Bau gehandelt haben könnte. Ihm fehlte aber die für diese Türme übliche kegelförmige Dachform. Offensichtlich wurde der obere Teil des Bauwerkes irgendwann enthauptet. Wir hatten genug Gründe zur Einkehr, auch wenn die kleine Reisegruppe nicht viele Lewa umgetauschter Mark der DDR mitführte. Voll war es in der modern ausgestatteten Gaststätte. Die Leute zeigten sich lustig und redeten recht laut im Gewirr verschiedenster Sprachen. Ich suchte und fand im Inneren einen Weg, um in dem burgenartigen Säulenbau nach oben zu gelangen. Der Ausblick über die nicht weit entfernte Strandzone lockte. In der Mitte der Turmspitze saß auf einer Kiste ein tief braungebrannter wohlgenährter Halbtrunkener. Mit weinroten Lettern zierte der Sitz den Namen des roten Krimsektes. Ich kannte den feintönigen Traubengeschmack. Offensichtlich hatte der mit gebügeltem Anzug ausstaffierte deutschsprachige Mann mittleren Alters von der unter ihm thronenden Sektkiste schon einiges genossen. Als ich in seine Nähe kam, lallte der mit einer Flasche bewaffnete Gast: »Trink mit. Der rote Saft belebt die Geister!« »Wo kommst du her?«, seine prägnante Frage in Deutsch. Er merkte, dass ich auch Deutscher bin. Ich verkniff mir ganz bewusst eine Antwort. »Ich bin Werner aus Remscheid, mache hier 'ne Abschluss-Sause. Und du?« Wieder blieb ich ihm eine Antwort schuldig. Ich wusste, große Annäherungsversuche können nur

unnötige Probleme schaffen. Der Trunkenbold gab nicht auf: »Junger, blasser Freund, stoße mit mir an! Dein Begrüßungstrunk. Das rote Gesöff ist kostenlos, ist hier so billig!« Ein in der Runde stehender weiterer Badegast nahm zögernd einen Schluck der dunkelrot prickelnden Flüssigkeit, nippte zum Kennenlernen nochmals am Glas und murmelte in den Bart: »Keine Gaumenfreude, das süße und warme Gesöff«. Nun sah der Anbieter erst recht seine Stunde gekommen, als sich seine Worte unbedacht spuckend überschlugen: »Trink aus, ich habe noch genug davon, die ganze Kiste unter mir muss noch geköpft werden!« A. hatte bereits den Rückwärtsgang eingelegt und war treppenabwärts zum Ausgang geschlichen. Wir folgten brav. Keiner von uns suchte Kontakt zu Urlaubern, weder aus dem Westen noch aus dem Osten. Im Freien blies erfrischend der kräftige Wind. Er umspülte wohltuend die aufgeheizten, nur dürftig bedeckten Körper. Der Weg führte uns zurück zum Hotel. Mittlerweile war Abendbrotzeit, die Sättigung der hungrigen Besucher stand an. In einer recht großen Abfertigungshalle bediente man die Gäste aus dem Osten. Westdeutsche waren hier nicht untergebracht. Die reichhaltigen Obst- und Gemüsezubereitungen mundeten angenehm. Hier hat man die Natur mit den zahlreichen frischen Früchten vor der Tür. Das Essen schmeckte durch das mit Würzen verfeinerte Gemüse köstlich, eingebettet in Knoblauch, Zwiebel, Tomate und unbekannte Gemüsezusätze. Da hatte die lange Besatzung durch die Osmanen doch positive Spuren hinterlassen. Die unterschiedlichsten, wohlschmeckenden Gemüsezubereitungen gab es in der Gastronomie von Halle nur in Spezialrestaurants.
Wir entschlossen uns an einem der folgenden Abende ein Nachbarhotel mit fünf Sternen aufzusuchen. Uns war danach. Mal so richtig feudal und vor allem international zu dinieren. Die drei Mutigen mit Kleinkind zogen sich entsprechend an. Der Unterschied zu den dort weilenden Gästen sollte kleidungsmäßig so gut wie es ging klein gehalten werden. Nach Betreten des Restaurants hatte die Bedienung bald erkannt, wo wir herkamen.

Schon unser Auftreten zeigte eklatante Kontraste zu den dort weilenden Gästen aus westlichen Ländern. Wir wirkten unbewusst, und ohne es beeinflussen zu können, fast schüchtern. Die sozialistische Erziehung kam voll zum Durchbruch. Der Ober ließ uns hungrige fremde Mäuler recht lange warten. Komisch, und doch gut war es. Zunächst wollten wir die international ausgelegte Speisekarte studieren. Die mehrsprachig abgefasste Menükarte erhielt zahlreiche Desserts, die wir nicht kannten. Und mich überfielen mit Entsetzen die utopisch hohen Preise, die dazu in DM und Dollar ausgelegt waren. Unsere im Portemonnaie vergrabenen DM-Scheine, vom Onkel geschenkt, trugen keine überaus hohen Zahlen. In solcher Situation stellt man sich die berechtigte Frage, ob es nicht besser wäre, sofort wieder aufzustehen und das Lokal zu verlassen. A. hatte der Karte eine nicht so teure Speisefolge entlockt. Lassen wir uns überraschen. die lakonische Einrede von B.. Ich wäre noch immer am liebsten aus dem Restaurant unerkannt entflohen. Um uns sprudelte das Leben in Fülle. Die modern gekleideten Damen und Herren aus westeuropäischen Ländern schwätzten, lachten, gestikulierten und dinierten ausgelassen. Die von der Küche gereichten Speisen sprühten nur so an Varianz, Farbenfreude und Glitzer. Ein gerade frisch flambiertes Ferkel sorgte für Jubel, verbunden mit ekstatischen und teils mobilen Tanzeinlagen. Da bestaunte man das feurig brennende Halbschwein im Blitzlicht der fotografierenden Gäste. Und noch immer saßen wir verklemmt wie Fremde dazwischen. Die Bestellung gelang, auch wenn der Kellner im gebrochenen Deutsch nachfragte: »Ist das alles?« Ich ahnte nichts Gutes. Recht bald kam die Bescherung. Jeder von uns erhielt auf einem großen, weiß glänzenden und angewärmten Porzellanteller ein klägliches Dinner. In der Mitte des Tellers verbarg sich ein dürftiges Häufchen von Kartoffelbrei mit einem auf dem Kulminationspunkt reitenden, schwabbelig angebratenen Spiegelei. Nun hatten wir den Salat; das Dargereichte konnte in keiner Weise mit den Speisefolgen der Nachbartische mithalten. Und auffallend schnell war die Bedienung wieder ver-

schwunden. Vermutlich schien dem Ober die Speisewahl nicht so richtig zu gefallen. Das Essen hatte doch eher den Charakter einer Vorspeise. Keiner von uns konnte davon satt werden. Beim Verzehr der wässrigen Substanz entwickelte ich solch eine Wut, dass mir das Schweißwasser den Rücken kalt herunterlief. Trauer übermannte mich. Seit Jahren arbeitete man in einem überaus wichtigen Beruf, voller psychischer und physischer Belastungen aufopferungsvoll und stets bemüht, alles zu geben. Unsere Welt, die der bewusst erniedrigenden Gleichmachergesellschaft, kannte keinen Dank für Leistung. Hier war nicht der Ort, darüber weiter zu philosophieren. Recht flott entkamen wir der Niederlassung nach Begleichung der DM-Rechnung. Nichtssagend und äußerst verschämt nahmen wir Abschied von dieser Idylle. Die Enttäuschung über das ungastliche Dinner war immens.
An eine weitere Strandbegebenheit an den folgenden Tagen erinnere ich mich. Es handelte sich um ein Erlebnis, was zwei Tage vor der Rückreise passierte. Die 10. Fußball-Weltmeisterschaft war am 13. Juni 1974 in der BR Deutschland eröffnet worden. B. und ich sahen nachmittgas in der Hotellobby Teile der Eröffnungsfeier. Ich kann mich noch ganz genau daran erinnern, als das Turnier unter dem regenverhangenen Himmel Frankfurts vom damaligen Bundespräsidenten Gustav Heinemann eröffnet wurde. Noch immer klingen seine Worte in meinen Ohren, als er sagte: Ein herzlich Willkommen den vielen tausend Gästen aus allen Erdteilen. Mein damals tief gemütsgestörtes Gehirn vervollständigte seine Rede: Und wir aus Halle dürfen daran nicht teilnehmen. Wie schön wäre es gewesen, wenn wir jetzt in Frankfurt am Main sein könnten. Stattdessen suchten wir Muscheln am Strand. Tags darauf spielte Deutschland gegen Chile. Es war der letzte Tag vor der Rückreise ins Land der DDR. Der Strandnachbar hatte ein Radio dabei, die Umgebung war in die Reportage eingebunden. Ein jeder Besucher unter seinem Strandschirm beteiligte sich auf seine Weise. Der Dortmunder diskutierte aufgewühlt mit den Strandfreunden jeden Spielzug der Deutschen. Nicht wenig Bier umrahmte die heißen Debatten

beim 1:0 Sieg der Deutschen im heißen Sand des Sonnenstrandes. Mir ist seine Rede bis heute präsent: »Hol mal 'ne Eisstange, für uns hier, fünf Stück.« Als Kurier beauftragte er seinen Sohn, der brav und beflissen loslief und den Einkauf erledigte. »Und bring für uns noch einen Sechserzug Bier mit, das Tschechische!« Recht schnell hatte ich den Grund seines freizügigen Verhaltens begriffen. Es war nicht allein die Gruppendynamik und die innere Anspannung, die die meisten Deutschen aus dem Ruhrgebiet bei wichtigen Fußballspielen verspüren. Es war auch wieder die permanente monetäre Dialektik. »Hier ist ja alles so spottbillig, die haben hier lachhafte Preise!« Ohne ein Bier vom Nachbarn zu begehren, schluckte ich kräftig mit. Das war hier nicht meine Welt. Mir war wieder zum Weglaufen.

Im Jahre 2012, also 38 Jahre nach der ersten Bulgarien-Reise, betrat ich wieder den Boden der Schwarzmeerküste. Zwei Motivationen waren der Grund. Zum einen suchte ich intensive Wärme mit sauberem Wasser und heilwirksame Naturpackungen, um mich von störenden Schmerzzuständen des Bewegungs- und Muskelapparates zu erholen. Zum anderen wollte ich eine Bestandsaufnahme mit dem früheren Erlebnis treffen. Inzwischen lag die gesellschaftliche Wende schon mehr als zwei Jahrzehnte zurück. Diesmal verliefen Flug- und Pkw-Reise ohne problematische Einreise. Die Annehmlichkeiten im Fünf-Sterne-Hotel von Burgas erfüllten ihren Zweck. Und das Baden im Pool, das Dinieren mit täglich Fleisch- und Fisch-Variationen und das fröhliche Zusammensitzen mit den Gästen beglückte einen jeden, der mit EURO die Rechnungen bezahlen konnte. Natürlich brauchte ich eine Stipp-Visite nach dem nicht weit entfernten Nessebar. Auf der Halbinsel herrschte ein überzogener Geschäftssinn mit Vermarktung von A bis Z. Hier war der frühere Ost-West-Gegensatz ganz schnell verschwunden. Ich empfand eine nicht immer positive Entwicklung. Meine zweite Bulgarien-Reise hatte für mich einen besonderen Höhepunkt, als ich im Zentrum von Burgas eine Galerie besuchte. Mir fiel ein in einer Ecke des Ausstellungsraumes versteckt stehendes kleines farbenfreudiges Ölbild auf. Es trug den inspirierenden Titel »Escape in Egypt« (Flucht nach Ägypten), ein Werk des bulgarischen Illustrators und Designers G. Karabadjakov. In einem Prospekt des Künstlers schreibt der Kunsthändler: »K. malt, geleitet von südlichem Temperament, ungewöhnliche, mystische Figuren der biblischen Geschichte. Im Zentrum seiner Szenen stehen neben Gott mit den Heiligen der gedemütigte und gequälte Mensch.« Das auf Leinwand aufgezogene 30 × 30 kleine Kunstwerk wirkt wie eine moderne Ikone. Es ist beseelt von versteckter Energie der Hoffnung und des Glückes, vergleichbar mit einer Fahrt über die langersehnte offene Grenze. Es ist ein heiliges Bild aus der Mythologie. Der herzhaft lächelnde, körperlich kräftige und mutige Josef stützt sich nach der beschwerlichen Flucht auf den Gehstock. Es ist der Merkur-Stab, der symbolhaft als Zeichen des Sieges über die krankmachenden Seelenformen spricht. Josef hat am Horizont das Land der Erlösung gesichtet und lacht herzhaft auf. Mit Inbrunst teilt er es Maria und dem Jesuskind mit. Voller Lebenslust und Vorfreude blickt Josef zu Maria, die in dieser außergewöhnlichen Situation dem Himmel, gleichsam Gott, dankt. Und das Jesuskind reißt voller Irritationen die Augen weit auf und zeigt in den streng behütenden Armen der Mutter eine emotionale Erregung. Bringt uns das Fliehen Hoffnung auf Rettung? Der Vierte in der dargestellten Fluchtgruppe darf nicht vergessen werden, der Esel, der in seiner völlig körperlich überlasteten Funktion als Träger aus dem letzten Loch schnauft. Das durch den beschwerlichen Weg bereits überlastete Tier blickt mit Aufmerksamkeit auf die unmittelbar in der Nähe noch zu erklimmenden Felsen. Sicher war der bisherige steinige Pfad ein Jakobsweg, an dem der Esel seine Kräfte messen konnte. Aber der endlos erscheinende Kampf durch die wasserarme Wüste zeigte nun ein lohnendes Ziel, das gelobte Land bald erreicht zu haben. Dann können die Flüchtlinge ihre Zukunft selbst gestalten. So schließt sich für mich der Kreis. Solange der Glaube lebendig ist, stirbt die Hoffnung nicht. Die

Fluchtszene zeigt mir sehr viel mehr. In der Lutherbibel lese ich nach, um die eben beschriebene Mythologie übersetzen zu können. Josef hatte im Traum erfahren: Stehe auf und nimm das Kindlein und seine Mutter zu dir und fliehe nach Ägypten und bleibe da, bis ich dir Näheres sage. **(4)** Später folgt ein weiterer Traum, der dem Josef befiehlt: Stehe auf und nimm das Kindlein und seine Mutter zu dir und ziehe in das Land Israel. **(5)** So wurde durch die fürsorglich beschützenden Erwachsenen das Kind »Heiland von Nazareth«. Es ist eine imposante Mystik, die uns Nachfahren Zuversicht geben will. Ich hatte solch eine ähnliche Gemütsstimmung bei der Ausreise am 20. Oktober 1976, als in Begleitung von östlichen und westlichen Beamten ein Bus (»Reicherts Reisen«) mich ohne Stopp über den Grenzübergang Hirschberg nach Gießen brachte.
Ich bleibe dabei, der Weg der Hoffnung ist nur mit stoischer Geduld zu gewinnen. Die beschriebenen zwei Bulgarienreisen legen in diesem Sinne Zeugnis davon ab und sagen mir: Die Schule des Lebens lebt von den eigenen Erfahrungen.

C 3 Abhauen oder bleiben

Seit der Gründung und bis zum Mauerbau verließen pro Jahr so viele Menschen die DDR, wie damals Mainz Einwohner hatte (jährlich im Durchschnitt zwischen 130 000 und 230 000 Menschen). Das geschah in erster Linie über das leicht passierbare und bis 1961 offene Berlin. Die offiziell Ausgereisten hatten das Glück, als Rentner, Invalide oder Familienmitglied eines Westdeutschen den Osten auch noch nach dem Mauerbau zu verlassen; es waren etwa 500.000. Die östlichen Machthaber meinten vor allem nach den KSZE-Beschlüssen, auf diesem Wege Ruhe und Ordnung im »Reich der Sozialisten« schaffen zu können.

Letztlich verließen laut Statistischem Jahrbuch der BRD (1991) in den vierzig Jahren bis zur »friedlichen Revolution« von 1989 etwa fünf Millionen Menschen den SED-Staat. **(1)** Diese Zahlen sprechen für sich. Eine andere Chiffre des Statistischen Jahrbuches verdeutlicht den Gesamtschwund noch plastischer: Im Zeitraum von 1949 bis 1989 setzen sich insgesamt 28 % der Gesamtbevölkerung aus dem Osten in Richtung Westen erfolgreich ab. Nach Errichtung der Berliner Mauer blieb für die meisten der arbeitsfähigen Bürger nur noch die inoffizielle Variante der »Schleusung« oder eine tollkühne Flucht über Mauer, grüne Grenze, Flüsse oder Ostsee als lebensgefährliche Varianten. Es gab für den Normalbürger und damit den Großteil der Bevölkerung keine ungehinderte Erlaubnis zur Ausreise. Wenn die Regierung sie genehmigte, lagen besondere Bedingungen vor, die allein die SED-Führung bestimmte. Da half auch so gut wie nie die bekannte »Petition zur vollen Erlangung der Menschenrechte«, im Gegenteil, selbst diese Menschen wurden kriminalisiert. **(2)** Der Ausreiseantrag wurde fast regelmäßig umgedreht, d. h. der Antrag wurde von der Justiz als kriminelle Handlung gedeutet und entsprechend juristisch verfolgt. Eine ganze Reihe solcher dann verwandter politisch motivierter Gesetze hatte die Ost-Regierung zur Hand, um die Bürger nach dem Prinzip der Abschreckung mit Straftatbeständen zu belegen. Der Staat legte sich eine Vielzahl von Möglichkeiten zurecht. Die MfS-gesteuerte Justiz war sehr erfinderisch, suchte und fand weitere »Straf- taten«. Zu der Fülle von Paragraphen gehörten dazu unter anderem:

Paragraph	97	Spionage
	99	Landesverräterischer Treuebruch
	100	Staatsfeindliche Verbindungen
	101	Terror
	104	Sabotage
	105	Staatsfeindlicher Menschenhandel
	106	Staatsfeindliche Hetze

107	Verfassungsfeindlicher Zusammenschluss
132	Menschenhandel
138	Verleumdung
161	Bestrafung von Vergehen zum Nachteil sozialistischen Eigentums
164	Verbrecherische Beschädigung sozialistischen Eigentums
213	Ungesetzlicher Grenzübertritt
214	Beeinträchtigung staatlicher und gesellschaftlicher Tätigkeit
219	Ungesetzliche Verbindungsaufnahme
220	Öffentliche Herabwürdigung (»Staatsverleumdung«)
225	Unterlassung der Anzeige
245	Geheimnisverrat
249	Asoziales Verhalten

(Aus: Auszug Prozessordnung der DDR, Stand 1974) **(3)**

Der Begriff der »Republikflucht«, der quasi als Hauptstraftatbestand bei Flucht-Verurteilung verwandt wurde, war im Paragraph 213 festgehalten. Zu meiner Zeit galt die Fassung vom 12.01.1968. Der Absatz 1 beschreibt hierzu eine Freiheitsstrafe bis zu zwei Jahren. Im sogenannten »schweren Fall«, eine zumeist bei Fluchtversuch mit Hilfe von Organisationen gebrauchte Formulierung, galt der Absatz 2 mit der Höchststrafe von 5 Jahren. Nach meiner Ausbürgerung verschärfte 1977 die DDR-Justiz den Paragraphen in Absatz 3 (Punkt 3 und 4) und konstruierte absurde Tatvorwürfe, wie »mit besonderer Intensität«, »durch Urkundenfälschung« und unter »Ausnutzung eines Versteckes«. Die Justiz sah hier eine Höchststrafe von 8 Jahren Freiheitsentzug vor. **(4)** Der Paragraph 213 war der wohl bekannteste im Osten Deutschlands. Hierzu einige Anmerkungen. In Zusammenhang mit diesem Paragraphen bildete sich ein sonderlicher deutscher Sprachgebrauch heraus, der auf seine Weise die Situation karikiert. Die Bevölkerungskreise, die zur Fluchtproblematik keine außergewöhnlich negative Sicht hatten, sprachen beim erfolgreichen Weggang eines Freundes oder Berufskollegen beispielsweise davon, das da wieder einer »abgehauen«, »getürmt«, »weggemacht«, »geflohen« oder »sich entsorgt hat«. Manche Bürger gebrauchten märchenhafte Umschreibungen, wie beispielsweise: »Die Besten gehen in den Westen« oder als bekanntes Wortspiel: »Es bleibt nur der doofe Rest.« Sicherlich war all das Gerede über »Abhauen« ein Barometer für die Stimmungslage in der DDR. **(5)** Gänzlich anders argumentierten die Bonzen der SED, wenn sie aus Sicht der Ideologen und Propagandisten sich äußerten. In ihren Kreisen und gegenüber der Öffentlichkeit bis hin zur Justiz benannte man die Migranten als »Abgeworbene«, »Ausreiser«, »Verräter« oder »Feinde des Sozialismus«. Das Verunglimpfen der Geflüchteten oder Fluchtopfer bekam in diesen Reihen eine ungeheure Artikulation. Man beschimpfte und verleumdete die Personen, selbst in der DDR-Justiz. Die Propaganda in Zeitung, Radio und Fernsehen hatte für die Migranten ein noch schäbiges und beleidigendes Vokabular parat. Unabhängig von den bereits genannten Schimpfworten stellte man die Menschen als »geistig anormal« hin. Für die SED-Funktionäre war klar, dass sie die vermeintlich bessere und moralisch überlegene Gesellschaftsordnung vertraten. Wenn dem so sei, dann kann ein Geflohener nur ein »stigmatisiertes Individuum« sein, das mental die Zukunft des sozialistischen Systems nicht erfasst hat. Ein solcher Flüchtige sei irgendwie krank. Um solchen Gedankengängen ihre Bedeutung zu geben, formulierte man es medizinisch: »Wer den sozialistischen Staat verlässt, kann wohl nicht gesund sein!« Oder man sprach davon, dass der angeblich Abgeworbene nicht normal sei. **(6)**

Die DDR-Führung wusste genau so wie mitdenkende kritische Bürger, dass die genannten Strafgesetze bei internationalen Gremien keinen Bestand haben. So verfügte der Europäische Gerichtshof für Menschenrechte leider erst nach dem Zusammenbruch des östlichen Machtsystems eine präzise juristische

Formulierung (Urteil vom 22. März 2001). Es heißt da auszugsweise: »Der von der DDR ratifizierte IPBPR (= Internationale Pakt für bürgerliche und politische Rechte) garantiert in Art. 12 Abs. 2 das Recht auf Freizügigkeit, wie auch Art. 2 Abs. 2 des 4. ZP-EMRK (4. Zusatzprotokoll der Europäischen Konvention zum Schutz der Menschenrechte und Grundfreiheiten vom 16.09.1963). Nach Meinung des Gerichtshofes sind die Ausnahmeklauseln, auf die sich die Beschwerdeführer beriefen, nicht einschlägig. Der Gerichtshof argumentiert, dass das Hindern fast der gesamten Bevölkerung am Verlassen ihres Staates keineswegs notwendig ist, um die Sicherheit des Staates oder andere Interessen zu schützen. Schließlich war die Art und Weise, in der die DDR das Ausreiseverbot gegenüber ihren Staatsangehörigen durchsetzte und Verletzungen dieses Verbotes bestrafte, unvereinbar mit einem anderen im Pakt garantierten Recht, nämlich dem in Art. 6 garantierten Recht auf Leben, sofern in dieses eingegriffen wird. **(7)** Spätestens mit der Ratifizierung des 4. ZP-EMRK im Jahre 1968 hätte die Rechtslage für die DDR eindeutig sein müssen. In mehrfacher Hinsicht lag den östlichen Machthabern die Fluchtproblematik schwer im Magen. Zum einen wanderten permanent gut ausgebildete und dringend benötigte Fachkräfte ab. Wenn die Intelligenz einer Volkswirtschaft migriert, dann bedeutet das »Talentschwund« oder »Braindrain«. Wikipedia gebraucht unter diesem historischen Begriff für die DDR folgende Definition: Als innerdeutsche Problematik stelle sich Abfluss von Humankapital in Form von Gebildeten von der DDR in die BRD dar. Zahlreiche Akademiker, u. a. viele Ärzte verließen den Osten vor und auch nach dem Mauerbau. Dies stellte ein wirtschaftliches, aber auch politisches Problem dar, weil sich die Rekrutierung neuer Eliten in Wissenschaft, Wirtschaft und Politik immer schwieriger vollzog. **(8)** Eine weitere bedeutende Tragweite besaßen die nicht reformierbaren ideologischen Märchen aus den SED-Kreisen. Die massenhaft flüchtenden Bürger widersprachen der in der staatlich gesteuerten Öffentlichkeit und von der Führung gebetsmühlenartig propagierten Überlegenheit des real-existierenden Sozialismus. Die internationalen Medien berichteten schonungslos über die Fluchtbewegungen und über die zahllosen inhumanen Dramen Geflüchteter. So erfuhren Menschen anderer Länder von den wirklichen Zuständen im angeblich sozialen Musterstaat auf deutschem Boden.

Welche Gründe waren Anlass zum Abhauen nach dem Westen? In einer Studie befragten Wissenschaftler DDR-Flüchtlinge. **(9)** Danach gab es hinsichtlich des Motivmusters für die Zeit vor und nach dem Mauerbau gewisse statistische Unterschiede. Sie blieben bis 1989 ähnlich und somit aussagefähig. Ich fasse sie zusammen:

1. Propaganda der ideologischen Doktrin,
2. Umsetzung des sozialistischen Bildungssystems,
3. Machtfülle des SED-gesteuerten Staatsapparates und
4. Missstände im Arbeits- und Wohnbereich.

Die politischen Gründe überwogen eindeutig. Dafür sprechen Aussagen, wie beispielsweise die von »Ablehnung politischer Betätigung«, »Bildung von Spitzeldiensten«, »Gewissensnotstände« oder »Einschränkung von Grundrechten.« **(10)** Ein Betroffener formuliert es treffend. Man »befand sich stets im Zustand einer Dauerflucht, auf der Flucht vor dem totalen Zugriff und der Suche nach einem wenigstens minimal selbstbestimmten Leben.« **(11)** Ein anderer Migrant stellt fest: »Allein der eigenen Identität wegen war es gerechtfertigt, diesem Land den Rücken zu kehren, da ausnahmslos die Würde eines jeden DDR-Bürgers in diesem Gesellschaftssystem beschädigt wurde.« **(12)** Die Enge spürte man in allen Lebensbereichen. Ein permanent gegängelter Bürger entkam letztlich dem Macht- und Spitzelsystem nur durch sogenanntes »Abhauen«. Die Lebens- und Wohnverhältnisse blieben für die meisten Bürger sehr einfach. Und die wirtschaftliche bzw. soziale Demonstration gipfelte in einer fehlenden Zukunftsperspektive. Es gab nur dann eine Verbesserung der Lebensumstände, wenn die vom Staat gewünschte und geforderte bedingungslose Anpassung an die Parteidirektiven und immensen Vorgaben staatlicher Institutionen angenommen wurden. Solches Tun brachte für Partei- und MfS-Dienste Vorteile. Die Mitarbeit im gesellschaftlichen Leben führte natürlich unweigerlich zur permanenten Kontrolle als dann gesellschaftlicher Mitarbeiter. So war das Leben in die heuchlerische Verlogenheit eingebettet, angeblich in einer »Übereinstimmung der Interessen« mit der marxistischen Ideologie besser leben zu können. Staatliche Medien von Zeitung, Rundfunk und Fernsehen besetzten ihre Positionen mit Phrasen der sozialistischen Einheitspartei, die mit »Holzhammermethode« stoisch wiederholt wurden. Das Motto des »Schwarzen Kanals« von K. E. von Schnitzler war der Gipfel, wenn diese Person salopp behauptete: Im Westen ist alles böse und bei uns im Osten besteht die heile Welt des Guten. Derartige Schwarzweiß-Malereien ließ die Verhältnisse noch unglaubwürdiger erscheinen. Ein Mitbürger, der diese Sendungen nicht hören und sehen konnte, besprach im stillen Kämmerlein mit den wenigen Gleichgesinnten die Dinge des gesellschaftlichen Lebens. Das war auch meine Welt. Von Jahr zu Jahr hatte sich das gesellschaftliche Desaster verschärft. Der ostdeutsche Teilstaat blieb dem fast feudalistisch anmutenden Provinzialismus treu. Die Propaganda lebte in dem eklatanten Widerspruch, der zwischen dem überladenen Hedonismus und dem kaum glaubhaften Eigenlob bestand. Jedem aus dem Westen zu Besuch weilenden Bürger fielen die Spruchbänder mit siegesgewissen, oft lächerlichen Parolen auf. Fast jede dritte Straße im Stadtzentrum war mit abartigen Sprüchen verschönert. Und auf allen staatlichen Ebenen wurde von den kleinen und großen Funktionären die Wirtschaftslage trotz besseren Wissens blumig verschönt. Man gaukelte den Menschen einen wirtschaftlichen Erfolg vor, obwohl die Realität anders aussah. Honecker behauptete selbst nach seinem Sturz 1989 noch: »Man sagt, die schlimme Verfassung der Ökonomie und der Ökologie sei eine der Hauptursachen der verfehlten Politik. Es besteht kein Zweifel, dass die Argumente mit Absicht in die Welt gestreut wurden.« **(13)** In der

Tat lag bereits Ende der siebziger Jahre eine marode Wirtschaft vor. Nach eigenen Studien bin ich der Meinung, dass die SED-Regierung bereits seit 1981/1982 pleite war. Der kritische Bürger zog sich mit seinen Erkenntnissen über das Dasein der sozialen Missstände nach Hause zurück. Das war sein Himmelreich. Da gab es bei cleveren Bürgern eine selbst gezimmerte »Datsche«. Da sorgte das Bier im Kreise Gleichgesinnter stundenweise für angenehme Stimmung. Und war die mentale Situation eher schlecht, dann regierten Vokabeln wie Desinteresse, Resignation, Kleinkariertheit, Warten auf Überraschung und andere Orakel. **(14)** Ein Migrant beschreibt seine Situation psychologisch: »So vergehen die Jahre, das Klima wird immer missmutiger, die Verdrossenheit wächst, das Gefühl von Sinnlosigkeit, hier zu leben und zu arbeiten, greift um sich.« **(15)**
Ein Grund zum Weggehen bestand auch im unhaltbaren Zustand des Bildungssystems. Diese Misere hatte sonderliche Merkmale. Die Familien waren dem Erziehungssystem im pädagogisch gebildeten Funktionärsapparat widerstandslos ausgeliefert. Lehrer, die ein moderates demokratisch-liberales Denken und Handeln wollten, waren selbst der Kontrolle der pädagogischen Elite des »neuen Bewusstseins« ausgeliefert. Sie blieben aus diesem Grunde stumm, was wollten sie auch anders tun. Und man benutzte die Lehrer, ob sie es wollten oder nicht, das geforderte »neue Klassenbewusstsein« durchzusetzen. Geschah das nicht, dann drohte die Entlassung aus dem Schuldienst. So erging es meinem Klassenlehrer. Jahre nach meinem Abitur musste er die Schule verlassen und sich »bewähren«. Was war geschehen? Ein höherer Leitungskader und Staatsfunktionär mit »Vergangenheit«, der in der Schule einen Vortrag mit natürlich neuem Bewusstsein hielt, fühlte sich aufgrund einer spöttischen Bemerkung des RG. (Name bekannt) diffamiert. Heute meint mein Klassenlehrer, der ein geachteter Physiker und passionierter Ornithologe ist, dazu: »Der Mächtige fühlte sich in seiner Ehre getroffen.« Die nicht ganz »saubere Wortwahl« genügte, trotz selbstkritischer Demut vor Kollegium und

Funktionären, gegen RG. eine unverhältnismäßig hohe Strafe auszusprechen. Für 17 Monate schickte man ihn in die »Produktion« (Messmittelkontrolleur mit deutlich schlechterer Entlohnung). Erst danach galt er als »geheilt« und konnte wieder ans Gymnasium (»EOS«) zurückkehren. Der geschätzte Pädagoge ist bis ins hohe Alter heute ein optimistischer und glücklicher »EOS-Physikus« geblieben. Zu dem damaligen ideologischen Gehabe mit fast pathologischer Note möchte ich noch einen Nachtrag geben. Der Klassenlehrer hatte die Pflicht, jeden Schüler in eine bestimmte Stufe der sozialen Herkunft einzustufen. Das fiel sicher vielen Lehrern nicht leicht. Ich bin überzeugt, dass mein mitdenkender Klassenlehrer zu dieser Gruppe gehörte. Im Klassenbuch des Schuljahres 1960/1961, ein Jahr vor dem Abitur (Klasse 11 B5), finde ich unter den Rubriken »z. Zt. ausgeübter Beruf« (der Eltern) eine Einstufung von uns Schülern nach sogenannter »Soz. Herkunft des Kindes«. Wir 28 Schüler wurden in vier soziale Herkunfts-Kategorien untergliedert. Kürzel »I« erfasste Mitschüler, deren Eltern Verkäuferin, Näherin, Packer, Schneider, Hausfrau oder Angestellte waren. Zu Kürzel »II« gehörte nur ein LPG-Vorsitzender. Der Gruppe »III« rechnete man Kinder von Juristen, Ingenieuren, Kaufmännischem Direktor, Industrie-Kaufmann, Buchhalter, PGH-Handwerker, Lehrer, Gartenbauarchitekt und andere Meister zu. Eine gesonderte Kategorie erfasste zwei Selbstständige (Fleischermeister, Orthopädiemechaniker-Meister) und mich als Pfarrer-Kind. Die sogenannten Arbeiter- und Bauern-Kinder, zu denen natürlich auch die der neuen politischen Elite gehörten, hatten in anderen Schulen das Kürzel »A« für »Arbeiter« (bei uns Kürzel »I«) oder »B« für »Bauern« (bei uns Kürzel »II«). Anders die Schüler, deren Eltern in die sogenannten Schicht der »Intelligenz« (bei uns Kategorie »III«) oder der Sondergruppe mit dem Kürzel »S« eingestuft wurden. Diese Schüler gehörten nach Meinung der Schulführung einer Schicht an, die das vergangene kapitalistische System repräsentieren würde. Und die Kinder von Selbstständigen oder eines Pfarrers waren quasi durch ihren Buchstaben indirekt gebrandmarkt. Auf jeden Fall hatten die mit »A« (»I«) und »B«(»II«) im Klassenbuch gekennzeichneten Schüler Vorteile auf vielen Ebenen, insbesondere bei der weiteren persönlichen Entwicklung. Mein »S« war eine Art Sippenhaft mit dem Ziel, staatlicherseits ein effizientes Monopol einer angeblich notwendigen sozialistischen Förderung zu garantieren. Ich finde, dass der hier gelungene dokumentarische Beleg im persönlichen Klassenbuch von besonderem Wert ist. **(16)** Ziel der politisch ausgerichteten Schulführung war es, mit allen hier zur Verfügung stehenden Mitteln die »Erziehung zum Sozialismus« zu fördern. Hierzu ein Beispiel aus meiner Schulzeit. Ein Mitschüler wusste schon recht früh, dass er eine Karriere bei der Staatssicherheit wollte, benötigte dazu aber einen Oberschulabschluss. Vor dem Abitur paukte er mit mir in einem Fach recht intensiv. Er konnte tatsächlich später in der Bezirksverwaltung Halle eine Führungsposition erklimmen. Als Chef einer volkswirtschaftlich wichtigen Abteilung unterstanden ihm in der Blüte seines Wirkens mehr als 300 fest angestellte und informelle Mitarbeiter, darunter zahlreiche Führungs-IM, die zum Teil mit innovativer und verdeckter Biografie arbeiteten. Über das sogenannte »W-Tisch-Netz« (russisch »Hochfrequenz«) besaß er einen persönlichen Zugang zur geheimen und abhörsicheren Nachrichtenübermittlung an die Regierungsspitze und Militärführung des Ostblockbündnisses (»Warschauer Vertragsstaaten«). **(17)** Nach der politischen Wende sah der Oberstleutnant a. D. nicht die Chance zur Kommunikation mit den früheren Mitschülern, die ihn wiederholt zu Klassentreffen einluden. Er entschuldigte sich und gebrauchte Ausreden.

Was bewirkte die ständige vor allem widerspruchslose geistige Entmündigung, Indoktrinierung und Fütterung mit ideologischen Parolen? Die Misere im Umgang mit den Menschen sollte in einer bewussten ethischen und einseitig weltanschaulich orientierten Aufrüstung enden. SED-Partei, DV-Polizei und MfS rüsteten ihren Repressionsapparat auf allen gesellschaftlichen Ebenen kontinuierlich weiter auf. Die zahlenmäßige und materielle Perfektionierung all der Dienste verursachte dabei eine massive Belastung des Staatshaushaltes. Das wussten sicher auch die Verantwortlichen. Anders Honecker, als er die Frage eines Autors im »Kreuzverhör« beschreibt. Warum wurde die Stasi »Staat im Staate«, den auch sie nicht mehr kontrollieren konnten? Antwort von Honecker: »Das war von vorneherein so. Das lag an der Tradition des Systems der Staatssicherheit innerhalb der sozialistischen Länder.« **(18)** »Sie war zu sehr Staat im Staate. Das habe ich nachträglich erfahren.« **(19)** Eine billige, irreführende und vor allem unwahre Antwort. Zur glichen Zeit blühte die Wirtschaft in der Bundesrepublik Deutschland auf; man sprach vom »Wirtschaftswunder«. Der Lebensstandard wuchs, die Verdienstmöglichkeiten der Bürger stiegen und die Versorgung mit Waren des täglichen Bedarfs nahm kräftig zu. In der DDR konnte eine ökonomische Kompensation durch Privatbetriebe nicht greifen. Die umfassende Verstaatlichung (u. a. Bildung von LPG und PGH), die massiven Belastungen durch das Militär und der aufgeblähte, teure Spitzelapparat ließen keinen Raum für eine aufblühende Wirtschaft. Eine notwendige Steigerung der Produktivität blieb wegen fehlender Investitionen aus, im Gegenteil, es herrschte weiter Mangel an allen Fronten.

Da nicht nur Essen und Trinken befriedigt, schmerzte der Mangel auf allen gesellschaftlichen Gebieten. Hier einige Beispiele, die diese Defizite begründen.

Reisefreiheit: Reisen ins westliche Ausland wurden nur nach bestimmten Kriterien erlaubt. Oft erfolgte ohne Begründung die Ablehnung. Die kleine Schar der bewilligten Reisen blieb Ausgesuchten vorbehalten, vor allem für exponierte und staatskonforme Personen, die unterschiedlichste Aufträge zu erfüllen hatten. Ausgenommen vom Reiseverbot waren nur Invalide und Rentner, d .h. die nicht mehr arbeitende Bevölkerung. Staatlicherseits galt die Devise: Die können »drüben« bleiben, da liegen sie unserem Sozialsystem nicht mehr auf der Tasche. Eine makabre Logik.

Beruflicher Aufstieg: Ohne Zugehörigkeit zu öffentlichen oder

verdeckten Diensten bzw. ohne Staatskonformität war eine leitende, auch wissenschaftliche Tätigkeit mit Aufstiegsmöglichkeiten so gut wie ausgeschlossen. Die Problematik des schulischen Bildungssystems wurde schon beschrieben.
Glaubensfreiheit: Trotz bestehender DDR-Gesetze und Absprachen zwischen Kirche und Staat gab es auf allen gesellschaftlichen Ebenen eine breite Palette von Behinderung und Benachteiligung, sofern man sich zur Mitarbeit in der Kirche bekannt hatte. Die »Kirche im Sozialismus« duldete man als ein zum Aussterben verurteiltes Dasein.
Rede- und Pressefreiheit: Die Medien waren gleichgeschaltet, von der Staatssicherheit kontrolliert und reglementiert. Es gab auf breiter Ebene die Zensur.
Unabhängigkeit der Justiz: Die Grundrechte wurden verweigert. Die Gerichtsbarkeit und Anwaltstätigkeit unterstand der SED-Doktrin, war also eine Marionette des Systems und handelte in diesem Sinne. Das MfS besaß hierbei eine Sonderstellung mit einem diktatorisch orientierten Eigenleben, in das die Gerichtsbarkeit nicht reinreden durfte.
Darüber hinaus bestand noch eine Vielzahl von gesellschaftlichen Missständen. Das alles erfüllte die Charakteristika eines totalitären Staatssystems. In der Studie von Hilmer, Köhler und Bertram wird gesagt, dass die genannten Missstände zumeist aus einem Bündel von mehreren Motiven bestanden. **(20)** Eine besondere Betonung erfuhren Themen, wie die »Vormundschaftlichkeit des Staates«, »Wunsch für mehr Spielraum für Selbstbestimmung im Alltag und Lebensführung«, »Unerträglichkeit der geistigen Enge und Bevormundung beruflich und privat« und »Gefühl, bis ans Ende des Lebens an die Hand genommen zu werden, ohne Aussicht auf Lösung.« **(21).** Aus der Literatur haben mich zwei Schilderungen sehr berührt. Beide Berichte treffen sehr gut den Kern der Flucht-Problematik. Ich könnte die Umstände nicht besser schildern.
Beispiel 1, der Spätübersiedler als kritischer Beobachter:
»Nur wer 28 Jahre eingemauert war, wer jenen antifaschistischen

Schutzwall ertragen hat und dulden musste, (...) wer die Scham über Selbstschussanlagen und kilometerweise Mauerschleusen, über scharfzüngige Zöllner, unwürdige Durchsuchungen gespürt und wer die dumpfe Angst vor scharfgemacht schnüffelnden Hunden erlitten hat, wer peinlichste Befragungen nach Druckerzeugnissen, eingeschlossen in Zöllner-Kabuffs durchgemacht, wer das Hundertjahresbestandsversprechen des Kleinwildjägers von Wandlitz (...) Erich Honecker ebenso erdulden musste wie die Überlegenheit der DM-Deutschen beim Urlaub in Ostdeutschland, nur wer die Dressur in allen Lebensbereichen mitgemacht, Unterwerfung und Unterwerfungsbereitschaft, ja Unterwürfigkeit von 95 Prozent der Mitbürger mitansehen musste, (...) wer die Demütigungen von Bittstellern, das Ausgeliefertsein jedes Einzelnen an einen totalitären Staat mit einer Allmachtpartei tagtäglich, jahrzehntelang durchlebt hat, nur der kann verstehen, was in uns und mit uns Ostdeutschen los ist. Das Ganze gab sich auch noch als die Rechtfertigungsideologie von der Neuen Zeit aus, und es fanden sich nicht nur genügend Mitläufer, sondern auch genügend Fanatiker.« **(22)**
Hier gibt der Autor mit offenen Ohren und Augen ein gelungenes Weltbild hinter verschlossenen Türen wieder.
Beispiel 2, das Leiden eines Dagebliebenen:
»Wie es den Insassen eines Altenheims gehen mag, so ging es uns schon Anfang Zwanzig. Die Kameraden rundherum starben. Ohne die Perspektive des Wiedersehens verschwanden sie von einem Tag auf den anderen, ohne Abschied, ohne Umarmung, nur eine dumpfe Angst zurücklassend, wer denn der nächste sei: Ein Rest wird bleiben?« **(23)**
Anders redete Honecker bei einer Befragung zur Fluchtproblematik. Als ich sein Interview las, blieb mir die Spucke weg. Die Journalisten fragten: »Es sind viele Menschen aus sehr persönlichen oder wirtschaftlichen Motiven geflohen. Und dann haben sich viele gefragt, blieb da die Verhältnismäßigkeit der Mittel gewahrt, um sie von einer Flucht abzuhalten?« Die verwaschene Antwort Honeckers ist die eines Menschen, der infam und

machtbesessen über den Dingen stehen will. Er kennt wie ein gewissenlos agierender Oberlehrer weder Reue noch Verantwortung. Die Frage der Ostberliner Autoren beantwortete er nichtssagend dümmlich: »Ich will nichts dazu sagen. Wenn die DDR zugrunde geht, ich bitte Sie, was spielt das für eine Rolle? Es wird immer solche Leute geben. Natürlich hat mir das leidgetan.« **(24)**
Erich Honecker hat philosophische Bücher nicht studiert, sonst wäre ihm sicherlich in der Sprache der großen Philosophin H. Arendt eine kausale Formulierung möglich gewesen. Sie meint zur Bedeutung der Freiheit, dass »zuerst und vor allem der Raub der Menschenrechte Grund ist, dass einem Menschen der Standort in der Welt entzogen wird.« **(25)** Nur wenigen DDR-Politikern gelang es, die Rolle der Migranten als reale Oppositionsbewegung zu verstehen. Hans Modrow meinte zur Wendezeit: Sie waren »die eigentlichen Motoren aller gesellschaftlichen Veränderungen in der DDR.« **(26)** Ich bleibe wie Vaatz dabei, dass die Flucht eine Causa des Widerstandes war. Er sagt: »Jenen, denen Freiheit wichtiger war als Geld und Gut, Heimat und die Nähe zu Freunden, ist viel zu verdanken. Ohne sie wäre uns die DDR erhalten geblieben.« **(27)** Ich weiß, dass nicht wenige Bürger, auch viele meiner Freunde, bis zum letzten Atemzug im DDR-Regime ausharrten und die Hälfte ihres Lebens den widerlichen Verhältnissen opfern mussten. Ich behaupte, für sie blieb es beim Widerspruch zwischen »Heimat« und »Migration«, das heißt zwischen »Bleiben« und »Abhauen«. Dazu passt bestens der Witz aus der Gedankenwelt eines dagebliebenen Ossis, der da sagt: »Ich möchte am liebsten weg sein. Und bleibe am liebsten hier.« **(28)** Mir ist bewusst, dass viele »Dagebliebene« zu dem Thema »Bleiben« eine andere Meinung vertreten als ich. Der bekannte DDR-Forscher und Selbstbetroffene U. Fricke sieht es so wie ich, wenn er sagt: Wenn Millionen Menschen den Weg nach Westen suchten und sich auf ihre Weise gegen den Staat das Recht ertrotzt haben, über sich selbst zu bestimmen, so war es eine Form der Systemauseinandersetzung. **(29)** Deshalb verteidige ich auch weiter die These, dass das »Abhauen«

eine sicher gewagte Form des lautlosen Protestes darstellte, die letztlich dem östlichen System mit die Existenzgrundlage nahm.

C 4 Flucht in die Fremde

Weltweit sind heute mehr Menschen als jemals zuvor in der Geschichte auf der Flucht. Nach Angaben der Internationalen Organisation für Migration (IOM) leben mehr als 200 Millionen, also 3% der Weltbevölkerung, in einem Gebiet, das nicht mehr ihrer früheren Heimat entspricht. **(1)** Historisch gibt es Völkerwanderungen schon seit Jahrtausenden. Man denke an Moses, der mit seinem Volk nach Ägypten flüchtete. Die Fluchtproblematik bekam nach dem 15. Jahrhundert ihren globalen Charakter aus technologischen, intellektuellen und organisatorischen Gründen. Die Forschung begründet die Migration mit sogenannten Pull-Faktoren, die als Causa oft mit lebensbedrohlichen Risiken, mit dem Zusammenbruch der sozialen Bande und mit einer völligen Veränderung der Vita des Flüchtlings verbunden sind. Die Ursachen sind oft multifaktoriell, das heißt das Fluchtbegehren hat fast immer mehrere Gründe. Ich nenne sieben Kategorien:

1. wirtschaftliche Notlage
2. politische Verfolgung
3. religiöse Unterdrückung
4. soziale Missstände
5. kriegerische Katastrophen
6. umweltbedingte Missstände und
7. individuelle Gründe.

Dazu einige Anmerkungen aus der Historie, die sich im europäischen Raum und speziell in Deutschland abspielten. Alle die

Auswanderer, die wegen miserabler Arbeits- und Lebensbedingungen flüchteten, gehören unter den Begriff der »Wirtschaftsflüchtlinge«, beispielsweise die USA-Einwanderer oder die UdSSR-Auswanderer. In diesem Zusammenhang steht immer der Wunsch nach Verbesserung der Lebensqualität. So migrierten in den vorigen Jahrhunderten aus dem mitteleuropäischen Raum zahlreiche Menschen in die baltischen und slawischen Gebiete ein, um dort Brot zu verdienen. Man benannte ihre Wanderung mit dem Begriff »Ostsiedlung«. **(2)** Seit 1845 erlebte Europa aufgrund einer verheerenden Wirtschaftskrise eine sehr große Fluktuation. So flüchteten 5,5 Millionen Deutsche in die USA und 0,8 Millionen nach Australien. **(3)** Heute beschäftigt die Europäer die waghalsige und immense Fluchtwelle aus Afrika und dem Nahen Osten. Hier spielen neben Hunger und Dürre auch Kriege eine entscheidende Rolle. Insofern greifen hier mehrere Gründe, nämlich politische, ethno-nationale, rassistische und religiöse Gründe, die man mit dem Begriff »Zwangswanderung« zusammenfasst. In der europäischen Geschichte des Mittelalters hatte der Untertan die Religion des Herrschers nach dem Prinzip »cuis regio eius religio« anzunehmen. Tat er es nicht, galt der Anspruch des Abzugsrechts »ins emigrandi«, beispielsweise bei der Völkerwanderung der Protestanten aus Böhmen oder der Hugenotten aus Frankreich. **(4)** Eine »Bildungs- und Ausbildungswanderung« erfolgte dann, wenn der Erwerb schulischer, akademischer und beruflicher Qualifikation nur in der Ferne möglich war. In der Mitte des vorigen Jahrhunderts, zur Nazi-Zeit, suchten zahllose deutsche Naturwissenschaftler, Schriftsteller und Schauspieler die Weite in Richtung USA. **(5)** Kriegerische Katastrophen der Neuzeit erlebten selbst Eltern und Großeltern vieler unserer Mitbürger, die nach dem 2. Weltkrieg infolge Vertreibung, Deportation und Umsiedelung eine lebensbedrohliche und menschenverachtende Ost-West-Migration erdulden mussten. **(6)** Neuere Formen sind in den oben genannten Punkten 6 und 7 erfasst. Die unfreiwillige Migration findet auf Grund des Klimawandels unter dem Begriff »Klimaflucht« statt. Man beachte, bereits 1990 überstieg die Zahl der Umwelt-Flüchtlinge mit schätzungsweise 25 Millionen Menschen die Zahl der offiziellen Kriegs- und Wirtschaftsflüchtlinge. **(7)** Heute werden globale Motive vor dem Hintergrund der Säkularisierung und Globalisierung, seltener auch Abenteuerlust genannt. In den letzten beiden Jahren bestimmen die kriegerischen Auseinandersetzungen mit pseudoreligiösem Charakter im arabischen Raum die Situation. Sie hat eine gänzlich neue Tragweite mit völlig unbekannten Folgen.

Meine Migrations-Historie beginnt im Grunde mit Ende des Zweiten Weltkrieges. Etwa 60 Millionen Vertriebene, Deportierte und Flüchtlinge mussten zwanghaft migrieren. Es betraf mehr als 10 Prozent aller Menschen Europas. **(8)** Die ideologischen Probleme mit Fremdenfeindlichkeit entsprachen den bekannten vier »Ismen« von Rassismus, Nationalismus, Kolonialismus und Imperialismus. Der Kalte Krieg war die Causa für die globale Völkerwanderung. Denn die permanente Phase des »Nicht-Friedens« enthielt alle Elemente des globalen Systemkonfliktes und besorgte letztlich eine Zweiteilung der Welt in Ost und West. Deutschland bekam nach 1949 eine Sonderstellung, da beide deutsche Teilstaaten direkt an der Demarkationslinie der beiden Superblöcke lagen. Der permanente Kampf der ideologischen und weltanschaulichen Antagonisten begründete die massive militärische Aufrüstung auf beiden Seiten. Die daraus resultierende Ausnahmesituation bedingte Ende der achtziger Jahre ein ökonomisches Desaster im östlichen Block. Der finanzielle Ruin des sozialistischen Systems war so groß, dass man quasi von einer staatlichen Insolvenz sprechen muss. Es war eine politische und ökonomische Wende, nicht aber eine Wende beim Migrations-Desaster.

In der DDR bestand zwischen 1949 und 1989 eine Sondersituation durch die innerdeutsche Migrationswelle. Der Bielefelder Ökonom Abelshauser beschreibt die Bedeutung der Fluchtbewegung für das westdeutsche »Wirtschaftswunder«, wenn er folgende Rechnung aufmacht: »Der Ost-West-Transfer von

Humankapital in Höhe von jährlich 2,6 Milliarden DM im Durchschnitt von zwölf Jahren übertraf (...) das Ausmaß der Marshall-Planhilfe bei weitem.« **(9)** Man bedenke, alle hochentwickelten Länder waren infolge des demographischen Wandels auf Zuwanderung von qualifizierten Arbeitskräften angewiesen. Folglich kommt es bei dauerhafter Abwanderung gut ausgebildeter Fachkräfte unweigerlich zu einem kostspieligen »Brain-Drain-Problem«. In solcher Situation verstärkt jedes System die administrativen und juristischen Regularien, um eine Flucht zu erschweren. Der Mauerbau 1961 ist dafür hinreichend ein Beispiel. Es stimmt also nicht, wenn die östlichen Ideologen die Berliner Mauer als »antifaschistischen Schutzwall« bezeichneten. Und wenn der DDR-Machtapparat in der innerdeutschen Auseinandersetzung immer wieder gesellschaftlich-politische Versuche der ideologischen Anpassung unternahm, so ist das nur der zweifelhafte Versuch gewesen, die eigene Bevölkerung zu täuschen. So versuchten die Ideologen von der anfänglichen »Klassen-Nation«, über die »Nation der DDR«, zu einer »Kultur-Nation« und zuletzt zur »Staatsbürger-Nation« zu mutieren. Es war ein erfolgloses gesellschaftspolitisches Unterfangen, sodass das System am Ende der DDR ökonomisch, politisch und moralisch vor einem Scherbenhaufen stand.
Wie sehe ich persönlich meine Flucht in die Fremde? Der Freikauf 1976 war weder eine Kriegs-, Wirtschafts-, Umweltmigration noch eine gewöhnliche Binnenland-Migration. Aus den beiden illegal geplanten Fluchtvorhaben wurde meiner Meinung nach eine »Zwangsmigration«. Als junger Arzt hatte ich über einen längeren Zeitraum die innere Emigration im Sinne einer geistigen Auswanderung vollzogen. Mit dem Betreten des ökonomisch gefestigten Bodens von Westdeutschland kam die zweite Anerkennung als deutscher Staatsbürger. Ich betone, die ökonomische Causa hatte als Motivationsgrund einen nur sekundären Charakter. Oft wird von Dritten die zuletzt genannte Motivation als entscheidende gesehen.
Welche Folgen hatte die Flucht in die Fremde? Für eine gewisse

Zeit unterlag ich einem psychologischen Integrationsproblem. Weshalb? Nur wenige Tage blieb ich nach Ende der Haftzeit im Notaufnahmelager Gießen. Ich bekam eine alternative Kur, gesponsert von der hessischen Kirche, in Form einer Freizeitgestaltung im Hochtaunus (Arnoldsheim). Der Ort galt unter Führung der Evangelischen Kirche als Stätte der Begegnung für politisch, kulturell und religiös Interessierte. Junge Christen suchten hier Antworten auf sie berührende Themen. Es ging nicht um die Suche nach Arbeit, nicht um Suche nach Wohnung oder bessere soziale Integration. Man suchte nach christlich geführtem Lebensglück. Da weilte während meines Aufenthaltes eine Jugendgruppe aus Frankfurt/Main, der ich mich anschließen konnte. Wanderungen im Hochtaunus, lebhafte Abenddiskussionen, interessante Gedichts- und Musikdarbietungen standen auf dem Programm. Man war lustig, unbeschwert und freundlich. Die Welt schien für die Teilnehmer in Ordnung. Und doch hinterließ diese Begegnung bei mir einen bitteren Nachgeschmack. Der Leiter der Akademie lud mich ein, an einer themenbezogenen Abenddiskussion teilzunehmen. Die Diskussionsrunde bestand aus etwa fünfzehn Jahre jüngeren Realschülern und Gymnasiasten. Das Thema »Immigration« war zur Diskussion gestellt. Aus der anfänglichen Schilderung des Gruppenleiters erfuhr ich, dass im letzten Jahrzehnt im Frankfurter Raum abertausende Zuwanderer aus Italien, Spanien, Griechenland und der Türkei gekommen waren. Das Resümee war eindeutig, Frankfurt sei nun eine hässliche Ausländerhochburg. Und die anschließenden Fragen in der Gruppe trugen provokante Züge, beispielsweise solcher Art: Wie können wir auf die zunehmende Überfremdung die richtige Antwort finden? Recht schnell gipfelte die Aussprache in einer hitzigen und konträren Debatte, die das Problem der eingewanderten Ausländer zwiespältig erscheinen ließ. Denn die Frage aller Fragen gipfelte in der Gegenfrage: Was wollen die alle hier? Die machen überall in Hessen neuartige Pizza-Läden und Eis-Salons auf. Nur wenigen Diskussionsteilnehmern gefiel es, dass die Internationalität des Lebens gewachsen sei. Die Mehrzahl der Anwesenden blieb bei ihrem negativen Tenor. Man behauptete, die Zugereisten würden ihren Eltern die Arbeit wegnehmen. Es gäbe in Frankfurt genügend Gaststätten mit gutem Essen. Der Tenor der Runde hatte eine klare Antwort. Fast alle junge Frankfurter wünschten keinen größeren Zuzug Fremder mehr. Und der ungehinderte Migrantenzuzug, der gerade durch einen »Anwerbe-Stopp« staatlicherseits unterbunden worden war, beruhigte die Teilnehmer nicht. Man verwies auf die noch legale Möglichkeit des Nachzuges der Familienangehörigen. Die heiße abendliche Diskussion endete nicht mit einem versöhnlichen Kompromiss der Duldung von Neubürgern aus fernen Ländern. Ich hatte den Eindruck gewonnen, die junge Generation der Westdeutschen sah mit Ängstlichkeit ihre »Wirtschaftswunder-Pfründe« schwinden. Da fragt man sich als selbst frisch Zugereister, wie die Jugend zu derartigen Denkanstößen kommt. War es nur das provinzielle Denken im Elternhaus oder war es mehr ein Fehlverhalten in der schulischen Ausbildung? Im Nachhinein glaube ich, dass die bundesdeutsche Gesellschaftsstruktur zur damaligen Zeit politisch unreif und nur ökonomisch monetär ausgelegt war. Ich selbst konnte nicht beurteilen, ob der Einfluss der Schule hier eine entscheidende negative Rolle spielte. An einem zweiten Gesprächsabend sorgte der Leiter des Freizeit-Camps für eine weitere Diskussion, in deren Mittelpunkt meine gerade vollzogene Übersiedelung aus der DDR stand. Ich gab zunächst eine kurze Zusammenfassung über das DDR-Leben, die DDR-Ausbildung, DDR-Kirche, DDR-Justiz, DDR-Gefängnisse, meine DDR-Ausweisung und die Rolle der Staatssicherheit. Die angesprochenen Themen waren für die Schüler völlig fremd. Und die nun auf mich einstürmenden Fragen trafen vollends meine Ideale. Die Jugendlichen stellten provokante Fragen, beispielsweise: Warum sind Sie als Arzt eigentlich weggegangen? Sie haben doch einen hippokratischen Eid geschworen. Ein anderer ergänzte: Reicht Ihnen das Geld als Arzt in der DDR nicht? Was sagt Ihr Vater als Pfarrer zu Ihrer Flucht? Warum haben Sie keinen legalen Antrag auf Ausreise gestellt? War das Leben dort wirklich so schlecht, wie Sie schildern? Warum haben Sie sich in die Hände einer Fluchthilfe-Organisation begeben? War das, was das Zuchthaus mit Ihnen angestellt hat, wirklich so? All die Fragen nach Was, Wie, Wo und Warum verblüfften mich schon, denn in ihnen schwang unterschwellig neben großer Unkenntnis immer auch Misstrauen und harsche Kritik mit. Meine präzisen und ehrlichen Antworten konnten hinsichtlich der erfolgten Migration bei einem Großteil der Zuhörer kein Verständnis wecken. Mir war sehr schnell klar, dass man die Darstellungen gar nicht verstand und auch nicht verstehen wollte. Es war sicher eine immense Portion von Unwissen. Geschichte, Kultur und Politik des östlichen Teiles Deutschlands waren den jungen Menschen erschreckend unbekannte Größen. Selbst Regionen und Städte Mitteldeutschlands schienen Orte von einem anderen Stern zu sein. Die Gesprächsrunde endete letztlich mit einem Schwall von zahlreichen Unbekannten. Erst im Nachhinein wurde mir die Situation klar, als ich in die Lage versetzt war, die bundesdeutsche Gesellschaft selbst zu erleben. Mitte der 70er-Jahre zeigten viele Menschen, nicht nur aus der Jugend, wenig oder gar kein Interesse, sich genauer mit dem, was die Menschen im Osten bewegte, zu befassen. H. E. Richter meint, dieses Denken und Handeln geschah durch das Postulat einer zweigeteilten Welt, die aus einer moralischen und materiellen Wirklichkeit bestand. **(10)** Hier der Gutmensch mit seinen persönlichen Problemen und dort der Gesellschafts-Bürger als apolitisches Wesen ohne Standpunkt. Und dazu kam, die Anpassungs-Pädagogik der 70er-Jahre wollte eine apolitische Erziehung, die Politik gehöre nicht in die Schule. **(11)** Schließlich bestanden bei vielen jungen Menschen Gedankengänge mit pessimistischen Phantasien. Damals arbeiteten ihnen Staatsverdrossenheit und Aussteigerdenken in die Arme. Anders bei mir. Ich hatte über mehr als zwei Jahrzehnte den permanenten ideologischen Druck erlebt und nie die innere Freiheit des politischen Mitdenkens und angepassten Handelns aufgegeben. Zwang kann eben Triebfeder

für den Erhalt der inneren Freiheit sein. Heute weiß ich, warum sich die Schüler im Gespräch so verhalten haben. Zum einen war durch die hermetische Abschottung der DDR das Leben dort absolut fremd. Man konnte die Darstellung der gesellschaftlichen Zusammenhänge im Osten nicht verstehen. Und die breite bundesdeutsche Öffentlichkeit, die apolitische Schule und das Elternhaus in der Phase des Wirtschaftswunders hatten die Suche nach Wiedervereinigung schon längst verdrängt. Man konnte und wollte die deutschen Nachkriegs-Probleme nicht mehr verbalisieren. Den Angehörigen im Osten sandte man zur emotionalen Beruhigung ein Paket zu Weihnachten mit Zutaten für das Stollen-Backen. Und das reichte. Am Ende des Gesprächsabends war bei mir die Erkenntnis gereift, dass ich trotz gleicher Sprache und ähnlicher Erziehung noch nicht im Westen angekommen war. Die Deutschen in Ost und West waren sich schon sehr fremd geworden.
Heute gäbe es eine Diskussion dieser Art nicht mehr. Seit 1990 hat sich im deutschen Vaterland vieles besser entwickelt. Die Schule vermittelt mehr Mitgefühl, Würde und Respekt für den anderen, nicht nur für den »Ossi«. Das heute gesellschaftspolitisch wichtige Problem der Migration erscheint in einem neuen Licht. In der bundesdeutschen Statistik steht, dass bereits 17 Millionen Zugewanderte im vereinten Deutschland leben. Der Ausländeranteil in Deutschland beträgt fast 9 Prozent. Nun wandern in erster Linie Menschen aus Osteuropa, Afrika und dem Nahen Osten ein und bereichern Sitte, Kultur und Zusammenleben. Laut Literatur sind 2014 immerhin 1 226 000 Menschen nach Deutschland eingewandert und nur 789 000 Personen ausgewandert. **(12)** Im vereinten Deutschland hat sich eine gewisse Europäisierung eingestellt, denn Pizza-Läden, Eis-Dielen, Kebab-Restaurants, Großmärkte, Feinkostläden und Gaststätten mit internationalem Flair gehören zu uns. Keiner will sie mehr missen. Die früher oft angezweifelte Integration ist gelungen. Gar nicht so wenige Schüler von heute tragen ein Erbgut aus der Türkei, Polen, Italien, Rumänien, Bulgarien, Serbien,

Ukraine oder Russland. Meine damaligen Diskussionsteilnehmer sind mittlerweile über fünfzig Jahr alt und sicher auch politisch reifer. Die Mehrzahl von ihnen wird heute Migrationsprobleme offener, ungezwungener und interessierter ansprechen. Die antike Schule lehrt, die Welt bleibt durch den Atem von Schulkindern erhalten. Gerade lese ich über einen Arzt, der früher ein enthusiastisch engagierter Fluchthelfer war. Die Schüler des Stuttgarter Eberhard-Ludwig-Gymnasiums sind beim Vortrag von B. Veigel voller Neugier, als er ihnen Details über das DDR-System und die DDR-Grenze berichtet. **(13)**
Man begreift zunehmend, dass die Aufarbeitung des Unrechts nur gelingen kann, wenn die Probleme der Migration in der Gesellschaft offen angesprochen werden. Vielleicht helfen da auch Demonstrationen, sofern sie nicht als Mittel zum Zweck für radikale Ansichten missbraucht werden. Nicht zu verhehlen ist, dass die Migration in die Fremde gesellschaftspolitisch in Deutschland noch ein Problem mit einer Reihe von Vorurteilen geblieben ist. Da kann nur ein aufeinander zugehen und miteinander reden noch bestehende Gräben beseitigen.

C 5 Fluchthilfe und Fluchtverhinderung

Fluchthilfe hat in unserer Zeit bei vielen Menschen einen negativen Nimbus. In einem Gerichtsprozess gegen einen von DDR-Seite geschnappten Fluchthelfer nahm ein westlicher Reporter teil und brachte die Problematik auf den Punkt. Er schreibt: »Atemlose Stille herrscht im Gerichtssaal, als der Angeklagte (ein von der Stasi festgenommener Fluchthelfer) auf die von der DDR unterzeichnete Deklaration der Menschenrechte hinwies, in der u. a. die Freizügigkeit garantiert ist. Der Vorsitzende des DDR-Gerichts umging diesen Vorwurf und meinte, die Frage des Wohnsitzes sei eine innere Angelegenheit, die in der DDR genauso wie in anderen Ländern geregelt sei.« **(1)** Der durch die SED-Ideologie parteigebundene Richter verstand es, hier die übliche Floskel von Staatsführungen diktatorischer Couleur zu übernehmen. Sicherlich kannte auch dieser Jurist das internationale Recht, das seine staatskonforme Argumentation widerlegen würde. Einschränkend muss man feststellen, dass innerdeutsche Zusammenhänge von Fluchthilfe und Fluchtverhinderung außerordentlich komplexer Natur waren. In einem Grundsatzurteil des BGH der BR Deutschland wurde die innerdeutsche Migrationsproblematik unter Bedingungen der besonderen Situation des geteilten Deutschlands gesehen. Danach war Fluchthilfe eine Form der Verwirklichung der international verbrieften Menschenrechte. Und darüber hinaus verbürgt in besonderer Weise das bundesdeutsche Staatsbürgerschaftsrecht im Artikel 11 des Grundgesetzes auch für DDR-Bürger das Recht eines jeden Deutschen, in die BRD einreisen zu können. Insofern wäre die Anklage nach Paragraph 105 des StGB der DDR unbegründet gewesen. Die offizielle Propaganda des Ostens wollte nur die illegale Übersiedlung kennen. Man behauptete, die braven Menschen der DDR würden mit falschen Versprechungen und Verlockungen dazu gebracht, ihre Heimat zu verlassen. Die Menschenhändler (gemeint sind die Fluchthelfer) wiederum würden nicht im eigenen Auftrag, sondern im Auftrag der Bundesregierung und der Geheimdienste handeln und dafür auch noch eine Kopfprämie für jeden abgeworbenen DDR-Bürger erhalten. Im gleichen Schriftstück steht an anderer Stelle: »In Westberlin gibt es deshalb heute Menschenfänger, Anwerber und Abwerbeagenten in einem Ausmaß, wie kaum an einem anderen Platz der Welt.« **(2)** Die von DDR-Funktionären aufgestellte Behauptung für kriminelles Handeln gipfelte in der erlogenen Argumentation: »Der seit Beginn der Schulferien sprunghaft angestiegene Strom von Rückkehrern und Übersiedlern aus Westdeutschland hat das Aufnahmeheim in Barby bis auf den letzten Platz gefüllt.« **(3)** Solche farbenreichen Mitteilungen waren natürlich ein zweifelhafter Versuch, die abgeworbenen Menschen kämen reumütig aus dem kapitalistischen Elend in die DDR zurück. Es gab in der Tat Rückkehrer aus unterschiedlichsten Gründen, beispielsweise aus familiären, wirtschaftlichen und persönlichen Gründen. Eine Anordnung des Innenministeriums der DDR regelte für derartige Fälle das Aufnahmeverfahren. Laut VVSB 3/1 – 55/65 wurde auch ganz unverhohlen ein Versagen der Aufnahme immer dann ausgesprochen, wenn es sich um Kranke, Kriminelle, Asoziale und politische Gegner handelte. Dann griff im östlichen Deutschland der Begriff einer sogenannten »Schädlingstätigkeit«, eine Umschreibung für Aussätzige, die man nicht haben wollte. **(4)** Was für ein Fiasko. Die DDR-Führung betrieb mit Perfektion das, was man der Gegenseite unterstellte. So schleuste die Stasi nicht gewünschte deutsche Problemfälle wieder aus, das heißt, die nicht gewünschten Personen wurden gegen ihren eigenen Willen wieder zurück transportiert. Man sortierte nach Gutdünken aus, transportierte sie über die Grenze und legte schamlos eine sogenannte »Rückschleuserkartei« an. **(5)** Hierzu heißt es sinngemäß in einem Kommentar: Der Entzug der einmal verliehenen DDR-Staatsbürgerschaft wurde mündlich erklärt, und vergleichbar mit einem Fußtritt schickte man sie als »unbrauchbare Menschen« in die Bundesrepublik zurück. Mit solchen Problembürgern sollte sich der Klassenfeind abmühen. **(6)** Das war nichts anderes als eine bekannte polemische Argumentation der östlichen Seite und blieb doch ein inhumanes Handeln.

Die innerdeutsche Migration war gesellschaftspolitisch von eklatanter politischer Tragweite. M. Broszat schreibt: »Indem sie (Migration), geschützt durch das Grundgesetz, die gewaltsame Unterdrückung der Fluchtbewegung unterlief, führte die Fluchthilfe wie ein Memento mori der DDR ständig die Bedrohung ihrer eigenen Existenz vor Augen.« Die entwickelten Überlegungen gipfelten im Resistenz-Begriff, wenn der Autor feststellt: »Einerseits bedeutete die Flucht immer auch den Verzicht auf einen Veränderungsanspruch innerhalb der DDR, und tatsächlich verhinderte die Möglichkeit der Flucht in die westliche Alternative über Jahrzehnte gerade die Entstehung einer starken Opposition in der DDR. Andererseits trug die Flucht- und Ausreisebewegung insgesamt wesentlich zum Zusammenbruch des SED-Regimes (...) bei.« **(7)** So blieb es über Jahrzehnte auf beiden deutschen Seiten bei dem unüberbrückbaren politischen, juristischen und ideologischen Widerspruch des absurden Menschenhandels. Fluchthilfe war nicht, wie von DDR-Gerichten lautstark immer wieder proklamiert, ein »staatsfeindlicher Menschenhandel«. Die statistischen Fakten sprechen für sich. Es gab im Osten zwischen 1961 und 1988 rund 110 000 Verfahren wegen »ungesetzlichen Grenzübertrittes«. Davon wurden etwa 71 000 Personen verurteilt. Die Zahl der Ost-West-Migranten lag in den Jahren von 1969 bis 1976 jährlich konstant bei 5 000 bis 5 800 Personen. Nur 1973 lag die Zahl mit 6 500 höher. **(8)** Im Jahr meiner versuchten Migration wurden 8 821 Fluchtversuche registriert, von denen 40 Prozent (3497 Personen) der Fluchtversuche misslangen. Den Politikern auf westlicher Seite war die innerdeutsche Migration auch eine unangenehme Angelegenheit, störte sie doch die Versuche der gewünschten »gutnachbarschaftlichen Beziehungen«. Es gab bis kurz vor dem Kollaps des östlichen Systems noch einzelne bundesdeutsche Politiker, die den DDR-Deutschen eine Übersiedlung erschweren wollten. O. Lafontaine, der damalige Ministerpräsident des Saarlandes und frühere SPD-Spitzenkandidat, meinte, dass man Bürgern der Noch-DDR das Grundgesetz der BRD nicht mehr gewähren sollte. Ein ungeheuerlicher Lapsus, den selbst einzelne SPD-Genossen für nicht mehrheitsfähig hielten. **(9)** Was mag in dem Kopf dieses SED-freundlichen Politikers vorgegangen sein, als er damit selbst Beschlüsse des Europäischen Gerichtshofes für Menschenrechte ignorieren wollte? Wenn ein System wie die DDR die Verletzung des Ausreiseverbotes bestraft, ist die juristische Handlung unvereinbar mit dem internationalen Recht. Deshalb wurde 1977 und nochmals 1984 die DDR-Regierung vor den UNO-Menschenrechtsausschuss zitiert. Sie sollte die rechtswid-

rigen Praktiken an den Grenzen erläutern, waren sie dochauch Mitglied im »Internationalen Pakt über bürgerliche und politische Rechte«. Die rechtliche Bewertung des hohen Gerichtes war eindeutig, leider erst ausgesprochen nach Untergang des östlichen Systems. Der Europäische Gerichtshof für Menschenrechte stellte im Urteil vom 22. März 2001 fest: »Schließlichwar die Art und Weise, in der die DDR das Ausreiseverbot gegenüber ihren Staatsangehörigen durchsetzte und Verletzungen dieses Verbotes bestrafte, unvereinbar mit einem anderen im Pakt garantierten Recht, nämlich dem im Artikel 6 garantiertem Recht auf Leben, sofern in dieses eingegriffen würde«. So stellte der Gerichtshof fest, dass das Grenzsystem, insbesondere der Schießbefehl, ebenfalls einen Verstoß gegen das im Pakt verankerte Menschenrecht auf Freizügigkeit darstellt. **(10)**
Die Historie der Fluchthilfe auf deutschem Boden begann direkt nach dem Berliner Mauerbau. Anfangs waren es individuell arbeitende Helfer, beispielsweise Berliner Tunnelbauer, ohne dass sie sich zu Unternehmen zusammenschlossen. Oft nutzten die jugendlichen Enthusiasten das Potential der westdeutschen idealistischen Studenten, die Kurierdienste bei der Umsetzung der Fluchthilfe übernahmen. **(11)** Nicht selten gesellte sich zur wahren Hilfsbereitschaft auch eine gewisse Abenteuerlust. Die Motive zur Migrationshilfe hatte ein äußerst breites Spektrum. Der eine bezeichnete seine Hilfsbereitschaft als »privaten Rachefeldzug gegen die DDR, gegen das System da drüben« (Herschel). Ein anderer sah für sich den »Reiz, denen eines auszuwischen: Am liebsten hole ich einen, dem die Stasi schon auf den Fersen ist« (Lindner) **(12)**. Und der von unseren westdeutschen Angehörigen beauftragte Fluchthelfer Löffler wollte ganz clever sein. Er nahm als ehemaliger Reisebüro-Inhaber mit dem MfS sogar Kontakt auf, um »angeblich eine Kooperation mit dem DDR-Reisebüro für die Organisation von Reisen nach Osteuropa« zu schaffen. Ob, wie es die Stasi später behauptete, diese dreiste Tour nur der Vorwand war, um künftige Flüchtlingsaktionen leichter verschleiern zu können, ist nicht bekannt. **(13)** Sicher

war die unternehmerisch korrekte Arbeit des Reisebüro-Betriebs bis hin zur kommerziellen Fluchthilfetätigkeit eine fließende.
Die innerdeutsche Migration muss auch im Spannungsfeld zwischen Helfer und Fluchtwilligen gesehen werden. Bis zuletzt war auch ich misstrauisch, aufgewühlt und ängstlich, ohne dies gegenüber Dritten zu zeigen. Man fürchtete doch um die persönliche Sicherheit, wenn man sich in die Gewalt eines Fremden begeben musste. Psychologisch wirkten hier neben unterschwelligen Triebfedern auch reale Motivationen mit dem Ziel der Unterwerfung. Die Fluchtmechanismen sorgten für ein Gefühl von Minderwertigkeit, Ohnmacht und individueller Bedeutungslosigkeit. Das waren masochistische Züge. **(14)** Bedingt durch die während der Schleusung notwendigen Abläufe, ohne erwischt zu werden, mussten konspirative Maßnahmen greifen. Man war ja in der Gewalt Fremder. Der Fluchthelfer konnte selbst sadistische Züge zeigen. Ein Autor interpretiert diese Situation mit den Worten: »Die Menschen waren weder in masochistischem noch sadistischem Gewahrsam, wohl aber in einem permanenten Schwingungszustand zwischen der akuten und passiven Seite des symbiotischen Komplexes.« **(15)** Ich spürte ganz exzessiv diese hier beschriebene Situation im Augenblick am Grenzübergang Hirschberg. So hatte das Ausgeliefertsein gegenüber fremden Mächten in gewisser Weise auch die Note der kriminellen Handlung.
Gelang das Fluchtvorhaben, dann war der bundesdeutsche Grenzbeamte gefordert. Dazu lese ich die Aussage des Chefs des Grenzschutzamtes Brandenburg: »Wenn welche kommen und wir stellen die (Flüchtlinge) fest, dann haben wir doch keine Handhabe. (…) Für uns ist es wurscht, wie ein Deutscher einreist, ob im Kofferraum oder auf dem Rücksitz eines Pkw.« **(16)** Nach bundesdeutscher Rechtsauffassung darf kein Deutscher zurückgewiesen werden. Fluchthilfe war für die westliche Justiz keine strafbare Handlung. Es missfielen wohl zunehmend den bundesdeutschen Regierungsvertretern die Aktivitäten der

Fluchtunternehmen. Der Regierungssprecher von Wechmar meinte einmal sinngemäß: Man ist erzürnt über das »schamlose Geschäft kommerzieller Fluchtunternehmen« und »Rechtsbrecher dieser Art«. Die Regierung der Bundesrepublik Deutschland sprach in einer Auflistung von »Verwahrungsbruch und Amtsmissbrauch« (bei nachträglicher Verplombung der Flüchtlings-Lkws), »Verstößen gegen die Straßenverkehrszulassungsordnung« (bei Transport von Migranten in Kofferräumen oder auf Ladeflächen), »Diebstahl« (von Kfz-Kennzeichen), »Steuerhinterziehung« (bei unversteuerten hohen Fluchthilfe-Prämien) und »Betrug« (bei Angabe überhöhter Unkostenbeiträge). **(17)** Die Zeitung »Die Zeit« beschrieb eine Spirale des kriminellen Handelns: »Je rigoroser die DDR-Grenze abgeriegelt wurde, umso größer wurde der organisierte und zuweilen kriminelle Aufwand der Fluchthelfer, umso notwendiger wurde die kommerzielle Absicherung der organisierten Fluchthilfe und umso schneller geriet die Hilfe zu einer »gefährlichen Mischung aus James-Bond-Romantik und Geschäft.« **(18)**
Laut »DER SPIEGEL« soll es in den siebziger Jahren nach Schätzung des östlichen Sicherheitsdienstes 26 »mit geheimdienstlichen Mitteln und Methoden operierende Organisationen« gegeben haben. **(19)** Die von den DDR-Machthabern in der Presse gebrauchten Namen, wie beispielsweise »Geschäftemacher« oder »Verbrecherbande« wurden ganz bewusst abwertend installiert. Wenige Jahre nach Abschluss des Transitabkommens, das an sich eine leichtere Abfertigung auf östlicher Seite vorsah, gelang es der östlichen Seite in zunehmendem Maß, ein effektiveres System der Verfolgung von Fluchtvorhaben aufzubauen. Mitte der siebziger Jahre saßen schon 300 Fluchthelfer, am Ende des Jahrzehnts sogar 700 in DDR-Gefängnissen. Geschnappt wurden nicht die Organisationschefs, sondern die »verarmten Gelegenheitsarbeiter« und »unwissenden Amateure«. Man heuerte sie unter zweifelhaften Bedingungen an. Geworben wurden sie in Kneipen oder am Stammtisch um die Ecke. Und die Initiatoren der Vorhaben entstammten größtenteils der Schicht der

Ladenbesitzer (Tankstellen), Reiseleiter oder kleinen Handelsvertretern (Autofirmen).
Wie lief nun das Geschäft der Fluchthilfe ab? Im Grunde immer nach dem gleichen Schema. Das beauftragte Büro benötigte Name, Wohnort und Bild des Flüchtlings. Da eine persönliche Erreichbarkeit per Telefon, aus Mangel an Anschlüssen und wegen des gefährlichen Mithörens, nicht sinnvoll bzw. unmöglich war, benötigte zur Kontaktaufnahme der beauftragte Fluchthelfer einen Zwischenträger. Letzterer verlangte bei Kontaktaufnahme ein absolut sicheres Kennwort, wie z. B. Teil eines Hochzeitsfotos oder abgesprochene Rede und Gegenrede, die der spätere Zubringer beim Abholen zur Erkennung der Flüchtlinge benötigte. Nur so wurde das Zubringen zur Transitstrecke analog zum geheimdienstlichen Geschäft sicherer. Und genau an dieser Nahtstelle schuf sich der östliche Schnüffler-Apparat einen Zugang. Beispielsweise gab es einen von Mielke geschaffenen »Zentralen Operativvorgang« (ZOV), der auf dem Gebiet der BR Deutschland dafür inoffizielle Mitarbeiter beschäftigte. Und nach verhinderter Schleusung konnte die Abteilung HA VI des MfS dann die bekannt gewordenen Personen ins Visier nehmen. **(20)** Mittlerweile besaß der östliche Sicherheitsdienst ein umfangreiches Netz variabler Möglichkeiten des Zugriffes, indem er eigene Personen geheimdienstlich aufbaute. Ich fand in der Literatur interessante und erzählenswerte Bespiele. Ein bei einem DDR-Besuch mit illegal eingeführtem Ostgeld erwischter West-Berliner wurde wegen seines Zollvergehens vor die Wahl gestellt, entweder eine längere Haftstrafe anzutreten oder eine Agententätigkeit aufzunehmen. So generierte der Westberliner zu einem »falschen Helfer« der Gruppe Mierendorff und verriet geplante Fluchtvorhaben. **(21)** Ein anderer Späher aus Hamburg arbeitete als Transporteur für den Gebrauchtwarenhändler J. Lamp'l. In einem Bericht »DER SPIEGEL« wird folgende Story beschrieben: Wenn S. K. am DDR-Grenzkontrollpunkt Marienborn (Transitstrecke nach Berlin) erschien und der Passierstelle seinen BRD-Pass hineinreichte, lag beim östlichen

Zoll öfters ein Zettel vor mit den Worten: »Herr Schrader, Potsdam«. Dann zog es S. K. sofort zu einer ihm bekannten Zahlstelle hin, um das Erfolgshonorar in Höhe von 2 000 DM abzuholen. Hin und wieder gab es auch noch einige Schnäpse für den erfolgreichen Verrat von Menschen, die mittlerweile schon in Stasi-U-Haft saßen. Denn S. K. war in Wirklichkeit Offizier des Ministeriums für Staatssicherheit mit Sonderaufgaben. Das Oberlandesgericht Hamburg konnte durch Drittpersonen den Spion später wegen »geheimdienstlicher Tätigkeit für eine fremde Macht« hinter Gitter bringen. **(22)** Und eine sonderliche Posse lieferte H. P., der für das Löffler-Unternehmen Migranten schleuste. Wegen seiner Aktivitäten in der Tschechoslowakei flog der Fluchthelfer auf und wurde in Prag verurteilt. Der tschechische Geheimdienst reichte den geschnappten H. P. nach Ost-Berlin weiter. Und dort gab ihm der DDR-Geheimdienst den Auftrag, seinen früheren Arbeitgeber Löffler auf Schadenersatz von 121 000 DM zu verklagen. Man staune: Das MfS zahlte H. P. die laufenden juristische Kosten samt Vorschuss, Anwaltskosten in Höhe von 65.000 DM und übergab noch eine Pistole. Der clevere Fluchthelfer-Chef bekam jedoch keine kalten Füße. Denn plötzlich hatte H. P. selbst Bedenken und erzählte den Medien seine abenteuerliche Geschichte. **(23)** Das östliche Geheimdienst-Geschäft ließ noch zahlreiche interessante Blüten sprießen. Eine war besonders kriminell. Laut »Frankfurter Allgemeine Zeitung« betrieb das MfS in eigener Regie Fluchtunternehmen und zwar nach folgendem Modus. In Kooperation mit einem Berliner Flucht-Büro betrieb man ein Geschäft auf Gegenseitigkeit nach dem Muster: Eine Fuhre geht durch, die andere fliegt auf. Dabei beginnt die Ausspähung am Wohnsitz im Osten. Auf diese Weise konnte sich die Stasi ganz selektiv die Fälle heraussuchen, die auffliegen sollten. Besonders lukrativ waren Migranten mit qualifizierter Ausbildung, die man dann staatlicherseits über den Knast gut an den Westen verkaufen konnte. Dabei wurde der Schein der Seriosität gewahrt. Die vom östlichen Geheimdienst unterwanderte Organisation war prozentual

weniger anfällig als die vergleichbaren von Westen aus operierenden Unternehmen! **(24)**
Zu gleicher Zeit verurteilte die Stasi-Justiz weiter Abertausende gefasste Fluchtwillige und Hunderte Fluchthelfer. Dabei gaben die DDR-Gerichte phantasievolle Urteilsbegründungen, wie »staatsfeindlicher Menschenhandel«, »staatsfeindliche Verbindungen«, »Sabotage«, »ungesetzliche Verbindungsaufnahme«, »Spionage«, »Terror« oder »CIA-Tätigkeit mit internationaler Konspiration«. Urteile von fünf bis fünfzehn Jahren waren keine Seltenheit. Allerdings konnten die in den Zuchthäusern von Brandenburg, Bautzen, Rummelsburg oder Cottbus Einsitzenden davon ausgehen, dass die Bundesrepublik sie für ein Kopfgeld von bis zu 400 000 DM freikauft. **(25)** Das innerdeutsche Geschäft mit Menschen blühte. Die auf östlicher Seite bestens bekannten Unternehmen Bley, Dawid, Gehrmann, Meyer, Jensch, Lamp'l, Lenzlinge, Lindner, Löffler, Mierendorff, Pudelski, Schütz, Steinborn, Wagner, Welsch und Wordel bedienten sich auf ihre Weise. Erst in der zweiten Hälfte der siebziger Jahre wurde der Handel schwieriger und Mitte der achtziger Jahre flaute er gänzlich ab.
Bei meinem ersten Migrationsversuch hatte der Fluchthelfer Löffler im Sommer 1974 die Federführung übernommen, als ein Versuch mittels Flugzeug über Bulgarien geplant war. Schon mehrere Jahre betrieb er die Methode des sogenannten »Passabtausches«, eine auch als »Opfertour«, »Bleibetour« oder »Pennertour« bezeichnete Tätigkeit. Sie war im Grunde simpel. Die vom Fluchtunternehmer beauftragte Person übergab die frisierten Papiere dem Migranten, der damit ausreisen konnte. Oft stand dann der Helfer jedoch bloß dar und musste bei Erkennen der Passfälschung selbst mit einer längeren Haftstrafe im Osten rechnen. Zuvor hatte der Auftraggeber sich von seinen beauftragten Fluchthelfern Erklärungen unterschreiben lassen, beispielsweise dass ihnen die Risiken ihrer Handlung aus idealistischen Gründen bekannt seien. Die Kuriere waren zumeist junge Menschen ohne Arbeit, ohne festen Wohnsitz und ohne finan-

ziellen Rückhalt. Und anfangs klappte das kriminelle Geschäft bestens. Die Form des »Passabtausches« bei bulgarischen Grenzposten fiel wegen der nur oberflächlichen Abfertigung Richtung Westeuropa nicht auf. Nur im Transitraum des Flughafens bestand ein Risiko. Hier musste der eingereiste Kurier die vorgefertigten westlichen Papiere und Flugtickets, zusammen mit den bearbeiteten Gepäckquittungen dem Fluchtwilligen heimlich übergeben. Löffler lobte sich wegen dieser Masche selbst, er sei »Spezialist für Ostblockländer«. Anfangs wurden West-Pass und Ost-Visum in der BR Deutschland gefertigt. Als ein deutsches Gericht ihn wegen »gewerbsmäßiger Urkundenfälschung« aber verurteilte, brauchte er ausländische Papierlieferanten. Die dadurch entstandenen höheren Investitionen wälzte er auf seine Klienten ab, das heißt die Tour wurde pro Person teurer. Dazu noch eine weitere Story von ihm, die ich im »DER SPIEGEL« las: Bevor der Chef in der CSSR oder Bulgarien einen neuen Reiseleiter einsetzte, schickte er ihn auf Test-Tour und ließ ihn erst mal 14 Tage lang Land und Leute kennen lernen. Wie indes bei solchem Spesenaufwand die Fluchtaktion selbst ablief, blieb Betriebsgeheimnis des Fluchthelfers. **(26)** Dem MfS gelang es ab 1973 in einer konzertierten Aktion, d. h. in Absprache mit den Sicherheitsbehörden aller Warschauer Paktstaaten die Flucht per Flugzeug lahm zu legen. Unser geplantes Vorhaben im Sommer 1974 unterlag genau solch einer Planung. Die »Passaustausch-Tour« auf der Balkan-Route war deshalb bei uns aufgeflogen. **(27)** Hier hat wohl eine »innerdeutsche Reglung des MfS als Dienstanweisung über die Durchsetzung von Maßnahmen im zivilen Luftverkehr« gegriffen. Sie ermöglichte eine Übermittlung der personellen Daten aller für das jeweilige Luftfahrzeug abgefertigten Passagiere zum Zielflughafen, so dass der Passaustausch als Methode der heimlichen »Umwandlung« von Bürgern Ost in West erkennbar und somit unmöglich wurde. **(28)** Bereits ab 1970 praktizierte die Staatssicherheit zur Absicherung von DDR-Touristen in Bulgarien das Modell »Nessebar«. Vor Ort hatte das Reisebüro der DDR die Reiseleiter in Form eines eingeschleusten »Repräsentationskollektives« platziert. Das »FIM-Netz« wurde von MfS-Operativgruppen mit sogenannten Führungs-IM gesteuert. Die Staatssicherheit Abteilung HA VI, (Abteilung Auslandstourismus) besaß bereits 1974 sechs solcher FIM-Netze. **(29)** Und Anfang 1975, da waren wir schon verhaftet, installierte die gleiche MfS-Abteilung HA VI eine Kommission, die die koordinierte Bearbeitung übernahm. **(30)** Mein erster Fluchthelfer schien begriffen zu haben, dass das Netz zu eng geworden war und die »Balkan-Tour« obsolet erschien. Löffler selbst bezeichnete sich weiter als ehrlichen und seriösen Flucht-Makler mit einem angeblich »zuverlässigen und verlustarmen« Handeln. Zumindestens hat er mich in Bulgarien nicht in die beschriebene Falle laufen lassen. Und er meinte die politische Gesamtwetterlage richtig einschätzen zu können, als er sagte: »Wenn die Bundesregierung kommt und sagt Löffler hör uff, dann bitte ich um eine Frist, um die Geschäfte abzuwickeln, und dann mache ich den Laden zu. Ich bin noch für sechs Monate ausgebucht.« **(31)** Positiv angerechnet wurde dem 450-SE-Fahrer auch, dass er regelmäßig eine Einkommensteuer aus den Fluchthilfe-Einnahmen bezahlte. Nach den geltenden Steuergesetzen waren sogenannte »Provisionen aus der Land- und Forstwirtschaft« abzugsfähig. Der Migrant als Kunde bekam von ihm eine detaillierte Rechnung, die dieser beim Finanzamt einreichen konnte. **(32)** Am Ende wuchs seine Geldgier, als er durch Forderung überhöhter Rechnungen (angebliche »Kaution für die Kaution«) zusätzlich von Fluchtwilligen Gelder verlangte. **(33)** Die ganze Szene entwickelte sich zunehmend inein Geschäft mit kriminellen Handlungen.

Welche Fluchtmöglichkeiten für uns sah Löffler nach dem ersten Scheitern? Für ihn war es klar, »dass die Kofferraum-Kontrollen bald wieder kommen« und »die DDR-Stänkerei auf der Autobahn zur Normalität wird«. **(34)** Diesen Weg schätzte er aber als äußerst riskant ein. Da halfen selbst nicht die immer raffinierteren und aufwändigen Ausbauten der Personenverstecke an Spezialtransportern großer Lkws oder Kühllastwagen. Inzwischen kontrollierte das MfS die Transitstrecken fast lückenlos. Geleitet wurden die Geheimdienstaktivitäten von der Hauptabteilung VI in Berlin. Als Grundlage diente der Befehl Nr. 4/70 des Ministers vom 15.1.1970. **(35)** Die Federführung übernahm eine Abteilung der Pass-Kontrolle und Fahndung. Neben der Vorfeldbeobachtung sorgte sie für die »Abschöpfung und Filtrierung des grenzüberscheitenden Verkehrs und den Einsatz von inoffiziellen Mitarbeitern«. **(36)** Die Ermittlungsergebnisse fasste die Behörde in einem operativen Auskunftsbericht zusammen. Bereits 1969 hatte Mielke den permanenten und forcierten Ausbau der Datenerfassung und Kontrolltechnik angeordnet und im Befehl Nr. 21/69 (25.6.1969) fixiert. Bis Mitte der siebziger Jahre beschleunigte die Diensteinheit den Ausbau aller Grenzübergangsstellen im Sinne von »örtlichen Führungspunkten«. Dazu zählten Rollsperren zum Abfangen von Kraftfahrzeugen, Passagen-Sperr-Tore und Seilsperren zur Verhinderung von Pkw-Durchbrüchen, Flächensperren als Reifentöter-Anlagen und Sperrschlagbäume als Kraftfahrzeugsperren. All das lief unter dem Decknamen »Technik V«, die die Dienststelle »OTS« (Operativ-Techniker-Sektor) erarbeitet hatte. Am spektakulärsten galten die unter der Tarnbezeichnung »Technik VII« konzipierten Geräte, die zunächst an wenigen Übergangsstellen installiert wurden. Zur Aufdeckung von Personen in großen Fahrzeugen speiste man spezielle Röntgenanlagen mit Gammastrahlen aus Cäsium 137-Quellen. Als modernste Errungenschaft konzipierte diese Diensteinheit Geräte für die Kontrollpunkte, die, erzeugt durch Herzschlag und Atmung versteckter Menschen, feinste Schwingungen erfassen konnten. **(37)** Und schließlich wurde bis 1981 die Flucht-Datei in einer »einheitlichen zentralen Personendatenbank« (ZPDB) auf angeblich Weltniveau gebracht. **(38)** Obwohl seit 1974 erste Schritte der Datenerfassung eingeleitet wurden, hatte diese Registratur bei dem zweiten Fluchtversuch wohl noch keine Bedeutung gehabt.

Trotz der bekannten hohen Risiken übergab Löffler unser Vorhaben dem Fluchthelfer Lindner, der Schleusungen mittels Pkw betrieb. Letzterer hatte bereits mit der gleichen Migrations-Tour ein Jahr zuvor einmal Schiffbruch erlitten. All das erfuhr ich erst nach der Wende durch die Presse. Was steht da in dem Artikel mit der Überschrift »für die Staatssicherheit eine Flucht vorbereitet«? Der Journalist beschreibt die Story des Stasi-Spions G. F. (»bp-Spion«). Sie fand im Jahre 1973 statt, also ein Jahr vor meiner Tour. Nach dem Verrat von Migranten attestierte ihm die Stasi: »Für die gelungene Arbeit wurde Franz der Dank zugesprochen.« Sie belohnte den Top-Man mit 500 DM. Neben weiteren Aktivitäten, beispielsweise Ausspionieren von Bundeskanzler W. Brandt, übergab ihm die gleiche Dienststelle insgesamt die horrende Summe von 70 000 DM. Der Verräter G. F. flog später auf und konnte von der bundesdeutschen Justiz verurteilt werden. Bei der fingierten Tätigkeit für Lindner kamen zwei Fluchthelfer in die Fänge des Sicherheitssystems und wurden zu fünf bzw. neun Jahren Gefängnis verurteilt. **(39)** Ich wusste natürlich damals nicht, dass das Unternehmen Lindner mit IM »Franz«, IM »Lutz« und möglicherweise weiteren Stasi-Verrätern unterwandert war. Dadurch konnte der DDR-Geheimdienst seine eigenen Leute als Zubringer bzw. Kuriere in geplante Migrations-Aktionen einbauen, so wie es dann im eigenen Fall tatsächlich geschah.

Meine vorliegenden BStU-Unterlagen bestätigen das Procedere. Neun Tage vor der Flucht-Tour begannen die Aktivitäten des Sicherheitsdienstes mit einem »Suchauftrag des MfS-Potsdam«. Unter Nennung der persönlichen Daten lief ein im Stasi-Jargon üblicher Vorgang zur »Operativen Personenkontrolle« (OPU) ab. Grundlage war die MfS-Richtlinie 1/71 mit dem »Operativen Ausgangsmaterial« (OAM). Am Flucht-Tag, dem 18.12.1974, eröffnete MfS-Offizier MOO. die vom »OPD-Berlin« registrierte Aktion unter dem Decknamen »OV Professor« (Nr. XV 4020/74). Der MfS-Offizier MOM. konzipierte zwei Tage zuvor, am 16.12.1974 den OV-Vorgang in allen Details. **(40)** Ab diesem Zeitpunkt galt die Sachfahndung des Fahrzeugs der »Menschenhändlerbande Lindner« mit dem Kennzeichen »B-MN 764«. **(41)**

Keinem, außer der Stasi, war zu diesem Zeitpunkt bekannt, dass in der Lindner-Gruppe IM-Spitzel als Zubringer fungieren. Der MfS-Offizier MOR. beschrieb bereits im Vorfeld die Auto-Tour, die die Stasi dann mit weiterem Personal (z. B. dem IM »Baum«) ausführte. **(42)** Der Zubringer und IM »Lutz« hatte bereits Tage zuvor Kontakt mit A. und B. in Halle aufgenommen. Wie allgemein üblich verlangte er ein Hochzeitsfoto der Familie A. und B., um so die spätere Identität belegen zu können. Am 18.12.1974 folgte dann die Auto-Tour unter der Chiffre »Kondor«. In dem minutengenauen Stasi-Protokoll wurde der weitere Weg bis zur Grenzübergangsstelle Hirschberg protokolliert. **(43)** Hier waren auch die Fahrer und Begleiter der Auto-Tour mit Decknamen »Kondor 1« und »Kondor 2« erfasst. Der MfS-Offizier MOM. erstellte noch am gleichen Tag einen abschließenden Bericht, der die verhinderte Schleusungsaktion der Menschenhändlerbande Lindner genau beschrieb. **(44)** Vier Wochen später fasste die Abteilung VI der Außenstelle Gera eine noch fein säuberliche Dokumentation mit den auf der Transitreise benutzten Pkws zusammen. Die einen Tag nach der Festnahme im Geraer Innenhof des Gefängnisses nachgestellten Bilderserien mit den Betroffenen waren als Beleg beigefügt. **(45)** Bereits zuvor hatte am 06.01.1975 die Hauptabteilung VI der Operativ-Dienststelle Berlin die Verlustnachricht für interne Kreise zusammengestellt. Dort schrieb der MfS-Offizier: »Nach der erfolgten Liquidierung fanden zwischen IMF »Lutz« und dem Leiter der Menschenhändlerbande Lindner zwei Treffen in Berlin (West) statt. Während dieser beiden Zusammenkünfte wurde durch Lindner erklärt, dass er durch die am 18.12.1974 verhinderte Schleusungsaktion 50.000 DM eingebüßt hat und er sich, wie er sagt, »nicht so schnell davon saniert«. **(46)** Der mit dem Decknamen »Lutz« operierende IM war im Stasi-Jargon ein offizieller Mitarbeiter der inneren Abwehr mit Feindverbindungen zum Operationsgebiet, deshalb auch im Bericht seine Bezeichnung als »IMF«. Er ist ein Verräter auf bundesdeutscher Seite, dessen wahrer Name bis heute nicht bekannt ist. Im MfS-Lexikon lese ich, dass im Jahre

1979 schätzungsweise 800 IMF als Spitzel im Bereich der BR Deutschland tätig waren.
Und wie verhielt man sich bezüglich der Fluchthilfe auf bundesdeutscher Seite? Sie blieb eine heikle Angelegenheit. Mitglieder von Parteien der BR Deutschland sollen angeblich zusammen mit dem Bundesministerium für gesamtdeutsche Fragen die Fluchthilfe indirekt unterstützt haben. Der Verfassungsschutz habe vor solchen Aktivitäten gewarnt. **(48)** Weitere Hinweise sind nicht bekannt.
Kürzlich las ich in der Zeitschrift »Die Welt«: »DDR-Fluchthelfer erhalten Bundesverdienstkreuz.« Am 29.10.2012 wurde 15 ehemaligen Fluchthelfern das Bundesverdienstkreuz am Bande durch den CDU-Innensenator Frank Henkel verliehen. **(49)** Der Dankesakt blieb eine stille Angelegenheit. Auch heute wollen Politik und Öffentlichkeit diese historischen Ereignisse nur stillschweigend werten. Einer der Geehrten (K. H. Richter) bemerkt kürzlich: »Alle waren wir auch im Westen nicht gerade angesehen, gefährdeten wir doch die Entspannungspolitik, belasteten den komplizierten Prozess des Wandels durch Annäherung«. Ich verstehe den Autor, wenn er auch heute noch seinen Idealismus betont: »Stellvertretend für viele ehemals Verfolgte, die das Erlebte noch immer verdrängen, traumatisiert sind oder nicht lange überlebt haben, betrachte ich diese Auszeichnung auch als Aufforderung weiter aufzuklären.« **(50)** Der genannte Zeitzeuge K. H. Richter versteht es mit gekonnter Rhetorik die Zuhörer zu fesseln, wenn er vom »Moskau-Paris-Express in die Freiheit« berichtet. **(51)** Ich erlebte ihn persönlich bei der Feier zum 25. Jahrestag des Mauerfalls in Berlin.

Kapitel D

Verhängnis der Flucht

Das Vaterland ist da,
wo unsere Seele sich gefesselt findet.
Dr. jur. Graf Alphonse Wilding
deutscher Stoiker und Autor

D 1 Der zweite Fluchtversuch

Die DDR-Regierung hat sich wie der ganze Ostblock staatskonforme gesetzliche Sonderregelungen für den Reiseverkehr geschaffen. Und die von der SED gelenkte Staatsjustiz hat dadurch juristisch eine legale Möglichkeit, ihre Bürger gewissermaßen zu entrechten. Die fragwürdige Gesetzgebung ist in ihrer Strafprozessordnung niedergeschrieben. Als wichtigster Flucht-Paragraph gilt der des »ungesetzlichen Grenzübertritts«, festgehalten im berüchtigten Paragraph 213. Dort steht wörtlich: »1. Wer widerrechtlich die Staatsgrenze der Deutschen Demokratischen Republik passiert oder Bestimmungen des zeitweiligen Aufenthalts in der Deutschen Demokratischen Republik sowie des Transits durch die Deutsche Demokratische Republik verletzt, wird mit Freiheitsstrafe bis zu zwei Jahren oder mit Verurteilung auf Bewährung, Haftstrafe oder mit Geldstrafe bestraft. 2. Ebenso wird bestraft, wer als Bürger der Deutschen Demokratischen Republik rechtswidrig nicht oder nicht fristgerecht in die Deutsche Demokratische Republik zurück kehrt oder staatliche Festlegungen über seinen Auslandsaufenthalt verletzt. 3. In schweren Fällen wird der Täter mit Freiheitsstrafe von einem Jahr bis zu acht Jahren bestraft. Ein schwerer Fall liegt insbesondere vor, wenn (1.) Die Tat Leben oder Gesundheit von Menschen gefährdet; (2.) Die Tat unter Mitführung von Waffen oder unter Anwendung gefährlicher Mittel oder Methoden erfolgt; (3.) Die Tat mit besonderer Intensität durchgeführt wird; (4.) Die Tat durch Urkundenfälschung (§240), Falschbeurkundung (§242) oder durch Missbrauch von Urkunden oder unter Ausnutzung eines Versteckes erfolgt; (5.) Die Tat zusammen mit anderen begangen wird; (6.) Der Täter wegen ungesetzlichen Grenzübertritts bestraft ist. 4. Vorbereitung und Versuch sind strafbar«. Es widert einen an, wenn man als heimatverbundener Bürger das juristische Machwerk liest. Ist doch der Flucht-Paragraph meines Erachtens Synonym für die infame Missachtung der Menschenrechte. Auf den Punkt gebracht heißt es, die DDR ist ein großes Zuchthaus. Ich aber will nun mit aller Macht hier heraus und weg von den Zwängen des täglichen Lebens, weg von beruflicher Perspektivlosigkeit, weg von den unsäglichen Problemen der Kinder, weg von dem grauen Alltag, weg von jeder Form der Bevormundung, einfach weit weg und ganz neu beginnen. Es reicht, schon ein halbes Leben lang die gesellschaftlichen und politischen Missstände in vollen Zügen selbst erlebt zu haben. Der zweite Fluchtversuch hat nur ein metaphysisches Ziel, nämlich sich endlich in jeder nur denkbaren Vielfalt frei entfalten zu können. Da liegen wir nun als ein gut eingespieltes Team wie Ölsardinen im frisierten Kofferraum des »Opel Commodore-Coupé«. Die Enge des Kofferraumes im recht flachen und ungastlichen Vehikel missfällt mir. Das Getöse des Motors ist unübertroffen laut und zeitweise knatternd. Und die eingebaute Belüftung und Entlüftung wird mit Akkuratesse im Rhythmus von Minuten immer wieder aktiviert. Solche technischen Raffinessen wirken irritierend auf nicht technikgläubige Menschen, zu denen ich mich rechne. Reicht das Gebläse für die Gruppe tatsächlich aus? Übertönt werden die unheimlichen fremden Geräusche vom überaus lauten Auspuffsystem, das drohend nahe an den eingepferchten Körpern vorbei geht.

Und auch das Ausgeliefertsein ängstigt. Unwillkürlich verstärkt sich das Gefühl, wenn ich daran denke, dass ich mich wie eine Galionsfigur ausgeliefert habe. Fremde spielen mit mir quasi ein kommerzielles Harakiri. Einzelheiten der Flucht kennt keiner der Beteiligten. Wir hörten nur immer wieder, wie es Bekannte und Unbekannte auf allerlei abenteuerliche Weise geschafft haben. Und »heiße Berichte« werden mit gut bekannten Personen nur im Vertrauen und unter vorgehaltener Hand erzählt. Der Informationsapparat des Staates und die Pressestelle von DDR-Rundfunk und Fernsehen haben den Informationsfluss gebührend gelenkt. Die Bürger sollen durch gezielte Desinformationen und verlogene Propaganda, wie dem »Schwarzen Kanal« des Herrn K. E. von Schnitzler, irritiert werden. Man wagt es trotzdem, denn es gibt bei aufgeflogenem Fluchtversuch ein imaginäres Ziel des Freikaufes von bundesdeutscher Seite, ohne genauere Details zu kennen. Aufgrund des gerade Durchdachten hat sich meine Gemütsverfassung verschlechtert. Aus der analytischen Psychologie weiß ich, dass Hauptursache der Angst Phänomene wie Verwirrung und Unklarheit sind. Genau in diesem Stimmungstief befinde ich mich im Moment. Eine Reihe von Ungereimtheiten, die bis zu dieser Minute schon passiert sind, spricht dafür. Der Mann, der uns von Halle abgeholt hat, hinterlässt zahlreiche offene Fragen. Genährt wird alles Negative durch die Unklarheit nicht zu wissen, wie und wo das Vorhaben enden wird. Es ist eine Angst im Verborgenen. Ich bin im bisherigen Leben immer dann verstärkt irritiert gewesen, wenn die Situation nicht selbst kalkulierbar war. Und den unfreiwillig eingeschlagenen Weg in einem Autoversteck hätte ich nicht zugelassen, wenn er zuvor bekannt gewesen wäre. Angst vor einem Fehlschlag besteht. Aber in Extremsituationen bin ich immer stählern gewesen und wie man heute gern sagt, »cool« geblieben. Denn meine Devise im Leben lautet, ein einmal gestecktes Ziel ist erreichbar, wenn man dafür Mut zum Kämpfen hat. Das Berufsleben im ständigen Umgang mit Menschen und in der Auseinandersetzung mit und für den Kranken hat meinen

Charakter entscheidend geformt. Diese Schule des Lebens muss man im ärztlichen Beruf erlernt haben, sonst taugt man dazu nicht. So rollen wir nun mitten durch Deutschland gen Süden. Ich rekapituliere die letzten Stunden, die seit dem Abholen von zu Hause vergangen sind. Da steht der angekündigte Kurier in der Wohnungstür und gibt den Startschuss zu dem lang geplanten Vorhaben. Uns ist nicht bekannt, woher der sportliche Fünfunddreißigjährige kommt. Wir begrüßen ihn. Er gibt sich zu erkennen, ohne einen Namen zu nennen, will sich nur durch ein Kennwort legitimieren: »Unter den Eichen.« Verdutzt antwortet A.: »Nein, das vereinbarte Kennwort heißt Eichen!« Der Unbekannte überspielt die missliche Situation und antwortet selbstsicher und forsch: »Wo ist das Hochzeitsfoto?« A. reicht ihm ein in ihrer Tasche verstecktes Fotostück. Tatsächlich passt der vor fünf Tagen von einem anderen Kurier mitgenommene und abgerissene Teil der Aufnahme tatsächlich zusammen. Aufatmen bei uns, hat das Erkennungszeichen doch funktioniert. Ich schöpfe neuen Mut, dass die Sache hoffentlich korrekt voran geht. »Na, dann wollen wir mal starten«, die lapidare Äußerung des Besuchers. Für mich wirkt die Szene unbewusst komisch. Oft im Leben hat mich mein Empfinden nicht getäuscht. Der Mann sieht sich in der Wohnung um und betrachtet aufmerksam eine schöne zweihundert Jahr alte Truhe im Wohnzimmer und sagt: »Das wäre was nach meinem Geschmack.« Er wirkt unruhig, etwas fahrig und vor allem kalt. Unbeschwert spielt in einer Wohnzimmer-Ecke weiter die dreijährige C. »Ach, das Kind muss mit?«, so die Frage des mit einer Fellimitationsjacke bekleideten Fremden. Im Nachsatz meint der ungehobelt wirkende Unbekannte: »Die braucht eine Beruhigungsspritze, sonst geht da nichts!« Erschrocken und hilfesuchend wendet sich A. an ihren Mann: »Das tue ich nicht.« B. greift ungewöhnlich entschieden ein und antwortet mit erhobener Stimme: »Das tun wir unserem Kind nicht an!« Mich schaudert es bei dem Gedanken, dem Kleinkind ein Mittel zur Beruhigung einspritzen zu müssen. Nein, denke ich, der als Kurier fungierende Mann ist eine suspekte Person. Für einen Moment stehen wir Drei ohne Worte im Raum. Ungehalten und mit schriller Stimme fährt der Fremde B. an: »Wenn Sie keine Spritze geben wollen, dann müssen Sie ihrer Tochter eine richtige Beruhigungstablette einflößen.« Durch die in den Raum gestellte Forderung fühlen sich die jungen Eltern massiv in die Enge getrieben. Nach kurzer Überlegung sagt B. zögerlich: »Sie erhält von uns nur eine kleine Menge eines pflanzlichen Beruhigungsmittels.« Hilfesuchend wendet er sich an mich und erwartet eine Bestätigung. Wir alle sind in dieser Situation unbeholfen und irritiert. Ich stimme seinem Ansinnen zu. Mit etwas Saft erhält die Kleine ein leichtes Beruhigungsmittel. Inzwischen verlangt der Fremde noch etwas zu essen. Eine »Bemme«, die anhaltinische Umschreibung für ein Butterbrot, hilft weiter. Irgendwie gefällt der Mann mir nicht. Der salopp gekleidete Unbekannte zeigt brutale Züge. Andererseits meint man auch Züge von Verlegenheit zu erkennen. Und doch verkauft er sich in seiner Rolle spielerisch überlegt. Ich werde die quälende Frage nicht los: Wer holt uns hier eigentlich ab?

Später sollten sich meine kritischen Überlegungen und Zweifel bestätigen. Seit dem Aktenstudium in der Gauck-Behörde kenne ich Details. Das Vorhaben ist schon vor der Flucht unter dem Decknamen »Kondor« ein Produkt der östlichen Sicherheitsorgane. Die Akten können lückenlos belegen, dass das Ministerium für Staatssicherheit für unsere Flucht ein eigenes Drehbuch geschrieben hat. Das SSD (Staabsicherheitsdienst) betreibt zu dieser Zeit eine neuartige und überlegte Unterwanderungsstrategie in den Fluchthilfe-Unternehmen. Sie möchte die bisher gut organisierten Schleusergruppen selbst kontrollieren und nach eigenen Vorstellungen manipulieren. Überspitzt formuliert heißt das: Menschenhandel auf Rechnung der Staatssicherheit. Der fast perfekt arbeitende Geheimdienst will sich die Personen aussuchen, die ohne Blessur nach der Bundesrepublik ausgeschleust werden dürfen. Alle anderen Bürger sollen, bevor sie verkauft werden, erst einmal mit Stasis Gnaden über den

Knast die »Segnungen der östlichen Justiz« erfahren. Und genau das ist die Doppelmoral, mit der das angebliche sozialistische Deutschland seine Menschen im Grunde verschachert. Die Gruppe Löffler hat mit unseren Verwandten aus den Großfamilien eine Schleusungssumme von 13.000 DM pro Person ausgehandelt. Im Falle des Misserfolges wird der im Voraus erhobene Betrag von 5.000 DM pro Person einbehalten.
Welche Funktion hatten beim zweiten Fluchtvorhaben die eingeschleusten IMs? IM »Baum«, IM »Berger« und IM »Lutz« sind Personen, die die Flucht persönlich steuern sollten. Sie werden in den Akten der Gauck-Behörde teilweise als Doppelagenten entlarvt. Der IM »Berger« war bereits vor einer Woche aktiv. Am 09.12.1974 konsultierte dieser Mann nicht wie geplant A. und B., sondern versehentlich meine Eltern. Letztere wussten nichts von unseren Plänen. Es hätte durchaus denkbar sein können, dass dieser Mann den Sonderauftrag der Stasi hatte, eventuell meine Eltern hinsichtlich Mitwissenschaft zu testen. Ich fand hierüber, wie über viele weitere Details, keine internen Unterlagen. Sicher sind viele dieser Details mit Abschluss der Ermittlungen oder spätestens vor der Wendezeit gezielt vernichtet worden. Man stelle sich vor, meine hier geäußerte kühne Unterstellung der Mitwisserschaft der Eltern hätte gestimmt. Dann hätte man sie hinter Gitter bringen können, sofern sie unser Vorhaben nicht angezeigt hätten. Im Strafgesetzbuch der DDR gibt es den Paragraphen 225 StGB, der von der »Unterlassung der Anzeige« spricht. Da heißt es u. a.: »Wer von dem Vorhaben, der Vorbereitung oder der Ausführung eines Verbrechens oder Vergehens gegen die allgemeine Sicherheit oder gegen die staatliche Ordnung vor dessen Beendigung glaubwürdig Kenntnis erlangt und dies nicht unverzüglich zur Anzeige bringt, wird mit Freiheitsstrafe bis zu fünf Jahren oder mit Verurteilung auf Bewährung, Geldstrafe oder mit öffentlichem Tadel bestraft.« **(2)**
Bei späteren Vernehmungen der Stasi kam es mir immer recht eigenartig vor, dass nie bohrende Fragen über Mitwisserschaft der Eltern gestellt wurden.

Der IM »Berger« kam dann am 13.12.1974 zur Wohnung von A. und B., um die Vorarbeiten zur Flucht zu tätigen, beispielsweise als Erkennungszeichen den Teil eines Hochzeitsfotos abzuholen. Erst bei Einsicht der BStU-Unterlagen konnte ich eruieren, dass dieser Spitzel sich wiederholt in Potsdam mit Mitarbeitern des MfS traf, um die Details des geplanten »OV Professor«, so nannte man das Flucht-Drama, zu besprechen. Dort wurde letztlich das Drehbuch zur programmierten Festnahme abgestimmt. Und der IM »Lutz« verdingte sich sowohl bei der Staatssicherheit als auch beim Fluchthilfeunternehmer Lindner. Und laut Stasi-Akte übernahm dann ein dritter Spitzel, der IM »Baum«, die Aufgabe des Kuriers, der uns von Halle abholte und bis zur A9-Mitropa-Gaststätte »Köckern« zu bringen hatte. Heute verstehe ich, warum meine Gefühle bei dieser Gestalt nicht falsch lagen. Im Beobachtungsbericht der Hauptabteilung VIII/4 des MfS und Hauptabteilung VI/OPD vom 18. Januar 1975 wird unter dem Decknamen »Kondor« eine minutengenaue Darstellung gegeben. (IM »Lutz« wird hier eigenartigerweise mit IM »Baum« beschrieben.) Laut Plan des MfS werden nur acht Minuten für das Geschehen im Haus meiner Verwandten attestiert. Dies traf nicht zu, es war aufgrund der bereits gegebenen Schilderung mehr als eine Viertelstunde. Und des Weiteren trifft auch nicht zu, dass ich als MERKUR 3 mit den anderen sofort das Fahrzeug von IM »Baum« bestiegen hätte. Insofern bestätigt sich hier auch eine gewisse Ungenauigkeit von Beobachtungsberichten (vergleiche Anlage Seite 138–140). In Wirklichkeit war es so, dass die Zeit recht schnell verging. Den IM plagte sicher sein zeitlich abgestimmtes Drehbuch; deshalb auch die forsche Aufforderung: »Die Zeit drängt. Und nun noch zu Ihnen, Wilding: Sie können hier nicht mit ins Auto steigen. Das fällt auf. Gehen Sie zur Thomasius-Straße und warten dort.« Recht schnell verlasse ich daraufhin die Wohnung der Angehörigen. Am Hauseingang, direkt vor der Einfahrt zum Grundstück, steht ein großes matt-grün gefärbtes westliches Auto. Merkwürdig, denke ich, wie kann man so unüberlegt und

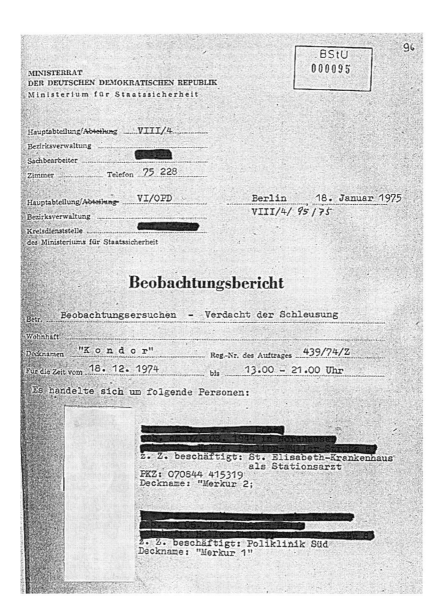

BStU
000095

96

MINISTERRAT
DER DEUTSCHEN DEMOKRATISCHEN REPUBLIK
Ministerium für Staatssicherheit

Hauptabteilung/~~Abteilung~~ VIII/4
Bezirksverwaltung
Sachbearbeiter [redacted]
Zimmer Telefon 75 228

Hauptabteilung/~~Abteilung~~ VI/OPD
Bezirksverwaltung
Kreisdienststelle [redacted]
des Ministeriums für Staatssicherheit

Berlin, 18. Januar 1975
VIII/4/ 95/75

Beobachtungsbericht

Betr. Beobachtungsersuchen - Verdacht der Schleusung
Wohnhaft
Decknamen "K o n d o r" Reg.-Nr. des Auftrages 439/74/Z
Für die Zeit vom 18. 12. 1974 bis 13.00 - 21.00 Uhr

Es handelte sich um folgende Personen:

[redacted]
z. Z. beschäftigt: St. Elisabeth-Krankenhaus
als Stationsarzt
PKZ: 070844 415319
Deckname: "Merkur 2;

[redacted]
z. Z. beschäftigt: Poliklinik Süd
Deckname: "Merkur 1"

BStU
000096

91

- 2 -

Dr. W i l d i n g , Alfons
geb. am 21. 02. 1944 in Halle
wohnhaft: Halle, Philipp-Müller-Straße 78 a
z. Z. beschäftigt: Bezirkskrankenhaus
Halle-Dölau
PKZ: 210244 415376
Deckname: "Merkur 3"

Bei "Merkur 4" handelt es sich um [redacted]

Am 18. 12. 1974 um
13.00 Uhr wurde die Beobachtung "Kondor" in Halle, Philipp-Müller-Straße, aufgenommen.
18.00 Uhr hielt vor dem Wohnhaus von "Merkur 1" ein PKW

amtl. Kennzeichen:	B - L 6905
Typ:	Opel Admiral
Farbe:	grau,

bei welchem es sich um "Baum" handelte. Dieser Wagen war mit

1 männlichen u. 1 weiblichen Person

bei der Ankunft besetzt. "Baum" entstieg dem PKW und betrat um
18.03 Uhr das Grundstück Philipp-Müller-Straße 83.
18.05 Uhr verließ er das Grundstück wieder und begab sich zurück zum PKW, welchen er bestieg.

18.11 Uhr verließen "Merkur 1, 2, 3 und 4" das Haus und begaben sich zum Fahrzeug von "Baum", welches sie um
18.13 Uhr bestiegen.
18.15 Uhr erfolgte die Abfahrt in Richtung Thälmannplatz und weiter zur Autobahn.
18.54 Uhr wendete "Baum" an der Autobahn-Abfahrt Bitterfeld und fuhr zurück nach Köckern (BRD-Seite der Raststätte).
18.57 Uhr fuhr er auf den Parkplatz der Raststätte auf.
Zu diesem Zeitpunkt befanden sich die Fahrzeuge von "Kondor 1",

amtl. Kennzeichen:	B - MN 764
Typ:	Opel Komodore
Farbe:	grün

und "Kondor 2",

amtl. Kennzeichen:	B - ZX 214
Typ:	Ford Taunus
Farbe:	dunkelgrün

BStU
000097

98

- 3 -

bereits auf dem gleichen Parkplatz.
Auf dem Parkplatz nahm "Baum" Sichtkontakt zu "Kondor 1" auf.

18.58 Uhr bestieg "Kondor 1" seinen PKW und fuhr zur Tankstelle, wo er bis
19.03 Uhr die Luft auf den Hinterrädern überprüfte. Danach fuhr er wieder auf den Parkplatz.
19.12 Uhr entstieg "Baum" dem Fahrzeug und begab sich zum Kfz. von "Kondor 1", wo er in den Fahrerraum sah. Danach ging er zu seinem PKW zurück und bestieg diesen.
19.13 Uhr fuhren "Baum" und "Kondor 1" ab in Richtung Hirschberg.
19.17 Uhr verließ "Kondor 2" den Parkplatz in Richtung Hirschberg.

19.19 Uhr fuhren "Baum" und "Kondor 1" an der Autobahn-Abfahrt Brehna in Richtung Halle ab. Ca. 200 m hinter dem Krankenhaus Carlsfeld, auf der F 100, hielten beide Fahrzeuge an. Hier stiegen "Merkur 1, 2, 3 und 4" in das Fahrzeug von "Kondor 1" um.
19.20 Uhr befuhr "Kondor 2" den Parkplatz km 100,5.
19.28 Uhr wendeten beide Fahrzeuge auf der F 100 und fuhren zurück zur Autobahn.
19.30 Uhr befuhr "Kondor 1" die Autobahn in Richtung Hirschberg. Zum gleichen Zeitpunkt befuhr "Baum" die Autobahn in Richtung Berlin.

19.32 Uhr verließ "Kondor 2" den Parkplatz 100,5 und fuhr zur Absicherung hinter "Kondor 1" her.
Beide Fahrzeuge fuhren eine intervallmäßige Geschwindigkeit von 50 - 150 km/h. "Kondor 2" hielt dabei einen Abstand von 30 - 150 m zu "Kondor 1".

20.23 Uhr passierten beide Fahrzeuge das Hermsdorfer Kreuz. Zwischen dem km 198,5 und 204,0 erfolgte das Verstecken der schleusungswilligen Personen in den Kofferraum während der Fahrt. Um
21.00 Uhr erreichten beide Fahrzeuge die Güst Hirschberg. Die eingeleitete Intensivkontrolle verlief positiv.

Stellv. Leiter der Abteilung 4 — Leiter des Referates 2

[redacted] — [redacted]

Major — Major

demonstrativ ein Auto abstellen? Das muss doch sofort auffallen. Im Osten hatte jede größere Straße Beobachtungsposten; es wimmelte nur so von »Abschnittsbevollmächtigten«, gewissermaßen Menschen in der Funktion einer Hilfsperson der Polizei und Sicherheitsorgane. Ich bin über die Unvorsichtigkeit des Abholers entsetzt. Eiligst und ohne Gepäck, wohl aber bestückt mit einigen Original-Papieren am Körper, laufe ich strammen Schrittes zur oberhalb des Stadtviertels gelegenen Straße, vorbei an grauen und teilweise auch baufälligen, von der Substanz jedoch ehrwürdigen Mietshäusern aus der Gründerzeit. Es ist kalt und dunkel, ein typisch nasser und windiger Dezembertag. Die Wartezeit ist nur kurz. Mit eiliger Fahrt kommt der äußerlich recht auffällige »Opel-Admiral« an und zeigt mir mit auffälligem Lichtsignal an, dass er es ist. Warum agiert der Fahrer eigentlich so unbedacht, meine unbewusste Frage. Ich steige schnell zu, und die Fahrt geht flott weiter. Dabei benutzt der Kurier zumeist Nebenstraßen in Richtung Autobahn. Woher kennt der Fremde all die Schleichwege? Auf meine unausgesprochene mentale Irritation folgt die logische Frage an den Rallyefahrer: »Wohin geht's?« Seine Antwort ist kurz und bündig: »Wir fahren nach Köckern.« Merkwürdig, denke ich, als ich im Schein der Nacht am rechten Handgelenk des Fahrers eine Uhr eines DDR-Herstellers sehe. Vorbei an Trotha und dem Petersberg nähern wir uns auf holprigem Untergrund von Nebenwegen der Autobahnraststätte, die nördlich von Halle liegt. Sie dient oft als Raststätte und Treffpunkt der Bundesbürger mit Verwandten aus der DDR. Aus diesem Grunde ist der Ort ein von der Stasi intensiv überwachter Bereich. Warum fahren wir gerade hierher? Eine berechtigte, aber nicht ausgesprochene Frage. Angekommen auf der Raststätte, hält unser Chauffeur nicht im Pkw-Abschnitt, sondern zwischen Lkws. Warum macht der Mann das? Er steigt aus und geht weg. Wir bleiben wie erstarrt im Auto sitzen und bemerken kurze Zeit später, wie ein grün-weiß-gestreiftes Polizei-Auto über den Parkplatz fährt. Es hält etwa 20 m von uns entfernt an. Zwei Polizisten sehen auffällig herüber, reagieren jedoch nicht weiter. Wie gelähmt sitzen wir im Pkw und verhalten uns weiter stumm. Keiner von uns ist nach dem Wegfahren der Polizeistreife erleichtert. Keiner sagt etwas, eine unheimliche Stille erfüllt den Raum.

Nach der Wende erfahre ich, welche Funktion diese Raststätte an der Autobahn Berlin-Nürnberg tatsächlich hatte. Da sich hier oftmals DDR-Bürger mit westdeutschen Verwandten und Bekannten trafen, bezeichnete die Staatssicherheit diesen Ort als »Stätte vereinbarter Zusammenkünfte« und dokumentierte die Zusammenkünfte haargenau mit Berichten und Fotos. **(3)** Ein früherer Mitarbeiter berichtete über den sogenannten »Hochsicherheitspunkt Köckern«: »Zu meiner Zeit war die Raststätte total überwacht. Der Raum da oben, er zeigt auf ein dunkles Fenster im Dachgeschoss, war Tag und Nacht besetzt. Und von dort hatten wir einen Überblick über alles, was hier vor sich ging, über alle Fahrzeuge, die von Ost nach West fuhren. Es war streng geheim. Die Tankwarte waren hauptsächlich Informanten, aber nicht einmal sie wussten, was da oben vor sich ging. Wir hatten immer mindestens zwei Leute in Zivil dabei für die Bodenüberwachung. Ich hatte auch immer ein Tonbandgerät in der Tasche oder, wenn ich in einem Auto saß, eingebaute Kameras in den Scheinwerfern. Wir hatten Richtmikrofone, die die Gespräche in den Fahrzeugen einfingen. In der Tanksäule dort war eine Kamera eingebaut, die ich per Fernbedienung auslösen konnte, wenn ich dahinter stand, um von jemand eine Großaufnahme zu bekommen. Wir hatten so ziemlich alles unter Kontrolle.« **(4)** Und der Dienstsitz der Abteilung VIII (Autobahnüberwachung) war im »Vernehmer-Gebäude« der halleschen U-Haft untergebracht. **(5)** Die Autobahn selbst stand Tag und Nacht unter Kontrolle. Die Abteilung VIII der BV Halle unterhielt hier und an der A9-Strecke zahlreiche weitere getarnte Objekte. **(6)**

Nachdem unser Fahrer aus der Raststätte zurückkommt, stellt er mit sächsischen Dialekt salopp fest: »Die anderen sind alle da«, gemeint ist ein zitronengelber Pkw mit zwei Westberliner

Personen und ein weiteres westliches Fahrzeug mit einer Person als sogenanntem »Sicherungsfahrer«. Der Autokorso startet nun flott Richtung Süden, um kurze Zeit später die erste Abfahrt Richtung Brehna zu benutzen. Unweit davon hält der Kurier auf einem Feldweg und blökt uns sehr burschikos an: »Aussteigen.« Er ist nun in der Rolle des kompetenten Organisators und gibt zackige Anweisungen: »Hier steigt ihr in ein anderes Auto um.« Wir sehen den gelben Opel auf dem Feldareal hinter uns bereits stehen. »Ihr kommt alle in den Kofferraum.« Diese bisher unbekannte Art des Transportes verblüfft und schockiert mich zugleich und ich frage in dieser prekären Situation selbstkritisch: Was soll das? Nacheinander zwängt sich jeder voller Hektik in das wartende Auto. Beim Einsteigen kommt überraschend aus der dunkeln Nacht ein weiteres Fahrzeug vom Feldweg her. Es muss schon dort im Dunkeln gestanden haben. Mit aufgeblendeten Scheinwerfern und hohem Tempo rast es am stehenden Pkw vorbei. Die sind von der Polizei, hier stimmt was nicht, so mein flüchtiger Gedanke. B. sagt treffend und voller Zorn: »Da ist die Stasi im Spiel!« Zeit zum weiteren Nachdenken haben wir nicht. Und ein Zurück nach Halle kommt sowieso nicht mehr in Frage. Die beteiligten fremden Personen drängen. Mit Wucht wird die Klappe des Kofferraumes geschlossen. Und der Autokorso geht zur A9 zurück. Es ist eine völlig neue Situation. Bisher ist die Flucht, trotz aller Ungereimtheiten, noch immer mit einem Hauch des positiven Hoffens verbunden gewesen. Im Kofferraum eng aneinander liegend sinnieren die Beteiligten nun darüber nach und fragen sich gegenseitig: »Sind wir verraten worden?« »Glaube schon«, die knappe und stockende Antwort von mir. »Tun können wir sowieso nichts mehr. Wir müssen abwarten. Vielleicht klappt es doch noch«, so der beruhigend und doch unrealistisch wirkende Einwand vom Nachbarn. Ich will die Hoffnung noch nicht ganz begraben, bin aber überzeugt, dass auf uns jetzt Unheil und nicht das Heil des sogenannten »goldenen Westens« wartet.

Ich rekapituliere den »OV Professor«, der wie ein Stasi-Film abläuft, als ich ihn 1992 in der Akte der BStU zum ersten Mal lesen kann. Da beschreibt der schriftführende MfS-Oberstleutnant MOM. (Name bekannt) die Dramaturgie haargenau: »Nach erfolgter Übergabe der zur Ausschleusung vorgesehenen Bürger der DDR an das Schleusungsfahrzeug gegen 19.15 Uhr in Nähe der Autobahnabfahrt Halle-Brehna reist der IM »Lutz« nach Berlin (West) aus und der Fahrer des Schleusungsfahrzeuges beabsichtigt, die Deutsche Demokratische Republik über die Güst. (Grenzübergangsstelle) Hirschberg zu verlassen.« Und der regieführende Oberstleutnant schreibt weiter: »Zur Verhinderung der durch die Menschenhändlerbande Lindner geplanten Schleusungsaktion wird folgendes vorgeschlagen: 1. In Absprache und Übereinstimmung mit der Abt. VI der BV Potsdam wird vorgeschlagen, die geplante Schleusungsaktion der Menschenhändlerbande Lindner auf frischer Tat an der Ausreise-Güst. in Hirschberg zu verhindern. 2. Durch den Einsatz des IM »Lutz« als Zubringer wird das Ministerium für Staatssicherheit in die Lage versetzt, die geplante Ausschleusung in koordinierter Zusammenarbeit mit der HA VIII unter Kontrolle zu bringen, wobei es im Interesse der Konspiration nicht erforderlich ist, eine durchgängige Beobachtung des Schleusungsfahrzeuges von der Einreise in Drewitz bis zur Ausreise durchzuführen. Es erscheint zweckmäßig, das Zusammentreffen des Schleusungsfahrzeuges mit dem IM »Lutz« in Köckern zu kontrollieren und die Beobachtung des Schleusungsfahrzeuges erst ab Halle-Brehna zu übernehmen. 3. An der Güst. Hirschberg sind spezifische Mittel zur Kontrolle des Schleusungsfahrzeuges zur Anwendung zu bringen und das Kampfmittel »Hund« (ist) zum Einsatz zu bringen.«**(7)**

Im Käfig des Autoversteckes kreisen über mehr als zwei Stunden die Gedanken der Beteiligten. Die Sekunden werden zur Ewigkeit. Sind wir jetzt am Ziel? Oder ist jetzt alles vorbei? Endlose Fragen ohne Antworten, die in der Stille des engen Raumes verhallen. Vermutlich nähern wir uns der Grenze, denn der Pkw wird langsamer und beginnt eine geruhsamere Serpentinenfahrt.

Jeder Bürger weiß, dass die Grenzregion auf verschiedenste Weise phantasievoll gestaltet und mit allerlei Hindernissen unbekannter Natur versehen ist. Nach westlichem Sprachgebrauch entspricht die Grenze hier lediglich einer »Demarkationslinie«. Welcher Hohn, wenn man die perfekte Abfertigung am Zoll durch Erzählungen kennt. Es ist genau 21.00 Uhr. B., der seine Tochter fest umschlungen in den Armen hält, fragt ängstlich: »Wird C. an der Grenze ruhig bleiben?« Nach wenigen Rechts-Links-Touren kommt es zu einem jähen Stopp des Fahrzeuges. Dazu höre ich Stimmen undefinierter Art. Ein gespenstisches Gebell von Hunden lässt aufhorchen. »Haben die uns gefunden?«, die quälende Frage von A. an mich »Still«, meine Antwort. »Das Auto ist vermutlich auf eine gesonderte Abfertigungsstelle befördert worden.« Im Zollbereich können Fahrzeuge an speziellen Stellen gewogen werden, vermutlich, um Übergewicht von heimlich einsitzenden Personen erkennen zu können. Nun wird es draußen laut, gefolgt von der barschen Aufforderung an den im Auto vorn sitzenden Chauffeur: »Papiere.« Ruhepause. Kurze Zeit später: »Aussteigen, kommen Sie mit!« Danach wieder für Minuten gespenstische Ruhe. Mittlerweile schnüffeln am Objekt der Begierde mehrere Hunde. Mit lautem Bellen sind die Tiere schließlich in unmittelbarer Nähe. »Aufgeflogen«, so mein banges Flüstern. Tatsächlich, der letzte Vorschlag im »OV Professor« wird umgesetzt. Jetzt kommt das sogenannte »Kampfmittel Hund« zum Einsatz.

Weshalb werden Hunde unter bestimmten Umständen zu einer gefährlichen Waffe? Es besteht Grund, darüber nachzulesen. Die Rolle des Halters, hier in der Position des geschulten Grenzers, mit seinem ideologisch verbrämten Hass gegen Menschen, führt schnell zu einer äußerst gefährlichen Situation. Faktoren wie Rücksichtslosigkeit und Überforderung können sich zu einem hochpotenten Kampfmittel potenzieren. Der abgerichtete Schäferhund mit einer Widerristhöhe von 40 cm und Gewicht von 20 Kilogramm erzeugt schon wegen seines Habitus ein imponierendes Image, mit dem er und sein Halter noch an Selbstbewusstsein gewinnen. Es besteht gewissermaßen eine soziale Symbiose, die im MfS-Sprachgebrauch den Hunden den Namen eines »Differenzierungshundes« geben. **(8)** In der Literatur steht dazu noch folgendes: »Alle Polizeibeamten stimmen darin überein, dass die Hunde eine beinahe unheimliche Fähigkeit besitzen, die Empfindungen ihres Hundeführers zu erraten. Innere Anspannung, Nervosität, Erregung und Angst teilen sich ihnen innerhalb kurzer Zeit mit.« **(9)** Und in genau dieser angespannten Lage befinde ich mich momentan. Die meisterlich geschulten Kampfmaschinen haben natürlich vor allem reinere und intensivere Gefühle. Freud meint: »Hunde lieben ihre Freunde und beißen ihre Feinde, im Gegensatz zu Menschen«. **(10)** Für Kampfhunde sind aggressive Auseinandersetzungen ein völlig normaler Bestandteil des gruppenintensiven Sozialverhaltens. Tiere werden gegen sogenannte Feinde besonders aggressiv, wenn sie ihr Territorium zu verteidigen haben, gewissermaßen einer Machtprobe ausgesetzt werden und in einer ansteckend wirkenden Gruppenaggression auftreten. **(11)** Sie scheinen Gedanken lesen zu können und reagieren schon bei minimalen Veränderungen des Halterverhaltens. Abgerichtete Hunde können die Gefühlslage eindeutig unterscheiden. Dabei ist empfindliches Riechen ihr außergewöhnliches Fühlen. **(12)** »Hunde empfinden nicht nur einzelne Elemente der emotionalen Skala, sondern lernen in einer Welt der Gefühle und Empfindungen. Und die mit dem emotionalen assoziierte olfaktorische Fähigkeit ist bis Hundert Millionen mal größer als die des Menschen. Ihr Orientierungsvermögen wird durch eine Art Duft-Datenbank gelenkt.« **(13)** Bekannt ist, dass ihre Ohren ein äußerst diffiziles System beherbergen und statt 20 000 Herz (bei Menschen) bis zu 50 000 Herz wahrnehmen können. So werden nicht nur Schritte, sondern auch alle Formen menschlicher Bewegungen, die auf einer Fläche Schwingungen verursachen, erkannt. Es stimmt also, wenn der Offizier als Dramaturg der Flucht-Show vom Kampfmittel »Hund« spricht. Hier erfüllt der abgerichtete Schäferhund die Aufgabe einer äußerst wertvollen Waffe. Im

Schrifttum finde ich den schlimmen Vergleich mit der Nazi-Zeit, als Juden von Tier-Mensch-Bestien gequält worden sind. Bis in unsere Zeit haben betroffene Juden, die den Holocaust überlebten, vor Deutschen Schäferhunden Angst. Schuld tragen nicht die abartig reagierenden Tiere, die die Menschen malträtierten. Schuld tragen vielmehr die Halter, die von ihren Führungskräften selbst auf abnormes Verhalten eingeschworen wurden, und ihre inhumanen Handlungen zu verantworten haben. **(14)**
Als sich mehrere Hunde dem Auto genähert haben, den Bereich der Kofferraumhülle unter uns und über uns betasten und beschnüffeln, auch das Autoblech kratzend bearbeiten, da wird es Zeit, die berechtige Ausschüttung von Serotonin zu begrenzen. Nun ist allen Beteiligten bewusst, dass der Tatort auf Hochtouren läuft. Schließlich nehme ich in der unmittelbaren Nähe ein fremdartiges hell-metallenes Geräusch wahr. Sekunden später folgt die abrupte Öffnung des Kofferraumes. Ein »Grenzer« schaut in den Kofferraum runter. Kein Wort, kein Staunen, nur Totenstille. Mit voller Wucht erfolgt das gewaltsame Zuschlagen der Kofferhaube. Höchstwahrscheinlich eine bewusst vollzogene, schikanöse Handlung. Denn B. kann gerade noch den Kopf der kleinen Tochter mit seinen Händen vor Verletzung schützen. Er bekommt selbst das Autoblech durch die Wucht des Zuschlagens auf den Handrücken und zieht sich dabei eine blutende Platzwunde zu. Irgendwie wirkt das Ganze wie eine eingeübte Handlung. Wir scheinen nicht die ersten gewesenzu sein, die auf diesem Wege den sogenannten Arbeiter- und Bauern-Staat verlassen wollen. Nebenbei, eine frappierend analoge Vorgehensweise lese ich in einem Bericht eines anderen Migranten. **(15)** Auf jeden Fall hat die Polizei schon auf uns gewartet. Sie ist informiert, der Ablauf ist einfach genau vorgeplant. Die nachfolgende Szene ist filmreif, als der Kofferraum erneut geöffnet wird. Ein Uniformierter schreit mit soldatischem Unterton: »Aussteigen, aber flott, nacheinander!« B. verlässt mit der kleinen, bitterlich weinenden Tochter zuerst das Auto. Ich bin der Letzte, der seine Knochen wieder sammelt. Mittlerweile sind

etwa 15 Gestalten, alle in Dienstuniform und entweder mit Kalaschnikow, einem Fotoapparat oder mit Schäferhund schwer bewaffnet. Das Äußere der Grenzer hat viel Ähnlichkeit mit früheren Zeiten. Typisch deutsch und doch erschreckend fremd, wie gezielt dienstbeflissene NVA-Soldaten ihre Gewehrmündungen in unsere Richtung halten. Andere Grenzer führen springbereite Schäferhunde, die nur mit Not an kurzer Leine gehalten werden können. Auf mich wirkt der Ablauf grotesk, wie in einer gewollten Dokumentation unter dem Motto: Erstürmung eines Autos. Gleichzeitig begleitet ein Feuer gezielt blitzender Fotoapparate das Aussteige-Manöver. Jede Bewegung der Entdeckten scheint fotogen zu sein. Die Kameras sind willfährige Instrumente, die wie entfesselt betätigt werden, damit jede Situation und jede Person mehrfach auf dem Zelluloid festgehalten werden kann. Ein Gruppenfoto mit dem bisher unbekannten Fahrer und der weiblichen Begleitperson beschließt das Ritual der eingespielten Grenzwächter. Wir Drei sind stumm und hören nur auf die weinerliche Stimme der Kleinen. Jeder Erwachsene wird in eine gesonderte Baracke geführt. Hilflos und ängstlich warte ich nun in einer Baracke auf Befehle eines herbeistürmenden Grenzers. Mit starrem Blick, fast so wie ein Kampfhund, fordert er mich zum Hinsetzen auf, fragt nach Namen, Anschrift und Beruf. »Aha, Arzt sind Sie.« Nach kurzer Pause beginnt der etwa Vierzigjährige mit wilden Beschimpfungen: »Und da verdienen Sie wohl zu wenig bei uns?« Mit bissigen Gesichtszügen sprudelt es nur so aus seinem Munde: »Was für eine miese Gestalt sind sie, unseren Staat zu verraten. Und wollen nur wegen Geld nach der BRD. Ja, die Ärzte verdienen dort um 3.000 DM. Aber wissen Sie, wie teuer das Leben bei denen ist?«, so seine provokante und sicherlich eingeübte Rede. Der Grenzer wendet sich von mir ab und brüllt mit voller Wut in den kalten Raum: »Sie sind eine niederträchtige Gestalt. Sie werden Ihre gerechte Strafe erhalten. Dann können Sie sich bewähren!« Trotz dieses Schwalles von Wortsalven bleibe ich stumm. Was erreiche ich, wenn ich antworten würde. Vermutlich gäbe es

eine weitere eingeübte oder auch unüberlegte Reaktion dieses Verblendeten. Die Stimmung im Raum bleibt gereizt, und draußen vor dem Abfertigungshäuschen ist es noch immer ungewöhnlich laut. Die schwer bewaffneten Zöllner von Hirschberg können an der überaus sensiblen innerdeutschen Grenze ihre Rolle als sogenannte »Friedenswächter« voll auskosten, zumindestens am 18. Dezember 1974 zwischen 21.00 Uhr und 22.45 Uhr.
Das Resümee der eben erlebten Tragödie ist ernüchternd. Das Drehbuch des östlichen Geheimdienstes ist geschrieben: Sieben Personen sind erfolgreich ins Netz gegangen, die vier Flüchtlinge und die drei Westberliner Fluchthelfer. Sieben Menschen deutscher Nationalität stehen nun als Kriminelle am Pranger der Stasi-Justiz. Durch den von DDR-Seite selbst inszenierten Fluchtversuch ist der Bundesrepublik Deutschland ein weiterer Fall des Kalten Krieges am »Eisernen Vorhang« beschert worden. Für die beteiligten Personen beginnt erst jetzt der Kampf um die Freiheit, die einem jedem Menschen dieser Welt laut internationaler Gesetze und UNO-Beschlüsse zusteht.
Ich sage mir, bleibe geduldig und hoffe, dass dir geholfen wird. Ich bin niedergeschlagen und friere, nicht nur körperlich.

D 2 Der Haftbefehl

Wer Mitte der siebziger Jahre mit dem DDR-Untersuchungsapparat in Berührung kam, wusste nicht das Geringste über seine fast perfekte Maschine des Terrors. Der SSD schikanierte und peinigte zu diesem Zeitpunkt mehrere Tausend Untersuchungshäftlinge in 83 U-Haft-Anstalten. Nach Kenntnis dieses Sachverhaltes und des steigenden Flüchtlingsstromes proklamierte die bundesdeutsche Regierung ein sogenanntes »Häftlingshilfegesetz«, das am 29.09.1969 veröffentlicht wurde. In ihm definierte sie politische Häftlinge als Personen, die »aus politischer und nach freiheitlich-demokratischer Auffassung von ihnen nicht zu vertretenden Gründen in Gewahrsam genommen wurden«. Sehr viel später, aus Anlass des 23. Jahrestages der DDR-Gründung, akzeptierte das DDR-Regime den Unterschied zwischen politischem und kriminellem Straftäter. In praxi wollte die SED nur Kriminelle kennen, »die unsere antifaschistisch-demokratische Ordnung in Frage stellen«. Deshalb wurden vom Staatsapparat gezielte Gegenmaßnahmen ergriffen, um, wie sie sagten, ihre »Schlagkraft zu erhöhen«. Der perfekt durchorganisierte Apparat arbeitete mit perverser pseudowissenschaftlicher Gründlichkeit. Er entwickelte unter anderem das Konzept einer sogenannten »operativen Psychologie«. Für die gut geschulten Kräfte in der Justiz galt die Taktik, den Gefangenen möglichst schnell körperlich und seelisch »klein zu kriegen«. Menschliche Schwächen jeglicher Art wurden schamlos ausgenutzt, um mit Hilfe von Isolation, Verunsicherung, Zermürbung und Desinformation eine »Zersetzung der Seele« zu erreichen. Die Grundlage dazu bildeten spezielle Psychotechniken, die eine Art »Gehirnwäsche«, vor allem durch Inhaftierungs- und Verhör-Maßnahmen, seltener auch mit Hilfe von Psychopharmaka rechtfertigten. Der Geheimdienst wusste, dass nur so die gewonnenen Aussagen vor Gericht auf elegante Weise als Schuldgeständnis Verwendung finden konnten. Die oft schon im Vorfeld gewonnenen Beweise waren der Form nach illegal, sodass die Erkenntnisse aus konspirativen Ermittlungen nach dem Buchstaben des Gesetzes vor Gericht keinen Bestand hatten. In Kenntnis derartiger Praktiken formulierte die UNO 1975 die Entschließung Nr. 3452, in der der Tatbestand der »psychischen Folter« definiert ist. Dazu zählt jede Handlung, »durch die einer Person von einem Träger staatlicher Gewalt oder auf dessen Veranlassung Schmerzen oder Leiden zugefügt werden, um von ihr oder einem dritten eine Aussage oder ein Geständnis zu erzwingen«. Das östliche System musste naturgemäß derartige internationale Erklärun-

gen ignorieren, weil man sich von solchen gesetzeswidrigen Praktiken weder distanzieren noch trennen wollte.
Unter Anwendung solcher Methoden kam nun auch Wilding an den Pranger. Das Festnahmeprotokoll Nr. 66 vom 18.12.1974 beschreibt neben Personaldaten in sachlichem Deutsch den sogenannten »Tathergang«: Herr Wilding, Alfons, geb. 21.02.1944 in Halle, Beruf Arzt, monatliches Einkommen 700 Mark, DDR-Staatsangehörigkeit, wohnhaft Halle, Philipp-Müller-Str. 78a, wird am 18.12.1974, 21.17 Uhr in 500 m Entfernung von der Staatsgrenze am Standort Güst. Hirschberg wegen Verstoß gegen das Gesetz des versuchten angeblichen Grenzübertrittes festgenommen.« **(1)** Ein analoges Festnahmeprotokoll erstellte die Grenzübergangsstelle Hirschberg für die beiden Begleitpersonen D. (Name bekannt) und E. (Name bekannt). **(2)** Die Übergabe aller Personen erfolgte am gleichen Tag, um 23.55 Uhr in die Untersuchungshaftanstalt Gera. Nach § 98 der DDR-Strafprozessordnung war bereits eine Verfügung zur Einleitung eines Ermittlungsverfahrens mit folgender Begründung ausgeschrieben: »Wilding steht in dringendem Tatverdacht gemeinsam mit seiner Schwester (...) und deren Ehemann (...) zum Zwecke seiner Ausschleusung in Verbindung zu einer Menschenhändlerorganisation aufgenommen und es am 18. Dezember 1974 versucht zu haben, im Opel Commodere-Coupé, amtliches Kennzeichen B-MN 764, der Schleuserorganisation versteckt, die DDR ungesetzlich in die BRD zu verlassen. Im Juni 1974 beabsichtigten sie sich von der Volksrepublik Bulgarien in das kapitalistische Ausland ausschleusen zu lassen. Strafbar gem. § 100 (1); 213 (1), (2) Ziffer 2,3 und 4, (3) StGB, sowie § 6 der Verordnung zum Schutze der Staatsgrenze der DDR. Den Untersuchungsvorgang zur Bearbeitung hat übernommen: Gera, den 18.12.1974, gezeichnet Oberleutnant MOE. (Name bekannt).«
Die gleiche Dienststelle verfasste noch eine Einlieferungsanzeige. Damit konnte der Justizapparat plausibel dokumentieren, wie korrekt und in der Sache juristisch sauber er verfuhr. Das vorliegende Protokoll trägt eine juristische Formulierung

mit langweiligem Amtsdeutsch. **(3)** In einem weiteren Protokoll wird die Anordnung des Haftbefehles beschrieben. Darin nennt der protokollführende Oberleutnant MOE. die Argumente der DDR-Justiz.**(4)** Im Nachsatz steht die Anmerkung: »Hinweise für den Staatsanwalt zur Sicherung der Ansprüche des Beschuldigten entsprechend die beigefügte Erklärung des Beschuldigten: Eine sofortige Benachrichtigung der Angehörigen und des Betriebes kann nicht vorgenommen werden, da dadurch der Zweck der Untersuchung gefährdet wird.« Bestätigt durch Major MOS. (Name bekannt).

Wie geht die Einlieferung vonstatten? Mit einer kleinen sogenannten »Grünen Minna« erfolgt die Verlegung zur U-Haftanstalt Gera. In Begleitung von Wachpersonal geht die Fahrt mit dem »Barkas« über Landstraßen in eine mir fremde Stadt. Die Reise endet im Halbdunkel eines alten und recht verwinkelten Hauses aus der grauen Vorzeit. Ich muss einen turmartigen Kellerraum eines muffig riechenden Baues betreten. Ein Wachhabender verlangt die Ablage aller Sachen. In schwer verständlichem thüringischen Befehlston kommt die Anweisung: »Umdrehen und Sachen herunter, alles ausziehen.« Die Tür im turmartigen Verlies fällt mit Getöse zu. Nun stehe ich in dem hell getünchten Raum verlassen da. Nur eine Plastesitzgelegenheit beherbergt die ungastliche nüchterne Herberge. Meine winterlichen Utensilien sind schnell vom Leib getan, auch Uhr, Geldbörse und einige Urkunden, die ich am Körper trage. Im Zustand des Adams-Kostüms befiehlt, jetzt bewaffnet mit Gummihandschuhen, der mürrische Uniformierte: »An die Wand stellen und Beine auseinander!« Nackt stehe ich in Fliegerstellung da und warte, bis sich der unangenehme Fremde begnügt seine Aufnahme-Routine zu tätigen. »Wird's bald, die Backen richtig auseinander, Hände bleiben an der Wand, und tief bücken!« Offensichtlich hat er die Aufgabe, den Afterbereich und Hodensack zu inspizieren. Kein Kommentar, wohl aber mit soldatischem Getue geht es weiter: »Vorhaut hochziehen, aber dalli.«. Mich schauert es, ich friere und ich erledige alles Befohlene. »Rechten Fuß hoch! Linken Fuß hoch!« Die entwürdigend wirkende Suchaktion setzt sich fort, als er befiehlt: »Umdrehen und Arme hoch, beide Hände auf den Rücken, Mund auf und Gesicht nach oben!« Die Prozedur hat nicht das Geringste mit einer angemessenen Untersuchung zu tun. Das ist Getue mit einer dosierten Portion eines preußischen Einschüchterungsversuches. Die Utensilien, die ich am Körper trage, wandern in eine Plastikschale. Der Wachmann schmeißt die Tür zu und lässt mich nackend stehen. Kurze Zeit später wirft der angewidert wirkende Bedienstete vergilbt aussehende Wäsche in den Raum. Sie riecht auffällig nach beißendem Fewa-Waschpulver. Innerhalb von Minuten bin ich umhüllt von grauer Wäsche aus vergangener Militärzeit, mit langer schnürbarer Unterhose, langärmeligem blau-weißem Hemd und einem viel zu großen Trainingsanzug. Und eingelaufene grau gestrickte grobe Socken bedecken die mittlerweile eiskalten Füße. Sicherlich bin ich in dieser Aufmachung der Einheitswäsche eine lächerliche, fast filmreife Figur. Das Erlebte bleibt für mich einmalig und komisch. Der Raum strahlt eine kalte Atmosphäre aus. »Rauskommen, Hände auf den Rücken«, befiehlt der vermutlich um seinen geruhsamen Nachtdienst gebrachte ältere Beamte. In den schlappenden dunklen Kunststoff-Schuhen ohne Schnürung geht es durch ein ungepflegt wirkendes altes Gemäuer mit vielen Türen und gitterartigen Verschlüssen am Ende eines jeden Flures. Die wiederholt befohlene Haltung mit ungewohnt rückwärts verschraubten Armen ist fremd und ausgesprochen lästig. Die Fortbewegungsform ist keine Erfindung des SSD. Sie hat deutsche Tradition. Es gibt Brauchtümer, die jetzt und früher nur ein Ziel hatten, nämlich den Menschen demütig, gefügig und willenlos zu machen. Die endlos lang erscheinende Aufreihung von Tür an Tür hinterlässt bei mir mulmige Gefühle. Die Zelleneingänge laden durch ihr schmutzig grau-grünes Äußeres mit abgeblätterten Farbpartien wahrlich nicht zum Verweilen ein. »Stehen bleiben und Gesicht zur Wand«, kommt plötzlich und unverhofft. Noch fällt es mir als Neuzugang schwer, das Knast-Alphabet militärisch akkurat umzusetzen. »Aber zackig!« Ich reagiere, wenn auch innerlich angewidert. Mit einem überdimensional groß erscheinenden gusseisernen Schlüssel, durch Kette am Arm gesichert, schließt er einen dunklen Raum auf. Neben dem Eingang steht ein grau-schwarzer Kübel. Der Schließer, ein häufig gebrauchter Ausdruck für Vollzugsbeamte im Knast, stellt diese Tonne im Zellenraum ab. Vor mir liegt ein dunkel-nasses Verlies von etwa 2,20 m Breite, etwa 3,20 m Länge und mindestens 3 m Höhe. Dunkelgrau und verwittert blicken mich die unfreundlichen kahlen Wände an. Ich sehe kein Mobiliar und kein Fenster. Es ist wie in einem Film, der die Situation aus der grauen Vorzeit nicht besser beschreiben kann. Nun stehe ich vor einem solchen Kerker, dessen düstere Atmosphäre äußerst irritierend wirkt. »Das ist Ihr Klosett«, die knappe Erklärung des Aufsehers. Er verweist auf die Tonne, die unterhalb eines gusseisernen Waschbeckens von etwa 50 × 35 cm Größe abgestellt ist. Sie bietet wenig Sitzgelegenheit für eine Notdurft. Der launische Wachmann istungehalten, als ich noch in Gedanken versunken und mit starrem Blick Richtung WC-Kübel, die Zelle nur zögerlich betrete. »Ausziehen und Wäsche ablegen. Und noch eins, das Bedecken des Gesichtes mit dem Laken ist untersagt, verstanden!« Im Nu verschwindet die Wachperson. Und zum ersten Mal vernehme ich das gekonnte Verriegeln im Zeittakt von Schlüssel und Riegel, eine seit Generationen bekannte und perfekte Form des Aussperrens vom Leben. Fragen über Fragen umschwirren meinen Gehirnkasten. Was machen die mit mir hier? Wie verhalte ich mich jetzt richtig, um ungeschoren zu überleben? Laut Stasi-Unterlagen, die ich viele Jahre später erst lesen kann, ist mit dieser Handlung der Vollzug vollzogen und das »Ermittlungsverfahren Potsdam Nr. IV/1747/74«eingeleitet.

Diesen Mittwoch werde ich nie vergessen. Ich suche Halt in Gedanken. Niedergeschlagen bin ich, denn die »Welt als etwas Heiles« ist anders als die hier erlebte Welt. Natürlich gibt es die von staatlichen Stellen draußen vorgespielte humane Welt auch nicht. Vor nicht allzu langer Zeit ist das »Tausendjährige Reich«

Hitlers zu Grabe getragen worden. Und was erlebe ich jetzt hier? Ist das anders? Sicher können solche Erfahrungen helfen, das weiche Innere in meiner Seele zu formen und vor allem zu festigen. Missliche Lagen wie diese erscheinen hierfür hilfreich zu sein. Es ist gegen ein Uhr nachts. Auf der rechten Seite der Zelle dominiert ein Gestell mit schmalem Rahmen den Raum. Es soll mein Bett werden. Die Auflage aus Stroh ist hart. Eine schmutzig grau-blau-gestreifte Wäsche schmückt den Holzrahmen. Ich werfe die Knastkleidung auf den Hocker und sinke sofort ins Nachtlager. Die dünne Decke macht die Unterkunft nicht menschenwürdiger, denn im Zellenbereich ist es unangenehm frisch und abstoßend feucht. In der Position des nun waagrecht da Liegenden fühlt man sich in solchem Verlies vollends abgestellt und verlassen. Ungewöhnlich hoch wirkt der überaus dunkle Raum. Ein kreisrunder Reflektor wird zum Blickfang, der über der Zellentür montiert ist und schräg nach unten hängt. Durch seine Anordnung bekommt er einen drohenden Charakter, weil er direkt auf mein Gesicht ausgerichtet ist. Was soll das bedeuten, frage ich mich. Der Blick wandert von der Zellentür weiter nach unten. Dort ist schemenhaft eine etwa 30 × 25 cm große Klappe zu erkennen. Darüber sieht mich ein Spion an. Nach kurzer Zeit sind die Augen durch den besagten hellen Strahler massiv gereizt. Ich versuche, provisorisch die Augen geschlossen zu halten, was aber misslingt, denn die Leuchte hat einen Scheinwerfercharakter und durchdringt meine Augenlider. Was sagte eben der Wärter? Das Gesicht darf nicht mit dem Bettlaken bedeckt werden. Wird hier ein infames Spiel getrieben? Meine Gedankengänge bekommen zunehmend kritische Untertöne. Die Minuten in Stille vergehen recht langsam. Plötzlich erlischt die störende grelle Leuchte. Anscheinend ist das eine von außen gesteuerte Aktion. Ich will einfach nicht glauben, dass dieses unangenehme Lichtspiel eine bewusste Handlung sein könnte. Ein Gefühl von Machtlosigkeit und Hilflosigkeit überkommt mich. Wird Rufen von außen überhaupt gehört? Innere Unruhe überfällt mich. Das gedankliche Credo endet im Satz, den ich in die unheimlich anmutende Zelle rufe: »Das ist frühes Mittelalter!« Statt des Lichtterrors gab es damals noch die Fesselung mit Ketten. Sonst gleichen sich fast die Behausungen. Müde bin ich, ohne einschlafen zu können, denn die wohlige Wärme im Bett fehlt. Die Kühle des Raumes raubt viel Energie. Unangenehm wird es durch die Feuchtigkeit, die die Zelle ausfüllt. Trotz der körperlichen Schwere infolge der Müdigkeit stört mich etwas ungemein. Es tropft im Verlies. Vielleicht eine muntere Kellerassel, die sich aus ihrem Versteck gewagt hat und irgendwo schabt? Oder ein zähnefletschendes Nagetier, das Nahrung sucht? Quatsch, bin doch von Sinnen. Wieder das störende »tropf, platsch-Geräusch«, das sich wie der Klang in einer Tropfsteinhöhle in rhythmischer Melodie wiederholt. Das Unbekannte scheint von rechts vorn zu kommen, dort, wo das Waschbecken sich befindet. Nichts ist zu erkennen. Der Raum hat eine schaurige Dunkelheit. Beladen mit reger Phantasie überlege ich, ob die Zelle der ständigen Überwachung unterzogen ist. Der Spion ist sicherlich eine wichtige Guck- und Horch-Stelle. Erschrocken fahre ich nach oben, als plötzlich die Lampe blitzartig wieder grell aufleuchtet. Die Lampe hat keinen Wackelkontakt; die wird tatsächlich von außen gesteuert. Dann stimmt die vor Minuten gewonnene Vermutung. Nach einigen Sekunden der totalen Blendung kann ich erst wieder etwas um mich herum erkennen. Mit Neugier betrachte ich die Einzelheiten. Oberhalb der Toiletten-Tonne befindet sich ein altes Waschbecken. Darüber ragt aus der grauen Wand ein vermutlich aus dem vorigen Jahrhundert stammender Wasserhahn. Der ist es, der im Dunkeln diese Musik macht. Er tropft munter im eigenen Rhythmus. Das Rätsel ist gelöst. Das Tropfen des defekten Wasserhahnes empfinde ich wie eine ungesunde, vielleicht sogar gezielt instruierte Einlassung. Vor geraumer Zeit las ich, dass Freud in diesem Zusammenhang von einem mystischen Bewusstseinszustand des »ozeanischen Gefühls« spricht. Und die Psychologen beschreiben den Zustand als veränderten Bewusstseinszustand, wenn Inspirationen zwischen selbst erlebter Vernunft und der universellen Fülle der Welt bzw. zwischen vernunftbegabter Erfahrung und den religiösen Gefühlen gesehen werden. **(5)** In der momentanen Stille des mittelalterlich anmutenden Kerkers eröffnet sich für mich nichts Spirituelles oder Mystisches, wohl aber genau das unter strenger Aufsicht gezielt eingesetzte »ozeanische Gefühl«. Das Erlebnis bleibt für alle Zeiten zerebral markiert. Ähnliches beschreibt E. A. Poe, als er die Qualen eines in einer Wasserzelle eingesperrten Menschen schildert. Die herabfallenden Wassertropfen treffen wiederholt den Kopf des Delinquenten und sorgen für ungeheuerliche Schmerzen, so dass dieser schreiend um den Tod nachsucht. Es ist die ungewöhnliche Verbindung von Wasser und Seele, die im Rhythmus einer unbekannten Musik, ohne Anfang und Ende, das Gehirn mit Halluzinationen versieht. Ich finde den Bericht eines Gefangenen, der in DDR-Haft die Situation ähnlich beschreibt: »Ich bin allein (…). Ruhe, Totenstille. Nur ein Wassertropfen fällt, anfangs belustigend, dann störend, schließlich wahnsinnig dröhnend aus einer undichten Leitung in eine Blechschale. Die Phantasie kann den Menschen fürchterlich quälen. So was las ich doch schon, das gab es doch im Mittelalter.« **(6)** Was für eine frappierende Analogie. Meine Visionen in der äußerst puritanisch und herunter gekommenen Zelle enden mit der Feststellung, nicht in der Behausung eines Menschen angekommen zu sein. Ich spüre eine Äquivalenz mit der eines an die Leine geketteten Hundes, der von Minute zu Minute seine Wahrnehmungen noch besser versucht zu schulen. Das ist eine unbewusste Überlebensstrategie. Die von dem hallenartigen Raum außerhalb der Zelle eindringenden Geräusche sind größtenteils fremder Natur. Sie lassen noch keine Deutung zu. Der unerfahrene neue Insasse erlebt in jeder Minute wichtige Details hinzu. Die intuitiven Knast-Erkenntnisse sind in dieser fremden Welt überlebenswichtige Bausteine. Das Paradoxon des Wechsels von Helligkeit und Dunkelheit, von fremden Geräuschen bis zu klingender Musik, von abstoßender Zimmerkälte bis zur wohligen Bettwärme stellen ungewöhnliche Reize dar. Es ist eine

Reiz-Flut, die von offizieller Seite sicher gewollt ist. Die Lampe im Hell- und Dunkelrhythmus dient nicht nur zur Orientierung. Und der Rhythmus des Wassertropfens aus dem hundertjährigen Wasserhahn fungiert vermutlich als eintöniger klangarmer Ruhestörer. Solche Gedanken sind gar nicht abwegig. Hier wird ein schauriges Spiel mit der menschlichen Seele getrieben. Das gerade in vollen Zügen durchlebte »ozeanische Gefühl« übermannt mich, als ich zu träumen beginne. Am liebsten würde ich mir jetzt wohligere Klänge im warmen Bett wünschen, beispielsweise die entspannend und beruhigend wirkende Wassermusik von Händel. Seit früher Jugend begleitet mich Klassikmusik. Dem in Halle geborenen Georg Friedrich Händel war es vergönnt, in die Welt zu reisen, ohne dass Grenzen seine Karriere aufgehalten hätten. Da gibt es am Markt die Statue des großen Musikers, die immer wieder einmal auch Zielpunkt für uns Studenten gewesen war, beispielsweise nach bestandener Prüfung. Die Treppen vor dem Standbild dienten dann als Depotfläche, die uns studierfreudige Halbtrunkene aushalten musste. Fast regelmäßig brachten dort die angehenden Mediziner aus Freude ein stimmlich gemischtes Volkslied zu Gehör. Denn das Bier macht die Zungen lockerer. Am liebsten würden einige Sänger auch das »Deutschlandlied« herausschmettern. Aber die Staatsmacht schläft auch gegen zwei Uhr in der Nacht nicht. Auf Schritt und Tritt wird geheimnisvoll beobachtet. Mein Freund V. (Name bekannt), als besonnener Genießer unter uns, mahnt im rechten Moment zur Einkehr. Es wird kein provokantes Lied proklamiert. Man muss wissen, in den siebziger Jahren sind solche Lieder im Osten des deutschen Vaterlandes verboten und stehen bei Intonation unter Strafe. V. versteht es wieder einmal, die Gruppe gekonnt zu lenken und fragt ganz bewusst, um ablenken zu können: »Welches Bein von Händel steht vorn, das rechte oder das linke?« Wir sind aufgrund des Alkoholspiegels visuell ganz schön durch Doppelbilder behindert. Zur Beantwortung der gestellten Frage hilft nur das Zublinzeln des einen Auges. Das Standbild Händels gibt den Betrachtern des Rätsels

Lösung. »Natürlich rechts«, sagt mein Freund und ergänzt: »War der doch genauso rechts orientiert, wie manche von uns es sind. Merkt euch das alle!« Und da schließt sich bei mir der Ring im wohligen Gefühl des Gedankenspieles mit dem Happyend: Musik – Händeldenkmal – Studentenfete – Prüfung – Deutschlandlied. Nicht die Wassermusik bringt die Ruhe in die schäbige Zelle. Nein, es ist der tropfende Wasserhahn in der unnatürlichen Behausung. Mein Kopf liegt schwer darnieder. Und das Matratzenkissen aus Leinen und Stroh macht Druckfalten im Gesicht. All das stört nun nicht. Ich schlafe ein. Die angenehmen Gedanken aus der Studentenzeit haben geholfen, den Tonus entscheidend herunterfahren zu können.

Knapp eine Stunde mag ich geruht haben, da sitze ich stramm gerade auf der überaus harten Bettkante. Die markante und noch fremde Musik des Entriegelns des alten Schloss-Schlüssel-Systems hat es bewirkt. Da steht eine nur schemenhaft imponierende Gestalt im Zelleneingang und sorgt mit greller Taschenlampe für ein visuelles Fiasko. Der helle Strahl trifft meine noch weiten Pupillen wie ein schmerzhafter Blitz und blendet mich. Ich bin auf die ungewöhnliche Erstürmung der Zelle nicht vorbereitet: »Anziehen und Mitkommen«, sein knappes Kauderwelsch. Der kleine Mann ist nicht älter als ich. »In zwei Minuten fertig sein, verstanden.« Es muss um zwei Uhr nachts gewesen sein. Diese Behörde schläft nie, vor allem nicht bei Neuzugängen. Gibt doch die Nacht ein überaus günstiges Medium für Verhöre. Meine bangen Gedanken hängen in der Luft, so wie das neue Schuhwerk ohne Schnürung. Noch immer verharrt im Türrahmen voller Ungeduld die männliche Figur, klimpert mit dem Schlüsselbund und beobachtet mich neugierig. Fast reflektorisch getrieben zwänge ich mich in die nichtpassenden Klamotten und suche ein Ziel im Halbdunkel außerhalb der Zelle. Der Weg ist im äußerst schlecht beleuchteten Flur nicht sehr lang. Plötzlich schreit der hinter mir trabende Schlüsselträger: »Stehenbleiben, rechts um, Gesicht zur Wand!« Wenig später öffnet sich ein kleiner Raum, der einfach möbliert ist. Zwei in Zivil gekleidet Fremde warten dort auf mich. Der größere der beiden eröffnet ohne viel Schnörkel das Zwiegespräch. Es ist das erste Verhör bei der Stasi. »Sie sind Alfons Wilding, wohnhaft (...), geb. (....) etc.. Erklären Sie uns den Sachverhalt an der Staatsgrenze (...). »Ich rede über Vieles belanglos und emotionslos daher. Der parallel dazu laufende Diktiervorgang in die Schreibmaschine aktiviert den beisitzenden Zweiten. Das zu Papier Gebrachte ist nichts Neues. Ist doch das Szenarium nichts weiter als eine formale Anhörung. Und doch ist die Überraschung der ersten Vernehmung gelungen. Der Untersuchungsführer scheint eine pseudosymmetrische Kommunikationsebene ohne Konfrontation und ohne Hervorheben seiner momentanen Überlegenheit zu suchen. Er lässt es zu, dass ohne Unterbrechung geredet wird. Ich habe das Gefühl, der Vernehmer lenkt geschickt den Kommunikationsprozess, anscheinend ein kriminaltaktisch eingeübtes Spiel. Dafür gibt es ja Hochschulen, die die Vernehmungstaktik schulen. Die Zeit vergeht im Fluge. Wegen der nächtlichen Ausnahmesituation fühle ich mich nicht nur hundemüde, sondern auch psychisch zerschlagen. Die Taktik des Nachtverhörs hinterlässt Spuren. Mir ist klar, dass ich dem SSD-Apparat wehrlos ausgeliefert bin. Diese Justiz kennt keine bürgerlichen Rechte. Es ist komisch, bald empfinde ich meinen angsteinflößenden Frager wie einen staatlich bestellten Helfer. Durch die ruhige, fast sympathisch wirkende Art bekommt das Fragespiel eher eine menschliche Note. Der anscheinend korrekt wirkende Staatsangestellte hat nicht den Habitus eines Bösen, der distanzschaffende Hassgefühle keimen lässt. Der Prozess der mentalen Dekompensation, etwa durch illegale Drohungen oder erzwungene Aussagen, ist im Moment bei mir auch nicht notwendig. Die Sachlage ist doch klar. Ich bin todmüde und hänge gleichgültig auf dem Bürostuhl. Man merkt es und lässt mich wieder in die muffige, kalte Dunkelheit der Schlafstelle gehen. Mein Eindruck trügt nicht, die Seele ist leergepumpt. Ich spüre in einem Loch zu sitzen, in dem alles finster und gefühllos ist. Ich nehme kaum wahr, was beim Verhör eben ablief. Die dort geäußerten Worte erreichen mich kaum noch. »Wilding, Sie erhalten eine Kaffeepause. Wir sehen uns wieder.« Ich bekomme zwei gut belegte Brote und Kaffee. Alles schmeckt undefiniert und fad. Denn selbst die Geschmacksnerven scheinen sich schlafen gelegt zu haben. Und das Gehirn bewegt sich bei dieser außergewöhnlichen Situation nur noch als Computerzentrale, die eine Reihe von Programmen ausgeblendet hat. Aber komisch ist es doch, der Computer ist nicht abgestürzt. Nach etwa 30 Minuten Brotzeit folgt die Fortsetzung des Nachtverhörs an gleicher Stelle. Und am Morgen, gegen 07.30 Uhr, wird das in den letzten Stunden Geschilderte nochmals durchgekaut. Es geschieht nicht im Sinne der bekannten »Interaktionstechnik« mit suggestiver Beeinflussung der Sozialbeziehungen. Dem Betroffenen braucht man keine weiteren geheimdienstlich interessierenden Informationen entlocken. Der Vernehmer hat ja bereits den verständnisvollen Befrager gespielt und durch die gezielte Interviewtechnik alles Notwendige brühwarm zu Papier bringen können. **(7)** Damit ist der Vorgang einwandfrei juristisch erfasst.

Erst durch mein Studium der Vernehmungstechniken nach der Wendezeit begreife ich, dass auch diese Interaktionstechnik eine gezielte Methode des östlichen Systems war. Die im Nachtverhör angewandte Interviewtechnik untermauerte auf psychologischer Basis die recht schnelle, lückenlose und detaillierte Aufarbeitung. So besaß der SSD die Grundlage und konnte die hier erhaltenen Informationen für andere Behörden aus erster Hand abrufen. Ich meine, dass sowohl Quantität als auch Qualität der Informationen eine Form des kognitiven Interviews darstellten. **(8)**

Zuletzt gebe ich Seite für Seite den Namenszug in multipler Ausfertigung reflektorisch und ohne Widerrede. Das Niedergeschriebene interessiert nicht mehr. Im Morgengrauen kann ich die Zellenherberge endlich wieder in der nun schon bekannten Form in Begleitung eines Läufers erreichen. Stumm und niedergeschlagen hocke ich für Minuten in der Zellenecke. Ich spüre die Ungastlichkeit nicht mehr, der Körper hat sich auf seine Basisfunktionen minimiert. Schätzungsweise acht Uhr ist es, als unter Anwendung des Schloss-Schlüssel-Systems kräftig an der dicken Metalltür der Zelle gerüttelt wird. Der Vorgang sorgt für schnelle Entriegelung. »Fertig machen«. Wozu, wo bin ich?, meine verdutze Frage im Halbschlaf. Mir wird erst jetzt klar, was der unbekannte Schließer der Frühschicht will. Ich höre im Halbschlaf das Wort »Frühtoilette« und weiß zunächst nicht, was dieser Aufruf bedeutet. So hocke ich weiter in der Ecke und döse vor mich hin. Man lernt sehr schnell das Überleben im Knast. Es sind vier Grundsätze, wie Ruhe zu bewahren, Befohlenes auszuführen, keine eigene Meinung zu haben und vor allem nicht aufzufallen. Es lohnt sich nicht, den Helden zu spielen. Meine innere Widerrede und mein momentan unartikuliertes Gebrumme würde auch kein anderer hören. Das Dasein in dieser Einöde formt den Menschen zu einem Einsiedler, zu einem Menschen in der Gosse. Die Zelle hat nur mich allein, in der ich auch nur allein kommunizieren kann. So geht mein Blick wieder in Richtung der permanent tropfenden Wasserstelle. Das Tageslicht durch die Glasbausteine ist noch zu schwach. Ich taste mich zu der vorsintflutlichen Waschgelegenheit vor, um etwas Wasser über Kopf und Brust zu kippen. Kernseife, Zahnbürste und »Chlorodont« als Zahnpasta regeln den Vorgang einer dürftigen Morgentoilette. Mit kräftigem Ruck kann der verrostete wasserführende Hahn betätigt werden. Eiskalt ist der Springbrunnen. Hat was für sich, sage ich mir. In Extremlagen wie dieser muss man ganz bewusst eine positive Denkweise üben. Das kalte Nass härtet den Körper, und kaltes Wasser macht müde Knochen schneller munter. Unwillkürlich bringt diese Assoziation die Gedanken zurück zur Studienzeit. Da gab es im klinischen Teil des Studiums nach dem zehnten Semester einen gewaltigen »Prüfungshammer«. Mehr als ein Dutzend klinische Fächer mussten im Abstand von zwei bis vier Tagen absolviert und bestanden werden. Nach abgelegter Gerichtsmedizin folgt drei Tage später das nächste Fach, diesmal ist das Prüfungsthema die Neurologie. Das Lernen in den Nachtstunden war nie mein Ding. Intensives Pauken fand am frühen Morgen ab vier Uhr statt. Um wach zu werden, stellte ich mir eine Emaille-Schüssel hin. Meine entblößten Füße vertrugen den deftigen Schock des kalten Wassers besonders gut. So ähnlich ist jetzt die Situation am Emaillebecken der Zelle. Ein außerhalb des Verlieses stetig lauter werdendes donnerndes Gepolter irritiert mich. Das fremde Getöse vermischt sich mit einer Mixtur von Männerstimmen und ist schnell enträtselt, als die Zellentür gekonnt zackig entriegelt wird. Der vehement knurrende Grüne gibt einem im Flur hantierenden Häftling Befehle. Im Hintergrund steht ein fahrbares Gerät mit unförmigen Bottichen. »Kübeln«, die knappe Rede des Uniformierten, lässt den als Kalfaktor fungierenden Gefangenen aktiv werden. Er zieht mit Gepolter die unbenutzte Toilettentonne auf den Flur. Der Funktionshäftling versucht den Latrineneimer zu entleeren und anschließend mit Chlorkalk zu desinfizieren. Nur, in meiner Blech-Kloake ist kein »methanhaltiges Geschäft« vorhanden. Anfangs bin ich froh, den stinkenden Gegenstand los zu sein. Nach wortlosem Zwischenspiel fällt mit Wucht die Eingangstür wieder zu. Ich stehe verdutzt da und bin sprachlos, weil die morgendliche Notdurft vergessen, einfach verschlafen wurde. Die gerade durchgemachte nächtliche Vernehmung lässt kein agiles und adäquates Reaktionsverhalten zu. Und die entwendete Toilettentonne ist kein einladender Gegenstand. Aus Unkenntnis seiner Funktion habe ich ihn auch nicht angerührt. Der Gegenstand aus unansehnlichem Blech sieht eher wie ein klobiger Mülleimer aus. Selbst bei der Notdurft scheint man den Sitzenden die wenig erbauliche Knastatmosphäre spüren lassen zu wollen. Da lobe ich mir die Toiletten-Stühle der kranken alten Menschen, die den Vorgang des Thronens als Erleichterung erleben dürfen. Ich sage mir, es hilft nichts, jetzt muss durchgehalten werden. Es dauert nicht lange, da fliegt erneut die Tür wieder auf, jetzt mit Kalfaktor und Latrinenkübel, der einen Deckel trägt. Chlorkalk-Gestank macht sich in der Zelle breit. Die gewollte Desinfektion zeigt Wirkung.

Aus dem Hintergrund ertönt eine barsche Stimme: »Hören Sie aufmerksam her, die Latrine ist zu bedienen! Wenn der Posten früh kommt, hat die Tonne mit Deckel am Türeingang zu stehen! Sie stehen dann mit Gesicht zur Wand und warten auf Anordnungen«. Wieder habe ich etwas dazu gelernt. Im Nachhinein lese ich in der Literatur, dass das »Kübeln« auch in der Strafvollzugsanstalt Halle erst Anfang der siebziger Jahre abgeschafft wurde. **(9)** Kurze Zeit später rollt ein weiteres high-light auf mich zu, als ich wieder Klänge unbekannter Natur vernehme. Diesmal bildet die Geräuschkulisse eine Art moderner Musik, etwa so: Klick-plumps-platsch-klick usw. Es ist ein schallender kalter Klang. Klar verständliche Sprachfetzen fehlen. Schön wäre es, wenn verständliche Worthülsen als Hintergrundrauschen menschlicher Nähe an mein Ohr dringen würden. Es kommt anders. Mit Schwung öffnet sich die in der Zellentür eingelassene fast quadratische Türklappe. Sie wird zum Tisch, als die Türklappe mit dem eigentümlichen Klicken zum Flur hin sich arretiert. Ich verfolge das Treiben regungslos aus der Position des Beobachters. Unwirsch schaut ein finsteres Gesicht durch die Öffnung der Türklappe herein und sagt: »Nimm das ab, los nun!« Ich springe auf und tapse stolpernd zur Luke, um das Angebotene entgegen zu nehmen. Es ist ein Klecks roter Marmelade, daneben ein kleiner Würfel margarineähnlicher Masse und zwei mittelgroße Graubrotscheiben. Zusätzlich wird ein Plastikteller auf das Luken-Brett geschmettert, dazu ein grober Plastikbecher mit wässrigem Inhalt und ein Plastikmesser. Der Margarinewürfel scheint das billige Fett der »Marina« zu sein, eine Schmiere mit widerlich ranzigem Geschmack. Ich vertilge das Angebotene, denn der mittlerweile leere Magen treibt es herein. Und der nach Frühlingswiese dampfende Tee verdünnt die abartige Kost. Das Kauen des klebrigen Brotes und Schlürfen des Kräutertees hört sich wie bei den alten Germanen an. Im Zustand des Hungers bringt die Stille der Zelle die menschlichen Essens- und Trinkgeräusche zur vollen Blüte. Heute ist das Frühstück anders als zu Hause. Die frühmorgendliche Hektik, um rechtzeitig mit dem Bus zum Krankenhaus nach Dölau zu kommen, fehlt. Doch irgendetwas fehlt gänzlich, es ist die morgendliche Klassikmusik. Stattdessen vernehme ich aus den Nachbarzellen eine Geräuschmixtur von undefinierten Sprachfetzen, holprigem Hockerrücken und wildem Wassergeplätscher. Alles Zeichen von menschlicher Nähe, die sich zu einem eigentümlichen Rauschen verstärken, wenn sich Stimmen von Stöhnen, Gähnen oder Lachen dazu gesellen. Katze und Hund stehen bei dieser »Horch- und Guck-Philosophie« gleichsam Pate. Denn die Welt des Gefängnisses verlangt bei dem neuen Verhaltensmuster eine angemessene Adaptation. So hallen mit Tagesanbruch immer öfters menschliche Stimmen ungebremst an mein Ohr. Und Menschen huschen an der Zelle vorbei. Das alles ist mit den eigenen Sinnen neu zu ordnenund sinnvoll zu übersetzen. Die Zeit steht nicht still. Und da die Müdigkeit von gestern noch groß ist, hängen die lahmen Gebeine auf der harten Sitzgelegenheit herum. Gestützt auf die Arme, baumelt der Kopf nach unten und die Augen sehen auf den nicht einladenden, grauschmutzigen Boden, ohne dass sie einen Fixpunkt finden. So döse ich ziellos dahin. Langsam scheint Licht durch die als Fensterersatz fungierenden zweireihigen Glasbausteine. Störend ist es, dass zu wenig Luft von außen in den stickigen Raum dringt. So bleibt es bei dem Dunstgemisch eines Hundekäfigs. Die Kübelluft bestimmt das Klima im Raum wie in einer chemiegetränkten und methanangefülltenKloake.

Im Laufe des Tages stellt sich zusehends Leben ein. Türen knarren und klappen rechts und links von der eigenen Zelle. Es herrscht ein Treiben, ohne zu wissen welcher Art. Das schwungvolle Öffnen meiner Behausung am frühen Nachmittag verbindet der Wärter mit dem volltonigen und schrillen Befehl: »Mitkommen«. In einem nicht nachvollziehbaren Wirrwarr des Bunkersystems geht es nach unten. Die ausgetretenen Herrenschuhe klappern so auffällig, wie früher bei den Frauenwalder Wassermühlen, die von kreativen Urlaubern im sprudelnden klaren Bachwasser am Rennsteig gebaut wurden. Es ist eine schöne Erinnerung an die fünfziger Jahre, als die Eltern mit uns in den Sommerferien im Thüringer Ort Masserberg Urlaub verbrachten. Im Parterre des Gebäudes mühevoll angekommen, wird der Uniformierte aktiv. Im typischen Hochsächsisch kommt der Befehl: »Stehen bleiben und Gesicht zur Wand. Arschbacken breit ziehen.« Tief erschrocken erfolgt mein Blick unwillkürlich zur nichtssagenden grauen Wand. Und da, ungeübt wie man als Neuer nun ist, die Beine nicht genügend breit auseinander gehalten werden, hilft der Schließer mit einem Beinschlag wütend nach. Es tut recht weh. Ich stehe still und breitbeinig da. Eine Szene aus der Schule kommt mir in den Kopf. Die momentane Situation lässt Vergleiche aus der Grundschule zu. Als Erstklässler stand man immer dann in der Ecke des Unterrichtsraumes, wenn man als böser Schüler eingestuft wurde. Die Braven beobachteten solche Szenen voller Freude. Jetzt hole ich ungewollt dieses Spiel nach. Nach wenigen Minuten des angespannten breitbeinigen Stillstehens kommt die barsche Aufforderung: »Mitkommen!« Und im Nachsatz folgt: »Kein Wort zu den anderen.« Im Innenhof der U-Haft erblicke ich von der Ferne meine Angehörigen A. und B.. Objekt des Bestaunens ist erneut das Fluchtauto, wieder mit dem geöffneten Kofferraum. A. muss das gestrige Versteck auf Anordnung nochmals besteigen, was ihr sichtlich schwer fällt. Die Szene wird mit dem Fotoapparat zum x-ten Male festgehalten. Als B. sich in unmittelbarer Nähe zu mir stellt, frage ich leise: »Wie geht's?« »Gut.« »Und dir?« A. schaut verbissen und grimmig drein. Vielleicht hat sie wieder eine Migräneattacke. Die Ein- und Aussteige-Prozedur am Auto vollzieht sich bei allen Beteiligten ohne weitere Probleme. Wir Drei müssen offensichtlich Fotomaterial für die Akten liefern, vielleicht auch für die ständig tagenden Gremien des innerdeutschen Transitverkehrs. Erst jetzt erkenne ich bei der medienkonformen Auto-Show im Innenhof das heruntergekommene, vierstöckige Gefängnisgebäude mit den gelbroten Backsteinen aus dem 19. Jahrhundert. **(10)**

Nach 1990 finde ich in einem Flyer die Bestätigung. Das Gefäng-

nis existiert bereits seit 1874. Ich nenne nur die Eckpunkte seiner traurigen Vergangenheit, die dort wiedergegeben werden: Seit 1933 viele Gewerkschaftler und Sozialdemokraten eingekerkert. Kommunisten mit langen Zuchthausstrafen versehen und von Gestapo ermordet. 1946 der Eisenberger Kreis zum Tode verurteilt. Und in den siebziger Jahren des 20. Jahrhunderts, unserer Haftzeit, wird das hiesige Gefängnisleben mit den Worten umschrieben: Durch unmenschliche Maßnahmen werden die U-Häftlinge, denen das Liegen am Tage verboten ist, völlig zermürbt, so dass bei den stundenlangen Verhören so mancher jedes Protokoll unterschreibt, weil man sich dauernd müde und krank fühlt. Traurige Bekanntschaft erlangt die Haftanstalt durch den Tod des Jenaer Oppositionellen Matthias Domaschk, der hier am 12. April 1981 nach stundenlangen Vernehmungen unter bis heute ungeklärten Umständen zu Tode kam. **(10)**
Am Nachmittag des gleichen Tages, gegen 15.00 Uhr, schließt sich ein sogenannter Häftlingsprüfungstermin im Geraer U-Haft-Gebäude an. Laut Artikel 100 Absatz 1 der DDR-Verfassung muss der Gefangene dem Haftrichter vorgeführt werden. Trotz der zermürbenden vergangen Nacht bin ich körperlich recht gut beieinander. Die psychische Verfassung ist stabiler, als ich selbst glaube. In einem Raum warten zwei Herren auf mich. Der eine sitzt am Tisch vor einer Schreibmaschine. Der zweite scheint als Haftrichter die Gründe der Verhaftung bekannt geben zu wollen. Keiner der beiden stellt sich vor. Der MfS-Offizier MOL. (Name bekannt) ist Chef der Geraer Stasi-Behörde, der die schon abgefasste Anordnung der Untersuchungshaft vorträgt. Mit forscher und gehobener Stimme nennt er meine persönlichen Daten. Und unter Angabe von unbekannten Paragraphen folgt eine blumige Zahlenhäufung, gefolgt von einer emotionslos gehaltenen Schilderung des sogenannten Tatherganges. »Der Wilding Alfons (...) ist in Untersuchungshaft zu nehmen. Er wird beschuldigt, (...) Vergehen/Verbrechen gemäß §§ (...) etc. (...). Die Anordnung der Untersuchungshaft ist gemäß § 122 (1) Ziffer 1 und 2 StPO gesetzlich begründet, weil ein Verbrechen

den Gegenstand des Verfahrens bildet und Fluchtverdacht gegeben ist.« Der emotionslos dasitzende Direktor hat die aus seiner Sicht Schwere des Falles hinreichend staatsanwaltschaftlich dokumentiert. Er rezitiert mit einem theatralischen Gehabe die kriminelle Tat. Jetzt wird auch der anwesende Schriftführer MK. (Name bekannt) aktiv. Der Kreisgerichtsdirektor fordert ihn auf, das Gesprochene auf dem eingespannten Formular festzuhalten. Lebhaft und dienstbeflissen bewegt er sein Schreibobjekt. Zur Verkündung des Haftbefehles (Aktenzeichen 79/74 – Kreisgericht Gera) in der Strafsache wegen §§ 100 und 213 StGB führt der Kreisgerichtsdirektor Weiteres aus. Am Ende sagt er: »Sie haben die Möglichkeit der Beschwerde.« Von mir kommt keine Reaktion; sie würde nichts bringen. Wegen des tief sitzenden Gefühls der Hilflosigkeit ist Schweigen noch wertvoller als Gold. Kürzlich las ich darüber in philosophischen Studien des frühen deutschen Vordenkers Fr. W. J. Schelling. Er postuliert als vehementer Gegner Schopenhauers die notwendige pragmatische Handlungsform, indem er verlangt: »Lasst alle Hoffnung fahren, die ihr eingeht. Wer wahrhaft philosophieren will, der muss alle Hoffnung, alles Verlangen, alle Sehnsucht los sein; er muss nichts wollen, nichts wissen, sich ganz bloß und arm fühlen, alles dahingeben, um alles zu gewinnen. Schwer ist dieser Schritt, gleichsam noch vom letzten Ufer zu scheiden.« **(11)** Ich halte sie für weise Worte. In ihnen spiegeln sich auch christliche Tugenden wieder, die helfen können, empfundenes Unrecht leichter zu ertragen. Der berühmte Sozialphilosoph Schelling, Sohn eines evangelischen Pfarrers, suchte letztlich in den Erlanger Vorlesungen eine philosophische Verbindung von Freiheit und Absolutem.

Zum Zeitpunkt der Verkündung des Haftbefehles kenne ich die verbrieften Rechte der Strafprozessordnung nicht. In der Staatsjustiz von 1974 werden die Rechte auf Verteidigung mit Füßen getreten, denn sie sind für den Justizapparat nur Makulatur. Was meine ich damit? Eine Festnahme war auch ohne Haftbefehl jederzeit möglich. Die Voraussetzungen für die Anordnung

der Untersuchungshaft bestanden dann, wenn dringender Tatverdacht, Fluchtverdacht oder Verdunkelungsgefahr vorlag. Das konnte man jederzeit so formulieren. Und mit Verkündung eines Haftbefehles durch den Richter begann laut StPO der DDR-Gesetze die Untersuchungshaft, wie überall in der Welt. **(12)** Mielke war dieser hier gezeigte »offizielle justiziable« Weg natürlich egal, denn seine Behörde zog jedes politisch motivierte Verfahren an sich. Bei einer zentralen Dienstkonferenz sagt er völlig unverblümt: »Liegen aber von Anfang an Hinweise auf eine mögliche Feindtätigkeit vor, so müssen die zuständigen Diensteinheiten unseres Ministeriums natürlich von vornherein ihrer Verantwortung gerecht werden. Es kann keine Übergabe an andere Schutz- und Sicherheitsorgane geben, wenn der Sachverhalt zu unserem Zuständigkeitsbereich gehört. Um es noch einmal deutlich zu sagen: Feinde bearbeiten wir!« **(13)**
Mit gewissem Widerwillen unterzeichne ich den Haftbefehl. Die kategorische Aufforderung zum »Abrücken!« beendet die traurige Runde. Die meiner Meinung nach unbewohnbare U-Haft-Zelle von Gera hat mich als frisch gebackenen Straftäter schnell wieder.

D 3 Der Rücktransport

Am Morgen des 20. Dezember 1974, nachdem erneut das kalte Wasser des eisernen Kaiserbrunnens mich wach gerüttelt hat, lässt die Aufforderung zum Verlassen der Zelle den Pulshöher schlagen: »Sachen packen, Verlegung!« Das ist eine typische Redewendung, die nichts darüber aussagt, wohin es geht. Mit den wenigen Habseligkeiten, die in die befleckte Decke passen, marschiere ich auf kürzestem Wege zum engen Innenhof der Haftanstalt. Ein für den DDR-Knast präparierter kleiner IFA-Transporter wartet bereits dort. Man pfercht mich in eine winzige Zelle, bestückt mit Handschellen, ohne Licht und ohne Belüftung. Der enge Käfig ist dunkel und überaus stickig. Die Sitzgelegenheit ist notdürftig, sodass ich nur mit Mühe Platz finde. Und die Wandtrennung, offensichtlich zu einer Nachbarkabine, besteht nur aus einer dürftigen Presspappe. Ein Betroffener beschreibt später das Innenleben in dem gleichen Pkw-Typ »Barkas« so: »Darin die fensterlosen Dunkelkabinen aus Holz, Sarggröße zum Sitzen. Der Fahrer erzählt, dass eine korpulente Frau einmal nicht hereingepasst hatte.« (**1**) Ein anderer Stasi-Häftling umschreibt dieses Transportmittel mit den Worten: »Im fensterlosen Heckteil des zum Gefangenentransportfahrzeuges umgerüsteten, etwa einem VW-Bus entsprechenden Kleinbusses befanden sich fünf abgeteilte Zellen mit jeweils 60 × 50 cm an Grundfläche. So passt gerade ein Notsitz in ein derartiges Abteil. Mit der Acht gefesselt, musste ich mich in eine derartige Zelle zwängen. Ich war darin so eingeengt, dass ich mit Armen, Knien und Rücken die grau gestrichenen Wände berührte. Auch zwischen Kopf und der Decke meines Kabuffs befand sich nur noch ein handbreiter Zwischenraum.« (**2**) Schnell wird mir klar, dass ich nicht allein in dem Transportwagen bin. Im vorderen Bereich höre ich wiederholt eine hüstelnde Stimme. Durch das Hin- und Herrücken selbst in Ruheposition wackelt der kleine Kasten vehement. Die Unruhe im Fahrzeug erhöht sich, als im Führerstand des Vehikels Personal zusteigt. Mit dem Geheule des Zweitaktmotors rattert die Fuhre los. Durch das stimmige Hüsteln aus dem anderen Teil des Autos stelle ich eine leise Frage in den Raum: »Wer ist da?« Und B. antwortet: »Ja, ich bin's.« Es ist mein Mitflüchtling. Ich atme auf. »Wo fahren wir hin?« »Wahrscheinlich nach Halle.« Voller Neugier frage ich weiter: »Wo ist A.?« »Weiß ich nicht.« »Und wo ist die kleine C.?« »Im Heim.« Mich überkommt heftige Wut: »Schlimm, was diese Bande mit uns macht!« Durch das recht laute Motorgeheul ist eine weitere vernünftige Flüsterunterhaltung nicht möglich, zumal ein Wärter aus der vorderen Autohälfte das Gespräch mithören kann und ärgerlich brüllt: »Sprechen ist strengstens verboten!« Obwohl ich mich darüber nur mit einem seufzenden Laut mokiere, kommt sofort der sächsische Marschbefehl: »Ruhe beim Transport, sprechen ist nicht erlaubt!« Das System strengster Isolation gehört anscheinend zu den wichtigsten Maßnahmen im Stasi-Knast. Nun holpert der PS-arme Wagen mit einem gewissen musikalischen 2/4-Takt über eine Straße, die an eine DDR-Autobahn erinnert. Vor zwei Tagen, auf der Fahrt im Kofferraum Richtung Grenze, klang die Transport-Musik ähnlich. Unangenehm empfinde ich die ruck- und stoßartigen Bewegungen, vor allem dann, wenn Schlaglöcher nicht umfahren werden. Ich stoße wiederholt schmerzhaft gegen die Wände und Decke der kleinen Kabine. Ein Mithäftling bestätigt die Enge mit den Worten: »In diesem Blechkäfig habe ich nicht mehr Platz als im Kofferraum. Ich kann mich kaum bewegen. Jedes Mal, wenn der Fahrer zu heftig bremst, stoße ich mit dem Kopf an die Blechwand.« **(3)** Da hilft nur geduldig bleiben und aufmerksam zu warten. Etwa zwei Stunden später beginnt eine äußerst holprige Fahrt über Kopfsteinpflaster; offensichtlich befinden wir uns in einer Stadt. Begleitet vom Lärm der quietschenden und ratternden Tatra-Straßenbahn durchfährt die kleine »Minna« den Ort. Das könnte die Linie 1 vom Gertrauden-Friedhof sein, die Richtung Steintor fährt, so mein spontaner Gedanke. Ich muss mich notgedrungen an der Wand des klapperigen Kastens immer dann abstützen, wenn die Räder des Vehikels von Loch zu Loch springen. Da ist ein geordnetes Sitzen auf dem schmalen Holzbrett eine Kunst. Man versucht nicht abzurutschen und den Boden zu küssen. Denn ein Hochrichten geht wegen der fehlenden Raumbreite nur schwerlich. So wird selbst solch ein Transport zum Martyrium. Ein Mitbetroffener, der die Fahrt wie ich erlebte, hat noch eine andere Sichtweise, als er seine Odyssee beschreibt: »Mit so einem Fahrzeug (Zellen-Barkas) werde ich holpernd und polternd zwei-Takt knatternd von der Grenze, über Städte, holperige Landstraßen an Menschen vorbei, die ahnungslos und nichtwissend diesem knatternden Ungetüm nachschauten, ohne nachzudenken, was da vor sich ging, nach Dresden-Leipzig-Halle befördert. Ich glaube, kein Mensch in der DDR wusste, war für eine Fracht mit diesem Fahrzeug befördert wurde.« **(4)** Am Ende des unruhigen und gefährlichen Transportes folgt die Auflösung des bisher unbekannten Zieles. Ein Geruckel nach rechts, dann links, knarrende Torgeräusche, wenige Meter erneute Anfahrt, um letztlich nach erneuten Torgeräuschen abrupt zu enden. Anscheinend sind wir angekommen. Die Tür des Vehikels wird geöffnet, und der Blick nach draußen zeigt mir die bekannte Fassade »Am Kirchtor 20«, die jeder Hallenser kennt. Für die nächste Zeit wird dieser Ort das unfreiwillige Zuhause sein.

In Halle selbst hat der Staatssicherheitsdienst bereits mit Hilfe des staatlich kontrollierten Justizapparates Fakten geschaffen. Denn die Wohnung und der Arbeitsplatz wurden gefilzt. Nachbarn und Arbeitskollegen stellte man peinliche Fragen. Die Angehörigen sind in Schock versetzt worden. Sie sind voller Angst um uns. Die kleine Tochter von A. und B. wird meinen Eltern erst nach mehreren Tagen übergeben. Über die Familie ist ein fatales Inferno hereingebrochen. Und in vier Tagen ist Weihnachten.

Was weiß ich heute mehr als damals vom »Roten Ochsen«? Vermutlich erhielt der Knast vom Volksmund den markanten Namen wegen seiner Lage vor den Toren Halles. In grauer Vorzeit bestand hier eine Station zum Ochsenumspannen mit Gastwirtschaft. Andere Hallenser behaupten, der Name sei wegen seiner äußeren Gestaltung mit rotem Porphyr gewählt worden. **(5)** Erbaut wurde die monströse »Königlich-Preußische Straf- und Besserungsanstalt« 1842. Man meinte ihm damals das Prädikat eines vorzeigbaren Reformgefängnisses geben zu können. Die erste Bewährungsprobe durchlebte das Zuchthaus mit der Inhaftierung »politisch motivierter Verbrecher« nach der bürgerlichen Revolution von 1848. **(6)** Wiederholt gab es Todesfälle durch sogenannte »Schwind- und Wassersucht«, Lungenerkrankungen und Suizide. Und mit der späteren Umfunktionierung zu einer Anstalt als »nationalsozialistisches Zuchthaus« begann im Jahre 1933 eine grausame Phase. Zu dieser Zeit inhaftierte man dort die angeblich nicht in die »Volksgemeinschaft« passenden Bürger wie Sozialdemokraten, Liberale, Kommunisten und Andersdenkende aus »rassischen« oder religiösen Gründen. Und nicht wenige davon wurden als sogenannte »Politische« hingerichtet, entweder mit Hilfe der Guillotine oder durch Erhängen mit Strang. **(7)** Kurz vor Kriegsende brachten die Nazis etwa 3000 Kriegsgefangene auf einem Schießstand inder Umgebung der Dölauer Heide um. **(8)** Nach 1945 übernahm das »SMT« (Gerichtsort für Militärisches Tribunal der Russen) das Zuchthaus. Jetzt sperrte man die nach ihrer Meinung Falschdenkenden ein, nicht nur NS-Funktionäre sondern auch zahlreiche Militärangehörige und vor allem politische Gegner der Sowjetischen Besatzungszone. Die Militärjustiz verhängte in über 100 Fällen Todesurteile. Im Jahre 1950 begannen hier wieder Deutsche aktiv zu werden. Die Stasi inhaftierte nun Menschen nach ihrer Fasson. Die MfS-Abteilung XIV platzierte im Haus A vor allem solche Bürger, die sich in das neue System nicht einfügen wollten. Die Häuser B, C und D unterstanden dem Innenministerium, in dem die DDR-Justiz neben Kriminellen vor allem sogenannte »Asoziale« (angeblich »arbeitsscheue Elemente«) internierte. Es war ein reines Frauengefängnis. Mittlerweile hatte man die einstige Hinrichtungsstelle zur Waschküche umgestaltet. **(9)** Von 1950 bis 1989 wurden insgesamt 9.700 Menschen in der UHA des MfS eingelocht und gequält. In einem gesonderten Bereich des Vernehmer-Hauses beherbergte das MfS eine Abteilung für die Autobahnüberwachung, unter anderem für die A 9 mit der Raststätte Köckern. Und eine weitere Einheit arbeitete im Gelände als Auswertungsstelle für westliche Fernsehsendungen. **(10)** In den 39 Jahren der Stasi-Tätigkeit wurden mehr als 200 laufende Meter Akten-Material gesammelt. **(11)** Es gab in der U-Haft zuletzt 72 Zellen für 181 Untersuchungsgefangene und 20 Strafgefangene. **(12)** Beim Bau der Gedenkstätte nach der politischen Wende fand man 70 cm unter der Erdoberfläche

mehr als ein Dutzend jugendliche Gebeine, deren Umstände noch nicht geklärt sind. **(13)**
Die Gedenkstätte hat heute die Aufgabe, vor allem der jungen Generation zu zeigen, wozu deutsche Menschen unter Führung machtbesessener und antidemokratisch agierender Regierungen fähig waren. Mit Kaltblütigkeit verstanden es nach der Wende ehemalige Stasi-Offiziere zu klagen. Sie verlangten die Hinweistafel mit ihren Namen in der Gedenkstätte zu entfernen. Ihre Argumentation kannte keinerlei Unrechtsbewusstsein, denn sie behaupteten, man sei nicht länger gewillt, sich diskriminieren und kriminalisieren zu lassen. Ihre Haltung wurde auch in einem Manifest der LINKS-Partei unterstützt. **(14)** Solche Denk- und Handlungsweisen belegen, dass eine korrekte Aufarbeitung der vergangenen Zeit noch längst nicht gelungen ist. Manche wollen es sicherlich auch nicht.

Als am 20. Dezember 1974 MERKUR 1, 2 und 3 das Haft-Gelände betreten müssen, beginnt ihre menschenverachtende Tortur. Wieder steht die Zuchthaus-Tradition mit jahrzehntelang geübter Perfektion und deutscher Gründlichkeit Pate.

Kapitel E

Flair der Einzelzelle

Mich interessiert am meisten die Daseinslage der Menschen in den Gefängnissen. Nirgendwo anders lässt sich der Grad der gesellschaftlichen Entwicklung eindeutiger fassen.
Rudi Dutschke
Ikone der 68er Studentenbewegung

E 1 Die Hausordnung in der U-Haft

Mit strenger protokollarischer Kälte erfolgt die routinemäßig ablaufende Aufnahme in der berüchtigten Haftanstalt. Die Umwelt, die mich im Wartebereich der anrüchig-abstoßend, altertümlich-ehrwürdigen und unheimlich anmutenden Haftanstalt umgibt, hat ihre eigene Würze. »Mitkommen«, heißt es. Dieses so kurze, prägnante und schroff gesprochene Wort holt den Wartenden aus allen möglichen Gedankenspielereien. Verstoßen und ausgeliefert fühlt man sich. Es ist der Beginn der Untersuchungshaft, die meine Heimatstadt Halle mir beschert. Im Vorbeimarsch an den sogenannten Effekten werde ich als Neuzugang mit billigen sanitären Utensilien, Bettwäsche und Decken versorgt. Der Weg durch das mit zahllosen uniformen Türen versehene graue Gebäude endet unweit eines schlecht beleuchteten Aufganges in einem oberen Stockwerk. Im Eiltempo setzt der bewusst hinter mir schreitende Uniformierte seinen Auftrag um, der nichts weiter als den »Einschluss des Zuganges« zu vollziehen hat. Schnell hat mich der Verwahrraum problemlos gefangen. Die neue Behausung trägt ein schmutzig-graues äußeres Kleid mit einem feucht und kalt empfundenen Innenleben. Meine assoziierenden Gedanken finden unwillkürliche historische Parallelen. Vor Jahren besuchte ich im Rahmen eines Urlaubes den zaristischen Kerker im Zentrum von Leningrad (Petersburg). Die dort besichtigten Zellen besaßen eine frappierende Ähnlichkeit. Da scheint sich seit siebzig Jahren nichts Entscheidendes verändert zu haben. Erst jetzt, in der Einsamkeit des maximal zehn Quadratmeter messenden Verlieses wird mir Vieles noch bewusster. Im Vollzug des SSD wird der Vorgang mit dem Wort »Sicherheitsverwahrung« schöngeredet. In Wirklichkeit schafft er nichts weiter als die Umsetzung einer Abgeschiedenheit, in der Einflüsse von der Welt vor den Gefängnismauern keinen Zutritt mehr finden. War die Welt draußen wirklich so gut und so sauber, dass sie nun von mir fern zu halten wäre? Oder soll die Welt da draußen fern gehalten werden von dem Zustrom von Bildern und Erlebnissen, die ich nun hier erlebe? Die Antwort bleibt im Raum stehen. Gedanken stürmen auf mich ein, die die aufgezwungene Ruhe schmackhaft machen könnten. Hier kann man wahrhaftig wie ein König frei seiner Sinne herrschen. Man ist hier frei von Erwartungen, Ansprüchen und Wünschen jeder Art. Als Arzt sage ich es medizinisch; hier kann man frei atmen. Mein Chefarzt aus Halle, ein psychotherapeutisch versierter Kollege, sagte einmal sinngemäß: Erst die Stille schafft Spannung und Phantasie, in der auf persönliche und allgemeine Lebensfragen Antworten gefunden werden. So gelingt es mit Leichtigkeit unnötigen und blockierenden Ballast des Lebens abzuschütteln. In der Ruhe und Gelassenheit kann man sich selbst im Spiegel betrachten. Wie wahr. Im Medium der Stille hört der empfindsame Betrachter gleichsam das Wachsen der Erntefrucht auf dem Kornfeld. Da werden Dinge wahr, die zuvor weder richtig gesehen, noch gespürt wurden. Überspitzt formuliert heißt es, dass der Häftling in der neuen Behausung dann angekommen ist, wenn er die Situation angenommen hat. Der Knast ist als Faktum zu akzeptieren. Und genau das ist erst einmal zu begreifen, um ungeschoren aus diesem

Verlies wieder herauskommen zu können. Ich habe nach wenigen Stunden des Verschlusses die Stille assimiliert. Sicherlich trägt dazu bei, dass durch den Trubel der letzten drei Tage bei mir der niedrige Blutdruck infolge einer leichten Kreislaufschwäche eine gewisse euphorisierende Wirkung entfaltet. Die für Minuten angestaute gedankliche und doch auch mit Zweifel versehene Leere bringt es nicht fertig, die eigenen Sinne ernsthaft zu quälen. Voller Trotz rufe ich in die Einöde des Raumes: Jetzt erst recht. Ich schaffe es. Ich werde eines Tages frei sein. Ich verstehe meine trotzigen Parolen auch als Ausdruck der Solidarität mit den gleichgesinnten Mitstreitern, die in der Sprache der Justiz als Mittäter, welch abartige Umschreibung, geführt werden.
Als naturwissenschaftlich denkender Mensch treibe ich sehr schnell und intensiv Analysen im Verborgenen der Zelle. Ich stelle fest, die erzeugten melodischen Qualitäts- und Quantitäts-Merkmale in dieser fremden Welt setzen automatisch neue Prioritäten. Durch fehlende Übung im bisherigen Leben sind meine Sinne deutlich unterentwickelt. Die Schulung der Sinnesorgane bekommt jetzt eine grundlegende und lebenswichtige Bedeutung. Verlangt doch das permanente Weggeschlossen sein ein angemessenes Agieren und Reagieren, fast so wie aus der Sicht eines Tieres. Denn Hören, Sehen und Riechen schärfen sich nur durch ständige Übung. Das Erkennen der Welt hinter Gittern verlangt eine intensive und lebensnotwendige Adaption. Das sagt mir auch mein jahrzehntelang geschultes historisches Verständnis für Menschen in Not. Meine Situation unterscheidet sich nicht im Geringsten von der im tiefen Mittelalter, als Schuldige wie Unschuldige im Kerker zu überleben suchten.
Ich inspiziere das primitive Inventar. Rechts neben mir ragt in Brusthöhe ein Waschbecken aus der Wand. Links von mir hängt in Kopfhöhe ein etwa 50 × 50 cm großer Wandschrank aus billigem, braungefärbten Holz. Die Enge des Raumes scheint durchdacht zu sein. Der Kasten, der den Großteil der Zelle ausfüllt, wird in Zukunft die Funktion eines Bettes übernehmen. Automatisch saugt man sich die blauweißen Karos des Bettlakens ein

und fängt an zu sinnieren. Das Gehirn will es so. Das Muster des Lakens lässt es genüsslich zu, die Musterung des bayerischen Farbenspiels zu zählen. Dabei ist es verlockend, die Füße auf das Bett legen zu können. Ich tue es ohne zu zögern. Die lahmen Knochen bekommen so das Gefühl, wie in einer Studentenbude zu logieren. Natürlich weiß man von Muttern her, dass eine solche Position laut Knigge flegelhaft erscheinen mag. Doch ein gemütlich machen entspannt die missliche Lage und gibt den umherirrenden Gedanken eine bessere Ordnung. Unverhofft und ohne Vorwarnung werde ich aus den Träumen gerissen, als plötzlich Schlüsselrasseln eine grässliche Unruhe erzeugt. Ein junger Uniformierter, dessen Spähen ich überhaupt nicht bemerkt habe, wirft gekonnt die schwere Zellentür auf und schreit in die Leere: »52/1, Füße runter vom Bett. Und der Stuhl steht frei im Verwahrraum. Das Bett ist nicht ohne Genehmigung zu benutzen. Bei wiederholter Missachtung werden Maßnahmen ergriffen. Die Hausordnung ist zu befolgen.« Mühevoll und zitternd ziehe ich die Füße von der Ruhestätte und richte mit Unlust den Körper auf. Die Worte des Brüllers bringen den Körper so ins Beben, dass die bisher bewusst gesuchte und genossene Stille und Ruhe verflogen sind. Der inzwischen angewärmte Hocker ist in Sekundenschnelle von der kalten Zellenwand entrückt. Und genauso flott hat der erzürnte Wachmann die Zelle mit Schloss und Riegel verbarrikadiert. Das eben erlebte Szenario lässt keinen Zweifel zu, wie das »Sitzen« zu verstehen ist, nicht als Erholung, sondern als Strafe.
Mit bärtigem und ungewaschenem Gesicht stelle ich mir die Fragen in den Raum. Muss diese Form der Inhaftierung sein? Da hockt nun Dipl. med. A. Wilding als Untersuchungshäftling mit dem Gefühl von Ungehorsam und Züchtigung brav auf dem lehnlosen Hocker. Die Anrede mit »Herr« gibt es seit drei Tagen nicht mehr. Offensichtlich ist meine Person neu codiert. Und der bürgerliche Name ist anonymisiert bzw. ausgelöscht. Ist es ein bewusstes Kalkül, auf diese Weise den Verlust der persönlichen Identität zu unterstreichen und den Bürger zur rechtlosen Num-

mer zu degradieren? Der verhaftete und noch nicht abgeurteilte Bürger soll als normal denkender und handelnder Mensch ausgeschaltet werden. Denn die Argumentation der SED-Justiz hat eine sinnvolle staatsbürgerliche Begründung: Der Bürger namens Wilding hat sich außerhalb der Gesellschaft gestellt. Deshalb kann er auch ohne Urteil problemlos wie ein Krimineller behandelt und verwaltet werden. Zur gleichen Zeit ereilt das gleiche Schicksal etwa 5.000 Bürger im östlichen deutschen Vaterland.

Mein Dasein schafft mir Raum zum Grübeln, denn das eben erlebte Gerede des Wächters über die Pflichten laut Hausordnung habe ich schnell vergessen. In der letzten Zeit beschäftigte mich sehr oft die psychologische Wissenschaft. Da las ich kürzlich vom menschlichen »Prinzip des Verwandelns«. Ich versuche hier am Ort der Stille dieses psychologische Spiel neu zu deuten. Der bekannte Psychoanalytiker C. G. Jung sagt zu diesem Thema sinngemäß: Der größte Feind einer Verwandlung istein Leben mit Erfolg. Erfolgreich zu sein fördert das Gefühl, dass »alles gut sei« und somit eine Veränderung nicht mehr notwendig erscheint. Daraus resultiert naturgemäß eine sinnvolle Überlegung: Ohne Fähigkeit sich wandeln zu können, tritt emotionaler Stillstand ein, der den Menschen gedanklich lähmen und ausbrennen kann. Ich weiß, die Suche nach dem Schatz der Gefühle beginnt im Tal der Tränen. Voraussetzung dafür ist also, dass man die Fähigkeit zur aktiven Gestaltung des Lebens bewahrt. Die Gefühlswelt schafft Voraussetzungen für ein Handeln mit Mut, Zuversicht und Hoffnung. Nun begreife ich, dass die Wandlung zum Untersuchungshäftling voller Würde getragen werden muss. Ich habe die neue Rolle im Verwahrraum 52 positiv anzunehmen. Und ich tue es sofort.

Am späten Nachmittag wird nach mir verlangt. Der Schließer und Läufer in einer Person gibt den Befehl: »Zur Gesundheitsbesichtigung.« Ich muss schmunzeln, die Wortkombination ist mir neu. Ich weiß aber, worum es geht. Mit einer gewissen Neugier und auch Anspannung komme ich ohne Schnürung der zu gro-

ßen Schuhe und ohne zu stolpern in das Kellergeschoß. Ein Schild signalisiert: »Behandlungsraum – medizinischer Dienst«. Aha, dort hinein. Vielleicht kenne ich den Kollegen. Beim Betreten fällt sofort die Fülle unterschiedlichster Medizinartikel ins Auge, wobei der medizinische Behandlungsraum wie ein Universalraum aus der grauen Vorkriegszeit imponiert. Eine junge weibliche Person mit weißer Tracht empfängt mich mit den Worten: »Sie sind der Arzt Wilding Alfons, geboren 21.02.1944?« Gleichzeitig schaut sie in eine vergilbte Karteikarte und liest in der zuvor von mir erstellten Anamnese interessiert. »Als Kind hatten Sie eine Hilus-Lungentuberkulose?« »Nach Meinung meiner Mutter: ja. Die ist ausgeheilt.« Die nichtärztliche Person ist offensichtlich beruhigt. »Setzen Sie sich, 52/1.« Die Person in Weiß, die ihr Handeln ohne erkennbare Emotion und mit bewusster Distanzierung betreibt, will Blutdruck messen. Mit 100/70 mm Hg ist der etwas niedrig. Das interessiert sie nicht. Die Frau vom medizinischen Dienst ohne Namen fragt weiter: »Haben Sie Fieber?« »Nein.«, »Stuhlgang?« »Ja.« »Zähne sind in Ordnung« »Nein. Die müssen noch saniert werden.« Sie stockt auf meine unerwartete Erklärung und ist anscheinend irritiert. Ich erkläre die Sachlage: »Ein Inlay ist zur Zeit in Arbeit. Es muss in den nächsten Wochen eingesetzt werden. Ich trage ein Provisorium.« Mit dieser präzisen Antwort scheint sie medizinisch überfordert zu sein und gibt keine weitere Erklärung. Ein Eintrag auf der Karteikarte beendet die sogenannte Arzt-Vorführung. Nachdem die medizinische Kraft von mir als Untersuchungsobjekt abgelassen hat, fordert der die ganze Zeit mit anwesende Uniformierte zum Wegrücken auf. Komisch, denke ich, einen Arzt habe ich nicht gesehen.
Heute ist der 21.12.1974, ein Samstag und laut Kalender Winteranfang. Unfreundlich und recht kühl ist die Zelle seit Bezug. Das Aufstehen um 06.00 Uhr fällt schwer, da ich das frühe Wecken ohne Sinn empfinde. Und doch ist für die nächsten Stunden der weitere Ablauf fest vorprogrammiert. Waschen und Zähneputzen mit kaltem Leitungswasser, Notdurft auf der primitiven

Toilettenanlage, Anziehen der klammen Woll- und dicken Filzsachen, Richten des Bettes mit notwendiger Akkuratesse, Essensempfang durch die etablierte Futterluke. Und wieder langes Sitzen auf dem wandabgerückten unbequemen Holzschemel. Das vorgeschriebene und akkurat eingesetzte Procedere ist beim Neuzugang nun eingeübt. Das Zellenleben wird schnell zur Normalität. Es unterliegt einer mir bisher unbekannten Ordnung. Eine sogenannte »Hausordnung« wurde hereingereicht, ein fast feierlicher Vorgang, zumindestens muss ich es so empfinden, nachdem dem Wärter anscheinend das Papier sehr wichtig erschien. Mit einer eher unangenehm wirkenden Drohgebärde unterstreicht er die Bedeutung der Schrift, als er mit Pathos sagt: »Lesen Sie die Hausordnung genau durch. Bei Zuwiderhandlung können Disziplinarmaßnahmen ergriffen werden. In einer Stunde erfolgt Rückgabe des Textes.« Ich beginne das Pamphlet zu studieren und verstehe anfänglich den Tenor des Inhaltes nicht. Da steht etwas von Pflichten, Verhaltensmaßnahmen und Handlungen, die mir bisher noch völlig unbekannt sind. Anscheinend soll meine allgemeine Orientierungslosigkeit im Knast geordnet werden. Erst nach der Wende kann ich aus dem Nachlass der Außenstelle Halle des MfS, Abteilung XIV, eine deutlich mildere als die mir 1974 vorgelegte Hausordnung erwerben. Die mir vorliegende Fassung stammt aus dem Jahre 1983. Ich verwende sie zur Erklärung. In der Einleitung stehen juristische Floskeln, beispielsweise: Die Hausordnung für Inhaftierte in den UHA basiert auf der Strafprozessordnung der DDR, garantiert die den Beschuldigten und Angeklagten gewährten Rechte, die Durchsetzung der auferlegten Pflichten und legt für alle Inhaftierten verbindliche Ordnungs- und Verhaltensregeln fest. Die Ordnungs- und Verhaltensregeln dienen der Durchsetzung der Ordnung, Disziplin und Einhaltung der Hygiene in der UHA des MfS. Der Inhaftierte hat u. a. die Pflicht die in dieser Ordnung festgelegten Ordnungs- und Verhaltensregeln einzuhalten, den Anordnungen der Angehörigen der UHA Folge zu leisten, den Tagesablauf einzuhalten.

Es ist untersagt: In der UHA zu lärmen, zu pfeifen, zu klopfen, zu rufen, zu singen oder auf andere Art und Weise die Ruhe und Ordnung zu stören, in jeder Form der Zeichengebung oder anderweitig mit Inhaftierten anderer Verwahrräume in Verbindung zu treten, aus dem Fenster zu winken, zu rufen oder sich in anderer Weise bemerkbar zu machen sowie Gegenstände aus dem Fenster zu werfen; sich unmittelbar vor der Verwahrraumtür aufzuhalten; Aufzeichnungen jeder Art ohne Genehmigung anzufertigen oder aufzubewahren, andere als ausgehändigte oder überlassene Gegenstände zubesitzen.
Folgende Verhaltensregeln gelten bei Anrede und Öffnung des Verwahrraumes: »Die Angehörigen der UHA sowie die Untersuchungsführer sind mit Herr bzw. Frau und Dienstgrad anzusprechen. Sofern ein Inhaftierter einen Angehörigen der UHA zu sprechen wünscht, hat er sich bei den Sichtkontrollen durch Handzeichen bemerkbar zu machen, das Klopfen an die Verwahrtür ist nicht gestattet. Die Signalanlage in den Verwahrräumen ist nur in dringenden Fällen zu betätigen – missbräuchliche Benutzung wird bestraft. Beim Gespräch mit Angehörigen der UHA ist eine aufrechte Haltung einzunehmen. Inhaftierte werden mit der Verwahrraum- und Belegungsnummer angesprochen.«
Und an anderer Stelle steht genaueres zur möglichen Pflicht des »Strammstehens«: »Beim Aufschluss bzw. Betreten des Verwahrraumes durch einen Angehörigen der UHA haben sich die Inhaftierten von ihren Plätzen zu erheben, ihren Standort in der Nähe des Verwahrraumfensters einzunehmen, ihr Gesicht der Tür zuzuwenden und die Hände locker an die Seite der Oberschenkel zu legen (siehe Foto). Während der Esseneinnahme hat nur der Inhaftierte aufzustehen, der durch den Angehörigen der UHA angesprochen wird.«
Die weiteren Verordnungen betreffen den Gesundheitsschutz, die Bekleidung, Handeln bei Freistunde, Meldungen, Ausgabe von Literatur, den Einkauf und die persönlichen Verbindungen. Eine besondere Wertung erhalten die angedrohten Disziplinar-

und Sicherungsmaßnahmen. Das wird juristisch so verpackt: »Bei Zuwiderhandlungen gegen die Hausordnung, bei Verstößen gegen die Pflichten und Verhaltensregeln können Disziplinar- und Sicherungsmaßnahmen in Anwendung gebracht werden. Eine Verfolgung für strafrechtliche Behandlungen oder die Schadensersatzpflicht für schuldhaft verursachte Schäden bleibt von den Disziplinarmaßnahmen unberührt.« **(1)**
Nach der Durchsicht bin ich erst einmal perplex. Was soll so eine Hausordnung bezwecken? Ziel des SSD scheint es zu sein, eine absolute Sicherheit auszuüben. Der Autor J. Beleites beschreibt die zu erfüllenden Pflichten genauer: »In der Untersuchungshaft hatte das MfS die Möglichkeit, ungestört von anderen Justizorganen und im freien Umgang mit dem Prozessrecht eigene strafrechtlich und geheimdienstliche Ermittlungen anzustellen.« **(2)** Dadurch konnte die Behörde eine dauernde repressive und einschüchternde Funktion ausüben. »Die Untersuchungshaft beim MfS war für die Betroffenen eine Situation des völligen Ausgeliefertseins und der Rechtlosigkeit.« **(3)** Denn allein die Hausordnung regelte die jeweilige Haftanstalt selbst. Es gab kein Gesetz über den Vollzug der Untersuchungshaft. Mielke beschreibt es auf der Zentralen Dienstkonferenz vom 24.05.1979 mit anderen Worten. Nach seiner Meinung ist die Zuständigkeit des Untersuchungshaftvollzuges so zu verstehen: »Klar muss aber auch sein, allein immer nur behutsam, behutsam und noch einmal behutsam, aus Angst und Furcht die Betreffenden könnten sich etwas antun, dass nur nichts passiert, damit muss endgültig Schluss gemacht werden (…). Und wenn sich ein Verbrecher, ein verkommenes Subjekt deshalb etwas antut, weil er merkt, dass wir ihn erkannt haben und mit aller Konsequenz gegen ihn vorgehen, dann ist das nicht tausendmal besser, als wenn es ihm gelingt, seine verbrecherischen Absichten zu verwirklichen oder uns weiter anderen Schaden zuzufügen (…). Die sozialistische Gesetzlichkeit strikt durchsetzen, alle Möglichkeiten voll ausschöpfen, das gilt erst recht in Bezug auf Feinde, die auch weiterhin wie Feinde behandelt werden.« **(4)**

Die Hausordnung basiert auf dem Befehl Nr. 6/71 des Ministers vom 1.3.1971, in dem auch der Entzug von Nahrung und Schlaf und die ungeschützte Unterbringung in unterkühlten oder überheizten Zellen mit den entsprechenden »Disziplinar- und Sicherungsmaßnahmen« formuliert wird. **(5)** Im Grunde werden neben der Privatsphäre alle grundsätzlichen Rechte entzogen. Ein Verstoß gegen die U-Haft-Bestimmungen deutet die Wegnahme von selbstverständlichen Normen des Strafvollzuges. Bei der Stasi-Hauptabteilung XIV, der die Ordnung der Häftlinge obliegt, umschreibt man sie mit »Entzug von Hafterleichterungen«. Man bedenke, die Strafprozessordnung und das Strafvollzugsgesetz der DDR (StVG) kannte kein Gesetz über den Vollzug der U-Haft. Somit konnte auch kein Recht hier eingeklagt werden. J. Raschka folgert daraus: Da in den Untersuchungsgefängnissen des MfS Staatsverbrecher verhört werden, müssen dort auch spezielle Bedingungen herrschen. **(6)** Man hätte also innerhalb und außerhalb der Zelle die U-Häftlinge »lückenlos zu sichern und unter Kontrolle zu halten«. **(7)** Wenn der rechtlose Inhaftierte die Disziplinierungsmaßnahme unterlief, konnte es einen »Gang in die Hölle« geben. Einem Mithäftling aus dem gleichen Haftgebäude ist dies am 01.02.1974 passiert. Er beschreibt es in seiner Lebensgeschichte so: »Teilnahmslos lief ich vorneweg in Richtung Arrestzelle, es war mehr als eine Arrestzelle, es war ein Kerker oder Verlies hinter diesen alten Mauern des Roten Ochsen.« **(8).**

Welches juristische Konstrukt gab dem MfS das Recht zur Ausübung dieses infamen Amtes? Die Stasi führte nur knapp fünf Prozent aller DDR-Ermittlungsverfahren durch. Die Linie IX war für die sogenannten Strafsachen zuständig. **(9)** Erstmals wurde das MfS als Untersuchungsorgan im § 88 Abs. 2 StPO vom 10.01.1968 der Strafprozessordnung der DDR erwähnt. Der Stasi-Chef formulierte sie auf seine Weise, als er am 24.5.1979 eine Dienstkonferenz einberief. Wikipedia beschreibt es so: »Sie führte die Vernehmung durch, hielt den Kontakt zur Staatsanwaltschaft und den Gerichten und forschte im Interesse der politischen Grundlinie der Partei für eine differenzierte Rechtsanwendung wegen des Verdachts von Verbrechen gegen die Souveränität der DDR, den Frieden, die Menschlichkeit und die Menschenrechte.« **(10)** Man beachte, wie freizügig und fast fabulös das Recht auslegt wurde. Wenn beispielsweise eine andere als die Linie XIV innerhalb der Staatssicherheit tätig wurde, dann besaßen nach Meinung der Behörde die eingesetzten operativen Mitarbeiter vorübergehend den rechtlichen Status von Angehörigen der Linie IX (Untersuchungsorgane), ein chamäleonartiger Wechsel der Zuständigkeit. **(11)**

Wie deuten nun heute die Verantwortlichen beider Linien ihre damalige Arbeitsweise?

Der frühere Leiter der Zentralen Stasi- U-Haftanstalt in Berlin-Hohenschönhausen Ex-Oberst Rataizick behauptet: »Die in einschlägigen UNO-Dokumenten festgelegten Mindestregeln für Gefangene und die völkerrechtlich verbindlichen Bestimmungen (...) wurden durch die Angehörigen des UHV des MfS im Umgang mit den Beschuldigten eingehalten. Der Vollzug der Untersuchungshaft im UHA des MfS stand zu keinem Zeitpunkt in Widerspruch zur internationalen Praxis.« **(12)** Sein farbenreiches Verhöhnen der Opfer ist abscheulich. **(13)** Dieser renitente Führungskader behauptet an anderer Stelle: Ausgeliefertsein der Inhaftierten an den allmächtigen Staatsapparat in der Person des Stasi-Wachpersonals und Vernehmers ist die prägende Erfahrung für das Leben in der UHA gewesen. Geschickt wird hier der Umstand genützt, dass die meisten Besucher der Stasi-Gedenkstätte in Berlin in der Regel keine Vergleichsmöglichkeiten haben, das heißt weder jemals eingesessen, noch eine bundesdeutsche Haftanstalt besuchsweise von innen gesehen haben. Rataizick folgert sarkastisch: »Haftanstalten sind nirgends auf der Welt Sanatorien.« **(14)** Da muss ich ihn belehren. Zum einen erlebte ich die authentische Situation im Stasi-Knast als MERKUR 3 und versuche sie hier sachlich korrekt zu beschreiben. Zum anderen ging ich in den 80er-Jahren einer ärztlichen Tätigkeit in einer bundesdeutschen JVA nach, in der nicht nur abgeurteilte kriminelle Personen einsaßen sondern auch frühere RAF-Mitglieder der Bader-Meinhof-Gruppe. Dort war ich mit allen wichtigen Funktionsträgern und Aufgaben vertraut. Es ist einfach unwahr, wenn dieser Funktionär schreibt: »Die Akten des Untersuchungshaftvollzuges des MfS belegen, dass bei der Anwendung derartiger Maßnahmen (Maßnahmen des unmittelbaren Zwanges) in keinem Fall der Grundsatz der Verhältnismäßigkeit verletzt wurde.« **(15)** Der bekannte Autor der Stasi-Szene K. W. Fricke kontert und begründet seine Haltung in einer Gegenrede: »Vage Andeutungen von Kritik und Selbstkritik werden überlagert von Schönfärberei, Verschleierung, propagandistischer Selbstverklärung und politischer Rechtfertigung.« (**16**) Der gleiche Historiker findet es zu Recht abscheulich, wenn »heute die Täter von gestern ihre schmähliche Geschichte umdeuten und einen neuen tschekistischen Nimbus kreieren.« **(17)** Dieser Meinung bin ich auch.

Welche der MfS-Linien waren für den Vollzug der U-Haft in der DDR zuständig? Es ist der Arbeitsbereich der Linie XIV, der eigentlich für den Untersuchungshaftvollzug, d. h. für die erkennungsdienstliche Behandlung, Häftlingstransporte, medizinische Betreuung und Absicherung der Gerichtsverhandlungen zuständig war. Insofern hatte sie die Funktion einer Dienstleistungseinrichtung für die Abteilung IX (Vernehmung). Eine UHVO aus dem Jahre 1975 beschreibt, dass die Anwendung der gemeinsamen U-Haft-Vollzugsordnung unter den internen Bedingungen des MfS geregelt sei, wenn eine einvernehmliche Übereinkunft der Leiter der Hauptabteilung IX und XIV besteht. Aber weiterhin enthält das Regelwerk des U-Haft-Vollzuges sehr große Spielräume, die dem Inhaftierten die Situation des völligen Ausgeliefertseins und der Rechtlosigkeit erhalten und noch verschlimmern können. »Ohnehin war eine externe Kontrolle nur zum Schein vorgesehen: Weder die Häftlinge noch die formalrechtlich kontrollbefugten Staatsanwälte kannten die jeweils geltenden Normen.« **(18)** Dazu sagt der Autor Marxen: »Bei entsprechendem politischen Nutzeffekt wurde seitens des MfS ein sehr freier Umgang mit dem Recht praktiziert.« **(19)**

Und die Bundeszentrale für politische Bildung präzisiert das Handeln dieser Behörde noch: »Das MfS unterhielt eigene Untersuchungshaftanstalten, in denen physische und psychische Misshandlungen politischer Gefangener keine Ausnahme bildeten.« **(20)** Mit anderen Worten, das MfS regelte selbst und allein die Zuständigkeiten, ohne dass eine weitere Instanz eingreifen konnte.
Welche Rolle spielten dabei die Linie XIV, d. h. die Bediensteten, die als Aufseher, Bewacher, Schließer bzw. Läufer fungierten? Ihre Aufgabe bestand darin, die U-Häftlinge in den Zellen zu jeder Tages- und Nachtzeit zu kontrollieren, Ausbrüche zu verhindern, Beschuldigte zu den Vernehmungen zu bringen und mögliche Suizidversuche zu vereiteln. Dem intellektuell einfach strukturierten Kader wurde von der Führungsebene eingehämmert, dass die Insassen strengstens zu isolieren und jegliche Art des Informationsaustausches zu unterbinden sind. Und im Interesse der übergeordneten Linie IX mussten die Häftlinge jederzeit »verfügbar gehalten« und auch »geständig gemacht« werden. **(21)** Man verlangte, bei den Gefangenen weitere »politisch-operativ bedeutsame Informationen« zu erarbeiten. **(22)** Die Mitarbeiter der Linie XIV hatten bereits nach kurzer Einarbeitungszeit von sechs Monaten die zumeist intellektuell überlegenen Häftlinge zu führen, dabei ein »korrektes und bestimmtes Auftreten gegenüber den Inhaftierten« zu zeigen und durch Erziehung und »Einhaltung der militärischen Disziplin unnachgiebig und vorausschauend« zu agieren. Die Führungsoffiziere verlangten vom Wachpersonal eine obskure Mitarbeit. Sie forderten unter anderem: »Die von den Verhafteten ausgehenden feindlich negativen und demonstrativen Handlungen konnten nur (mit psychologischem Spürsinn) von den Angehörigen (der Linie XIV) rechtzeitig erkannt und vorbeugend verhindert werden.« Das ist die bekannte und bei jeder Mielke-Diskussion beschriebene Feindperzeption. **(23)** Nach Recherchen des Schrifttums sind einer Vielzahl der Mitarbeiter weitergehende Richtlinien nur lückenhaft bekannt gewesen. Man hielt sich eher

gefühlsmäßig an die Vorschriften der Hausordnung. Angeblich bekamen manche die Inhalte der wichtigen Grundsatzdokumente nie richtig zu Gesicht. **(24)** Und trotz geringem Bildungsniveau hatte es ausgereicht, wenn ein Läufer eine Körpergröße von 1,65 cm besitzt und vor allem einen festen Klassenstandpunkt besaß. **(25)** Die Anwendung von Gewalt war erst seit 1971 ausdrücklich verboten. **(26)** Festzuhalten ist, dass die Mitglieder dieser Linie mehr auf internen und geheim verfügte untergesetzlichen Normen basierten. Man ging auf neue Formen des Zwanges über, die noch schwerer nachweisbar waren. Dazu zählten die lebensnotwendigen Kategorien, wie die der menschenunwürdigen Unterbringung, der inhumanen Haftbedingungen, der krankmachenden Isolation, der Umsetzung von Zwangsmaßnahmen und Durchführung nicht dokumentierter »Praktiken«. Anders formuliert, die stille Folter war im Justizapparat allgegenwärtig.

Welche Gedanken plagen mich in den ersten Stunden der halleschen Untersuchungshaft? Anfangs ist es das menschenunwürdige Herumsitzen und Warten, im wahrsten Sinne des Wortes die Isolationsfolter. Da fehlt die Möglichkeit zum Lesen, zum Hören und zum Sehen. Da sind die Sinnesorgane auf absolute Sparflamme geschaltet. Nur freies Denken hat man gelassen. Unwillkürlich vergleicht man sein Dasein mit dem des angeketteten Hundes. Und doch hinkt der Vergleich. Ich besitze die Möglichkeit, die Sinne zu sammeln, sie zu sortieren und die Rolle des Denkers auszuüben. Genau hier minimiert mein Hirn die Aktivitäten, wenn Musik, Literatur und Konversation fehlen. Vor meinen Augen wird eine kleine Statue sichtbar, die ich von zu Hause her kenne. Der Künstler versteht es treffend, solche Leere im Kopf bildhaft darzustellen. Die Hauptmasse der männlichen Gestalt imponiert durch kräftige Extremitäten. Ein voluminöser Bauch drückt den aufgeblähten Unterleib zu Boden. Der auf das linke Knie gestützte Arm übernimmt eine imponierende Rolle. Er trägt die waagrecht gehaltene muskulöse Hand. Ein als geistiges Zentrum überaus klein gestalteter

Kopf wird von einer stattlichen und überzeugend männlichen Hand gehalten. Nein, ich möchte als gleichsam »Dekapitierter«, man meint im Medizinerdeutsch damit Mensch ohne Kopf, die momentane Situation nicht über Monate erleben. Vor einem geistigen Aushungern habe ich erhebliche Bedenken. So treibt die Schizophrenie des Schicksals Blüten, wenn man das Alleinsein hautnahe mit negativem Flair erleben muss. Wer die letzte Einsamkeit kennt, kennt die letzten Dinge, sagt Nietzsche. Sicherlich ist über die Isolation von allen Dingen, ob nun als Mönch oder Knast-Bruder, die Tiefe solcher Selbsterkenntnis erreichbar. Schon nach wenigen Tagen wird mir klar, die Welt der Isolation auch positiv zu verstehen. Ich weiß, unter bestimmten Voraussetzungen kann das Alleinsein eine heilende Wirkung entfalten. Im Resultat der Überlegung, Alleinsein als Gewinn erleben zu müssen bzw. erleben zu können, ist der Alleingelassene mit sich eins. Keine Gewalt kann einem das Gefühl des Ankommens, des Daheimseins nehmen. Dann schwindet automatisch die anfängliche Kälte und Angst vor Einsamkeit und Vereinsamung verliert ihre essentielle Bedeutung. Im Wechselbad der Emotionen wird die Zelle doch zur neuen Bleibe, mitten im Zentrum meiner Heimatstadt. Die unterschiedlichsten Gefühle, die mich momentan bewegen, bleiben frei und sorgen für eine Neuorientierung. Sie sind nicht hinter Gitter zu bringen.

Gegen 21.00 Uhr ertönt der befohlene Nachteinschluss. Der Versuch zu schlafen, trotz der ständigen Licht-Überwachung, muss erst einmal gelernt werden. Deshalb versuche ich zu meditieren. Voller Inbrunst hole ich mir die vergangene schöne Studienzeit zurück. Die selbst herbeigerufene Meditation erreicht im Halbschlaf unter allerlei Gelüsten ihren emotionalen Höhepunkt. Wie schön war es, vor allem nach bestandener Zwischenprüfung, mit den Studienkollegen unbeschwert Kommerzlieder singen zu können. Da erklangen voller Inbrunst die Verse, wie beispielsweise: »Die Gedanken sind frei, wer kann sie erraten; sie fliehen vorbei, wie nächtliche Schatten, kein Mensch kann sie

wissen, kein Jäger erschießen, es bleibet dabei, die Gedanken sind frei.« Wohlweislich ist es laut Hausordnung nicht erlaubt, während der Ruhezeiten das Gesicht mit der Schlafdecke zu bedecken. Man muss die Situation beim Namen nennen und anprangern. Das ist die infame Form von Lichtfolter. Und das alles wird bewusst in der juristisch nicht anfechtbaren »Hausordnung« sanktioniert.
Leser dieser Zeilen bedenke, das perverse Spiel mit terroristischem Unterton passiert am Ende des 20. Jahrhunderts inmitten Deutschlands, wieder durch deutsche Hand, wieder mit deutscher Gründlichkeit, wieder in deutschem Namen und wieder mit dem Argument, nur für Ordnung zu sorgen.

E 2 Von Weihnachten bis Silvester

Nach einer knappen Woche Haft ist Weihnachten ein unvergessliches Ereignis in den Mauern des roten Backsteins. Stramm stehe ich da, als die Morgenmeldung mit dem üblichen Gehabe abverlangt wird. Die geforderten Äußerungen zur Befindlichkeit und die sonstigen Angaben zur Person kann ich mittlerweile mit monotoner Stimme artikulieren. Ganz bewusst suche ich das Getue des Fragenden herunterzuspielen, um ihm die Würze aus der Suppe zu nehmen. »52/1«, der von der staatlichen Obrigkeit gewünschte Beiname U-Häftling will nicht über meine Lippen, »gibt bekannt, dass keine Besonderheiten vorliegen.« Als Nachsatz bringe ich, so wie gestern und vorgestern, den Wunsch: »52/1 wünscht auf Zelle ein Buch, eine Zeitung und ein Spiel.« Der in der Zellentür mit tadellos gebügelter graugrüner Uniform Ausstaffierte nimmt mein Gesagtes mit starrem und verständnislosem Blick zur Kenntnis und notiert die Äußerungen peinlich genau in einem mitgeführten Notizbuch. Denn man bleibt äußerlich ein dienstbeflissener Staatsdiener. Plötzlich holt der Frager mit geschwollener Brust zum rhetorischen Gegenschlag aus, als er richtig stellt: »Das ist hier keine Zelle, sondern ein Verwahrraum. Merken Sie sich das für die Zukunft.« Ich kann nur schmunzeln und bin überzeugt, die verwahren mich hier wie einen Batzen DM, der zum Verkauf ansteht. Die Morgenmeldung wird ein wichtiger Vorgang im Zellenleben bleiben. Nur, der wiederholt morgens vorgetragene Wunsch nach Kleinigkeiten bleibt unerfüllt. Heute hätte ich auch noch die Frage gestellt, ob man mit der bisher unbekannten Person der Ermittlungsbehörde sprechen könnte. Aber ein Wunsch dieser Art wird wohl nie über meine Lippen kommen. Das würde meine Ehre verletzen. Eigentlich wollen ja die hier etwas von mir, so mein stiller Einwand. Also wird weiter gewartet, nachgedacht, sinniert und dahingedöst. Nach dem recht einfachen Frühstück mit undefinierter Marmelade, schmieriger Margarine, klebrig nichtschmeckendem Graubrot und dem eigenartig aromatisch riechenden »Muckefuck« dämmert der Vormittag weiter vor sich hin. Das erste Mal spüre ich hinter Mauern, dass mir nicht nur zum Tagesbeginn wichtige und jahrelang gewohnte Dinge fehlen. Es ist beispielsweise der Bohnenkaffee, den ich immer früh getrunken habe. Genussvoll, fast wie eine Droge, bohrte sich der Kaffeeduft über das aktivierte Riechzentrum in das zumeist noch dahindämmernde Großhirn. Wie schön wäre es, eine Tasse solchen aufmunternden koffeinhaltigen Stoffes jetzt zu sich nehmen zu können. Es ist nicht nur der plötzliche Entzug des Koffeins und auch nicht der fehlende gewohnheitsmäßige Vorgang des Genusses, die mir schmerzhaft fehlen. Durch wissenschaftliche Arbeiten weiß ich, dass das Essund Trinkverhalten emotionale Funktionen erfüllt, die gerade in Krisensituationen einen veränderten Gefühlshaushalt verursachen. Im Tierversuch fanden Forscher um den Ernährungsphysiologen R. Wurtmann (Massachusetts Institute of Technology), dass sich bei positivem emotionalen Essverhalten die Konzentration der Aminosäure Tryptophan im Blut erhöht. Als chemische Vorstufe des Neurotransmitters Serotonin erhöht dieser Stoff indirekt die Stimmung und sorgt somit für einen emotionalen Schub. **(1)** Schon das positive Gefühl für angenehmen Geschmack genügt, die gewünschten suchtartigen Prozesse im Gehirn auszulösen. Im Umkehrschluss heißt das, die andersartigen Umstände der beschriebenen Gefängnissituation sorgen infolge des Tryptophan-Mangels unweigerlich für einen subdepressiven Zustand. Der abrupte Koffeinmangel seit mehr als einer Woche hat die miserable Befindlichkeit sicher verstärkt. Man weiß, dass Kaffee bereits in geringen Mengen für eine Besserung der zerebralen Konzentration sorgt. Die Wissenschaftler sehen etwa zwanzig Minuten nach koffeinhaltigem Genuss, dass Gelerntes besser abgespeichert werden kann. **(2)** Und ein weiteres passiert nach Kaffeetrinken. Bereits nach Einnahme von 200 Milligramm Koffein erleben Menschen die Zeiträume um bis zu 50 Prozent kürzer als sonst. Der Wirkstoff steigert die allgemeine Erregung und bedingt eine fokussierte Wahrnehmung. Sein Genuss lässt also die Welt um sich herum leichter werden. Der Grund ist, dass Koffein, über die Aufmerksamkeit gesteuert, Einfluss auf die geistige Zeit nimmt. Es ist ein überaus komplexes Geschehen. Vor allem, wenn es dem biologischen Wesen an Kontakten mangelt, sorgen die dahinfliegende Leere und gedankenversunkene Zeit für Stress. Aus Tierversuchen weiß man, dass das Stresshormon CRH (Corticotropin-Relaesing-Hormon) an der Auslösung von Panikzuständen beteiligt ist. Der hormonelle Kreislauf schließt sich, wenn CRH seinerseits das Cortisol als wichtigen Baustein der Aktivität freisetzt. Den Menschen irritiert das Alleinsein in der Einöde, hat Unruhe, Spannungszustände, Appetitlosigkeit, hat Selbstzweifel und lässt das Leben zur Qual werden. **(3)** Der Neuropsychologe J. Panksepp behauptet, der Antrieb zur Geselligkeit würde als evolutionär altes Verhalten den Qualen der Einsamkeit entgegenwirken. Es sei eine Schaltung in den tief liegenden, vor allem alten Teilen des Hirns, die lebensnotwendig erscheinen. **(4)** Dabei entsteht ein wohliges Gefühl des Geborgenseins nur dann, wenn die opiumähnlichen Endorphine beteiligt sind. Sie sind es, die dem Gehirn als Signal für eine wünschenswerte Situation dienen. **(5)** Die vielfältige Aufzählung der physiologischen Vorgänge zeigt, wie komplex das Stoffwechselspiel verzahnt ist. Sicher gibt es noch weitere physiopsychologische Abläufe. Auf jeden Fall ist es ein Beweis, wie gestört das Leben unter primitiven Lebensbedingungen und vor allem in Einzelhaft abläuft. Welche Rolle spielt dabei der Faktor Zeit? Der Philosoph Heraklit sagt: »Man kann nicht zweimal in den selben Fluss steigen.« Ist doch die Zeit am ständigen Fließen. In der Einsamkeit und insbesondere in der Zellenenge kann die Zeit sich bis zur quälenden Leere dehnen. Dazu lese ich an anderer Stelle: »Wie kann man sich so täuschen? (…) Man sehnt sich ja danach, dass die unangenehme Erfahrung bald enden möge. Dies führt dazu, dass man die Zeit wie unter einer Lupe erlebt, gewaltig gestreckt, oft auch verzerrt.« **(6)** Die Schergen des MfS haben die Leere der Zeit bewusst eingesetzt, wenn sie Menschen in eine von der Außenwelt völlig isolierte und krankmachende Welt verfrachten. In zahlreichen Lebensberichten wird dies gleichsam wie ein Turmhäftling des Mittelalters unter dem Begriff »lebendig begraben zu sein« beschrieben. **(7, 8)** Als Gefangener eines Unrechtsregimes empfindet man das Eingesperrt sein als »sinnlose, vertane Zeit, als ein in ihr Leben hinein gefressenes Loch.« Der Mensch in der Zelle erkennt recht schnell, dass es kein Mittel gegen die Zeit gibt. Man ist ihr ausgeliefert. Zeit ist im Gefängnis weniger das messbare Verstreichen von Tagen, Monaten und Jahren, sondern vielmehr ein außergewöhnlicher, sogar krankheitsförderlicher psychologischer Zustand. **(9)** Im Stasi-Jargon werden für das bewusst erzeugte Prinzip »Sitzenlassen in Einzelhaft« Begriffe wie »schmoren« oder »weichkochen« gebraucht. Nach Erkenntnissen der Dozenten der Stasi-Hochschule Potsdam verstärkt sich die Wirkung der »psychologischen Einkreisung« dann, wenn es dem Betroffenen nicht gelingt, diese Enge mit eigenen Mitteln zu durchbrechen. **(10)** Das Prinzip des »einkreisenden Zeit-Zustandes« ist schon lange bekannt. Es gibt genügend Belege. Beispielsweise umschreibt ihn A. Koestler mit den Worten: »Die Situation und Gedanken im Gefängnis wiederholen sich ständig. Man lebt im Kreise und denkt im Kreise und das Hirn wird schwindelig davon; es gibt kein Entrinnen, die Zeit schreitet nicht fort, sie kehrt täglich in identischer Form wieder.« **(11)** Ein Insasse der Berliner Stasi-U-Haft (Prenzlauer Allee) beschreibt seinen sogenannten »Hundekeller«: »Die Einsamkeit war sehr groß, aber allein war ich nie. Das klingt paradox? Man sitzt da – völlig untätig – auf der Pritsche, stundenlang, tagelang, wochenlang. Man kann die Augen nicht ständig geschlossen halten. In irgendeine Richtung fällt der Blick, hin und wieder trifft er auf den Spion in der Zellentür. Meistens geht da nichts vor sich, der Blick schweift wieder ab. Aber manchmal, ganz selten, in unregelmäßigen Abständen, so sieht man etwas: Ganz leise geht außen die Klappe nach oben und es erscheint ein Auge, eine Pupille. Und ebenso leise schließt sie sich wieder. Und da sitzt man dann weiter, ohne jeden menschlichen Kontakt, aber immer in heimlicher Gesellschaft.« **(12)** Das Teuflische in dieser Situation ist, dass man ja nie allein ist. Der Literat und frühere Stasi-Häftling J. Fuchs formuliert seine U-Haft-Zeit treffend »als Dasein, obwohl du nicht allein bist.« **(13)**

Wie kann man als Betroffener diesen Teufelskreislauf der Isolationsfolter mildern? A. Grün, der in der Literatur bekannte und viel gelesene Mönch, sieht die Einsamkeit in der Zelle mit Kräften verbunden, die in ihren Wünschen, Trieben, Motivationen und Emotionen wie Dämonen wirken. Er zitiert M. L. v. Franz, die solchen Zustand selbst als »Seelenverlust« erlebte: »Der Seelenverlust erscheint in Form einer plötzlich anfallenden Lustlosigkeit und Mattigkeit. Man hat keine Freude mehr am Leben, fühlt sich leer und antriebsgelähmt, alles erscheint sinnlos.« Die Autorin erklärt diesen Zustand mit Verlust psychischer Energie. Wegen des Abflusses ins Unbewusste stände dem Ich nicht mehr genug Energie zur Verfügung. **(14)** Grün entwickelt daraus eine einleuchtende Gegenstrategie, die er folgendermaßen

umsetzt:
- Bleib in der Zelle ohne Zellenkoller sitzen und sei tapfer.
- Bringe das innere Durcheinander in Ordnung und
- Sprich mit dem eigenen Ich und schaffe wieder eine innere seelische Spannung. **(15)**

Ohne dieses Buch des katholischen Geistlichen zum Zeitpunkt meiner Haft besitzen zu können, verfolge ich am Heiligen Abend des Jahres 1974 eine eigene eingeübte Ich-Strategie. Im Hafthaus tut sich im Laufe des Tages so gut wie nichts. Es herrscht Totenstille. Die Behörde scheint dem Insassen diesen Tag besonders erbärmlich gestalten zu wollen. In einer Schilderung eines Mitgefangenen steht: »Mein Vernehmer hat mir gesagt: Über Weihnachten geben sie sowieso auf, Sie werden schon hören, wie viele in ihren Zellen durchdrehen.« **(16)** Der bekannte Politikwissenschaftler und SED-Oppositionelle R. Bahro beschreibt das eigene Weihnachtserleben recht plastisch: »Ich stelle mich mit Hocker ans Fenster. Er stürzt die Gewaltigen vom Thron und erhebt die Niedrigen! schreie ich hinaus. Runter vom Hocker! brüllt es durch die Klappe. Als der Posten fort ist, schreie ich – wider den Augenschein – das Magnifikat noch einmal. Als die Glocken zur zweiten Christvesper läuten, ruft es aus allen Fenstern: Frohe Weihnacht!« **(17)** Mein Mithäftling M. Kriegel beschreibt die Atmosphäre im »Roten Ochsen«, als er ein Jahr vor mir an gleicher Stelle in der Nachbarzelle 48 sitzt: »Heiligabend stand vor der Tür, es war das erste Weihnachtsfest, das ich hinter Gittern und Glasbausteinen verbrachte. Man spürte nichts von Heiligabend, das Essen war genauso, wie an jedem Tag, nur eine beklemmende und wohltuende Ruhe lag über dem gesamten Gebäude.« **(18)** Und J. Sorge (J. A. Bohlen) erlebt einige Jahre vor mir am gleichen Ort folgendes: »Heiligabend, das war für alle hart. Eine depressive, explosive Grundstimmung im Zellentrakt. Dämmerlicht, ungute, tote Stille.« **(19)** Die weihnachtliche Atmosphäre nüchtern und doch emotional nahegehend schildert der bekannte Historiker H. Knabe: »In einer der Nachbarzellen hämmert seit etwa fünfzehn Minuten ein Mensch rhythmisch gegen die Tür und ruft irgendetwas. Jetzt kommen mehrere Posten. Sie schließen auf. Geschrei. Stille. Die Tür wird verschlossen. Die Posten entfernen sich. Einen höre ich im Gang sagen: Durchgedreht. Das Hämmern beginnt erneut. Bald werden sie ihn in den Keller schaffen. Dort befinden sich die Arrestzellen.« **(20)**

Wie ist nun das eigene Weihnachtstrauma? Als 52/1 versuche ich, die psychologische Ordnung nicht zu verlieren. Ich sage mir, der Geist muss auf Reisen gehen, die Zeit hinter Gittern verlangt es. Jede prekäre Situation im Leben ist im Grunde zu meistern, wenn einen trotz Leid eine gewisse Zuversicht trägt. Und Vertrauen in die Zukunft, selbst wenn nur Funken davon bestehen, lässt die Enge in der Zelle weiter werden. Man muss sich ein Prinzip Hoffnung auf Erfüllung bewahren. Denn selbst die verfinsterte Welt der Isolation hat ein klares Visier, wenn das Leben ohne Scheuklappen und ohne rosarote Brille erträglicher gemacht wird. Anders gesagt, unter Kanalisation von Illusionen wird der Blick nach vorn nicht verstellt. Selbst ein von Menschenhand bewusst verursachtes Dunkel kann die Zelle erhellen, wenn das Gehirn durch zielgerichtete Überlegungen frei bleibt. Das christliche Weihnachten sagt mir: Der Stern von Bethlehem steht am Firmament und bringt Helligkeit in die Zelle. Was für ein Geschenk. Plötzlich hat die verkorkste Stimmung ihre eigene, positiv erscheinende Haft-Atmosphäre. W. Kummerow zitiert hier gekonnt die Bibel: »Nur wer sich dem Leid stellt, ist offen für die Sehnsucht von Weihnachten. Der, dessen Geburt an Weihnachten gefeiert wird, hob das Leid nicht auf, sondern trat ihm entgegen, weil er es spürte. Sein Geist spricht uns am deutlichsten aus den Tagebüchern an, die unter Leid und Schmerzen von der Sehnsucht nach Frieden bewegt sind. Sie folgen der Urszene von Weihnachten, die als Ursprung eines Festes ohne Beispiel ist, der nächtlichen Zusammenkunft der Hirten in Bethlehem: Keine Vertreter der Macht, sondern ihre Opfer, (…) die in ihrer gemeinsamen Sehnsucht ihre Hoffnung entdecken.« **(21)** Für mich gilt die Zusage des Evangeliums, so wie sie ein Franziskaner gekonnt formuliert: »Du Mensch bist zwar keineswegs okay, sondern hast tausend Fehler und Schwächen, aber das macht nichts. Gott hat trotzdem zu dir ja gesagt. Die Geburt Jesu in Bethlehem ist dieses ja. Es gibt Hoffnung, weit über unser eigenes Können und Wollen hinaus.« **(22)** Diese Aussage begleitet mich in den harten Stunden. Viele Lichter leuchten, wollen und sollen erhellen, können mein Herz wärmen, selbst in der dunklen Welt hinter Gittern. Die Botschaft lässt durch Christi Licht eine neue Menschlichkeit keimen. Ich denke an Worte von F. von Spee, die er bereits Anfang des 17. Jahrhunderts in Anlehnung an die Situation von Schloss und Riegel ausspricht:

> O Heiland, reiß die Himmel auf,
> herab, herab vom Himmel lauf,
> reiß ab vom Himmel Tor und Tür,
> reiß ab, wo Schloss und Riegel für. **(23)**

Vier Kilometer entfernt vom halleschen U-Haft-Gebäude wird sich mein Vater als Pfarrer der St. Georgen-Gemeinde gerade auf die Weihnachtsbotschaft vorbereitet haben. Seine Reden sind immer interessant und mit verdeckter Sprache für die Menschen trefflich gestaltet. Der Zuhörer mit Verstand kann seine Themen ins alltägliche Leben übersetzen. Die Bibelauslegung zensiert hier das Leben auch zur Weihnachtszeit, gerade weil die Kirchenräume dann gut gefüllt sind. Noch letztes Jahr hörte ich gespannt zu, als der Vater aus organisatorischen Gründen auch in der Liebfrauen-Kirche am Markt predigte. Und wie wird es heute sein? Wäre es nicht besser gewesen, wenn er an diesem auch für ihn bitteren Weihnachten besser eine Pause eingelegt hätte, um den Schock der Verhaftung seiner Kinder besser verkraften zu können. Nach der Wende spreche ich ihn auf diese Situation an. Wie hast du an diesem denkwürdigen Abend deine Predigt gestaltet? Ohne lange Überlegung kam eine enorm emotionsgeladene Antwort: In der Predigt habe ich indirekt meine gerade durchlebte familiäre Situation aufgegriffen. In dieser

Zeit feiern wir ein Fest mit geschönten Gefühlen, die unserer Seele eine trügerische Ruhe versprechen. Dabei sollten wir beklagen, dass Glück und Glaube heute in unserer Mitte Risse bekommen haben. Das Verhalten um uns ist vom Verfall vieler Werte geprägt. Die Mächte um uns können Barbarei und Terror nicht mehr ausschließen. Und doch bleibt uns Hoffnung, wenn ich den Bibelvers Jesaja 16, 19 mit auf den Weg zum Gabentisch gebe: »Es soll nicht mehr die Stimme des Weinens noch die Stimme des Klagens gehört werden.« Vaters Rede macht mich wegen seiner Tapferkeit und Standhaftigkeit stolz.
Nur als Familienfest ist 1974 Weihnachten abgesagt. Mein Umhergehen in Gedanken der knapp vier Meter langen Zelle ruft die Patrouille auf den Plan. Nicht nur bei mir. In jeder zweiten Zelle wird es wohl so ähnlich zugehen. Der Posten vor der Tür nimmt mein nachdenkliches Tun gelassen hin, denn die aufmerksamen Spähaugen verschwinden recht flott aus dem Visier des Spions. Demnach verhält sich der Insasse im Verwahrraum 52 hausordnungskonform. Die Zeit von Weihnachten holt mich in der Zelle ohne Zeitung, ohne Buch und ohne Spiel gedanklich ein, als ich mich an die frühe Kinderzeit erinnere. Mein Vater kam mit der Mutter erst nach zehn Uhr spät abends von der Christmette. Das Beisammensein um den großen Weihnachtsbaum mit den schönen Sachen und in der festlichen Stille des großen Pfarrhauses gab trotz der späten Bescherungsstunde einen festlichen Rahmen. Das größte Glück bestand in dem Gespür für die sonderliche Tiefe, die sich durch die Krippe der Liebe zeigt. Das in sich gehen in der Heiligen Nacht schafft die Basis, die die Krippe im eigenen Herzen tragen hilft. Wie festlich wäre es, wenn ich jetzt die von der Staatssicherheit verwehrte Bibel aufschlagen und mit ihr das Fest aller Christen feiern könnte. Für mich trifft es zu, wenn B. Brecht hierzu resümiert: »Mehr konnte die Welt für den Christ nicht tun.« Mittlerweile ist es Nachmittag, das Mittagessen war sehr profan. Das ist unwichtig.
Da passiert etwas Ungewöhnliches. Leider dringt nur sehr leise

Musik in den Raum. Nicht die Posaunen von Jericho sind es, sondern die Klänge von Blechbläsern, die als Laienmusiker ihre Freizeit sinnvoll gestalten. Es sind höchstwahrscheinlich Mitglieder des Chores Halle-Süd, zu denen ich als Trompeter der zweiten Stimme gehörte. Ich weiß, mit welcher Hingabe und Aufopferungsbereitschaft die Gruppe von 6 bis 8 Personen fast jeden Sonn- und Feiertag unterwegs war, emotional Freude musikalisch zu transformieren. In den vergangenen Jahren ging es zu dieser Zeit immer hektisch zu, weil wir die Wünsche der Menschen in Altenheimen, Krankenhäusern und Kirchen erfüllen wollten. Es war uns immer eine Verpflichtung nach dem Lukas-Bibelspruch zu handeln: »Ehre sei Gott in der Höhe und Frieden auf Erden und den Menschen ein Wohlgefallen.« Segensreich ist die Nähe der Laurentius-Kirche, da sie sich nur einen Katzensprung vom Knast entfernt befindet. Die hiesige Behörde weiß, dass das in erster Linie den Inhaftierten gilt. Die SED ist aber nicht in der Lage zu intervenieren, da das Blasen vom kirchlichen Boden aus geschieht. Wenn auch die Posaunenklänge nur leise an mein Ohr dringen, die Melodien der bekannten Weihnachtslieder sind unverkennbar. So erzeugt die Musik mit geschlossenen Augen eine unbeschreibliche Helligkeit und Wärme. Mit der stillen Andacht an das aufopferungsvolle Tun der Musiker ist das heilige Fest selbst mit dem Unterton von Wehmut angekommen. Ich bin nicht vergessen worden.

Spät abends ist in Zelle 52 die Zeit der Weihe angebrochen. Die Kälte in der Zelle schafft es nicht, dass aus der Ferne kein wärmendes Gedankenspiel an meine sensiblen Ohren dringt. Es sind nicht die Sonntagsmorgenglocken, nicht Hochzeitsglocken, Karfreitagsglocken, Gebetsglocken oder Totenglocken. Es sind die ehrfurchtsvollen Weihnachtsglocken vom Erfurter und Kölner Dom in ihrer mehrtonigen Pracht und Fülle. Selbst das Kapellengebimmel aus der bisher unerreichbaren Welt der Alpen klingt in mein Hirn. Das Glockenläuten gibt mir den Glauben, die Hoffnung und das Licht für eine menschlich geprägte Zukunft. In meinen Gedanken verbindet sich das universelle Geläut aller Christen der weiten Welt mit den gespeicherten Hymnen, die zum Preise des Krippenkindes erklingen, wie »Stille Nacht, heilige Nacht, (…)« und »O du fröhliche, (…)«. Sie erklingen seit dem 14. Jahrhundert jedes Jahr. Wir wissen gar nicht, dass unsere schönsten Weihnachtslieder oft ihren Komponisten oder den Autoren überhaupt nicht kennen. So volksverbunden und populär sind sie. Ein kolumbianischer Theologe und Schriftsteller beschreibt das Christuskind drastisch und unverblümt modern mit den Worten seines Umfeldes: »Und das Kind immer in der gleichen Pose fröhlichen Strampelns. Alle Jahre wieder, obwohl wir es besudeln und beflecken und unseren Dreck über ihm ausschütten. Immer kommt es wieder, weil es weiß, dass wir es brauchen. Und wenn es einmal nicht käme, wäre es endgültig aus mit uns. Das Jesuskind ist unbegreiflich.« **(24)** Jetzt befinde ich mich auf dem strohgefüllten harten Lager in wohliger Wärme, wie in einer Herberge. Das ist erlebtes Wunder zur Weihnacht. Ein Leben lang wird es mich begleiten.

Der Morgen des 1. Weihnachtstages ist nicht nur ein Tag der Christen, sondern auch das jüdische Chanukka-Fest. Das urchristliche Fest der Lichter erinnert Juden wie Christen an die Wiedergeburt. Schon zu Zeiten Jesu sprachen die Gläubigen von der prophetischen Nacht der Lichter: »Das Volk, das im Finstern wandelt, schaut ein großes Licht.« (Jesaja 9,1) Und genauso ist heute meine Stimmung im »Roten Ochsen«. Draußen ist es unfreundlich grau und kalt. Drinnen versinkt das baulich herunter gekommene Gebäude selbst im Nebel der mit Chemikalien und Fäkalien geschwängerten Knastluft. Es herrscht trübsinniges und trostloses Dahinvegetieren und eine miese, atheistische Stimmung bei den hochgerüsteten Staatsbediensteten. Die erlernte und gelebte marxistisch-leninistische Ersatzreligion, die für diese Tage »Väterchen Frost« ins Spiel bringt, scheint bei den Genossen der Diensteinheit keine überaus positive Ausstrahlungskraft zu besitzen. Und doch ist in dieser kalten Welt die gesegnete christliche Weihnacht präsent, die Papst

Benedikt XVI mit den Worten beschreibt: »Gott kommt ohne Waffen, weil er nicht von außen erobern, sondern von innen gewinnen, von innen her umwandeln will.« **(25)**
Die besinnlichen Tage sind am 27. Dezember vorbei. Es ist Freitag, der zehnte Tag in Haft, gegen 10.00 Uhr. Neugierig macht das immer näher kommende Tür-für-Tür-Geklapper mit zusätzlich lauten Schritten. Plötzlich fliegt die Tür auf, und zwei Grüne versperren nach draußen den Weg. Einer die beiden ruft in die Zelle: »Fertig machen zur Freistunde.« Es ist für mich das erste Mal, deshalb die Fragen an mich selbst. Bin ich jetzt für eine Stunde frei? Was wollen die von mir? Nach schnellem Schlupf in die großen Schuhe marschiere ich, die Hände wie befohlen auf dem Rücken verschränkt, über die leuchtendrot ausgestrahlten Treppen und Flure, flankiert von Posten, nach unten. Der Weg endet an einem Quergang, der außerhalb des Hauses in einen Hof mündet. Weiter geht es an einer etwa vier Meter emporragenden, durch Putzdefekte unansehnlichen und schmutzigen Mauer, die sich parallel zum Haupthaus erhebt. Der Weg führt zu einer blechernen Metalltür, die sich zu einem Käfig öffnet, der mit dreieinhalb Meter hohen Betonmauern umsäumt ist. Verdutzt frage ich mich, ist das tatsächlich für die nächste Zeit die Spielfläche meiner Freistunde? Da stehe ich nun, begossen wie ein Pudel und kann den Mief meiner Heimatstadt einatmen. Kein Netz steht am Firmament des Himmels, das einzige tatsächliche Freie. Ich erlebe erstmals nach mehr als einer Woche wieder ungehindert Licht und Luft. Und Augen senkrecht nach oben gerichtet erlauben den Blick zur hohen Betoneinfassung. Mein Blickfeld gibt mir die Freiheit, Wolken wieder sehen zu können. Die Sonne hat sich verkrochen. Der gerade zu Ende gegangene Platzregen lässt auf dem unebenen Boden Pfützen stehen. Deshalb suche ich die Nähe der Seitenwand, die ja als Begrenzung zum Nachbarkäfig fungiert. Das Festhalten an der Mauer dauert weniger als eine Minute, als von oben eine fremde Stimme schroff herunter grölt: »Nicht die Mauer berühren. Nicht stehen bleiben!« Der bisher unbekannte Freiraum wirkt

plötzlich nicht mehr frei. Der barsche Befehl kommt von einer Person, die sich auf einem fest installierten Laufsteg am First der Längsmauer befindet. Ein mit geschultertem Gewehr ausgerüsteter Soldat hat sich auf dem Steg meinem Zwinger genähert. Da es erneut zu nieseln beginnt, suche ich Schutz unter dem etwas überstehenden Bereich, den der Laufsteg schafft. »Scheren Sie sich weg vom Schutzbereich und laufen Sie im Kreis!« Ich erschrecke. Wohin soll ich denn noch? In der Tat, unwillkürlich verliert man nach mehr als einer Woche strenger Haft recht schnell die Freiheit für normales Handeln. So beginne ich Runde für Runde eine Schrittfolge in Form eines Kreisels von höchstens drei Metern Durchmesser. Es ist ein Marsch gegen meinen Willen. Beim Laufen suche ich wie ein Getriebener den einzig freien Blickfang, der ohne Gitter gen Himmel geht. Nichts als nasse Wolken sehe ich am Firmament. Und mir fehlt in den Lüften das typische Dreigespann, das sonst in dieser Jahreszeit den halleschen Himmel beherrscht. Es sind Stadttauben, Mauersegler und Spatzen. Als ob sich selbst dieses Getier vor der ungastlichen Behausung fürchte. Meine Augen finden Halt an der imposant aufstrebenden Außenmauer des Haftgebäudes, die mit zahllosen, schachbrettartig angeordneten kleinen vergitterten Öffnungen versehen ist. Zusätzlich bekommt die scheckig mit grauweißem Vogeldreck besudelte dunkelrote Hauswand ein lebhaftes Äußeres. Hundertwasser hätte das nicht besser gestalten können. Bautechnisch ist das heruntergekommen wirkende Gebäude ein Gemisch von Stein, Beton und Metall. Häftlinge, die in dieser Behausung einsitzen, bezeichnen das Konglomerat auch als »Zementstall« oder »Betonburg.« **(26)** Und noch etwas ist außergewöhnlich. Hier scheint jegliche kleinste Form der Natur ausgerottet zu sein, kein Baum, kein Strauch, keine Blume. Noch vermisse ich nicht die mir sonst so vertraute und geachtete Natur, vor allem ihre märchenhafte bunte Vielfalt. Die Vorkämpferin der linken Ideale Rosa Luxemburg schreibt recht wehmütig von ihrer Naturliebe und der Einöde des kaiserlichen Gefängnisses. Sie vermisst das natürliche Leben überaus. **(27)**

Zu meiner Zeit lechzten die Mitgefangenen eher nach der fehlenden Sonne und ihrer heilenden Strahlenwirkung. **(28, 29)** Dem Grünen, der noch immer bedächtig die Firstwanderung auf dem Steg der Freizellenmauer langsam und mit hoheitlichem Gehabe fortsetzt, scheint meine einfallslose Handlung des Kreiselganges zufrieden zu stellen. Nach einer knappen Viertelstunde macht sich eine Übersäuerung der Beinmuskulatur bemerkbar. Noch ist das Schauspiel des sogenannten Freiganges nicht beendet, als völlig unverhofft ein schriller, wohlgeformter Schrei aus einem Nachbar-Verlies kommt: »Freiheit für alle!« Der aufgeschreckte Aufsichtsposten und bewaffnete Stegläufer keift sofort von oben: »Verlassen Sie sofort die Freistunde!« Außerhalb der Betonverliese postierte Wächter sorgen für eine sofortige Entriegelung des entsprechenden Käfigs, so dass der Hausordnungs-Saboteur abgeführt werden kann. Dazu muss man wissen, dass jede Form der Kontaktaufnahme, selbst ein lautes Rufen, für den Verursacher sofort zu Disziplinarmaßnahmen führt. **(30)** Der ungewöhnliche und nicht alltägliche Vorfall im Nachbarbunker ist abrupt beendet. Die eben noch sehr wilden Türgeräusche und entfesselten Schrittkombinationen verstummen. Und für alle anderen Kreiseldreher ist das Inhalieren der ungefilterten halleschen Chemieluft auch beendet. Es regnet mittlerweile kräftiger, sodass der Filz der alten ausgemusterten Militärjacke und nichtbündig abschließenden Hose schwer geworden ist. Wortlos befreit man mich aus der Box. Insgeheim hoffe ich, vielleicht schon morgen wieder den Spieltrieb des Kreiselgehens zum Muskelerhalt fortsetzen zu können. Nach dem Verlassen des Käfigs betritt sofort ein Uniformierter die Betonstätte. Was sucht der wohl dort, so meine nicht ausgesprochene Frage. Meint der, dass ich etwas an die Mauerwand gekritzelt haben könnte, oder sucht er eventuell einen Kassiber? Glaubt der, dass mir trotz der intensiven Beobachtung aus der Höhe des Laufsteges eine Kommunikation gelungen ist? Das ist doch illusorisch. Ich kann nach dem eben Erlebten nur irritiert mein Haupt schütteln. Selbst ein Hund, der in einem ungastli-

chen Zwinger eingesperrt ist, besitzt mehr Freiraum. Zahllose Umschreibungen finde ich in analogen Schriften. Da wird die menschliche Box wortreich mit »Hundekäfig«, **(31)** »mein Käfig« **(32)** oder »Hundezwinger« **(33)** umschrieben. Ein Mithäftling bezeichnet seinen Freigang mit dem Satz: »Einem deutschen Schäferhund steht per Gesetz wohl mehr Auslauf zu.« **(34)** In der Zelle wieder angekommen sinniere ich weiter. Ich verstehe den kalten Nieselregen als Botschaft. Er signalisiert mir symbolisch das Weinen des Himmels über dieses inhumane Dasein. Und mein Fabulieren fixiert sich am Wort »Freistunde.« Im Wortspiel verbirgt sich eine ungeheuerliche Heuchelei. Trotz intensiver Suchaktion gelingt es mir bei der Niederschrift der Szene in keinem anerkannten Wörterbuch und keiner Enzyklopädie diese Wortschöpfung zu finden. Es scheint in die Kategorie der Unwörter aufgenommen worden zu werden. Denn die Kasernierung im Betonloch war weder frei noch für die Dauer von einer Stunde. In dieser Wortkombination betätigt sich für mich die bewusst verschleierte Taktik des Terrors.
Seit der Inhaftierung in Gera habe ich keine weitere Vernehmung gehabt. Mittlerweile begreife ich, dass das mentale Korsett auch einen angemessenen Platz für Desillusionierung braucht. Der Geist der Zeit lässt keine Formen einer imaginären Idylle zu. Die Realität des Zellenlebens bleibt als momentan nicht überwindbare Mauer bestehen. In diesem Spannungsbogen sucht man angepasste Formen für einen Lebensschutz. Dabei steht all das doch auf einer naturwissenschaftlich begründeten Basis. Den Regelkreis von Lust, Angst, Wut und Schmerz unterhalten massenhaft Nervenverbindungen vom Stirnhirn bis hin zum Mandelkern (Amygdala). Negative Gefühle sind mit Hilfe bestimmter Methoden ausschaltbar. Anders ist es, wenn durch Eigendynamik negativer Empfindungen die psychologische Lawine einsetzt und negative Emotionen den Leidgeplagten übermannen. **(35)** Am Anfang der fatalen Situation steht eine Erhöhung des Glutamates, die ihrerseits die NMDA-Rezeptoren überaktiviert und danach im Neuron die Calcium-Ionen-Konzentration so

dramatisch ansteigen lässt, dass es unter anderem in den Enzymen zu einer massiven Stoffwechselentgleisung kommt. Reaktive Sauerstoffradikale und toxische Reaktionskaskaden beginnen mit ihrer negativen Arbeit und können damit Hirnteile langsam zerstören. **(36)**
Bedenklich ist der innere Energieverlust dann, wenn der Wille nur noch Ruhe sucht. Ich bin in der Zelle bemüht, meine Gefühle im Zaum zu halten, damit die mentale Potenz für notwendige Formen der Eigenregulation erhalten bleibt. Die Gesamtsituation des emotionalen Kummers setzt neue Maßstäbe. Es ist der unbewusste Dauerstress, der unwillkürlich negative Auswirkungen auf den bewussten Geist hat. Ich will mich im Griff behalten und meine Gedanken weiter frei kontrollieren können. Und doch lege ich den Baustein für den ersten körperlichen und seelischen Schaden. Wenn man zu viel Last verspürt, können negative Gedanken das Bewusstsein schneller angreifen. Offenbar gibt es viele Gründe für unseren Willen, uns im Stich zu lassen. Es grenzt schon an ein Wunder, wenn man die mentalen Impulse überhaupt jemals im Griff halten kann. Denn der Wille wird schwächer und die Emotionen zehren langsam aus. **(37)**
Ich reagiere so, wie die Mehrzahl der Probanden, indem ich mich zunehmend gedankenversunken unter Druck setze. Da ist es nicht mehr sehr weit bis zum Vollbild der Versagenssituation. Als am frühen Nachmittag des Silvestertages wiederholt Geräusche die Zellenwand belegen, stehe ich erneut unter Spannung. Recht verstohlen halte ich die rechte Ohrmuschel an die Zellenwand, um die eigentümlichen Laute noch diffiziler aufnehmen zu können. Das andere Ohr hat gleichzeitig höllisch aufzupassen, denn es ist in Richtung Zellentür ausgerichtet und sucht die Schritte des ständig im Rundgang schleichenden Wärters zu erfassen. Vorsicht ist geboten, da jede unnatürlich eingenommene Position in der Zelle laut Hausordnung verboten ist. Das ist eine solche Situation. Mein rechtes Ohr hat inzwischen zahlreiche, unterschiedlich variable Klopfmuster vernommen. Sie scheinen in eine feste, mir aber völlig unbekannte Form gefasst zu sein.

Mehr kann ich momentan nicht eruieren. Im Übrigen wird recht schnell die zur Wand gerichtete Gesichtshälfte hypoästhetisch und kälter. Als Neuling der Haftszene bleibt mir der Informationsfluss, der ständig von Zelle zu Zelle läuft, noch ein Rätsel. Und doch ist das Mauerspiel eine segensreiche Abwechslung. Da sitzen Menschen mit Hochschulabschluss und Führungstätigkeit hinter Zellentüren, in strengster Isolation und kommunizieren doch wie zu Urzeiten miteinander. Und da agiert außerhalb der Zelle ein Heer von nicht überaus qualifizierten Geheimdienst-Angestellten und sucht nichts weiter als menschliche Kommunikation zu unterbinden. Der Zufall will es, dass kurze Zeit später eine sonderliche Art von Kontaktaufnahme an die schon sensibel reagierenden Ohren dringt. Das Geschehnis läuft in der unmittelbaren Nachbarzelle ab. Es ist ein unheimlich klingendes Trommeln. Begleitet wird es von verbalen Hilferufen. Man bedenke, die Zellen besitzen weder eine Sprech-Anlage noch sonstige Notfall-Meldestelle. Hier herrscht der Standard aus der Kaiserzeit. Der Klopfer scheint durch sein unrhythmisches Hämmern und hochtoniges Jammern eine besondere Dringlichkeit um Hilfe zum Ausdruck bringen zu wollen. Ich sitze hier als Arzt herum und bin selbst hilflos. Da verfolgt man natürlich die weitere Leidensorgie mit besonderer Akribie. Etwa fünf Minuten vergehen, bis die Zellentür des Nachbarn vehement und laut entriegelt wird. Ohne etwas sehen zu können, spüre ich, wie der Betroffene nebenan aus seiner Behausung gezerrt wird. Kurze Zeit später kommt die abrupte Stille erschreckend schnell wieder. Es ist die übliche Totenstille im U-Haftgebäude. In mir kocht es. Durch diese Situation bin ich selbst an einem Punkt angekommen, an dem ich den Willen zum Überleben in Frage stelle, denn das hautnah Erlebte muss ich erst einmal als Mensch und als Arzt verdauen. Gerade der heutige Silvestertag lässt fast jeden Gefangenen in eine Traumwelt verfallen. Markante Tage wie diese aktivieren die Menschenseele zu einem Konvolut von Gemütsäußerungen. Ein Mitgefangener aus der gleichen U-Haft beschreibt sein Empfinden zu dieser Zeit:

»Außer der Knallerei und Schreierei im Roten Ochsen, es muss wohl von dem Frauen-Knast herüber gedrungen sein, denn die machten ziemlich viel Lärm. Im Hafthaus A, meiner momentanen Herberge, hört man nicht einmal eine Maus piepsen, so ruhig, wie es war.« **(38)** Schnell hat auch mich die Stille wieder eingeholt. Es wird ein Silvester ohne die bekannten Zutaten von Raketendonner, Lichterketten und Sektgelage.

Was läuft da im Hirn ab? Der Göttinger Neurobiologe G. Hüther beschreibt die bisher fehlende Brücke zwischen dem physiologisch und psychologisch orientierten Stress- und Angstkonzept. **(39)** Nach seiner Meinung gibt es eine nachweisbare neuroendokrine Stressreaktion im Sinne eines »zentralen Adaptationssyndroms.« Die soll so ablaufen: Der Stressor aktiviert assoziative Zentren in der präfrontalen Hirnrinde, anschließend auch das limbische System und das noradrenerge System, quasi wie in einem Verkehrsleitsystem. Über ansteigende Bahnen kommt eine Rückmeldung zum Cortex, wobei die zuvor mit betroffenen Nervenzellen wachgerüttelt werden. Dabei schafft sich das Alarmsystem eine Problemlösung und wendet die mögliche Bedrohung ab. Parallel dazu erfolgt im hormonellen System eine neue Gehirn-Verschaltung. Die zentrale Reorganisation findet letzten Endes neue Bewältigungsstrategien. Mein Gehirn hat gewissermaßen gelernt, zukünftig mit der sonderlichen Belastung besser umgehen zu können. Im Überlebenskampf schafft sich der normal reagierende Organismus passende Möglichkeiten, das lebensnotwendige Durchhalten in der krankmachenden Umwelt zu organisieren.

Aber nicht allen Betroffenen gelingt dies. Die Autorin A. Bohlken beschreibt auf ihre eigentümliche Weise, dass es oft über lange Zeit nach der Haft notwendig ist, die dritte Dimension der Tränen zu behandeln. **(40)** Die Posttraumatische Belastungsstörung (PTBS, englisch: PTSD) ist ein wichtiges Thema für sich mit komplexer Tragweite. Darüber gibt es ein umfangreiches Schrifttum. Für die Behandlung von PTBS-Erkrankten gibt es einige wenige Spezial-Ambulanzen. Die Betroffenen selbst suchen nur in Ausnahmesituationen den helfenden Nachbarn auf. Und von großen Teilen der Bevölkerung werden die gesundheitlichen Probleme der Opfer gar nicht wahrgenommen. Auch der Staat scheint hier Probleme zu haben, die notwendige gesellschaftspolitische Aufarbeitung angemessen zu betreiben. Das schmerzt. In mir kocht es viel mehr, wenn man von den Tätern spricht und sich fragen muss: Kennen die damaligen Verursacher der Schandtaten nicht das menschliche Unheil, das sie angerichtet haben? Man bedenke, sie sind oft völlig unauffällig erscheinende Bundesbürger mit recht hohen Pensionen, die weiter ihre dogmatischen, realitätsfremden und fanatischen Ansichten des terroristischen Verbrechens als Vertreter einer nicht heilbaren, chronisch kranken Welt verteidigen. Da fällt mir die Empfehlung zur Vergebung immer noch schwer.

E 3 Ein Buch, eine Zeitung, ein Spiel

52/1 hat keine Möglichkeit, einen Anwalt seines Vertrauens einzuschalten, er hat auch keine Chance, einen Familienangehörigen sprechen zu können. Es besteht eine absolute Kontaktsperre, so wie sie wohl bei bewusster Isolationsfolter üblich ist. Es ist die moderne Form des an Ketten gelegten wehrlosen Menschen, eine bewusst geschmiedete Fesselung. Da stellt man sich in der Zwangslage die Frage, wie man diesen Teufelskreislauf ohne größeren körperlichen Schaden durchbrechen kann. Weder Randalieren oder Vagabundieren noch Betteln bringt eine Lösung. Hier hilft nur eine Idee mit Signalwirkung. Eine reelle Chance und angemessene Reaktion ist von der regimetreuen Justiz nur zu erwarten, wenn mit Mitteln des Terror-Institutes gearbeitet wird. Bei der heutigen Morgenmeldung schreite ich zur Tat. Ordnungsgemäß und devot stehe ich wie jeden Morgen

stramm da. Der Angehörige der Linie XIV des MfS verlangt die übliche Morgenandacht von mir. Zunächst starre ich bewusst stupide und stumm den wartenden Frager an. »Warum keine Morgenmeldung, 52/1?«, so seine ungeduldige Einlassung. Weiter ohne mentale Regung blicke ich in die grau-melierten, tiefliegenden Augen des Uniformierten. Fast ärgerlich reagiert der etwa Dreißigjährige: »Was wünschen Sie?« Ich weiß, dass dieser von Zelle zu Zelle hüpfende Schließer leicht aus der Fassung zu bringen ist. Mit dem Unterton eines wehleidig gefärbten Getues spreche ich zum 11. Mal deutlich hörbar und mit Nachdruck die uniformen Worte: »Ein Buch, eine Zeitung, ein Spiel.« Und wie jeden Tag bisher wird vom Frager ganz korrekt der Notizblock mit dieser ungewöhnlichen Wunschliste gefüllt. Nach dem Empfang der bekannten Botschaft fliegt abrupt und laut polternd die Zellentür zu. Mal sehen, wie die da draußen auf mein heute etwas anderes Verhalten reagieren. Ich bin überzeugt, dass man die psychische Verfassung eines jeden Neuankömmlings genauestens überprüft. Heute bin ich nicht mehr der unauffällige und normal agierende Insasse, sondern der eher inaktiv und depressiv erscheinende aus der Zelle 52. Nichts tut sich. Etwa gegen 15.00 Uhr ändere ich bewusst die Strategie. Jetzt will ich nicht mehr die Gestalt sein, die den Haft-Tag geduldig dahin laufen lässt. Jetzt hämmere ich unartikuliert an die dicke Holztür aus Großvaters Zeiten. Eine andere Möglichkeit der Kontaktaufnahme gibt es ja nicht. Etwa zwei Minuten vergehen, bis der Wärter vom Dienst das Luken-Türblatt öffnet und mit rüdem Tonfall in die Zelle hinein brüllt: »Was ist los?« Kleinlaut die Antwort aus der Zelle: »Ich benötige eine Schwester oder den Sani.« Sofort stellt der dienstbeflissene Frager sein ganzes Visier in die kleine Futterluke, um mich anscheinend in Augenschein nehmen zu können. Laut Dienstanordnung scheint in einer solchen Situation die visuelle Kontrolle nötig zu sein. Recht energisch und laut kommt die lapidare Antwort von draußen:
»Heute ist keine Sprechstunde!« Nun ändere ich nochmals die Taktik, als ich mit subdepressiv wirkender Redewendung das

Ziel suche: »Ich bin nervlich fertig. Ich benötige ein Buch, eine Zeitung und ein Spiel.« Kommentarlos fällt die Luke zu. Draußen erhöhen sich sofort die Spion-Aktivitäten. Knapp eine halbe Stunde später öffnet ein Justizangestellter, der sogenannte Offizier vom Dienst die kalte Zelle und geht mit nur einem Schritt ins Innere. Ich befinde mich wie immer eher im hinteren Raumdrittel. In seiner linken Hand hält er ein Buch und ein Kinderspiel. In der anderen trägt der Fremde eine Schale. Die Utensilien wandern aufs Bettende, ohne dass er in meine unmittelbare Nähe kommt. Kommentarlos folgt die Verfügung: »Anordnung vom Arzt. 52/1 erhält für heute eine Liegeerlaubnis. Die Tablette in der Schale wird genommen.« Es ist eine Faustan, ein Beruhigungsmittel aus der Wirkgruppe des Valiums. Der Offizier starrt mit hoch aufgerissenen Augen auf meine Filz-Hose, die noch immer ein Gummiband trägt. In fast militärisch artikuliertem Befehlston kommt aus seinem Mund die schroffe Aufforderung: »Sofort das Gummiband entfernen und übergeben. Hierher legen!« Anscheinend fürchtet er sich vor meiner Nähe. Es fällt mir nicht schwer den Gürtel aus der zu großen Hose zu entfernen. Hier wird keine Modenschau gemacht. Ich werfe das Gummiband auf das Bettende und gebe den lapidaren Nachsatz zum Besten: »Ich habe keine abnormen Gedanken und bin auch nicht gefährdet.« Der Staatsdiener reagiert kommentarlos und rückt recht schnell ab. Das mittlerweile altbekannte Schloss-Schlüssel-Geklapper, ein mir heute immer noch im Hirn klingendes Hörgemisch, beendet den ungewöhnlichen Vorgang. Im Moment ist es eine Wohltat, wieder als Aktivposten agieren zu können und die Horch-und-Guck-Gesellschaft springen zu lassen.

Wie ein Kind spiele ich nun »Dame«, »Mühle« und »Mensch ärgere Dich nicht«. Meine Hirnwindungen dürsten gleichermaßen nach Aktivitäten. Ich möchte nicht passiv in der Gruft verharren, sondern der drohenden geistigen Verarmung und psychischen Fesselung entgehen. Über das Spielen kann ich mir selbst in der Einöde einen Mitspieler aufbauen. Ich empfinde ihn beim spielerischen Duell als angenehmen Partner, der über die Handreichung des Spielens eine Form der geistigen Entfaltung ermöglicht. Nun ist »Dame-Spielen« dran. Beim ersten Match gehören die Steine in weiß mir, mein Gegner hat schwarz. Das Spiel läuft ausgesprochen gut, denn Weiß verschafft sich Vorteile. Einige Schwarze sind bereits gefallen. Es dauert nicht lange, und der unsichtbare Gegner mit den schwarzen Klötzern holt doch auf. Ein Überraschungs-Clou der schwarzen Front schafft dem imaginären Gegner Entlastung. Ich merke, das anregende Pro und Kontra im Wegschaffen der gegnerischen Figuren baut mich auf. Begleitet wird die Partie von einem ständig lauschenden Zuschauer am Bullauge des Türblattes. Das etwa alle fünf Minuten stattfindende leise Rascheln am Spion signalisiert, dass der Wächter von draußen genauestens meine Handlungen beobachtet. Die ständige Observation ist lästig. Mir geht es im Moment nur um Zeitvertreib und Zerstreuung. Die weiße Dame-Staffel hat auf dem Quadratbrett Federn lassen müssen. Schließlich endet das Gespiele mit einem Sieg von Weiß. Ihr Anfangsvorteil war zu groß. Und gnadenlos folgt die Revanche von Schwarz beim nächsten Duell. Die immer wieder hereinschauende Patrouille als gleichsam stiller Beobachter der kindischen Spielerei heizt die Stimmung noch an. Erst nach eineinhalb Stunden Kampf werde ich ruhiger, als das Figurenrücken mit einem gerechten 7:7 endet. Ein faires Spiel ist es gewesen. Und meine Gedanken waren für eine gewisse Zeit außerhalb der Haft. Ohne Zwischenstopp folgt die »Mensch ärgere Dich nicht«-Party. Plötzlich wird die Zellentür aufgerissen und der einzig interessierte Zuschauer von draußen, der über lange Zeit meine Reaktion genauestens überwacht hat, steht breitbeinig und stramm zwei Meter vor mir. Lächelnd lallt er im halleschen Kauderwelsch: »Was macht 52/1 eigentlich hier, allein kann man doch nicht spielen?« Die spontane Antwort sitzt: »Ich kann es.« Und schaue mit Interesse weiter auf die Spielfläche. »Wer gewinnt denn bei dem Würfelspiel?«, so sein dümmlicher Versuch, mein Verhaltensmuster und Reaktionsvermögen prüfen zu wollen. »Ich gewinne immer, denn ich ergreife immer Sympathie für den Sieger.« Kopfschüttelnd und gedankenverloren verlässt der neugierige Uniformierte die Spielhölle. Eine weitere Stunde der sonderlichen Beobachtung vergeht, bis anscheinend von der Aufsichtsbehörde der U-Haft mein unauffälliges Verhalten akzeptiert wird. Denn die Sichtkontrollen sind jetzt wieder in der üblichen größeren zeitlichen Intervallfolge. Die Sache mit dem Gummiband ist wohl ad acta gelegt worden. In den Augen der Horch-und-Guck-Bediensteten scheine ich nicht mehr als gefährdet eingestuft zu werden. Bei Durchsicht der BStU-Akte finde ich später eine Eintragung, die den Vorgang als »Depression mit Suizidgedanken« deklarieren will.

Im Nachhinein akzeptiere ich das Verhalten der Behörde von damals und finde interessante Anhaltspunkte, die ihre penible Reaktion erklären. Auf jeden Fall war meine Handlung als Selbstmordversuch eingestuft worden. Meinerseits war es nur der Versuch, den Stillstand im Umgang mit mir zu durchbrechen. Das war gelungen. Was für Gedankenspiele mag die Justizbehörde in dieser Szene gehabt haben? Die Literatur gibt eine Fülle von Fakten. Es ist bekannt, dass die Staatssicherheitsleute bei Neuankömmlingen besonders auf Sicherheit zu achten haben. Ich finde dazu Notizen, beispielsweise die: »Nimmt es wunder, dass dieses plötzliche Gefühl des Eingesperrtseins bei manchen Selbstmordgedanken erweckt? Die Stasi hat mächtige Angst davor, jemand könne sich etwas antun. Daher wird auch alle 10 Minuten durch den Spion gesehen; deshalb sind Pritsche, Tisch und Schemel lediglich geleimt, nicht genagelt.« **(2)** Dabei gelten Selbstmordversuche als Verstoß gegen die Haftdisziplin. In der Hausordnung steht doch: »Es ist untersagt, sich körperliche Selbstbeschädigungen zuzufügen.« **(3)** Die Bedeutung der Wachsamkeit des Personals unterstreicht auch ein Bericht der Hauptabteilung XIV der MfS-Bezirksverwaltung Leipzig. Da wird gesagt: »In den letzten Jahren wurde durch die Wachsamkeit und Einsatzbereitschaft der Genossen jeder Selbstmord- und Ausbruchsversuch rechtzeitig erkannt und verhindert. Für die Verhinderung eines Suizidversuches wurden den Bewachern Prämien von 100 bis 150 Mark gezahlt, für gute Wachsamkeit.« **(4)** In der Dissertation des U. Grashoff wird festgestellt, dass in den DDR-Gefängnissen die Selbstmordraten etwa drei bis viermal niedriger gelegen haben als in der alten Bundesrepublik. Grund dafür seien die schärferen Kontrollen. Für die unterschiedliche Höhe der Suizidversuche sieht er vor allem historisch gewachsene regionale, religiöse und traditionelle Besonderheiten. **(5)** Der Autor nennt Gründe für dieses Verhalten. Die permanente Demütigung und der menschenunwürdige Umgang stellen aus der Sicht des Häftlings die Weichen in Richtung psychisch abartiger Reaktionen. Das Empfinden der Ohnmacht verstärkt noch die bewusst induzierten Handlungen von Desorientierung, Totalisolation und Dauerbewachung. Man versucht nach außen die U-Haft korrekt und human darzustellen. Dazu noch der Hinweis: »Die Informationswillkür bei Selbsttötungen Inhaftierter hebt sich ab von der allgemeinen, politisch motivierten Tabuisierung von Suizid in der DDR. Während die SED-Führung das Tabu phasenweise lockerte bzw. verschärfte, änderte sich in den Gefängnissen in dieser Hinsicht wenig. So entstand neben Mordgerüchten auch der falsche Verdacht, in der DDR hätten sich besonders viele Häftlinge das Leben genommen; tatsächlich war die Suizidhäufigkeit durch die intensive Kontrolle, die gemeinschaftliche Unterbringung der Inhaftierten und die Aussicht auf Freigang sehr gering.« **(6)** Damit ist ein Gerede über die angeblich hohen Selbstmordraten in den DDR-Gefängnissen obsolet. Aus gutem Grunde sorgte die Staatsführung bereits 1963 für eine Geheimhaltung der Suizidstatistik. **(7)** Und im Jahre 1977 verschärfte sie diese Politik noch durch eine weitere Anordnung, sodass auch den fünf medizinischen Instituten, die bisher geheime Zahlen für wissenschaftliche Zwecke erhielten, keine statistischen Hinweise mehr übermittelt wurden. Demnach war die Problematik des Geredes über Suizide im Gefängnis für die Staatsführung ein überaus sensibles Thema. Mielke selbst war es im Grunde egal, wie und ob die Häftlinge selbstmörderisch handelten. Bei einer MfS-Tagung sagt er: »Und wenn sich ein Verbrecher, ein verkommenes Subjekt, deshalb etwas antut, (...), dann ist es tausendmal besser, als wenn es ihm gelingt, seine verbrecherischen Absichten zu verwirklichen oder uns weiteren Schaden zuzufügen.« **(8)** Auch wenn die Mitarbeiter der Aufsichtsbehörde den Tod ihrer Opfer nicht wollten, so nahmen sie die ausgeklügelten psychischen und physischen Zersetzungsmaßnahmen bewusst in Kauf. **(9)** Bei der hier dargestellten Diskussion muss ganz deutlich zwischen Selbstmord und Selbstmordgeste unterschieden werden. Wird vom Häftling eine derartige Handlung ausgesprochen, dann bedeutet es noch nicht, dass der Betreffende tatsächlich suizidgefährdet ist. Sein Hinweis dient vielmehr als Hilferuf oder als Drohgebärde. Friedrich Nietzsche sagt es in seiner Sprache: »Der Gedanke an den Selbstmord ist ein starkes Frostmittel: Mit ihm kommt man gut über manche böse Nacht hinweg.« **(10)** Dieses Phänomen umschreibt der österreichische Arzt und Psychotherapeut E. Ringel mit dem Begriff des »präsuizidalen Syndroms«. Er sieht den Zustand der »gehemmten Aggression«, wenn die Waffen schweigen, aber nicht, weil der Kampf entschieden ist, sondern weil seine Fortsetzung keine weitere Entscheidung, nur noch Zerstörung und Schmerz, verspricht. **(11)** Die Kontaktfähigkeit zur Umwelt ist so stark beschränkt, dass der Zustand der Handlungsfähigkeit einer Sackgasse entspricht. Andere Wissenschaftlicher beschreiben die Enge im Haftbereich mit der psychischen Reaktion im Sinne eines »Inhaftierungsschockes« oder »Haftkollers«. **(12)** Die früher oft gebrauchte Definition der sogenannten »Haftpsychose«, medizinisch besser als psychogene Haftpsychose formuliert, wird nach den gültigen Diagnosekriterien heute nicht mehr akzeptiert. **(13)**

Mein beschriebenes eigenes Verhalten sehe ich auch nicht wie die allgemein bekannte Handlung Martin Luthers, der die »Tintenflaschenepisode« produzierte. Der Theologe hatte sich auf sonderliche Weise auf der Wartburg abreagiert, als er die Gängelung und Schikanen im Kloster und die anschließende Verfolgung durch Kaiser und Kirche verspürte. Seine ungewöhnliche

Reaktion des Schleuderns eines Tintenfasses an die Wand des Verlieses ist nach Meinung des Autors A. Neumayer Ausdruck einer hysterischen Anwandlung. Der Reformator formulierte sein eigenes Credo mit dem Ausspruch: »Nun, lieber Herrgott, du hast mich gesund gehabt, du musst mich auch krank haben.« **(14)** Ich selbst fühle mich in der Zelle wohl nicht krank, aber doch psychisch angeschlagen. Ich verstehe meine Handlung weder als »haftspezifisches Wahnsyndrom« noch als bewusst betriebene »Simulationshandlung«. Sowohl Befinden als auch Handlung entsprechen dem Zustand eines spezifischen Affektphänomens, verbunden mit einer gehörigen Portion Angst. Die Wissenschaftler S. Fazel und J. Danesh finden in einer Metastudie der Universität Oxford bei 22.790 Strafgefangenen in 65 Prozent der Fälle derartige abnormale Befindlichkeiten, die sie als »Persönlichkeitsstörungen« beschreiben. **(15)** Als immer noch braver Zelleninsasse suche ich die Hausordnung nicht zu durchbrechen. Denn der Verstoß gegen sie hätte unweigerlich zu Aktionen geführt, wie beispielsweise die Betätigung des Gummiknüppels, des sogenannten sozialistischen Wegweisers, bzw. Einsatz eines Totschlägers, dem Anlegen einer Fesselungsjacke bei hysterischen Handlungen, einem längerfristigen Tragen von Handschellen oder sogar der Injektion eines Beruhigungsmittels. Das Repertoire der Behörde kennt kaum Grenzen. Nicht selten endete ein psychogenes Theater im Kellerarrest. Das wäre die schlechteste Lösung.

Welche Rolle übernimmt in dieser Situation das Gehirn? Die Großhirnrinde als störanfälligste zerebrale Region hat eine wesentliche Exekutivfunktion. Bei bestimmten Angstsituationen kann der Manager im Kopf sogar versagen. Es gibt eine Achse der Angst mit einer Zentrale im Mandelkern. Sie hat ihrerseits weitere Zentren in der Umgebung der zentralen grauen Substanz und vor allem im Ammonshorn (Hippocampus). Wenn traumatische Ereignisse länger andauern, dann ist die Angstsituation nicht mehr beeinflussbar und reagiert dann als vernetzter Teil gewissermaßen sauer. Der Arzt sieht die Folgen erst viel später. Heute ist bekannt, dass Dauerstress, wie beispielsweise die posttraumatische Belastungsstörung, das Ammonshorn und auch den Mandelkern im wahrsten Sinne des Wortes schrumpfen lassen. Damit ist der Beweis erbracht, dass der Psychoterror »greifbare neurobiologische Veränderungen« quasi eine Narbe in der Seele verursacht. **(16)** Das Geschehen ist noch komplexer, wenn die hormonellen Reaktionen betrachtet werden. Der LC (Locus coeruleus) mit seiner übergroßen Noradrenalin-Produktionsstätte stellt als Stresshormon-Produzent eine bedeutsame hormonelle Schaltstelle dar. Er sorgt für eine Mitbeteiligung der präfrontalen Hirnareale, die einem die Angst erst bewusst werden lassen. Diese hierbei aktivierte Stressachse, auch »Achse des Bösen« genannt, besitzt ein immens langes Gedächtnis. Man bedenke, als Form eines traumatischen Ereignisses bewirkt diese Isolationsfolter auf der beschriebenen Stressachse tiefgreifende und leider meist auch lebenslange negative Veränderungen. Es bedeutet nicht selten, dass man die Geister der Angst nicht mehr los wird. Die Psychologen sprechen vom Zustand der Hilfslosigkeit, Ohnmacht und dem Gefühl, von der Welt bedroht zu sein. Denn jeder Mensch hat Strukturen mit dem Sitz der Seele, ob nun mit oder ohne religiöse Überzeugung. **(17)** Ich versuche mit den hier gegebenen kausalen Zusammenhängen zu zeigen, wie nachhaltig und fahrlässig doch die inhumanen Aktivitäten des Stasi-Apparates waren. Die Höhe der Selbsttötungsversuche ist also nicht entscheidend. Von viel größerer Tragweite sind die bewusst induzierten Misshandlungen, die viele Menschen für den Rest ihres Lebens dauerhaft gezeichnet haben.

Es ist der 01. Januar 1975. Das neue Jahr beginnt mit einer Lesestunde, denn das gestern hereingereichte Buch verdient es, intensiv verarbeitet zu werden. Es ist eine Wonne, wenn der Geist eine Möglichkeit zur Ablenkung geboten bekommt. Da wird das öde Herumsitzen, stupide Befehlsempfangen und unkultivierte Essen und Trinken leichter ertragen. Heute beende ich die zweite Woche Untersuchungshaft, immer noch ohne Verhör. Der Titel des Buches ist mir heute nicht mehr geläufig. Schon auf den

ersten beiden Seiten berichtet der mir unbekannte Autor von sozialistischen Helden, die mit Hingabe und Freude eine neue Gesellschaft bauen. Und die letzten Seiten des Werkes bringen die Lösung. Voller Freude ist der Held des Buches über sein kommunistisch gefärbtes Dasein beeindruckt. Das hier geschilderte ideologisch untermauerte Märchen hat ein Happyend, so wie in einem Western. Über die dreißigste Seite komme ich nicht. Der Inhalt ist so weltfremd und abartig, dass es sich nicht lohnt weiter zu lesen. Und doch erlebe ich, unruhig auf dem Holzhocker hin und her rückend, meine erste Zellen-Andacht. Ein im Buch aufgeschnappter Vers sorgt dafür, denn ich kann wieder läppisch und laut lachen. Das Frontalhirn hat mich in Stellung gebracht. Ich resümiere das Gelesene. Die Ethik des sozialistischen Übermenschen ist und bleibt eine ethische Unmöglichkeit. Sie ist nicht von dieser Welt. **(18)**
Heute sage ich mir, wie wäre es gewesen, wenn man den Geist manipulieren könnte und damit seine Gedankenfreiheit aufgäbe? Man beachte, nicht nur die Gedanken-, sondern auch die Gefühlsfreiheit stehen auf dem Spiel. Der ideale Staatsbürger kann in einem »Hirnkontrollstaat« nicht nur gedanklich, sondern auch emotional kontrolliert und manipuliert werden. »Die Glückseligkeit wäre nicht einfach zum Greifen nahe, sie hätte die Gesellschaft voll im Griff, die Eudämonie wäre ein Dämon, der alles beherrscht. (…) Das menschliche Gehirn ist keine unantastbare Größe mehr.« **(19)** Die Forscherin S. Greenfield von der Oxford Universität warnt: »Das private Ego ist das Kostbarste, was wir haben, und es ist gefährdeter als jemals zuvor.« **(20)** Krankhaft veranlagte Potentaten könnten neue Möglichkeiten der Machtausübung und des Machtmissbrauchs bekommen, wenn sie die »schöne neue Neuro-Welt« für ihre Zwecke nutzen. **(21)** Man bedenke, was das östliche System mit mir und meinen Freunden vorhatte. All die allmächtigen Fabelspieler im Gebälk der kommunistisch verbrämten Staatsideologie versuchten uns junge Akademiker körperlich und seelisch in Schach zu halten. Wir brachten der Gesellschaft unser Wissen zum Altar, um mit

unserem Können anderen Menschen nutzbringend zu helfen. Und eine Clique von privilegierten Funktionären verstand es mit Mitteln der brutalen Gewalt, eingebettet in eine absurde Weltanschauungsdiktatur, die heranwachsende Intelligenz ideologisch indoktriniert in Schach zu halten. Die Machtorgane funktionierten, so wie auch in vergangenen Zeiten, immer nach dem gleichen Muster. Tut der Manipulierte nicht das, was die Hüter des Systems für gut und sinnvoll halten, dann stempelt man solchen Bürger ohne große Widerrede zum Feind des angedachten Neuen ab. Und wenn ein solcher angeblich Abtrünnige aktiv an den Grundfesten des Staatsgefüges rüttelt, dann zerstört man seine Ideale und sein Leben mit der von der Staatsführung erdachten Gesetzlichkeit. Ein solches Handeln kann mit der Perfektion eines ausgetüftelten Sicherheitsapparates leicht vollzogen werden. Aus diesem Grunde sitzt in den 70er-Jahren ein nicht so kleiner Teil der DDR-Intelligenz im Abseits der Haftgebäude von Halle, Leipzig, Berlin oder Bautzen.
Ich fragte mich schon damals recht selbstkritisch, welche Ideale einer angeblich besseren Welt erstrebenswert wären? Im Nachhinein lohnt es sich, das damals bereits Bekannte mit dem heutigen Wissen zu ordnen. Im Bereich der Philosophie spielen seit Jahrhunderten Utopien für eine bessere Welt eine zentrale Rolle. Es sind insbesondere die religiös-gefärbten Sozialutopien, die für zahllose Schnittpunkte im Leben, beim Denken, Hoffen und Verzweifeln sorgen. Ein jeder Mensch sucht sehnsuchtsvoll mit allerlei Glücksmomenten nach einem Himmel auf Erden. Die Philosophie hofft den Stein des Weisen zu finden, wenn sie eine vollkommene Welt in Freiheit und Erlösung von allem Übel bescheren könnte. Besonders in den letzten zwei Jahrhunderten aktivierten die Philosophen als Folge der zerrissenen Verknüpfung der religiösen mit der gesellschaftlichen Sphäre ihre Bemühungen. Neue kategorische und moralische Prinzipien für ein besseres Zusammenleben wurden zuhauf beschrieben. Im Raum stand die Frage, ob ohne Normen ein Ethos entwickelbar wäre. Man suchte für die Menschen, möglichst auch ohne Religion,

eine gängige Leitschnur. In dem gesammelten Essay zur Politik der Geschichte versteht es J. Fest festzustellen: »Die halbreligiösen, auf Ideologie und Führertum gestützten Zwangsstaaten dieses Jahrhunderts waren nicht zuletzt ein Versuch, dem befreiten Menschen durch eine suggestive Zukunftsidee ein Ziel und damit einen neuen Glaubensgrund, Bindungen, Kameraderien, sowie Motive für sein Verlangen nach uneigennützigen Tun zurückzugeben. Und doch, wir scheinen nicht in einer postutopischen Gesellschaft angekommen zu sein.« **(22)** Weshalb nicht? Seit dem 19. Jahrhundert geisterte der Glaube an eine neue Weltordnung in den Köpfen vieler Intellektueller. Die Welt müsse sich doch durch ein neues und besseres Ordnungsprinzip ändern lassen. Da gab es die Weltverbesserer von Marx, Engels, Lenin, Stalin bis Mao, in deren Hirnen utopische Reformen geisterten, die in ihren Lehren von Allmachtphantasie, Menschheitsphantasie, Geschichtsmystik bis hin zum aberwitzigen metaphysischen Glauben an ein wissenschaftlich begründetes Gesetz vom »Himmelreich auf Erden« träumten. In ihrer kommunistisch verklärten Welt sahen die Ideologen eine universelle Lösung aller Probleme. In ihrer Theologie geisterten vier Legenden (Mythen):

Erste Legende, die von der wissenschaftlichen Gesetzlichkeit. Aufgrund der Weltanschauung des Marx habe die kommunistische Utopie eine pseudoreligiöse Basis, die einer historisch begründeten und unwiderlegbaren Gesetzlichkeit unterliege. Dadurch sei die zukünftige Gesellschaft kausal gestaltbar. Die Menschheitsgeschichte folge einem Gesetz ohne Manipulationsmechanismus. Der aufblühende Mensch will in diesem Gesellschaftssystem die neue Gesellschaftsordnung verwirklichen. Erst nach der Umsetzung des geschlossenen gesellschaftlichen Systems kommt die Geschichte selbst an ihr Ziel. Hier endet auch das »Utopie-Syndrom«. **(23)** Die Gesetzlichkeit unterliegt nicht einer evolutionären Triebfeder, sondern wird durch eine revolutionäre Umwälzung eingesetzt. Durch die wissenschaftlich motivierte Heilslehre vollzieht sich am Ende das Jüngste

Gericht, das dann Kommunismus genannt wird. Es gebe keine andere Weltanschauung, die ihrem Wesen nach einen solchen Ansatz mit edlen Zielen habe. **(24)**
Zweite Legende, die vom ökonomischen Weltbild. Durch die Umkehr des Verhältnisses von Produktion und Verteilung sorge die Gesellschaft ohne Eigentum für eine Gemeinschaft aller. Die Abschaffung des Privateigentums beseitige die »Wurzel des Übels«. Das »Paradies auf Erden« bedarf zuvor von oben nur einer gesteuerten Kontrolle der Produktion und Verteilung. Der Rückzug ins natürliche, einfachere Leben (Rousseau, Marcuse) ende mit dem Traum einer vollendeten Welt im kommunistischen Paradies, in dem die Arbeit des Menschen keine entscheidende Rolle mehr spiele. Durch die Installation des Reiches der Notwendigkeit kann das Reich der Freiheit entstehen. Der wesentliche Kern der Utopie fußt auf der Basis des Gemeinschaftseigentums an Produktionsmitteln. Laut Fr. Engels schaffe allein dieser ökonomische Hebel eine allseitige soziale Gerechtigkeit. **(25)** Aufgrund der ökonomischen Erkenntnisse würden dann weder soziologische, anthropologische noch psychologische Erfahrungen eine wesentliche Rolle spielen. Die Argumentation unterliegt einem Realitätsverlust.
Dritte Legende, die von der Schaffung eines Menschen mit neuem Bewusstsein. Lenin erfand zur Oktober-Revolution in Russland die Lösung, indem er forderte: Der Mensch wird umgebaut! Man muss nur vom Kindergarten bis zum Altersheim Erziehungsmaßnahmen etablieren. Der neue Mensch könne im vollendeten Sozialismus zu einem gesellschaftskonformen, funktionellen Wesen verändert werden. In dieser Idylle bestehe Harmonie, so dass bürgerliche Ideale bedeutungslos werden. Die komplexe Natur des Menschen bedarf der Korrektur. Es sind die moralischen Stärken und Schwächen, die vielfältigen multiplen und aberwitzigen Motive bzw. unterschiedlichsten Charakterprobleme zu verändern. Bis zum endgültigen Ziel hilft das »Prinzip Hoffnung«. Auch wenn der Mensch nie vollkommen sein kann, so wird mittels Erziehung doch erreicht,

dass man bei ihm einen sozialistischen Zeitgeist schmieden könne. Der russische Kommunistenführer Lenin spricht in einer Parole vom »nützlichen Idioten«, der sich der Sache des anzustrebenden Paradieses auf Erden theatralisch und fast sektenhaft zu verschreiben habe. Marcuse setzt die Phantastereien fort, wenn er meint, neben der erzieherischen Diktatur sei in erster Linie die Neubestimmung ihrer Bedürfnisse von Nöten. Es reiche eine Bedürfnisbefriedigung. **(26)** Angeblich vermehren sich die »nützlichen Idioten« wie Sand am Meer. Wolf Biermanns Zitat verstehe ich in diesem Sinne, wenn er von einem »groß angelegten Tierexperiment am lebenden Menschen« spricht. Und der bekannte Historiker J. Fest sieht den Gang des Menschen durch die Wüste, nicht so, wie es Moses mit dem jüdischen Volk praktizierte. Seiner Meinung nach würden die Menschen der sozialistisch dominierten Hemisphäre weiterhin in der Wüste das verheißene Land mit den Idealen der sozialistischen Heilslehre suchen. Wo aber kann eine solche total degradierte Gesellschaft ohne Ziel ihr Heil finden? Unauflösbare Gegensätze lassen den Erziehungs-Mythos zu einer Lebenslüge verkommen.

Vierte Legende, die von der Umsetzung einer innerweltbildlichen Religion. Der Sozialismus russischer bzw. europäischer Prägung lebt in einem ureigenen halbreligiösen Kult von der dogmatischen Lehre des Marx bis hin zur Vergötterung im Leninismus und Stalinismus. Dabei bedurfte es der Theologie des Kommunismus, die durch die führende Partei nur richtig zu interpretieren sei. **(28)** Hierbei übernehme psychoanalytisch die Parteiführung mit ihrem Generalsekretär das Postulat des Übermenschen. Die Partei würde die verehrungswürdige Machtbefugnis mit bedingungslos zu befolgenden Richtlinien benennen. Und das zu befolgende Glaubensbekenntnis würde sowohl moralisch als auch logisch unfehlbar. Die Leitsätze seien heilige Dogmen. Der Autor M. Ryklin sagt: »Der kommunistische Gläubige musste sich mit dem Willen der Partei identifizieren, sich mit Haut und Haar ihrer Macht unterstellen, so dass jede Veränderung der Spielregeln (d. h. der Parteilinie) natürlich und

konsequent erschien.« Da kann dann auch jeder Willkürakt bis zum Mord als Notwendigkeit betrachtet werden. Dabei vollzieht sich nicht selten der Vorgang als »Übergang von unwissenschaftlichem Enthusiasmus zum religiösen Rausch.« **(29)** Das Ex-Politbüromitglied der SED Schabowski meint: »Die Prämisse aber bleibt unangetastet, ja heilig. (...) Indem wir den Zweifel an uns suspendierten, haben wir uns selber vergottet. (...) Kommunistische Weltverbesserer und Erlöser der Menschheit benutzten Kategorien wie Freiheit, Offenheit, Pluralismus, Objektivität lediglich als Worthülsen im taktischen Gebrauch nach innen oder als Waffe im Kampf mit dem Klassenfeind.« **(30)** Die Erlösung des Menschen sieht W. Horlacher: »Das ist die Vorstellung, dass sich der Mensch durch sich selbst und aus sich selbst heraus erlösen lasse, klassenkämpferisch auf Gleichheit um jeden Preis bedacht.« **(31)** Summa summarum: Die Träume von der vollendeten Welt tragen Züge einer religiösen Trance mit messianischem Potential und nicht anfechtbarer Wahrheit. Es gäbe einen neuen Weg auf der Suche nach einem Ersatz für Gott. Aus dieser Überlegung heraus ist J. Habermas überzeugt: »Wenn die utopischen Oasen austrocknen, breitet sich eine Wüste von Banalität und Ratlosigkeit aus.« **(32)**
Als systemkritisch denkender Gläubiger, der mit aller Härte zu Beginn des Jahres 1975 die Macht der sozialistischen Utopie spürt, sage ich mir in meinem Verwahrraum, als ich das ideologische Märchen vom Sozialismus und Kommunismus kursorisch überblättert habe: Die meisten politischen Erlösungsversprechen gehören auf den Scheiterhaufen der Geschichte. Sie sind Theorien, die wie alle gnadenlosen philosophischen Einlassungen gegen das Wesen der Menschen gerichtet sind, und die vor allem unfähig sind, die tatsächlichen Probleme der Menschen zu lösen. (**33)** Deshalb bleibt es bei meiner Forderung, dass ein aus politischen und ideologischen Gründen unschuldig eingesperrter Mensch dieser Welt sich seinen Glauben an die Legende einer lebenswerten Welt ohne Phantastereien bewahren sollte.
Am nächsten Morgen, es ist der 02. Januar 1975, entledige ich

mich des sonderbaren Propaganda-Buches. Der Wunsch nach Hereingabe einer Zeitung bleibt verwehrt, auch wenn es nur das SED-Organ »Neues Deutschland« gewesen wäre. Die Stasi-Justiz setzt bei mir offensichtlich andere Prioritäten. Ich bleibe am Ball und suche meine Chance über die nächste Morgenmeldung. Mein Spruch heißt heute simpel und gänzlich unmissverständlich: »52/1 wünscht eine Bibel.« Der Wunsch bleibt mir verwehrt. Die Antwort des Buch-Kalfaktors am Nachmittag wirkt wie eine emotionslos eingeübte Redewendung: »Eine Bibel ist zur Zeit nicht lieferbar.« Der fadenscheinigen Antwort kann ich nicht entnehmen, ob eine Bibel in der U-Haft vorhanden ist oder ob man mir keine geben will.
Meinen Wunsch nach Buch, Zeitung und Spiel muss ich in die Dialektik der DDR-Justiz einordnen. Was meine ich damit? Es gibt laut Hausordnung einen Grund, mir das Lesen überhaupt nicht zu erlauben. Ich habe bis zu diesem Zeitpunkt noch kein einziges Verhör in Halle gehabt. Der Vernehmer kennt mich angeblich noch nicht. Und es gibt für diese Behörde ein Junktim in der Vernehmungsphilosophie. Das besagt, dass der verantwortliche Vernehmer eine »Leseerlaubnis« erst nach sogenannter »kooperativer Zusammenarbeit mit dem Untersuchungsorgan« erteilen könne. Aus heutiger Sicht muss ich sagen, hier lässt wieder das hallesche Lochgefängnis des 20. Jahrhunderts grüßen und setzt seine außergewöhnlichen Prioritäten.

E 4 Das ordinäre Zellenleben

Bereits ohne Urteil werde ich wie ein Straftäter behandelt. Warum geschieht das? Für den Psychiater und Psychologen P. Watzlawick kann durch die Art und Weise, wie man sich in bestimmten Situationen verhalten bzw. präsentieren muss, die nonverbale Kommunikation entscheidend greifen. **(1)** Hier findet bereits mit primitiven Outfit-Tricks eine psychologische Einkreisung statt. Dem Schrifttum entnehme ich, dass die Hauptabteilung des MfS bei Bezug der U-Haft kategorisch festlegte, dass nach Möglichkeit das Tragen von anstaltseigener Kleidung anzustreben sei. **(2)** An sich steht das Tragen von Anstaltskleidung im Widerspruch zum DDR-Gesetz. Wen interessiert das, was in den Lettern des DDR-Gesetzbuches steht? Mit dem Outfit des vorverurteilten Sträflings beginnt, so sieht es der Autor A. Richter, »ein Vegetieren in einem künstlich erleuchteten Sarg.« **(3)** Ein anderer Mithäftling meint sarkastisch: »Der vielfach missbrauchte Begriff lebendig begraben ist hier richtig zitiert. Man ist ein lebender, weil atmender Toter in einer Gruft.« **(4)** Die genannten Beschreibungen sind meines Erachtens etwas überspitzt, haben aber einen wahren Kern. Der Mitgefangene M. Eckart meint zum Thema des Weggeschlossenseins: »Unvergesslich prägte sich mir das erste Türzuschlagen ein, mit all den klirrenden Schlüsselgeräuschen und dem Haken- und Riegelzuschlagen. Das geht wirklich durch Mark und Bein. (...) Die Knie zittern, auch wenn man es sich nicht eingestehen will. Dann sagt man sich: Das ist also eine Zelle.« **(5)** Für mich beginnt nun auf dem begrenzten Raum von etwa zwei mal vier Metern Enge die zunehmende körperliche und geistige Minimierung, eine Art »Schmoren« und »Weichkochen«. Es ist für mich eine äußerliche und innerliche Reduktion auf Dinge des Lebens, die im Grunde nur das Überleben programmiert.

Kein U-Häftling kann sich zur Honecker-Zeit der psychopathologisch niederschmetternden Realität entziehen. Und mein Gehirn reagiert bereits. Es hat die Vorgänge der Stressreaktion unwillkürlich eingeleitet. Der Stressor aktiviert alle assoziierten Zentren im Sinne des zentralen Adaptationssyndroms. Dabei werden die Gefühle effektiv gesteuert. Mein Gehirn-Innenleben wandelt sich nach dem Prinzip, schnellstmöglich eine Programmierung und Anpassung zu erzielen, damit eingetretene negative Gefühle maßvoll kontrolliert werden können. Die linke Seite des Stirnhirns, die für die kontrollierbaren Reaktionen zuständig ist, erfährt bei diesem Prozess eine deutliche Aktivitätssteigerung. Und die gesamte zentrale Verdrahtung verändert sich, so dass die Art der Wahrnehmung sich anpassen kann. So werden im Rahmen der Reizantwort nicht nur schlechte, sondern auch gute Gefühle aufgebaut. **(6)** Der Körper wehrt sich also erfolgreich.

Man geht in sich und versucht das neue Dasein zu ordnen. Die hölzerne Tür aus dickem Gebälk wird durch weitere uralte Funktionseinrichtungen interessant. Da starrt mich beispielsweise in Kopfhöhe die glasähnliche, verspiegelt glänzende Rundung von wenigen Zentimetern an, die eine trichterförmige Vertiefung besitzt. Der ganze Spion hat einen Durchmesser von etwa 10 cm. Sehr schnell habe ich den Sinn dieser Einrichtung begriffen. Im Verwahrraum scheint ein gefährliches Lebewesen eingesperrt zu sein. Denn die Seite der Späher trägt noch eine beweglich angebrachte Metallklappe. Ein Mithäftling beschreibt die Guckloch-Einrichtung genauer: »Es war möglich, entweder einen durch Abheben und Zurückfallenlassen des Deckels erzeugten Klopf- und Knackton oder einen durch Reibung des Deckels auf seinem Sockel bewirkten Quietschton hervorzurufen. Die unvermeidliche Folge dieser scheinbar geringfügigen und nicht einmal lauten Signale war, dass den Häftlingen, vor allem jedem Einzelhäftling, unabhängig die eigene ausweglose Situation in Erinnerung gebracht wurde.« **(7)** Aus der Position des Übeltäters verstehe ich dieses »Horch- und Guck-Spiel« mit karikiertem Unterton. Da glotzt mich wie aus der Zeit des Stummfilmes wortlos, versteinert und misstrauisch das Gesicht einer Pantomime an. Was macht momentan dieses Ungeheuer, so die fragende Übersetzung aus Sicht des kritischen Beobachters, der ständig das Hafthaus in seiner Etage umrundet. Ich sehe nur den Umriss eines Auges starr unbeweglich oder aufgeregt bewegt, oft mit dem Unterton einer gespenstischen Färbung. Selbst das Heranschleichen des Spähers erfolgt, nicht selten mit Filzpantoffel-Schuhwerk bestückt, bewusst leise. Die plötzliche

Zellenvisitation soll anscheinend überraschen und unbemerkt ablaufen. So schleicht sich der Neugierige von Guckloch zu Guckloch und das monatelang bis zum Gerichtstermin. Dem makabren Spieler ist mit hoher Wahrscheinlichkeit auferlegt worden, die kompromisslose und konsequente Durchsetzung der bestehenden Richtlinien zu erfüllen. Und dem Späher ist indoktriniert worden, dass der Klassenfeind das »Schild und Schwert der Arbeiterklasse« spüren soll.
Auch die verbale Kommunikation bekommt ein sonderliches Muster auf beiden Seiten der alten Kaisertür, dort vom Geflüster bis zum Gebrüll des Wärters und hier vom Winseln des Inhaftierten oder seinem unrhythmischen Klopfen bzw. Schaben an der Nachbarzellenwand. Das Leben von Zellenwand zu Zellenwand trägt sein merkwürdiges Flair. Es ist eine Atmosphäre mit neuen Normen und sonderlicher Normalität. Und doch bleibt das Zellenleben ein Labor mit vielen Unbekannten. Eine ganze Reihe von Regeln, die mit den Geräuschmustern verbunden sind, erfahren eine zerebrale Selbstveränderung. Sie werden zum Leitfaden für das Verhalten im Überlebenskampf. Insofern dienen sie im positiven Sinne als bestimmende Reize, als Lernvorgang zur Erleichterung des eigentlich ungastlichen Daseins. **(8)**
Ich habe genug Zeit, das Mobiliar unter die Lupe zu nehmen. Im Mittelpunkt steht das Bett, eine grob aus Holz gezimmerte Pritsche. Die Bettgröße engt in der Breite den restlichen recht begrenzten Zellenraum deutlich ein. Und die mit Seegras gefüllten drei Matratzen unterschiedlicher Höhe und Dichte riechen unschön, sind recht hart und unflexibel. Ihr Inhalt ist eine Mischung von Urin, Schweiß und Nikotin. Die beiden Doppelkanten am seitlichen Ende der Matratzen sorgen dafür, dass die verschieden hohen Querriegel für den Rücken sogar Massageeffekte dann erbringen, wenn man an ihnen hin und her ruckt. Das Liegen ist von sonderlicher Qualität. Und das strohige Keilkissen gibt dem Ganzen eine harte Krönung. Die verstreut imprägnierten fleckigen Schattierungen werden durch Einzug eines Lakens so überdeckt, das sie nicht mehr Irritationen wecken. Und

die von Effekten mitgelieferte Decke erhält den knasttypischen blau-weiß-karierten Überzug. Auch diese Ausstaffierung scheint uralte Tradition zu sein.
In der Zelle 52 stört mich vor allem die Enge des Raumes. Zwischen äußerer Bettkante und gegenüberliegender Wand verbleibt nur ein knapp 1 m breiter Streifen. Tisch und Hocker engen den Raum an dieser Stelle zusätzlich ein. Eine besondere Bedeutung bekommt der Hocker, der mit primitivem Sitzkomfort und besonderer Sitzphilosophie seine Geschichte schreibt. Die etwa 45 × 30 cm breite Sitzfläche wird von vier Holzstelzen getragen. Der Schemel ist nicht fixiert und gehört in den restlichen Raum zwischen mit graugrüner Ölfarbe gestrichener Wand und Bettkante. Ich benutze ihn im wahrsten Sinne des Wortes zum »Sitzen«. Wie ein introvertierter Typ hänge ich in der leicht nach vorn gebückten Haltung ohne Lehne auf dem harten Gegenstand. Unwillkürlich schaut man in Richtung Bett. Nicht nur der Blick ist leicht gesenkt, auch die Schultern hängen unwillkürlich. Offensichtlich soll der Insasse eine schwere emotionale Last tragen. Da spiegelt sich auch das psychische Befinden wider. Denn die Staatssicherheit hat die generösen Einlassungen des »Sitzens« gut programmiert. Schnell begreife ich, dass das Hocken auf dem primitiven Stuhl nicht nur Emotionen blockieren, sondern auch ein schädigendes Stimmungstief induzieren soll. Ich reagiere, und prompt steuert die wachende Obrigkeit sofort dagegen. Was passiert? Den Körper kann ich in der Zellenenge nur in Spannung bringen, wenn ich ihn aufrichte, das heißt den Kopf hebe und dabei tief ein- und ausatme. Dazu muss ich mich entspannend an die Zellenwand lehnen. Offensichtlich soll aber das Sitzen auf einem Hocker zu einem Werkzeug der Demütigung und bewussten Einschüchterung werden. Zunächst möchte ich es nicht begreifen und stelle die einzige Sitzgelegenheit des Raumes nochmals an die kalte Zellenwand. Es dauert nur bis zur nächsten Inspektion, als erneut der Wärter vom Tagesdienst unter donnernden Schlägen gegen die Zellentür in die abrupt geöffnete Luke grölt: »Den Rücken weg von der Wand! Bei wei-

teren Vergehen gibt's Strafmaßnahmen.« Mich schockiert diese Art des Umgangs und doch bleibt mir keine Wahl, als den Hocker von der Wand zu nehmen. So stehen mir noch etwa 65 cm Raum zur Bettkante zur Verfügung, um die Extremitäten fast senkrecht nach unten zu stellen. Eine entspannte Haltung ist dies nicht, vor allem nicht, wenn man derartiges Sitzen viele Stunden praktizieren muss.

Meine Erkenntnis von damals kann ich mit dem Wissen von heute gut erklären. Es ist allgemein bekannt, dass aktives Verhalten wie Gehen oder Aerobic die Gehirnregionen und alle mit ihnen verbundenen Körperteile kräftigt. Es gibt Wissenschaftler, die Leibesübungen als eine Art Meditation ansehen. Sie fördern die geistigen Fähigkeiten, vor allem die Kognition, Körperbeherrschung und Atmung. Und man spricht von einer Erhöhung der Gehirnplastizität. Denn Entspannung und spirituelles Wohlbefinden verhindern das sonst unweigerliche Verkümmern des Gehirns. **(9)** Was wäre die Folge, wenn die Inaktivität des Körpers bliebe? Man würde unweigerlich Teile unseres Denkapparates stumm schalten. Heute weiß man, dass das Kleinhirn über die Wurzeln des Kleinhirnstieles Kontakt zum Rückenmark hat und damit dauerhaft über den Status des Bewegungsapparates informiert ist. Die Summe all dieser Einzelbausteine sorgt für ein geordnetes Leben mit gesunder Überlebenschance. **(10)** Unter der Überschrift der Zeitschrift »Gehirn und Geist« »Sitzen – nein danke!« steht: »Schon eine halbe Stunde Laufen genügt, um müde Geister rasch wieder aufnahme- und denkfähig zu machen. Was das Gehirn auf Touren bringt, ist vor allem die gesteigerte Sauerstoffzufuhr. (...) Bewegungsmangel gefährdet nicht nur unser eigenes körperliches und geistiges Wohl. (...) Fazit: Bewegt sich der Körper, kommt auch der Geist in Schwung!« **(11)** Bewusst betreibe ich diese Anti-Hocker-Strategie. Ich beginne trotz des extrem räumlich begrenzten Raumes auf und ab zu gehen, von der ominösen Zellentür bis zum fensterähnlichen Glassteinbau und zurück. Lange Schritte lässt das Auf- und Abgehen nicht zu. Wie ein Tier laufe ich in dem Käfig kopfgesteuert, aber keinesfalls kopflos, vier Schritte hin und vier Schritte zurück. Ein anderer Insasse beschreibt seine sportlichen Aktivitäten recht anschaulich: »Ich wusste nicht, wie viele Stunden ich gelaufen, wie viel Zeit vergangen war. Nicht aufgeben, hämmerte es in mir, weiterlaufen, und ich lief und lief wie in Trance. Manchmal prallte ich gegen die Tür oder die Wand. Dann war ich kurzzeitig eingeschlafen, im Laufen. Und hatte dabei sogar geträumt.« **(12)** Die neueste Literatur bestätigt die Bedeutung der Bewegung für die geistige Fitness: »Muss der Körper lange Zeit in einer Position sitzend verharren, nimmt auch die geistige Flexibilität ab. Die Lösung: Schaffen Sie Möglichkeiten, die Position zu wechseln und sich zu bewegen. (…) So sind Sie aufnahmefähig und wirken kommunikativ auf andere statt verschlossen«. **(13)** An jedem weiteren Tag der Einzelhaft bemühe ich mich um ein angemessenes Trainingsprogramm, auch wenn laut Hausordnung Gymnastik und weitere sportliche Aktivitäten nicht statthaft sind.

Was berührt mich in meiner neuen Behausung sonst noch? Die Einzelzelle hat eine lebenswichtige Einrichtung, die mich emotional und medizinisch äußerst bewegt. Es ist das sogenannte Fenster, das eigentlich die imaginäre Funktion eines Licht- und Luftgebers erfüllen sollte. Dieses Gebilde besteht hier aus zwei Reihen quadratischer Glasbausteine. Zwischen beiden Steinreihen besteht ein Spalt als angeblicher Luftgeber. Zusätzlich existiert eine kleine Klappe, die als Frischluft-Einlassstelle deklariert ist. Von außen komplettieren noch schemenhaft sichtbare Gitterstäbe das Eingesperrt sein. Die genannten widerwärtigen Bauelemente geben summa summarum der Sonne, den Sternen, dem Himmel und dem Wind keine Chance. Mich erreicht das milchig-grau getrübte und gespenstisch-matte Tageslicht so gut wie nicht. Als Ersatz fungiert eine künstliche Neonraumbeleuchtung, die von 06.00 Uhr bis 21.30 Uhr brennt, so wie eine künstliche Sonne. Das Tageslicht verliert dadurch als wichtiger Zeitgeber seine eigentliche Funktion. H. de Balzac meint: »Das Licht ist ein Symbol des Lebens und der Freude.« Anders die

DDR-Justiz; selbst das Licht versucht sie freudlos und lebensbeschränkend zu gestalten.
Mit welchen medizinisch begründeten Folgen? Im menschlichen Körper existiert eine Chronobiologie, die als wichtigsten Taktgeber das Tageslicht hat. Als magisches »drittes Auge« und als Vermittler wirkt die Zirbeldrüse (Pinealorgan) des Gehirns, die alle Informationen über die Tages- und Monatsfunktionen steuert und mittels Ausschüttung des sogenannten Schlafhormons Melatonin für die Steuerung des angeschlossenen SCN sorgt. Allein dieser Ort setzt die lebensnotwendigen Steuerhormone frei. Wenn nun diese wichtige Körperfunktion dem Rhythmus der Natur entzogen wird, dann ist die Chronologie im Menschen krankhaft gestört. Das Neonlicht in der Zelle macht den Lebensrhythmus kaputt. Bis zum Nachteinschluss besteht ein Dauergrau des unnatürlichen Lichtes, das von Tageslicht so gut wie nicht berührt wird. Und nachts kommt als Krönung die rhythmische Beleuchtung im 20-Minuten-Takt hinzu. Eine gezielt ausgerichtete scheinwerferartige Lampe erhellt mein laut Order immer über der Schlafdecke gehaltenes Gesicht und blendet so stark, dass der Schlafrhythmus versagen muss. Ein Wiedereinschlafen gelingt nur mit Mühe. Das ist die gewollte Schlaffolter und Lichtfolter. Der bekannte Autor J. Fuchs beschreibt sie mit den Worten: »Nach 22 Uhr: Wenn die Leuchtstoffröhre an der Zellendecke vom Flurposten ausgeschaltet wird, kommt nicht das Dunkel und nicht die Nacht. Wenn die Leuchtstoffröhre an der Decke ausgeschaltet wird, kommt der Posten und schaltet die Lampe über der Tür ein, um von außen das Geschehen im Inneren des Verwahrraumes zu erkunden, indem er mit einem Auge durch den Spion sieht. Wenn dieser Posten keine Verstöße gegen die Anstaltsordnung entdeckt, der Gefangene also mit offenen Augen auf seiner Pritsche liegt, (…) was keinen Verstoß darstellt, löscht er das Licht und sieht in anderen Verwahrräumen nach dem Rechten, um danach im Abstand von wenigen Minuten bis zum Morgen erneut den Verwahrraum in Augenschein zu nehmen.« **(14)** Das ständige

Ein- und Ausschalten des Scheinwerferlichtes, manchmal kombiniert mit ruhestörenden Stockschlägen gegen die Tür, macht die Nachtruhe wieder zum Tag. Man bedenke, Schlafentzug ist laut UNO-Deklaration eine moderne Foltermethode und verboten. Und dazu noch die Lichtfolter, die laut Mitteilung der Mediziners D. Kurz (Chefarzt der Psychiatrie an der Charité) auf Dauer die »innere Uhr« des menschlichen Organismus entscheidend stört. Er sagt: »Störungen der inneren Uhr führen zu Störungen in jedem Bereich der Medizin.« **(15)**
Solche Folter induziert nicht nur akute Erkrankungen wie Apathie, Konzentrationsstörungen bis hin zur Depression. Sie ist auch Nährboden für Minderung der Abwehrkräfte, deutlich höhere Anfälligkeit bei Infektionserkrankungen und zahlreiche chronische Leiden. Darüber gibt es eine umfangreiche Literatur. Im DDR-Knast sehe ich noch ein spezifisches medizinisches Problem. Das zu geringe Sauerstoff-Angebot schädigt permanent die körperliche Gesamtverfassung. Denn außer der uralten Fensteranlage mit Glasbausteinen gibt es keine weitere Möglichkeit zur Belüftung oder Entlüftung. Ein im »U-Boot« von Ost-Berlin einsitzender Gefangener spricht von »Geruch von Not und Qual.« **(16)** Auf jeden Fall sorgt das feuchte, muffige und stinkende Gemisch für Dauerstress. Die Riechzellen in der Nase übersetzen ihre störenden Sinneseindrücke in elektrische Signale, die dem Riechkolben präsentiert werden. Das pathogene Geruchsmosaik bewirkt eine deutliche Signalgeneralisierung mit Zunahme der stressinduzierten Gehirnaktivität. Auch hier wird also eine massive körperliche Misshandlung vollzogen.
Welche Ereignisse während des Tagesablaufes hinterlassen zusätzliche negative Erscheinungen? Gegen 05.30 Uhr erfolgt das Wecken mit Klingelton und Weckruf. Das Procedere von Anziehen, spärlicher und kühler Morgentoilette, Zellenreinigung nach Bettrichten sind alles Vorgänge, die in jeder Einrichtung dieser Art üblich sind. Gegen 07.00 Uhr erfolgt die wichtige Tagesmeldung, danach das Frühstück. Die Morgenmeldung ist in

der ersten Zeit der Haft ohne Vernehmung die emotional aktivste Phase des Tagesablaufes. Ich versuche von Tag zu Tag geübter bei der Meldung zwischen Körper und Seele eine ungezwungene Einheit zu finden, indem ich eine bewusst lässige Haltung einnehme. Denn der Körper verbindet mit einer bestimmten Handlung auch bestimmte Gefühle. Ziel meines Tuns ist es, wenig Schwächen und keine Unterwürfigkeit zu zeigen. In der Literatur werden fünf goldene Sympathie-Regeln beschrieben, nämlich

- Lachen können
- Haltung zeigen
- Kopfhaltung prüfen
- Arme öffnen und
- Distanz haben. **(17)**

Meine Visitenkarte soll mein Ich zeigen, auf keinen Fall im negativen Sinne. Nach Analyse der Sympathie-Regeln ist im DDR-Knast aber nicht vieles davon möglich. Den Wächter anlachen oder auslachen verbietet sich. Und eine offene Armhaltung ist nach Anstaltsordnung nicht erlaubt. Gewünscht ist entweder eine Armhaltung seitlich zum Körper oder eine verschlungene Arm-Position auf dem Rücken. Jede andere Positur wird sofort gemaßregelt. Ich meine, eine stramme Haltung mit bewusst aufrechter Kopfhaltung kann positiv wirken. Deshalb mache ich es unbewusst auch so und zeige Achtung. Man bezeichnet die Haltung als »Krone-Erbsen-Trick«. Beim MfS scheint nach Türöffnung viel wichtiger das Sicherheitsdenken zu sein. Dafür steht nämlich die beim Aufschluss der Zelle geforderte Regelung von sofortigem Aufrichten, Drehen des Körpers zur Zellenwand und Abwarten der weiteren Befehle.

Höhepunkt im Tagesablauf sind die Essenszeiten. Gegen 12.00 Uhr ist Mittag. Es ist bekannt, dass besonders bei Untätigkeit der Hunger oft größer sei. Das Hungergefühl ist eine sinnvolle Maßnahme des Organismus, die verhindert, Vieles vom Angebotenen nicht zu verweigern. Das Angebotene ist erbärmlich einfältig, fad und kalorienarm. Aus medizinischer Sicht ist die Verköstigung aber nur dann eine anfechtbare Mangelernährung, wenn über längere Zeit gänzlich ausreichende Mineral- und Vitaminzufuhr fehlen würden. Das ist hier nicht der Fall. Rückt mittags das typische Geräuschmuster des Essenswagens näher, dann ist man als stundenlang Wartender äußerst neugierig, was den Plastikteller heute füllen möge. Der Ablauf ist eingeübt simpel. Kurz und bündig und vor allem zackig fliegt das Essen auf die entriegelte Luke. Sehr bald bemerkt man die Speisefolgen-Monotonie von Woche zu Woche. Öfters kommen suppenähnliche Zubereitungen auf die Ablage, wie Formen von Kohleintopf, Erbseneintopf, Kartoffelsuppe, Grieß- und Haferflocken, eine Breimasse ohne Beilagen und seltener Nudelgerichte. An den restlichen Wochentagen scheint der Knastkoch kaum Phantasie walten zu lassen. Dargeboten werden kaum definierbare Konglomerate von Konserven-Gemüse mit wenig Fleisch. Das Gemisch auf dem Plastikteller hat das Aussehen einer Pampe. Fisch oder normal geformtes Fleisch sind äußerst selten. Und die bereits zerfallenen Kartoffeln haben einen eigentümlichen Beigeschmack. Dazu finde ich eine interessante Mitteilung. Da berichtet ein Häftling, der als Küchenhilfe im »Roten Ochsen« eingesetzt war, folgendes: »Wir schälen Lochkartoffeln und erzählen Tante Herta (Hilfskraft) am Kochkessel, dass die Kartoffeln heute Maden hatten. Sie sagte allen Ernstes, dass sie nicht wüsste, dass Kartoffeln Maden haben können.« **(18)** An anderer Stelle erzählt der gleiche Insasse: »Im September müssen Iris und ich tagelang alte Kartoffeln vom Vorjahr sortieren und entkeimen. Ein ganzer Keller voll Matschkartoffeln! Igitt! Ekel, Ekel, Ekel! Keine Ahnung, ob die Ausdünstungen der verwesenden Kartoffeln gesundheitsgefährdend sind. Stinkend überstehen wir auch das.« **(19)** Heute weiß man, dass alte Kartoffeln krank machende Fäulnisprodukte enthalten können. Die stärker keimenden Kartoffeln produzieren Wirkstoffe mit dem Giftstoff Solanin. Man bedenke, selbst Wildschweinen werden derartige verkommene Kartoffeln nicht verfüttert. Das Solanin kann zu Symptomen von Magen- und Darm-Unverträglichkeit

bis hin zu zentralnervösen Störungen führen. Für mich ist in der Zelle noch viel misslicher der bedrückende Umgangston, der als normaler Umgangston eine fast tierische Artikulation zwischen barschen Fragen und wutgeballten Antworten zeigt.
Das Dasein in Haft mag viele administrativ kolorierte Züge zeigen, die bis zum heutigen Tag in jedem Gefängnis üblich sind. Insofern sind sie der Flair des ordinären Zellenlebens, mit nur einem Ziel, die menschenverachtende Wirkung der Macht und der massiv eingeschränkten Legislative zu demonstrieren. Aber all die hier genannten Methoden haben nichts mit normalem Vollzug zu tun. Sie sind nicht ohne Grund durch internationale Gesetze (UNO-Beschlüsse) geächtet.

E 5 Die Verwahrung auf pseudowissenschaftlicher Basis

Der Begriff Verwahrung umschreibt in der Rechtssprache die zwangsweise Unterbringung einer Person an einem sicheren Ort. Nach der Definition ist es eine seit Jahrhunderten bestehende Regelung im Sinne einer Maßregelung zum Schutz der Bevölkerung. So sieht es auch die DDR nach meiner Verhaftung. Obwohl sich der Freiheitsentzug als Strafe erst im 14. Jahrhundert etablierte, waren Verliese ein fester Bestandteil seit dem frühen Mittelalter. Vor geraumer Zeit besuchte ich in Nürnberg das Kellergewölbe des Rathauses, das seit über 400 Jahren eine sonderliche Lokalität der Untersuchungshaft beherbergt. Während der halbstündigen Führung erfuhr ich Näheres über das sogenannte Lochgefängnis. Es war die Logis hinter Schloss und Riegel, die sich für viele außerhalb der Norm bewegende kreative oder andersdenkende, aber auch kriminelle Bürger etablierte. Grundlage der Verwahrung war de jure der Verdacht, gegen geltendes Recht der Kaiserstadt Nürnberg verstoßen zu haben. Die zur Verfügung stehenden 15 Zellen hatten tatsächlich die Form eines Loches mit einer Größe von zwei mal drei Meter. Die inhumane Unterbringung ist nicht nur völlig dunkel, sondern sie ist entsprechend der damals üblichen Gepflogenheit auch spartanisch einfach ausgestattet, mit Pritsche, Bank und Eimer zur Notdurft. Letztes Mobiliar konnte gleichzeitig als Esstisch umgestaltet werden, indem das auf dem Fäkalien-Kübel seitlich installierte Brett in eine waagrechte Position gebracht wurde. Eine makabre Lösung mit Sinn für zweideutige Zweckmäßigkeit. Ich beschreibe dieses Zellenloch mit gewisser Ironie, weiß aber, dass manche Installationen bis ins 20. Jahrhundert bestanden. Zur Zeit der Fugger und Patrizier dienten Spezialzellen, wie beispielsweise die sogenannte »Stockzelle« und »Strafzelle« zusätzlich noch als Verhörstätte. Erst nach gewisser Zeit entschied die Instanz des Rates, ob die Aussagen des Verhafteten plausibel erscheinen und aus Sicht des Rates zufriedenstellend waren. Und fanden sich nicht wenigstens ein, besser zwei Entlastungszeugen, dann war der Weg frei zum Martyrium. Man übergab den Verwahrten an die schon bereitstehenden Folterknechte. Das Kalkül bestand in der Überlegung, mittels aussageerzwungener Maßnahmen doch noch zu einem allseits befriedigenden Ergebnis zu kommen. Die Nürnberger Spezialitäten waren altbekannte deutsche Grässlichkeiten. So erfüllte die Folter in höchstem Maße ihre gespenstische Wirkung. Und die rein körperliche Tortur wurde in den späteren Jahrhunderten durch seelische Gewalt ersetzt. Nach dem zweiten Weltkrieg inaugurierte man die Verwahrung in vielen Ländern auf sogenannter wissenschaftlicher Basis. Seit den ersten UNO-Beschlüssen nach Kriegsende galt ein internationales Recht für Strafgefangene, an das sich viele Staaten nicht halten wollten. Beschlüsse der UNO wurden glatt umgangen. In den Haftanstalten der Machtzentralen wurde weiter gefoltert, die Methoden hatte man nur modifiziert. Aus der rein physischen Gewaltanwendung inaugurierte die Justiz die psychische Folterung, vor allem bei politischen Gefangenen.

Wie sah es zur DDR-Zeit aus? Bis in die achtziger Jahre des 20. Jahrhunderts leugneten die Regierenden überhaupt die Existenz sogenannter politischer Häftlinge. Nach dem internationalen (und auch bundesdeutschen) Recht sind es Personen, die »aus politisch und nach freiheitlich-demokratischer Auffassung von ihnen nicht zu vertretenden Gründen in Gewahrsam genommen wurden.« **(1)** Die DDR-Führung wollte die Existenz dieses Personenkreises nicht akzeptieren, obwohl mehrere Tausend Bürger pro Jahr wegen angeblich ideologischer Verfehlungen zu Klassenfeinden gestempelt wurden und deshalb einsaßen. Die SED-Oberen wollten nur Kriminelle kennen, die die angeblich »antifaschistisch-demokratische Ordnung« leugnen würden. Und die DDR-Justiz verurteilte sie, obwohl diese Menschen nach außen den Status einer Persona non grata abgaben. Die östliche Scheinwelt kannte ideologisch nur den ständig weiter kämpfenden sozialistischen Menschen, der nach neuen Idealen sucht und die Ideale im Sinne der SED-Ideologen natürlich findet. Die wenigen Wankelmütigen und Falschdenkenden sollten erzogen werden. Nur wo? Das blieb das Geheimnis, auch für den einfältigen SED-Parteigenossen vor den Mauern des Haftgebäudes. Was geschah tatsächlich hinter der Mauer dieser geheimnisvollen Welt? Meistens waren solche Personen bereits vor der Verhaftung »entlarvt« worden. WIKIPEDIA beschreibt es: »Vielmehr stand die prinzipielle Schuld des Untersuchungshäftlings zumeist bereits vor dessen Verhaftung durch die mit konspirativen Mitteln erlangten Informationen fest. Die Untersuchungshaft diente stattdessen nahezu ausschließlich dem Ziel, von dem Untersuchungshäftling belastende Aussagen zu erhalten, da die zuvor illegal erlangten Informationen in aller Regel vor Gericht nicht verwendbar waren.« **(2)** Die Kunst der Stasi bestand also darin, angemessene Hürden der Aussageerinnerung mit angeblich »humanen Mitteln« zu finden. Brutale Methoden nach dem Muster des Nürnberger Lochgefängnisses waren obsolet. Hier musste der »leise Terror« der verdeckten Manipulation greifen. Allein die Tatsache, dass die Staatssicherheit alle wesentlichen Daten der Bespitzelungen geruhsam und ungehindert einsehen konnten, erklärt hinreichend, wo und wie sich in der Folge individuelle Sanktionen erfolgreich einsetzen ließen. Dafür standen dem Schnüffelapparat interne Anweisungen und Richtlinien zur Verfügung, beispielsweise die »Richtlinie 1/58«, die »Dienstanweisung 4/66«, die »Richtlinie 1/70« und »Richtlinie 1/71«. Dem Stasi-Chef reichte das noch nicht. Er richtete 1971 die Juristische Hochschule (JHS) Potsdam ein. Letztlich mündete sein weiteres Prozedere in der grundlegenden »Richtlinie 1/76«, die die umfassendste und effektivste Zusammenstellung zur Umsetzung der »operativen Vorgänge« erbrachte. Die darin beschriebene »normierte Zersetzung« des zu bearbeitenden Bürgers geschah mittels der Stasi-Schlågworte von »liquidieren« und »zersetzen«. Was hat man darunter zu verstehen? Es ging um die Seele des Menschen, die in den Fängen der Stasi »wissenschaftlich« bearbeitet werden sollte und zwar mit der Lehre der Reflexe nach Pawlow und in gewisser Analogie zum Behaviorismus. Angeblich sei jeder Mensch unter bestimmten Voraussetzungen steuerbar. Aber entgegen der eigentlichen Aufgabe der Psychologen wurde hierbei die Seelenkunde gegen den Menschen eingesetzt. Die DDR-Theoretiker verwendeten eine klassische Konditionierung, wenn sie diese mit einem Reiz- und Reaktionsmuster verquickten. **(3)** Damit verließ die Gruppe der MfS-Gelehrten ganz bewusst die humanistische Psychologie, die laut A. Maslow den einzelnen Menschen als Individuum mit einzigartigen Werten, Normen und Bedürfnissen sieht. **(4)** Das Denken und Handeln der Stasi-Psychologen stand in absolutem Gegensatz zu jeder humanistischen Psychologie.

Im Moment der totalen Isolation sind alle normalen Lebensbezüge infrage gestellt. Das auf die Extremlage nicht vorbereitete Ich ist in Extremsituationen abrupt überwältigt, und der Kern der Persönlichkeit wird stark erschüttert. Es droht eine Deformation der Ich-Funktion, so dass Steuerungsfunktionen der Wahrnehmung, des Denkens und der Motorik krankhaft reagieren könnten. Zunächst unterbleibt sicherlich eine allgemeine Dekompensation, da trotz zunächst ausweglos erscheinender Lage ein körperliches Notfallprogramm aktiviert wird. Abwehrstrategien laufen an, sind aber nicht übermäßig lang tragfähig. **(5)** Bald resultieren nach Amati die Zerstörung des Denkens und der Verlust der Identität, weil das Opfer unbewusst in eine physische und affektive Regression getrieben wird. Der in einer Ausnahmesituation verharrende Körper bricht gewissermaßen zusammen. Die Psyche findet sich nicht mehr zurecht. Und die objektiven Realitäten, wie Raum, Zeit und mentale Bezugssysteme werden nicht mehr realistisch eingeordnet. Am Schluss zerbricht die natürliche und individuelle Kommunikation. **(6)** Der Gefangene igelt sich in seiner tristen Behausung ein, wie der in die Enge getriebene Hund in der Hundehütte. Seine psychischen und physischen Funktionen reduzieren sich auf einen nur noch grundlegenden Erhaltungsmodus. Die anscheinend ausweglose Lage sorgt für massive, extreme Ängste, die ihrerseits entweder Panik oder Emotionslosigkeit bewirken können. Die mentale Enge, charakterisiert durch Demütigung und Versagen, bewirkt letztlich die Zerstörung jeglicher Vitalität, verbunden mit physischem Kraftverlust und absoluter Erschöpfung. **(7)** Treffend beschreibt St. Zweig diese zerstörerische Befindlichkeit in seiner Schachnovelle: »Rings um mein Ich und selbst an meinem eigenen Körper war das vollkommene Nichts konstruiert. (...) Überall und ununterbrochen war um einen das Nichts, die völlig raumlose und zeitlose Leere. (...) Aber selbst Gedanken, so substanzlos sie scheinen, brauchen einen Stützpunkt, sonst beginnen sie zu rotieren und sinnlos um sich selbst zu kreisen; auch sie ertragen nicht das Nichts.« **(8)** Die Folter-Forscher der Juristischen Hochschule Potsdam beschreiben solche Situationen präzise und mit einer gewissen Genugtuung. Sie sagen sinngemäß: Es ist gut so, wenn durch Zersetzungsmaßnahmen der »Feind« mental deaktiviert ist. Dann kann der psychisch »Kopflose« gegen den Staat keine negativen Aktivitäten mehr entwickeln. Cohen hat vor einigen Jahren diese Phase der oppositionellen Ausschaltung mit dem Wortspiel des »Phänomens der akuten Depersonalisation« umschrieben. **(9)** Wenn keinerlei Reste für seelischen Widerstand mehr vorhanden sind, dann versagt das Prinzip Hoffnung. Dann greifen die MfS-Methoden und lassen Geist und Gehirn krank werden. Nun gelingt bei manchen Inhaftierten auch die Formung des vom SED-System proklamierten und gewünschten neuen Menschen. Was bedeutet das für das Opfer? Jetzt reift, ohne viel Zutun der Macht, die bewusste Zerstörung seiner Persönlichkeit. Es keimen Zweifel an den eigenen geistigen Fähigkeiten. Die leise ablaufende Zerstörung der mentalen Verfassung generiert. Das ist die Methode der sogenannten »weißen Folter«, die nur indirekte und zunächst keine äußerlichen Spuren hinterlässt. Die verdeckten Steuerungs- und Manipulationsfunktionen haben ihre Wirkung erreicht.

Dabei ist noch eine weitere Situation bedeutsam. In modifizierter Form erfolgt die gezielte Vorgehensweise nicht nur innerhalb, sondern auch außerhalb der Gefängnismauern, quasi im großen Gefängnis der DDR. Die SED-Führungsspitze kann nicht alle Bürger mit oppositionellen Handlungen hinter Schloss und Riegel bringen. Die Destruktion aller »Feinde des Sozialismus« läuft nach einem bestimmten Schema ab, den die »Gelehrten« der Potsdamer Juristische Hochschule sehr genau beschreiben. Ich sehe aufgrund des Schrifttums drei Stufen von Maßnahmen:
<u>Erste Stufe: Kontinuierliche Überwachung</u>
Allein der bloße Verdacht möglichen politischen Vergehens, was ja nie internationales Recht sein kann, reicht aus, um die feindliche Person mit verfestigten negativen Handlungen zu einem gewissen Zeitpunkt »rückgewinnbar« einzustufen. Die ganze Palette der Geheimdienstverfahren läuft an. Die bereits genannte »Richtlinie 1/75« ist gewissermaßen hierfür nur die Arbeitsgrundlage. Und fließend ist der Übergang zur zweiten Stufe.

Zweite Stufe: Einleitung von Maßnahmen
Es wird die ganze Palette der »Zersetzungsmaßnahmen« aktiviert. Sie sind gleichzusetzen mit einer Bestrafung ohne Urteil und ohne Haft. **(10)** Ab Mitte der siebziger Jahre kaschiert die DDR-Führung ganz bewusst eine sofortige und brutale Verhaftung Andersdenkender. Auch wenn Übersiedler und Mitglieder von Amnesty International genügend Hinweise des rechtswidrigen Verhaltens nennen, bemüht man sich nach außen, vor allem auf dem internationalen Parkett, salonfähig zu erscheinen. Irgendwann spürt der Opponierende mit aller Härte die dritte Stufe des staatlichen Vorgehens. Jetzt greift die im Verborgenen agierende »saubere Folter« bzw. »weiße Folter«.

Dritte Stufe: Operative Psychologie
In dieser Stufe endet der Opponierende entweder als Zuchthäusler oder Angeworbener des Geheimdienstes. Es greift die bereits beschriebene gnadenlose Schädigung der Seele. In Einzelfällen kombinieren SED und Justiz die Aktivitäten mit Formen der psychologischen Schädigung. Jetzt werden gnadenlos alle denkbaren Formen der Deprivation umgesetzt. Hierzu gibt es vier Formen.

1. Die soziale Deprivation.
Jeder normal denkende und handelnde Mensch möchte wie ein Mensch behandelt werden, wird aber bewusst zu einem Lebewesen ohne soziale Bindung degradiert. Das Zellenleben gleicht fast schon dem eines Tieres.

2. Die emotionale Deprivation.
Der Entzug aller Bindungen zerstört jede menschliche Nähe. Es gibt nicht mehr die Verfassung der DDR, sondern nur noch eine jederzeit nach Gutdünken auslegbare Hausordnung, die jegliche emotionale Kommunikation verbietet. Der Inhaftierte wird zu einer Nummer degradiert.

3. Die kommunikative Deprivation
Die Einöde in der Einzelzelle sorgt bald für den Wunsch nach Vernehmung. Die oft wochenlange Karenz in absoluter Isolationshaft nährt den Wunsch danach. Das Zellenleben gleicht insofern dem des Nürnberger Lochgefängnisses.

4. Die sensorische Deprivation
Die normalen und alltäglichen Reize werden durch fremde und abartige ersetzt. Der Entzug aller Reize führt zu einer Schädigung des menschlichen Körpers.

Es gibt hierzu die Untersuchung der Camera silens (»schweigender Raum«) der Universität Hamburg. **(11)** Bei längerer Persistenz in Insolation führen die genannten Dissoziationen zu Symptomen im Sinne der Abspaltung von Gefühlen und Erinnerungen. Der traumatische Stress lässt Gefühle und Wahrnehmungen nicht mehr akkurat parken. Es brechen quasi die Gedächtnisinseln zusammen. Der Entzug der Normreize bewirkt eine Bewusstseinseinengung mit deutlicher Einschränkung der Kritikfähigkeit und führt unweigerlich zur pathologischen Veränderung der Wahrnehmung. **(12)** Letztlich entstehen in allen Leitungssystemen Defekte, die neben dem vegetativen Nervensystem vor allem die kognitive Leistungsfähigkeit betreffen. Nun befindet sich das gesamte Seelenkostüm nicht mehr im Gleichgewicht. Der bekannte Schriftsteller und Mithäftling J. Fuchs kommt zu dem Schluss, dass man diese Vorgehensweise des östlichen Systems als kriminelles psychosoziales Verbrechen bezeichnen muss. **(13)**
Warum entwickelte die Staatssicherheit diese preußische Akribie? Die DDR-Folter-Methoden waren nichts weiter als eine hemmungslose Übernahme von Erkenntnissen anderer Geheimdienste, beispielsweise von denen des KGB und des CIA. Man hatte eigene Vorgehensweisen entwickelt, verquickt mit neuen Gesichtspunkten. Kl. Behnke meint: »Die Leute von der Stasi hatten Angst, ihnen könnte etwas entgehen. Deshalb stellten sie

eine Armee von Psychologen ein. (...) Es war nicht einfach Psychologie, sondern eine marxistisch-leninistische Psychologie, mit dem Ziel, die Ideologen des politischen Feindes und die politisch-ideologische Diversion des Imperialismus zu bekämpfen.« **(14)** Für mich ist diese Verfahrensweise nichts weiter als eine pseudowissenschaftliche Denkweise mit ideologischem Kauderwelsch. Die marxistischen Weltverbesserer postulierten einen ideologisch vergeistigten Menschen, der wie eine Schachfigur nur in die richtigen Felder zu führen ist. Angeblich könne ihre Psychologie alle psychischen Erscheinungen des Menschen erkennbar und veränderbar machen. Die »wissenschaftlich-technische Revolution« lasse auch auf diesem Gebiet vor allem eine Formung des sozialistischen Menschen zu. In einer Diplomarbeit der Juristischen Hochschule Potsdam heißt es: »Der Mensch wurde in erster Linie als politisches Wesen betrachtet, der fast ausschließlich von seiner Umwelt geformt wird. Der ideale Mensch war ein selbstkontrolliertes Wesen mit relativ geringer Spontanität, mit planmäßig und logisch nachvollziehbarem Denken und Handeln.« **(15)** Die MfS-Folter-Lehre mündete in dem wissenschaftlich klingenden Begriff der »operativen Psychologie«, den sie wie einen »In-vivo-Kode« verwendete. **(16)** Le Bon sieht es eher historisch und international, wenn er sinngemäß schlussfolgert: Im Zeitalter der Massen hat man gezielt die psychologischen Methoden eruiert, die eine deutlich bessere Wirksamkeit als der Einsatz blanker Brutalität versprechen. **(17)**

Was beinhaltet nun die grundlegende »Richtlinie 1/76«, die alle wesentlichen Punkte der DDR-Psychologie enthält? Sie ist nichts anderes als eine Zusammenfassung wesentlicher Denkmodelle, die sich bei der Bearbeitung der betroffenen Personen als effektiv erwiesen hätten. Man verlangte, dass mit preußischer Präzision ein jeder, der im Visier des MfS stand, einer persönlichen Analyse unterzogen wird, ob er sich nun vor oder hinter den Zuchthausmauern befindet. Alle nur erdenklichen persönlichen Schwächen und möglichen Stärken wurden benannt. Aus dem

Denk- und Handlungsmuster formten die Schnüffler ein individuelles Seelen-Porträt, mit dem Ziel, wie beim Schach-Matt-Duell eine normierte Zerlegung der Opfer-Seele betreiben zu können. Die MfS-Offiziere fungierten hierbei als vage Psychotherapeuten, nicht selten gepaart mit einer vertrauensvollen Vaterfigur oder der eines sozialistischen Seelsorgers. Das Opfer war von innen und außen durchleuchtet, man konnte seine individuellen Gefühle, gesellschaftliche Einstellung, sonderlichen Interessen, auffälligen Stimmungen, lobenswerten Motivationen und besonderen halsbrecherischen Konflikte benennen. Die Schliche und Kunstgriffe des Apparates resultierten aus der Effizienz ihrer Analysen. Ich selbst habe in den BStU-Akten gezielt nach derartiger Analyse gesucht, ohne Details zu finden. Ich fand lediglich eine Beurteilung der Arbeitsstätte, der Kaderabteilung des Bezirkskrankenhauses Halle-Bereich Dölau vom 20.01.1975, in der der damalige Chefarzt, selbst ein psychotherapeutisch tätiger Internist, mich mit den Worten beschreibt: »Ein subjektiv gefärbtes Gerechtigkeitsgefühl, das bis zum unbeherrschten Ausbruch führen konnte, musste gelegentlich korrigiert werden. Gerade dieses Gerechtigkeitsgefühl aber war es auch, was ihn in seiner Einstellung zum Patienten und zum Kollektiv bestimmte.« Weitergehende Analysen fand ich nicht.

Welche gezielten Maßnahmen sprechen die MfS-Seelenforscher in der »Richtlinie 1/76« an? Ein Student der Juristischen Hochschule Potsdam formuliert es so: »Damit entstehen Erkenntnisse über Gedanken oder Gefühle, typische Verhaltensweisen und psychische Eigenschaften des Gegners, die wertvolle Hinweise für seine Entlarvung und Liquidierung, Beeinflussung, Zersetzung und Überwachung enthalten. (...) Die innere Rechtfertigung und der Erfolg von Gebieten wie der Operativen Psychologie hing damit ab von einer Neudefinition moralischer Werte und deren Anpassung an die Ethik der klassenkämpferischen Gesellschaft.« **(18)** Was für ein Gewirr von Sprüchen ohne Inhalt. Meines Erachtens sind in der Untersuchungshaft sechs Modi relevant, die ich zusammenfasse.

Erstens: Die oft über Monate andauernde Isolation des Gefangenen, ohne Betreuungsmöglichkeit durch einen Anwalt, endet erst mit der sogenannten Hauptverhandlung. Die dazu angewandten Methoden der »weißen Folter« werden nur blumig umschrieben.
Zweitens: Die Hausordnung legalisiert die »weichen« Foltermethoden in Form der »desorientierenden Normalität«, denn Umsetzung und Auslegung dieser ist allein eine Angelegenheit des MfS. Hier gelten nur die offiziellen und inoffiziellen Gesetze des Ministeriums für Staatssicherheit.
Drittens: Es folgen ganz bewusst gesteuerte Formen der Vernehmung, die unter Mithilfe psychologischer Manipulationstechniken ablaufen und durch diffizile Verhör- und Interviewtechniken für eine gezielte Induktion einer anormalen Stimmung sorgen oder in der obskuren Form einer sogenannten »weichen Stimmung« enden (z .B. Installation akustischer Kontrolleinrichtungen, Tätigkeit von »Zelleninformanten«).
Viertens: Die Demonstration der Vernehmungsökonomie gipfelt entweder in einer ausgesprochen lockeren und freundlichen Gesprächsführung mit allerlei Täuschungen oder mittels brutaler Drohgebärden (z.B. Mitverhaftung Angehöriger, Zwangseinweisung der Kinder in Heime, Störung jeder Überlebensstrategie in der Zelle) und Androhung hoher Strafen. Nachtverhöre führen gut vorbereitete MfS-Offiziere als Sondereinsatz und mit speziellen Zielvorstellungen durch.
Fünftens: Die Demonstration der Allmacht geschieht bewusst jeden Tag, jede Nacht und über Monate bis zum Gerichtstermin. Sie reicht von eingesetzten kleinen Gefälligkeiten (beispielsweise Erlaubnis zum Lesen, zum Briefeschreiben, zum Einkauf, zum Besuch durch Angehörige, zum Gespräch mit einem Rechtsanwalt) bis hin zu vielerlei Verboten laut Hausordnung (Entzug von Erlaubnissen, Sonderstrafe durch Kellerarrest usw.).
Sechstens: Die Induktion des seelischen Kollapses bewirkt unweigerlich eine Abnahme der körperlichen Widerstandskraft und führt zu Formen von physischer Entkräftung bis hin zur Er-

schöpfung. Während der U-Haft gibt es zur Behebung solcher Probleme keine medizinische Hilfe. Im Gegenteil, der desolate Zustand wird verschleiert. Man »behandelt« nur äußerlich erkennbare gesundheitliche Probleme mit primitiven Maßnahmen unter dem Gesichtspunkt, nach außen den Schein zu wahren.

Die genannten sechs Vorgehensweisen greifen ineinander. Mit Ausnahme des Arrestes habe ich selbst alle diese Exerzitien durchlebt. Die beiden Abteilungen (Linie IX und XVI) haben mit preußischer Präzision die aufeinander abgestimmten »individuellen Schritte« festgelegt. In der Literatur gibt es eine Fülle von Einzelfällen mit dem juristischen Charakter der geheimdienstlichen Anonymität, die diese destruktiven Strategien beschreiben, beispielsweise bei den Autoren Raschka, Fuchs, Behnke, Beleites, Fricke, Knabe. Auf ausgesprochen sonderliche Weise geben Stasi-Offiziere eine umfassende beschönigende Darstellung der sogenannten Sanktionen. **(19)**

Welche Rolle spielte hierbei die Potsdamer Stasi-Hochschule? Man vermittelte den Hochschulabsolventen eine simple Form der nicht auf Anhieb erkennbaren Folter. Ich lese dazu folgendes: »Die Lehre war gekennzeichnet durch leicht verständliche, ideologisch durchsetzte Aussagen zu Grundfragen der marxistischen Psychologie, psychischen Prozessen und Eigenschaften, zur Beurteilungsfähigkeit und sozialen Beziehungen.« **(20)** Den Lehrkörpern anderer DDR-Universitäten war die Fachrichtung »operative Psychologie« nicht bekannt. Immerhin nahmen etwa 10.000 MfS-Offiziere an Kursen der Juristischen Hochschule teil. Über 3.000 Studierende schlossen ihre Ausbildung mit einem Diplom und mehr als 300 mit dem Doktorgrad ab. Eine detaillierte Schilderung der praxisnahen Forschung und Lehre liefert die Zusammenfassung von Behnke. **(21)** Heute bewerten viele Wissenschaftler die abartige Psychologie-Interpretation der JHS als reine Pseudowissenschaft. Nicht ohne Grund haben sich die Hochschullehrer des Potsdamer Institutes geschickt abgegrenzt. Sie behaupteten, nur so einen effizienten Beitrag und höheren Erfolg für die operative Arbeit leisten zu können. In Wirklichkeit demoralisieren und strangulieren die Verschlusssachen jegliche Freiheit der Wissenschaft. Und das Niveau der Diplom- und Doktor-Arbeiten ist nicht selten banal. Der Psychologe H. Richter, der im Rahmen einer Dissertation ein Buch über dieses Thema veröffentlicht hat, gibt nach Durchsicht vieler Pamphlete ein vernichtendes Urteil ab. Nach seiner Einschätzung sind die wissenschaftlichen Arbeiten eher als »krude und simplifizierende Alltagspsychologie zu verstehen.« **(22)** Oft schrieben an einer Arbeit zwei bis vier Absolventen und wurden zum Dr. jur. gekürt. Vom Inhalt her haben die Arbeiten ein Ziel; sie sollten ihre Wissenschaftler als sogenannte Sozialtherapeuten glorifizieren und das psychotherapeutische Großinstitut der Juristischen Hochschule Potsdam salonfähig machen. Einige Details dazu. Man entwickelte wirkungsvolle Regularien, die das Überleben des Systems rechtfertigen sollten. Im Rahmen der Stasi-Philosophie übernahm und billigte die Führung die hier entwickelten abartigen und inhumanen Umgangsformen. Ich sehe aus medizinischer Sicht vier wirkungsvolle Regularien, die dem System zum Machterhalt nützlich erschienen: Angst-Szenarien, Hass-Szenarien, Macht-Szenarien und Erziehung-Szenarien. Sie lassen nur Tauschgeschäfte zu. Entweder konnte der brave Bürger mit psychologischem Wohlbefinden leben, oder die psychische Deprivation zeigte eine indoktrinierte Wirkung. Im Sinne der Umverteilungsfunktion konnte er zwischen seelischer Beschädigung im Alltagsleben bzw. Knast oder mit der Gewährung der Partizipation an Einfluss rechnen. **(23)** Und die Staatsanwaltschaft zelebrierte die primitiven philosophischen Denkstrukturen, die den neuen Menschentypus auf der Basis der sozialistischen Religionsbekenntnisse mit marxistischer Überhöhung erkennen wollten. Dabei basierte ihre Seelenkunde auf der »dialektisch-materialistischen Auffassung vom Wesen des Psychischen und in dem Prinzip der Einheit von Psychischem in der Tätigkeit«. Man behauptete: »Danach reguliert das Psychische die Tätigkeit des Menschen und im Vollzug der Tätigkeit entwickelt sich das Psychische.« **(24)**

Ein kritischer Beobachter und Leser fragt sich, wie der betroffene Mensch nun seine Not medizinisch verarbeiten konnte, und ob die genannten staatlichen und geheimdienstlichen Psycho-Tricks im menschlichen Körper Spuren hinterlassen haben. Als Mediziner kann ich zumindestens in groben Zügen eine kausale medizinische Antwort geben. Die rasant sich entwickelnde Hirnforschung geht heute prinzipiell beim seelischen Trauma von einer Vielzahl von komplexen Assoziationen der Neuralkreisläufe aus. Es kommt unter Wirkung der abnormen Flut von Reizen zu einer Koppelung mit bereits vorhandenen Erinnerungen, die sich zu einem neuen Bewusstseins-Mix vereinen. Die andersartige Realität wird entweder als bewusste oder als unbewusste Wahrnehmung erfasst, gespeichert und nebeneinander oder miteinander verarbeitet. **(25)** Auch die unbewussten Gehirnvorgänge erfassen in Form einer breiten Palette die traumatischen Erinnerungen. Die erlebten Grässlichkeiten bleiben nur dann unklar, wenn das Hirn mit einer physischen Unruhe, wie z. B. »Intrusionen« (als einschießende Bilder), Flashbacks (als rauschartige Reaktion) oder auch in Formen von Übererregbarkeit, Schreckhaftigkeit, Konzentrationsstörung und Vermeidungsverhalten reagieren. Die Ungewissheit sorgt dann für multiple Irritationen. Anders ist es bei klar erfassten Wahrnehmungen. Sie werden im Gehirn gezielt gespeichert und als detaillierte Kennzeichnung im Frontallappen hinterlegt. Das Trauma ist bei jeder erneuten analogen Attacke schneller abrufbar, da die gekennzeichneten Vorgänge als biologisches Programm mit Namen gekennzeichnet sind. Das ist uns als »Überlebenskunst aus der Evolution unserer Spezies« vererbt worden. **(26)** Anders ist es in der Versagenssituation. Hier muss der biologi- sche Prozess eine andere Strategie entwickeln, quasi eine »Wie- derholung durch Symptomwandel« durchlaufen. Das kann zum »Numbing« führen, das heißt zu einer emotionalen Erstarrung, eines allgemeinen Verlustes des Interesses und zum Rückzug ins Verborgene. Das Zerebrum aktiviert hier ein sogenanntes »Kampf-Flucht-System«. Die unterschiedlichen Gehirnareale suchen nach Lösungswegen, beispielsweise durch Umsetzung der Gefühlsimpulse im limbischen System, durch Verarbeitung der Impulse mittels Gefühls-Blockierung im präfrontalen Cortex, durch eine erweiterte Impuls-Registratur in der Insula oder diffus nur durch vermehrte Ausschüttung von Hormonen (z. B. dem Cortisol). Daraus resultieren neue zerebrale Steuerungsvorgänge, die die interhemisphärische Kommunikation regulieren, die Fähigkeit zur präfrontalen Steuerung steigern und die kognitive Wahrnehmung anpassen. **(27)** Nur im schweren Fall erfolgt eine sogenannte »Dissoziation«, die dann zur Abspaltung von Gefühlen, Verlust von Erinnerungen, Verlust der Handlungs- und Willensfreiheit führt und ein individuelles Unvermögen jedes Handelns körperlicher und seelischer Art bedingt. Das Gehirn steuert auf den Zerfall der Ordnung zu. Solche Sachverhalte bleiben die Ausnahme. Normalerweise funktioniert die selbstregulierende und kreative Anpassung in Form des zentralen Adaptationssyndroms der Selbstregulation, denn die Systeme der Informationsverarbeitung besitzen eine ausgeprägte Bewältigungsstrategie. **(28)** Die Komplexität der Gehirnverarbeitung wird von Jahr zu Jahr immer besser beschrieben. Aus letzter Zeit stammt die Überlegung, die Geist-Gehirn-Verarbeitung als dreidimensionales Modell zu sehen. Man spricht von einem AIM-Modell, das heißt vom Faktor A – Aktivierung des Energieniveaus, Faktor I – Informationsquelle für den Status des Input-Output-Gatings und vom Faktor M – Modulations-Status mittels Hormonregulation. **(29)** Ständig ändert sich unter psychischer Belastung bzw. Überlastung des Geist-Gehirn-Apparates die Modulation. Die »Position im Zustandsraum« erfährt wie in der kosmischen Realität eine gezielte Adaptation. **(30)** Ich schildere die zerebrale Komplexität ganz bewusst, zeigt sie doch, wie zerstörerisch der »saubere Terror« arbeiten könnte. Viele Wissenschaftler warnen nach dem bisherigen Erfahrenen und Analysen vor weiteren zerebralen Manipulationen. Mittelfristig würde sonst sogar nicht nur die Gedankenfreiheit, sondern auch die Gefühlsfreiheit zur Disposition stehen. Die Hirnforscherin S. Greenfield behauptet, dass die moderne Hirnforschung den Schlüssel zur Veränderung des Bewusstseins und damit des Individuums bereits besäße. Stelle man sich vor, eine Staatsmacht würde einen wohlgesonnenen und idealen Staatsbürger formen können. Für R. Vaas ist in unserem Zeitalter bereits die »schöne neue Neuro-Welt« angebrochen. In einem Kommentar dazu schreibt er: »Neben den absehbaren Umwälzungen im Umgang mit Wissen und anderen Geistesprodukten wird es unter anderen auch völlig neuartige Möglichkeiten der Machtausübung und des Machtmissbrauches geben.« **(31)** Ich erinnere an die Versuche der MfS-Offiziere vor mehr als dreißig Jahren, als sie den neuen sozialistischen Menschen formen wollten. Zur DDR-Zeit wurde der Angriff auf die menschliche Seele der Andersdenkenden nur unwissenschaftlich beschrieben. Zur Erklärung dieses Sachverhaltes waren damals die wissenschaftlichen Erkenntnisse der Londoner Neuropsychologin N. Lavie noch nicht bekannt. Heute ist belegbar, dass störende Reize bis hin zum Trauma die meisten Zentren des Großhirns und damit auch des Bewusstseins erfassen.

Sie erreichen sie aber nicht, wenn das Opfer sich auf andere Dinge konzentriert. **(32)** Individuelle Strategien der Abwehr können also greifen, können also lebensrettende Wirkung haben. Das erlebte Hoch und Tief am eigenen Leibe zu Weihnachten 1974 und Neujahr 1975, die trostlose Zeit in der Insolationshaft der Einzelzelle, all das hat bei mir keine größeren und vor allem keine offenen Wunden geschlagen. Ich bewahrte mir die emotionale Lust an Wahrnehmung und die Hoffnung auf bessere Zeiten. Dazu gesellte sich eine Portion Selbstkontrolle und Selbstdisziplin. Nach R. Baumeister, einem Pionier der Selbstwertforschung der siebziger Jahre, sind zur Bewältigung von Traumata beide Selbstwertfaktoren von wesentlicher Bedeutung. J. D. Brown, Sozialpsychologe an der Universität Washington, ist überzeugt, dass ein jeder Mensch eine bestimmte Grundlage an Selbstwertgefühlen hat. **(33)** Die duldsam ertragene seelische Vergewaltigung ließ in der Notzeit mein AIM-System

nicht erlahmen. Damit reagierte das »Kampf-Flucht-Kognitivsystem« geordneter und der Widerstandsapparat konnte weiter funktionieren. Meine »drei S«, bestehend aus Selbsterkenntnis, situativer Sensibilität und Schläue (Street Smart), blieben als Selbstregulation bestehen. **(34)**
Jeder Gefangene erlebt seine eigene Verwahrung. Ein jeder hat auch persönliche Erlebnisse, die er individuell interpretieren muss. Für mich war das Erlebte die Wiege für die Zukunft, vor allem für ein gänzlich neues Denken. Ich formte mein Weltbild, und mein Hirn erfuhr dabei eine Reifung. Der Mediziner H. J. Maaz entwickelte in der Wendezeit für die Menschen der DDR, zu denen ich ja lange auch gehörte, einen Seelenmix aus »Mangel-Syndrom« und »Gefühls-Stau«. Er will bei vielen Bürgern einen vitalen Ich-Verlust gesehen haben, der bei manchen zu einer psychologischen Implosion führte. Natürlich wird der Bürger dann unweigerlich zu einer machtlosen und hoffnungslosen Marionette mit Schach-Matt-Gedanken. Die Mischung aus Ich-Verlust und überschwänglichem Angst-Tsunami bedingt eine überwältigende Überhöhung der Machtbefugnisse des inhumanen Unterdrückungsapparates. Das hat mich nie erreicht. Vielleicht liegt es auch daran, dass mein Denken und Handeln seit jeher so gestaltet war, wie es der Autor H. Brown beschreibt: Er empfiehlt jedem ein tägliches inneres Selbstgespräch mit der Aufforderung: »Wir wollen mit uns selbst sprechen wie mit einem Freund: ehrlich, aber unterstützend, hilfreich, nachsichtig.« **(35)** In problematischen Lebensphasen sollte auf jeden Fall eine Überlebensstrategie greifen. Ich meine, das minderwertige Feinddenken von Ideologen jeder Couleur kann dann keine Früchte tragen, wenn man den hilfreichen Spruch verinnerlicht: Bleibe wachsam und prüfe deine Freunde! Handle zu jeder Zeit besonnen und überlegt!

E 6 Der Vernehmungsbeginn nach Karenz

Das lateinische Wort Karenz wird mit Entbehren und Enthaltsamkeit übersetzt. Was muss eigentlich ein mit Sperrriegel und schmiedeeisernem Schloss sicher verwahrter Gefangener entbehren? Der Philosoph, Psychologe und Historiker M. Foucault beschreibt das Gefangensein mit den Worten: »Das Gefängnis ist der einzige Ort, an dem die Macht als nackte Gewalt und gleichzeitig moralisch gerechtfertigt auftritt. (...) Das ist das Faszinierende an dem Gefängnis, dass sich die Gewalt nicht verbirgt, nicht maskiert, dass sie sich als eine bis in die letzten Details ausgeklügelte zynische Tyrannei darstellt, und dass sie andererseits vollkommen gerechtfertigt ist, da sie in eine Moral eingebettet ist: Ihre brutale Tyrannei ist die eingetrübte Herrschaft des Guten über das Böse, der Ordnung über die Unordnung.« **(1)** Strafanstalten haben eine über Jahrhunderte währende Tradition mit wechselnden Machtinstanzen verschiedenster Couleur. Mir reicht die Erklärung Foucaults nicht, wenn ich aus heutiger Sicht eine Rekapitulation des Erlebten vornehme. Warum? Der Honecker-Machtapparat glaubte, sich in einer Dauerkriegssituation mit Andersdenkenden (»Feinden«) zu befinden. Die DDR-Obrigkeit kannte für ihre angeblich nicht existenten politischen Zuchthäuser eine klare Definition in der Dienstvorschrift der Linie IX (Verhörinstanz), der die Linie XIV (Bewachungsinstanz) unterstellt war. Die Mitarbeiter der Linie XIV versahen ihre Arbeit mit scheinbar hedonistischer Bravour, trotz bescheidenem Qualifikationsniveau und nicht selten mit verborgenen Alkoholproblemen. Der immer wieder beschworene »Klassenauftrag« funktionierte unter Zuhilfenahme einer angeblichen politisch-ideologischen Reife und dem notwendigen noch nachträglichen Acht-Klassen-Schulabschluss. **(2)**

Zu meiner Zeit sehnte sich der Eingesperrte unter der Obhut des wenig qualifizierten Personenkreises der Haftanstalt nach zwischenmenschlichen Beziehungen. Die Wartezeit sorgte für ein völlig gestörtes System der Hoffnung auf Handlung und Mitarbeit. Ein Mithäftling beschreibt es mit den Worten: »Da du nicht weißt, wann sie dich zum Verhör holen, bist du ständig in Erwartung. Heute holen sie dich nicht, aber das wissen nur sie. (...) Plötzlich kann die Tür aufgeschlossen werden, plötzlich kann jemand an der Tür stehen und irgendetwas sagen oder tun. Auf dieses plötzlich kommt es ihnen an. Natürlich wissen sie, dass du ständig auf dem Sprung bist und keine Ruhe findest. (...) Erst am Abend wirst du wissen, dass tagsüber keiner kam und die Zelle aufgeschlossen hat. Du wirst einen ganzen Tag warten, alle Flurgeräusche registrieren, hin und wieder aufspringen, wenn Nachbarzellen geöffnet oder verschlossen werden.« **(3)** Dieses Warten, Hoffen und Bangen auf Dialog empfand ich in der fast dreiwöchigen Karenzphase auch. Niemals im Leben vorher verspürte ich eine derartige Sehnsucht. Da vegetierte ich unter Kuratel des ständig spionierenden Wächters, saß herum im schläfrigem Dahindämmern, versunken in eine Gedankenwelt des eintönigen Vergrabenseins und wanderte innerhalb des Käfigs wie ein Tier hin und her. Mit sich allein reden bringt da keine Entspannung mehr. Die Seele benötigt Kommunikation, egal mit wem und worüber. Wenn Interaktion und Sprechen versagen, dann nimmt der Mensch tierische Animositäten an. Man übernimmt unwillkürlich die Rolle eines nur noch apathisch dahin Dösenden. Was verfolgte man mit einer solchen Verwahrmethode? Es sind vier Dinge: 1. totale Isolation von der Außenwelt, 2. Gefühl, hilflos ausgeliefert zu sein, 3. Kommunikationssperre zu erhalten und 4. für einen gänzlichen Informationsentzug zu sorgen. **(4)**

Das Warten lassen bis zum ersten Verhör und die Rolle des ersten Eindrucks beschreibt MfS-Forscher E. Liebert in einem Schulungsheft. Grundlage seiner Analyse ist das Schrifttum von Dach »Der erste Eindruck, seine Bedeutung und Bedingtheit« und von Eckstein »Psychologie des ersten Eindrucks«. Beide sind Wissenschaftler aus dem bürgerlichen Lager. Der Stasi-Autor nun fordert für die Aufklärung die Möglichkeit und Not-

wendigkeit einer bewussten Ausnutzung dieser pathologischen Seelenlage. **(5)** Medizinisch greift hier der Prozess der Dekompensation und Deprivation, kommt es doch zu einer veränderten Wahrnehmung. Die Sinneseindrücke werden falsch gedeutet. Ein anderer Autor sagt dazu: »Es handelt sich hier geradezu um Entzugserscheinungen. Auch sie gehen, wie beim Drogenentzug, mit Bewusstseinsverengungen, folglich mit Einschränkungen der Kritikfähigkeit einher.« **(6)** In dieser Phase der Einkerkerung gelingt so die Gewinnung von bestehenden Aussagen leichter. Die Zeit des Verhörbeginns war gewissermaßen vorgeplant. Im Sprachgebrauch der DDR-Justiz wird sie mit den Worten umschrieben, »eine Anforderung an die Durchführung von Erstvernehmung zur Sicherung des Beweises« zu schaffen. **(7)** Hierzu sagt ein Verantwortlicher der Abteilung IX: »Die Leute, die in den Zellen gesessen hatten, waren froh, wenn sie ins Vernehmungszimmer kamen, (...) das hat man nutzen können, um eine Atmosphäre herzustellen.« **(8)**
Genau diese Atmosphäre empfinde ich in der Karenzphase. Es ist einige Tage nach Neujahr. Plötzlich, ohne jede Vorahnung, betätigt ein Wärter das Schloss-Schlüssel-System, um überfallartig die Zelle 52 zu öffnen und brüllt mit fauchender Stimme: »Zweiundfünfzigeins, mitkommen.« Der Wärter agiert als untergebener Befehlsübermittler und dienstbeflissener Technokrat, als Experte seines Arbeitsbereiches. Seine Befehlssprache ist einfältig und monoton. Zusammenhängende Sätze und Antworten gibt es nicht. Diese tausendfache Szene zur Honecker-Zeit schildert T. Zilli mit den Worten: »Ihr Grinsen, das Knarren ihrer blank geputzten Lederstiefel und das Klacken der Sohlen, wenn sie vor ihm standen, die Hand am Knüppel. Geräusche, die Angst erzeugten und sich in die Erinnerung eingruben.« Seine Schilderung zeigt, dass die Reitstiefel und der Stechschritt keine zufällige Erscheinung, sondern ein bewusstes Kalkül sind. J. Fuchs spricht von der »SS-Haftigkeit«. **(10)** Der Aufruf zum Verlassen der Zelle geschieht ohne Namensnennung. Der Befehlshaber kennt nur noch die Zellen-Belegungs-Nummer bzw.

die Bett-Nummer. Kein anderer Häftling in der Nachbarschaft soll den Namen des Zelleninsassen erfahren. Und die weitere Prozedur ist perfekt und militärisch untermalt. Das Vokabular beim Gang durch das Haftgebäude bleibt simpel: »Weitergehen.« »Bleiben sie stehen.« »Gesicht zur Wand.« Nun schlurfe ich mit den zu großen, schnurlosen und ausgetretenen Schuhen voran. Hinter mir, mit scharfem und angemessen schnellem Stakkato und in sicherem Abstand von etwa 1,5 m folgt der beflissene Staatsdiener und zeigt seine Macht: »Schneller gehen!« Sein Befehl bringt mich, trotz der Gefahr die Latschen zu verlieren, in Trab. Aufgeregt klappert hinter mir der unendlich laute Schlüsselbund. Mit unterschiedlicher Laufmelodie traben wir durch das heruntergewirtschaftete Zuchthaus treppauf und treppab. Zwei markante Einrichtungen fallen auf. An unterschiedlichsten Stellen markieren weiße Striche den Fußboden, besonders auffällig an Ecken der Flure. Und zum zweiten leuchtet im Gangsystem eine Lampe, die offensichtlich mit einem Wirrwarr von Drähten in waagrechter und senkrechter Anordnung in Verbindung steht. Der Läufer fühlt sich sicher, hat doch die eigentümliche Deckenleuchte ein weißes Licht. Am Anfang betätigte der Uniformierte einen Schalter, um das Licht-Draht-System zu aktivieren. Der Häftling sieht als Betroffener nur wenige Handlungen, ist man doch in der Position des Vorangehenden. Und dazu noch in der Position der Mönchshaltung, wenn immer wieder befohlen wird: »Hände auf den Rücken.« Dieser Aufruf dröhnt zwischendurch, als ich meine Arme seitlich zur Faust geballt halte. So symbolisiert die Handhaltung sehr deutlich die permanente Unterwürfigkeit. Ich sehe während der Flurgänge nie eine dritte Person, weder einen Bediensteten noch einen Häftling. Sehr bald bemerke ich, dass bei in Rot aufleuchtender Lampe die Ordnung außerhalb der Zelle gestört scheint. Dann könnte Gegenverkehr drohen. Nur in dieser Situation wird der Läufer sofort gezwungen, den begleitenden Gefangenen zum Halt zu zwingen und das gestörte Ordnungsprinzip zu regeln. Das Hafthaus A ist vom Vernehmer-Trakt getrennt. Nach dem erfolgreichen Erreichen des Anbaues aus neuerer Zeit lässt der Läufer einen Positionswechsel zu. Er springt zur Seite und klopft an eine graugestrichene Tür. Gleichzeitig brüllt er in gehobenem Tonfall: »Stehenbleiben, Gesicht zur Wand!« Ich bin fast schon an der nächsten Tür des eigentümlichen, schmucklosen Gebäudekomplexes angekommen. Mit Mühe bringe ich die Pantoffeln zum Stehen, ohne sie zu verlieren. Inzwischen hat die gestiefelte Person gekonnt die anvisierte Tür geöffnet und fordert mich auf: »Zweiundfünfzigeins, eintreten!« Mit Fortissimo übergibt er mich an einen am Schreibtisch sitzenden Fremden, eine unscheinbare Person in Zivil, um die Dreißig. Ich habe das gleiche Alter. Erst später erfahre ich, dass in Halle die MfS-Linie IX bis zur Wende aus zehn Abteilungen mit unterschiedlichen Referaten bestand und in sechs Arbeitsgruppen untergliedert war. **(11)** In dem knapp 20 qm kleinen Raum warte ich nun voller Spannung auf einen büroüblichen Dialog. Das ist eine Fehleinschätzung. »Hinsetzen, dort!« Der Fremde an dem Schreibtisch zeigt auf einen an der Wand stehenden Stuhl. Immerhin ist der spartanisch aussehende Stuhl mit einer Lehne versehen. Zunächst nimmt der Fremde keinen visuellen Kontakt zu mir auf. Er blättert in einer Akte und scheint Informationen zu suchen. Minutenlang thront er selbstsicher hinter seinem Arbeitsplatz, der nur wenige Schreibutensilien trägt. Seitlich steht eine »Erika-Schreibmaschine«, daneben ein technisch wenig aufwendig gestaltetes, altmodisches Telefon. Was sich im Untergrund der Tischplatte befindet, bleibt verborgen. Seitlich steht eine Art verschlossener Panzerschrank. Der Raum trägt eine freudlose, fast kitschig gemusterte Tapete. Sie bekommt durch die ungehindert einfallenden Sonnenstrahlen kaum wohnlicheren Charakter. Der erste Eindruck kann mir keine Normalität vermitteln. Mittlerweile habe ich in der sprachlosen Zeit das Innenleben des insgesamt karg und klein wirkenden Raumes verinnerlicht. Im Grunde besitzt er eine Büroatmosphäre in primitiver Ausstattung. Von der freien Zimmerfront strahlt ein Foto des SED-Führers Honecker herab. Mir fehlen eigentlich nur noch die Symbole des DDR-Wappens. Insofern ist das DDR-Bürokratenzimmer unvollständig. Was für eine schnell sich wandelnde deutsche Geschichte, die in den letzten hundert Jahren immer wieder mit anderen Symbolen karikiert wurde. Wie lächerlich doch das ganze Fluidum, denke ich. Mit rüder und unfreundlicher Stimme beginnt die Konversation von Vernehmer X. (Name bekannt): »Hände unter die Oberschenkel!« Mit erschrockenem Unterton aus der Ferne antworte ich »Wie bitte?« »Verstehen Sie nicht Deutsch«, antwortet der Mann in der Fremde. Unwirsch fährt mich der Schreibtischtäter an und ergänzt noch: »Anständig hinsetzen und beide Hände unter die Backen, verstanden!« Jetzt begreife ich den psychologischen Trick des Gleichaltrigen, der seine Machtposition zeigen will. »In Zukunft werden Sie bei Vernehmungen unaufgefordert Ihre Hände unter dem Gesäß fixieren.« Seine Angst vor Übergriffen scheint wohl Realität zu sein. Was wird dieser Raum schon für Dramen und Tragödien erlebt haben. Und was für Misstrauen steckt hinter dieser Show. Fragen über Fragen, ohne je eine Antwort zu erhalten. Nun ist der namentlich Unbekannte bereit, endlich sein ganzes Gesicht zu zeigen und wird gesprächig: »Mich interessiert Ihre Tat. Sie wissen, dass ich als Angehöriger der Untersuchungsorgane mit Herr und Dienstgrad anzusprechen bin. Ich bin Oberfeldwebel.« Prompt folgt meinerseits die unangebrachte Frage: »Wie ist Ihr Name?« »Das geht sie gar nichts an«, die prompte und unwirsche Widerrede. Ich begreife, mein Gegenüber will offensichtlich von vornherein Verhör-Atmosphäre schaffen, in der die gewünschten Einlassungen ohne Widerrede und ohne Probleme erfolgen. Die Literatur wird mir später bestätigen, dass es die übliche Vorgehensweise war. **(12)** Die saloppe Sprache kennt dafür genügend Begriffe unter dem Gesichtspunkt der bewusst betriebenen psychologischen Einkreisung. Momentan ist X. die einzige Bezugsperson. Insgeheim stelle ich mir die berechtigte Frage: Bringt es Nutzen für mich, wenn ich schweige? In einem aktuellen Bericht von H. Helmecke wird beschrieben, dass Schweigen ganz sicher eine der besten Waffen gegen psycholo-

gischen Terror sei. **(13)** Ich will diesen taktischen Weg nicht gehen. Die Umstände am Jahresbeginn 1975 haben mich geprägt. Der Oberfeldwebel führt nicht das erste Mal Vernehmungen durch. Das ist während der Kommunikation gut zu spüren. Deshalb auch sein eingeübter Spruch: »Sie sind verpflichtet, alle Fragen zu beantworten, Schweigen nützt Ihnen nichts.«
Es sind scheinbar die kleinen Anlässe, die subtil empfunden werden und für eine erhebliche destruktive Disharmonie sorgen. Die verbalen Läsionen, die der Vernehmer ausstreut, sind ganz bewusste Mikrotraumata. Die positive Psychologie kennt diesen Fachausdruck und interpretiert ihn mit ernstem Blick. Dadurch könne eine Prägung mit permanenten Folgen gesetzt werden. Und mein jetziges Erscheinen ist die beste Gelegenheit zur psychologischen Schulung nach Stasi-Muster. Vor Tagen bat ich doch wiederholt um ein Buch, eine Zeitung, ein Spiel. Laut Literatur entspricht mein Tun dem »anthropologischen Urphänomen von Not und Hilfe«. Natürlich stellt die Reaktion dieser Institution eine Pervertierung der therapeutischen Situation dar. Der saloppe, oft ausgesprochene Spruch lautet: »Wir helfen Ihnen.« **(14)** Liegt doch dem erzwungenen Vertrauen eine schwere Erniedrigung zugrunde. Die Strategie dieses Geheimdienstes entspricht einem abartigen Arzt-Patienten-Verhalten. Es ist V. von Weizsäcker, der das Phänomen erstmals richtig beschreibt. Er meint: »Der kranke Mensch, der eine Not hat, der Hilfe bedarf und dafür den Arzt ruft. Es sind dies die großen Ereignisse des menschlichen Erlebens: Die Scham, die Angst, der Zorn, die Verzweiflung, (…) die Vernichtungsgefühle, die alle zentralen Ereignisse eines jeden Krankheitsgeschehens ausdrücken.« **(15)** Mein Empfinden und meine Gefühle haben Federn gelassen. Ich bin bei der ersten Begegnung mit X. etwas demoralisiert. V. von Weizsäcker interpretiert im Gegensatz zu anderen Wissenschaftlern recht früh, dass Haft-Traumata seelische Störungen hinterlassen können. **(16)** In der desolaten Situation begreife ich, einen für mich und mein Gewissen akzeptablen Konsens finden zu müssen, etwa so: Akzeptiere ich die

problematische Vernehmungshilfe oder bestehe ich ohne Hilfsannahme auf der Schuldlosigkeit? In diesem Dilemma sitze ich nun schon über eine halbe Stunde hier und sage mir klammheimlich. Die Sache mit dem Gummiband (»Strick«) war doch nur ein bewusster, reflektorisch beeinflusster Trick, um die schädliche Isolation zu durchbrechen. Ob mein Gegenüber diese Gedanken auch hat?

Der Vernehmer wird sicher die unterschiedlichsten Typen von »Staatsfeinden« auf dem Schemel erlebt haben. Noch weiß ich nicht, dass diese Behörde die Häftlinge in drei Gruppen einteilt:

1. Politische Gefangene mit »extremer-ideologisch-feindlicher Position«, die jeglichen Kompromiss bis hin zur Selbstaufgabe ablehnen.
2. Politische Häftlinge, die mit ungefestigter Haltung in »staatsfeindliche Handlungen« einbezogen werden und zum größten Teil Charakterstärke und Durchhalten zeigen und
3. Menschen, die als Täter einer »feindlichen Institution« fungieren und ihr Gewissen aufs Spiel setzen.

Die hallesche Untersuchungsbehörde kennt sicher die Studien und sucht bei jedem Gefangenen den passenden Persönlichkeits-Typus. Denn nach Registratur des Typus wird die adäquate Befragungstaktik festgelegt. **(17)** Leider gibt es darüber keine Unterlagen in der eigenen BStU-Akte mehr. Die internen Papiere scheinen bereits vor dem Gerichtsverfahren beseitigt worden zu sein.

Wie kommt die Behörde zu weiteren Erkenntnissen? Ich habe hierzu die Literatur gewälzt. Der MfS-Chef und seine Genossen sind überzeugt, bei der Vernehmung »wissenschaftliches« Neuland der JHS erfolgreich anzuwenden. In einem Schriftstück der Potsdamer Hochschule steht sinngemäß: Das Problem besteht darin, dass die Erkenntnisse der marxistisch-leninistischen Psychologie bisher noch nicht durch die forensischen Wissenschaften aufbereitet worden sind, so dass die vorliegenden Veröffentlichungen nicht den praktischen Ansprüchen der weiteren Vervollkommnung der Vernehmungstaktik genügen. **(18)** Allein

Sanktionen anzudrohen ist nur ein Weg unter vielen, um das Ziel der Aussagegewinnung zu erreichen. Vielmehr werden eher indirekte psychologische Methoden vorgeschlagen, um das Schweigen zu verbalisieren. **(19)** Man hat die bisher bekannten Theorien übersetzt und die Trainingsprogramme weiter entwickelt. Die verbalen Kommunikationsvorschläge werden neu interpretiert. Die Tricks zur Aussagegewinnung sind doch mannigfaltig. Taktische Schachzüge werden mit neuen Methoden verfeinert. Im Werben um eine sozialistische Seele sucht man vor allem nach Schwachpunkten, die Panik und Angst erzeugen könnten. Und genauso kommt es schon im ersten Gespräch, als Vernehmer X. eine Antwort auf meine Strick-Story vom Wochenende sucht. Mit direktem Schmunzeln auf den Lippen beschreitet er sein Kalkül. Sehr genau lese ich seine Gedanken. Er meint sicher, dass ich bereits kaputt gespielt wäre und nun nach einem gangbaren Ausweg suche. Da täuscht X. sich gewaltig. Mit aufgelegtem Lächeln fragt er: »Was sollte das mit dem Strick?« Meine Antwort kommt mit überlegter Zeitverzögerung: »Ich wollte ein Buch, eine Zeitung, ein Spiel. Seit zwei Wochen frage ich danach, ohne bisher eine Antwort bekommen zu haben.« Grimassierendes Muskelzucken verändert sein Gesicht, geht in sich und überlegt verstohlen. Ich vermute, er fragt sich selbst, ob ich ihn gelinkt haben könnte. Ohne ein Mimik-Spiel zu zeigen schluckt er meine Antwort und betätigt gleichzeitig unterhalb der Schreibtischplatte eine nicht sichtbare Klingel. Offensichtlich reicht ihm das erste kurze Zwiegespräch. Schnell erscheint der Läufer vom Dienst. Recht kurz angebunden sagt mein Gegenüber: »Zweiundfünfzigeins abführen.« Ich verkneife mir eine höfliches »Auf Wiedersehen«, weiß aber ganz genau, dass an dieser Stelle bald ein Verhörmarathon mit gezinkten Karten ablaufen wird.

Innerhalb der nächsten drei Wochen werden die beteiligten Figuren MERKUR 1, 2 und 3 wiederholt zu ganztägigen Verhören gerufen. Für mich beginnen sie am 06.01.1975. Die Protokolle von damals liegen in der BStU-Akte. Die in Interview-Form ablaufenden Verhöre sprechen letztlich Flucht-Details an. Die Fragen sind gezielt. Ich begreife recht bald, dass der Vernehmer hinreichend vorinformiert ist. Das Procedere erfüllt ein Ziel, dem Zweck der juristischen Legalisierung zu entsprechen. Insofern besitzen die Verhöre den Charakter einer Darlegung von Tatsachen. Warum erfolgt ein solches Vorgehen? Der DDR-Geheimdienst musste Aussagen passenden Inhalts erzielen, um darauf eine juristisch einwandfreie Anklage aufbauen zu können. Darüber hinaus zielt die Arbeitsweise des Vernehmers auf die Gewinnung weiterer belastender Aussagen, um die bereits illegal eruierten Erkenntnisse zu legalisieren. Es gibt beim DDR-Sicherheitssystem eine Arbeitsgruppe, die für jeden Probanden eine »vernehmungstaktische Grundlinie« verlangt. Unter Kenntnis dieser Vorgehensweise hat der zuständige Vernehmer ein relativ leichtes Spiel.

J. Raschka, dem dieses ausgeklügelte Vorgehen auch passierte, sieht ein noch weiteres Procedere: Das Bestreben des Untersuchungshäftlings ging vor allem in die Richtung, keine anderen Personen, welche Kenntnis von seiner Straftat hatten und ihm Beihilfe leisteten, zu belasten. Der Gefangene versuchte, den gestellten Fragen geschickt auszuweichen und das Gespräch in eine andere Richtung zu lenken. Der Vernehmer reagierte, indem er dem Betroffenen immer wieder die moralische Schuld vor Augen hielt. **(20)** Natürlich ist die Schilderung nur eine von vielen Varianten. Sich auf Unwahrheiten einzulassen bringt nichts. Die Lüge hat keinen Bestand, obwohl immer wieder fließende Übergänge zwischen ihr und Nichtwahrheit bestehen. Laut Definition kann man bei ideologischen Auseinandersetzungen unterscheiden, was wahr ist, was man subjektiv glaubt und was explizit ausgesprochen wird. Die Autoren der JHS Potsdam empfehlen aus gutem Grund hier ein differenziertes Vorgehen nach Maß: »Um den weiteren Fortgang der Vernehmung zu garantieren, sollten die Lügen als ein Missverständnis aufgefasst werden, um dem Beschuldigten die Möglichkeit zu geben, weiterhin als integre Person dazustehen.« **(21)** Denn die Marschroute der Ermittler hat weitere Ziele vor Augen. Es soll, sofern es nötig erscheint, mit den Mitteln der »tschekistischen Lüge« eine notwendige »klassenmäßige Position« erarbeitet werden. Die JHS sieht keine moralischen Bedenken, wenn Täuschung und Lüge Mittel im Kampf darstellen. Man formuliert es dialektisch: »Verdeutlichen Sie in diesem Zusammenhang, dass die operative Legende keine Lüge ist, weil ihre Anwendung in der Klassenauseinandersetzung mit dem imperialistischen Feind und zur Lösung anderer sicherheitspolitischer Aufgaben ein objektives gesellschaftliches Erfordernis ist.« **(22)** Die Lüge wird mit einem moralischen Ehrenkranz umgeben: »Eine nicht wahrheitsgemäße Beantwortung einer Frage eines Polygrafers ist daher, da ihre Zielstellung ausschließlich gegen den Feind gerichtet ist und damit unserem Klasseninteresse entspricht, folglich keine Lüge und somit nach der sozialistischen Auffassung über Moral und Ethik nicht verwerflich.« **(23)** Recht bald merke ich an Äußerungen des Vernehmers, dass er eine solche Taktik verfolgt. Mir ist klar, dieser Mensch will nicht seine moralischen Auffassungen mit den allgemein gültigen Verhaltensformen und Wahrheiten in Übereinstimmung bringen. Deshalb sage ich mir, bleibe wachsam und glaube dem Vernehmer kein Wort. Die folgende Szene gibt mir indirekt die Bestätigung, als X. einen Vordruck zur Unterschrift mir herüber reicht. Die zwei Blätter stammen von Rechtsanwalt Dr. Vogel, Berlin. Im üblichen Rechtsdeutsch signalisiert diese Vollmacht die Mandatsübernahme meines Falles. Auch die Kostenfrage ist geregelt, ein westdeutscher Familienangehöriger hat sich verbürgt. Mit Hochvoltspannung überfliege ich die Ausführungen. Das genüssliche Lesen des Textes wird meinem Gegenüber bald zu lang. Er stellt die barsche Aufforderung: »Unterschreiben Sie nun endlich.« Ich tue es und bin von der Hilfe, die Familienangehörige mir zuteilwerden lassen, erleichtert. Aufgrund der erkennbaren Reaktion wirkt der Ermittler gereizt, hält sich aber bewusst zurück. Nach Rückgabe der Blätter stelle ich die gezielte Frage: »Wer ist denn der Rechtsanwalt Dr. Vogel?« Mit großen Augen und einem

erstaunten Gesichtsausdruck folgt die lapidare Antwort: »Weiß ich nicht.« In diesem Moment ist mir klar, der kennt diesen Anwalt genauso gut wie ich. Es ist der von DDR-Seite zugelassene bekannte Jurist, der einsitzenden Menschen zur Übersiedelung in die BR Deutschland helfen darf. Mir wird bewusst, die Person in der Vernehmer-Position spielt die Rolle mit aufgesetztem und undurchsichtige Gehabe. Nur wenige Worte reichen, um ihn als Falschspieler zu entlarven. Nun weiß ich, der will mich mit Falschspielertricks führen. Fuchs beschreibt gekonnt in Stakkato-Stil, wie mit Tricks gearbeitet wird und wie man den Menschen weiteren Schaden zufügen will. **(24)** In zwei Dissertationen der Potsdamer Stasi-Schule umschreibt man im Detail die »wissenschaftlichen Vernehmungsrichtlinien«, vor allem die allgemein gültige taktische Vorgehensweise. **(25)**
Mein Stasi-Ermittler redet hier mit einem Klassengegner. Deshalb lautet seine Devise: Welche Rechte Klassengegner haben, bestimme ich. **(26)** Auch er versucht die Taktik der Suche nach Schwachpunkten. Warum macht er das, obwohl er sicher mein Profil bereits kennt? X. scheint ideologisch zu denken, etwa so: Wilding muss mit allen moralischen und amoralischen Mitteln bekämpft werden. Da gibt es kein Pardon. Im Grunde ist seine Denkweise eine moderne Form der Inquisition. Und als verblendeter Ideologe handelt er zielstrebig weiter. Die Apokalypse wird dann erst gekrönt sein, wenn bei MERKUR 3 eine »Mitarbeit im Ermittlungsprozess« erreicht wird. Wie ändern wir seine fehlende »sozialistische Haltung«, seine Stellung zum »Kollektiv (Arbeitsstätte)« und wie können wir sein gesellschaftliches Umfeld in unserem Sinne beeinflussen? **(27)** Über diesen Umweg versucht der Investigator doch noch aus ihm einen »neuen Menschen« zu formen. Also muss eine persönlichkeitspsychologische Interaktion betrieben werden. Im Leitfaden von K. O. Scharbert wird die Beeinflussung oppositioneller Personen sehr ausführlich beschrieben. Man sucht dort nach Erkenntnissen, um die Betroffenen einer »nutzvollen Beurteilung« zuzuführen. **(28)** Den Weg dahin beschreibt der Psychologe H. E. Richter:

»Die Erforschung des Charakters und seiner Äußerungen soll einer bestimmten Ordnung folgen. Zuerst sollten Lebenseinstellungen und Einstellung zur Welt und Gesellschaft erforscht werden, ohne dass die Methoden genannt werden.« In einem Exposé der MfS-Schriften wird festgehalten: »Wie ist sein Patriotismus, Humanismus, Aktivität, Opferbereitschaft, aber auch Antikommunismus, Skeptizismus, Nihilismus?« **(29)** Der hallesche Ermittler sucht bei mir nach persönlichen Strukturen, um im Rahmen einer Realitätsfälschung alles in einer Kooperationsfalle enden zu lassen. Was heißt das? Ziel ist es, nicht nur den Lebensweg, das familiäre Umfeld in Ost und West, sondern vor allem die gesamte Persönlichkeit kritisch zu durchleuchten. Dazu finde ich die passende Äußerung aus dem Munde eines Vernehmers: »Es kommt uns nicht nur auf das Geständnis einer konkreten Straftat an, unser Ziel ist es, dass der Beschuldigte einsieht, dass er sich falsch gegenüber der sozialistischen Gesellschaft verhalten hat, dass er reinen Tisch mit seiner Vergangenheit und den Straftaten machen muss, mit seinem eigenen und denen, die ihm von anderen bekannt sind. Wir geben ihnen die Chance zum Neuanfang. Wirklich geständig ist jemand erst, wenn er von sich aus umfassend aussagt, auch das, wonach wir ihn nicht gefragt haben.« **(30)** Diese Denkweise war mir ansatzweise schon vor der Haft bekannt. Das Wissen über die Person kann dann eine ungeahnte Verfügungsgewalt auslösen, wenn angreifbare individuelle Charakterzüge oder biographisches Fehlverhalten bekannt werden. Dieser perverse MfS-Rettungsanker läuft wieder unter dem bekannten heuchlerischen Slogan: »Wir helfen ihnen.« Aber das von X. erlernte psychologische Konzept von Lohn oder Strafe bleibt bei mir ohne Wirkung. Auch die Strick-Story von Silvester erfüllt nicht das von ihm gewünschte »humane Haftritual«. Aus heutiger Sicht weiß ich, richtig gehandelt zu haben. Mein damaliges Verhalten geschah rein intuitiv. Zu einem gewissen Grad entsprang die Haltung auch aus dem jahrzehntelang erlernten und bereits geübten Benehmen als Sohn eines Pfarrers, der in vielen Lebenslagen einer abartigen

Umgebung der SED-Ideologen ausgeliefert war. Heute spricht man vom Prinzip der mitfühlenden Kommunikation. Im Dialog sind Feindseligkeit, fordernde Haltung und insbesondere Wut nie hilfreich.

Die Neurowissenschaft kennt eine goldene Regel: Nie Wut zeigen, nie provokante Äußerungen machen, nie Beschuldigungen aussprechen. **(31)** Deshalb toleriere ich auch die Verhaltensweise des X. und vermeide mental jegliche provokante Regung. Aus dem medizinischen Alltag ist mir hinreichend bekannt, dass die Stresshormone sonst den ganzen Körper, insbesondere das Gehirn, massiv beeinflussen würden. Geschieht dies doch, dann entgleist der Kommunikationsprozess. Und im Frontallappen des Zerebrums werden mentale Verarbeitungsprogramme von Interaktionen, Logik und Sprache unterbrochen. Gerade die widersprüchlichen emotionalen Attacken dirigieren unweigerlich die kognitiven Funktionen. Haben sie doch eine Schlüsselfunktion in Extremsituationen übernommen. Mir ist zum Zeitpunkt der Haft die Kausalität der zerebralen Interaktionen noch nicht bekannt. Sie sind Ergebnisse der Wissenschaft aus dem letzten Jahrzehnt, beispielsweise die kausale Deutung des unausgeglichenen Mimik-Spiels mit dem aufgesetzten Lächeln. Der Autor A. Newberg beschreibt letzteres: »Selbst wenn jemand seine Verachtung hinter einem Lächeln versteckt, kann der anteriore singuläre Cortex des Gehirns die Unstimmigkeiten registrieren und Ihnen warnend mitteilen, dass sich ihr Gesprächspartner nicht ehrlich verhält.« **(32)** Genau das erkenne ich damals intuitiv beim Vernehmer und ziehe die richtigen Schlüsse. Ich zeige ihm gegenüber Respekt, habe keinerlei Verachtung, dämpfe immer den Tonfall, bleibe ruhig und gelassen, verziehe nicht den Gesichtsausdruck bei Widerrede und höre einfach emotionsreduziert zu, obwohl vieles Gesagte des Schreibtischtäters eine angemessene Gegenrede verlangt hätte. Heute gehen die Kommunikationswissenschaftler noch weiter. Sie verlangen die Beachtung von weiteren Geboten des guten Zuhörens, beispielsweise die Vermeidung von fehlendem Einfühlungsvermögen, das Unterlassen eines unangemessenen Wortschatzes, die Zurücknahme eines arroganten Auftretens, die Vermeidung einer hochmütigen Stimmlage und die Unterlassung von abstoßender Gestik bzw. Mimik. **(33)** Fehler, die in einem Konfliktgespräch gemacht werden, lassen beide Seiten zu Verlierern werden. Das richtige Verhalten in höchster Not, das immer einer subkortikalen Steuerung unterliegt, ist nicht nur ein Resultat medizinischen Wissens, sondern auch Produkt einer naturgetreuen Sensibilität. Es ist die Stimme des eigenen Körpers. Ich erinnere mich sehr genau an Gedankenfetzen während der ersten quälenden Verhöre.

In Summation mit der erfahrenen anwaltlichen Mithilfe und familiären Stütze suggeriere ich mir während der Verhöre, es gibt schützende Hände. In Gedanken sehe ich das weltberühmte Bild A. Dürers von den betenden Händen, die Schutz in der Einsamkeit symbolisieren. Es gibt schon einen unsichtbaren Schutzpatron, der vor Gefahren warnt und behutsam den Menschen in Not auf seinem Weg begleitet. Man kann durchaus Lebensenergie aufbauen und selbst speichern. Die betenden Hände lassen es zu, dass der Mensch frei wird, um sich den Grenzsituationen stellen zu können. Eine heilende Funktion übernehmen die von Erniedrigung und Enttäuschung gekränkten Gefühle, wenn gleichzeitig selbstzerstörerische Lebensmuster in der persönlichen Krise durchbrochen werden. Und der Schutz ist vom Geheimnis umwittert, nicht nur wie im Spirituellen auf Sichtbares und Machbares beschränkt zu sein. Die Psychologen umschreiben solche Gefahrensituationen gern, wenn sie die bewahrenden Kräfte des Menschen in Verbindung mit dem Unbewussten bringen. Da erfährt mein mentales Aktions- und Reaktionsmuster genügend Halt. Der Charakter wird dann geformt, wenn Verhaltensformen von Gleichgültigkeit, Naivität und Aggressivität abgebaut und Wesenszüge von Dankbarkeit, Zufriedenheit und Durchsetzungsvermögen entwickelt werden. Die christliche Lehre umschreibt das Gesagte, wenn sie feststellt, dass behütende Hände Schützer in Not sind. Im Ergebnis von

Hilflosigkeit kann man mit der Welt ins Reine kommen. Man muss die Hilfe nur wollen und auch annehmen.

Kapitel F

Perversion der U-Haft

Die Ethik kümmert sich heute mehr um das Leben
der Stammzellen als um das Leben in Gefängnissen.
Erhard Blanck
Leserbriefschreiber

F 1 Der Haftalltag zu zweit

Nach insgesamt 36 Tagen ist die Not der Einzelhaft überstanden. Am Samstag, dem 25. Januar 1975 gibt der ermittelnde Vernehmer grünes Licht zur Verlegung in eine Gemeinschaftszelle. Für mich ist es ein völlig unvorbereitetes Ereignis, als ein Schließer in der Zelle 52 auftaucht und mit preußisch dienstbeflissenem Tonfall hineinbrüllt: »Sachen packen, Verlegung!« Ich harre der Dinge, die nun auf mich zukommen. Das Ungewisse erzeugt eine gewisse Unruhe, ohne sie zu zeigen. Gedanklich sorgt der Umzug wie beim Indianerspiel für eine gewisse Spannung. In diesem Moment erinnere ich mich an die frühen kindlichen Aktionen des Budenbauens. Die Situation jetzt ist eine andere. Es ist sicher ein Spiel mit bewussten Tricks. Mir ist klar, die moderne Karl-May-Inszenierung mit dem Würfelspiel der Justizbehörde läuft nach einer nicht zu unterschätzenden Strategie ab. Die Deportation von Zelle zu Zelle ist sicher individuell und gewissenhaft vorgeplant. Zwei Kriterien des SSD haben Priorität. Zum einen darf kein sogenannter Mittäter in die Lage versetzt werden, durch unüberlegte Verlegung Kontakt mit dem anderen Betroffenen aufnehmen zu können. Und zum anderen müssen die bisherigen Ermittlungen einen Stand erreicht haben, der den Exodus der strengen Isolation rechtfertigt. Deportation bedeutet immer auch Neubeginn, wenn man mit anderen Menschen zusammentrifft, mit ihnen redet und sich austauschen kann. Da wird vieles leichter ertragen. Und noch ein weiterer Gedanke berührt mich. Offensichtlich hat die Einzelhaft im Rahmen der Adaptation Folgen hinterlassen. Es ist komisch, jetzt betrachte ich die Verlegung, die vertraute Zelle nach fünf Wochen verlassen zu müssen, als Eingriff in die persönliche Sphäre. Was bedeutet die Zellenverlegung für die Justizbehörde? Der geschulte Sicherheitsapparat schafft sich eine wirksame Grundlage für eine neue Behandlung. Dem Inhaftierten wird eine Lebensbereicherung vorgegaukelt, die sich mit dem Zellenwechsel einstellen würde. In Wirklichkeit versucht man, bestehende Blockaden der Seele, man kann es auch Konflikte nennen, geschickt zu lösen. Die geschulten Operateure des MfS wollen sich einen Gefangenen schaffen, der zum offenen Gespräch und ungehinderten Reden verführt werden kann. Ein manipulierter Mensch lässt sich immer besser führen. Hier schließt sich der kausale Ring zwischen alter und neuer Behandlungsstrategie. Das Verwahrhaus mit dem uralten System von unfreundlichen und menschenleer erscheinenden Fluren, umrahmt von schmucklosen Metallgitter-Abtrennungen, ist in Windeseile durchschritten. Die Aktion endet mit der fantasielosen und unpersönlichen Aussage des Läufers: »45/1, das ist Ihre neue Identität, Sachen ablegen und im Verwahrraum einrichten.« Ich bin erstaunt, die neue Behausung beherbergt bereits einen Menschen, der die Nr. 45/2 (Name bekannt) trägt. Rauchend sitzt der etwa 20jährige Jugendliche in einer der Zellenecken und mustert mich voller Akribie von oben bis unten. Verloren stehe ich mit dem geschulterten Stoffbündel im grauverschmutzten und verblichenen öden Raum der Zweibettbehausung. Das Konvolut der mitgebrachten Habseligkeiten füllt den leeren Hocker, der unter dem schmalen Tisch steht. Sprachlos von den ersten nicht einladenden Eindrücken der Gemeinschaftszelle geht der Blick zum

Rauchermännchen, das spontan und ohne Hemmungen das Wort ergreift: »Wie heißt du?« »Alf«, meine Antwort. »Wo kommst du her?« »Aus Halle.« Forsch und direkt erfolgt seine weitere Kontaktaufnahme. »Wegen welchem Paragraphen sitzt du hier?« »Paragraph 213.« Der Frager weiß, was damit gemeint ist. »Aha.« Es ist eine mit dem Unterton des Schmunzelns gewürzte undefinierte Reaktion. »Du wolltest also abhauen und bist erwischt worden«, murmelt er in sich hinein. Gedankenversunken bläst das Rauchermännchen die Zellenwand an und bleibt einige Zeit stumm. Als er erneut verbale Aktivitäten entwickelt, meint er Wichtiges sagen zu müssen: »Mach dein Bett, das hintere gehört mir.« Ich entgegne: »Im Knast hat man doch viel Zeit, hier ist Geduld angesagt.« Der Nachbar scheint anderer Meinung zu sein und wendet ein: »Wir stehen doch hier unter ständiger Kontrolle. Wenn du in einer Stunde noch keine Zellenordnung geschaffen hast, werden die da draußen aktiv und helfen dir.« Ich verstehe sein Reden. Mein Bettenbau ist in den letzten fünf Wochen zur perfekt eingeübten Handlung generiert, zumindest als uniforme frühmorgendliche Tätigkeit. Das Bettlaken ist mit geübtem Geschick und angemessener Schnelligkeit eingespannt, das strohgefüllte harte Keilkissen ordnungsgemäß gerichtet und die wärmende Zudecke hat die vorschriftsmäßige Form und Lage erhalten. Alles hier unterliegt einer eingeübten Ordnung. Während dieser Zeit steht der Verwahrraum tatsächlich unter besonderer Kuratel und wird per Spion intensiver beobachtet. Der Neue, der ich nun einmal bin, soll offensichtlich beim Einleben subtil beobachtet werden. Er hat sich dem Leben in Gemeinschaft zu stellen. Meistens mag das auch gelingen. Ich setze mich zum Zelleninsassen und suche Ruhe, denn der Zellenwechsel hat doch geschlaucht. Und mit der Zigarette im Gesicht schnieft und hüstelt der Zellengenosse im Intervall seine Lunge frei. Der etwa vier mal vier Meter große Raum ist intensiv vom Zigarettenrauchen dunstverhangen und unsauber. Mag der Dauerraucher gegenüber mir, der ich nun passiv mitrauchen muss, auch wenig Anstand und Verstand

haben. Die Gemeinschaft prägt das Zellengeschehen auf sonderliche Weise. Die Härte des Lebens hinter Gittern lässt einen schonungslosen Umgang zu. Ein ungeschriebenes Gesetz besagt, der Stubenältere bestimmt die Politik. Man befindet sich in einer Art Zwangsgemeinschaft. Sitzen doch beide Insassen im gleichen Boot. Wir sehen uns beide stumm an, es ist ein Visieren unter Spannung. »Wie heißt du?«, frage ich mein Gegenüber und unterbreche auf diese Weise die Sprachlosigkeit. L. antwortet: »Ich heiße (…) (Name bekannt) und komme aus einem Ort bei Eisleben. Seit vier Monaten bin ich im Knast.« Abrupt unterbricht der Erzähler seine Rede und gibt sich nachdenklich. Anscheinend fühlt er sich durch diese Äußerung ertappt. Sein Gesichtsausdruck lässt Hemmungen erkennen. Ich frage weiter: »Was hast du gemacht?« Im Raum ist Stille. Er greift zur lapidaren Antwort: »Tut nichts zur Sache, die Tat erzähle ich später.« So bleibt meine Neugierde unbefriedigt. Ich meine, eine Portion Peinlichkeit hat ihn übermannt. Mein Gegenüber greift zur Flucht nach vorn, als er mit dosierter Zurückhaltung die Hand ausstreckt und mir eine Zigarette anbieten will : »Eine F6 für dich.« Als Nichtraucher lehne ich entschieden ab: »Ich mag nicht. Danke, dass du an mich gedacht hast. Es ist gut zu wissen, dass man sich gegenseitig hilft.« Für einen Moment ist der freizügige Nachbar irritiert. Ich habe den Eindruck, er hat das ablehnende Verhalten nicht verstanden. Mit der Erfahrung des länger Einsitzenden klingt seine folgende Äußerung weise: »Hier im Ochsen lernst du noch eine Menge!« In der ersten Begegnung verstehe ich die Aussage des Gesprächspartners nicht, später schon.
Das Anbieten einer Zigarette ist im Knast eine Handlung, die einen tieferen Sinn hat. Nicht nur einmal wird mir von Seiten des Vernehmers später eine Zigarette angeboten. Da fragt man sich schon, warum diese eigentümliche, freundliche Geste erfolgt. Es geht nicht um das Rauchen einer Zigarette, es geht vor allem darum, dass du diesen Menschen um eine Zigarette bitten sollst. Er will sehen, ob du bereit bist, dich unterzuordnen. Du sollst diesen Menschen um eine Gefälligkeit bitten. Da werden

irgendwann Bedingungen gestellt, die zu erfüllen sind. Man bekommt die Zigarette dann, wenn die Behörde einen Wunsch ausgesprochen hat, möglichst freundlich, möglichst verbindlich, so wie im Kindergarten, wenn das züchtige »Bitte-Sagen« geübt wird. Es ist ein klassisches Konditionieren. Hier soll Zweckverhalten erreicht werden. Außerdem kann Passivität durchbrochen werden. Denn wenn der erste Kniefall erfolgt ist, wird der zweite vorbereitet. Man bekommt Zigaretten und vielleicht noch Kaffee, wenn diese und jene Aussage gemacht wird und wenn das Protokoll anstandslos unterschrieben wird. Eine durchsichtige Methode der Demütigung, die aber sicher öfters ihren Erfolg zeigt. Es geht immer um alles, besonders in diesen kleinen, nebensächlich erscheinenden Situationen. **(1)** Und im Zusammenleben mit dem Nachbarn kommt ein weiterer Gesichtspunkt zum Tragen. Es ist ohne Bedeutung, ob da »Karo«, »Duett« oder »F 6« angeboten wird. Wichtig ist die Geruchsmixtur aus Teer und Puddel, die sich beim Inhalieren des Krautes auf dem Wege von Nase, Bronchien, Kreislauf und Gehirn bis in die Seele bohrt. Entscheidend ist die Sucht induzierte Befriedigungszeremonie. Hier wird noch intensiver als draußen nach Befriedigung, Genuss und Glücksgefühlen gesucht. Rauchen entwickelt nun einmal gewisse euphorische Gelüste und hat Suchtwirkung. Und die Schachtel Zigaretten besitzt einen besonderen Wert, stellt sie doch eine Art Währung dar, die Tauschgeschäfte zulässt.

Mein Zellengenosse ist neugierig geworden. »Erzähle von dir, wie wolltest du abhauen?« Meine Lust zum Erzählen ist momentan nicht groß, und doch soll mein Gegenüber nicht vor den Kopf gestoßen werden. Mit leiser Stimme gebe ich eine Erläuterung. »Ich wollte mit Fluchthelfern nach drüben. In einem Autoversteck bin ich bis Hirschberg gekommen. Dort haben mich Grenzer hochgezogen.« Dem Zuhörer gefällt die saloppe Schilderung. Und doch bringt ihn das unartikuliert leise Sprechen auf den Plan, als er einflicht: »Warum redest du so leise? Ich verstehe dich kaum. Hier wird nicht abgehört. Redest du immer mit so einer flüsternden Stimme?« Im gleichen Atemzug lehnt er sich zur Wand zurück, um einen Augenblick später luftringend aufzuspringen. Ein harter Klumpen Bronchialschleim versperrt ihm offensichtlich die Luftwege, sodass er zum Waschbecken stolpert und nach Sauerstoff ringend eine größere grauweiße Masse ausspuckt. Das Nikotin tut sein Werk. Als Kettenraucher sucht der Luftschnapper nach einer Lösung, die Atemwege wieder nikotindurchgängig zu blasen. Mein leises Sprechen empfinde ich selbst nicht als abnorm. Aber es muss etwas dran sein, sonst hätte der Zellengenosse nicht interveniert.

Warum spreche ich so unkontrolliert ängstlich und gedämpft leise? Eine Antwort erhalte ich erst später durch Literaturstudien. Linguisten gehen beim Menschen von einem vorhandenen Sprachinstinkt aus. Normales, deutlich wahrnehmbares Sprechen setzt neben einem ausgebauten Vokaltrakt die kontrollierte Atmung, gekonnte Lautimitation und gesteuerte Sprechmotorik voraus. Im Kopf wird die Sprache mit einer Art angeborener Universalgrammatik zum Biogramm umgesetzt. Rilke meint, das Reden könne mit Worten und Fingerzeigen verfeinert werden, um sich so die Welt allmählich zu eigen zu machen. Ich verstehe meine abnorme Verhaltensform als Ausdruck der anormalen Welt der letzten fünf Wochen in Einzelhaft, die die menschliche Fähigkeit zur Mitteilung lahmgelegt hat. Schon nach kurzer Zeit verliert sich nämlich in der Situation der Isolation die Selbstkontrolle der Sprachfunktionen. Die Sprechmotorik wird reduziert und das Feingefühl für das Reden geht verloren. Sprechen und Sprache leben von der Syntax, die doch vielen Menschen unermesslich schwer fällt. Das Schrifttum gibt mir eine plausible Erklärung. Ein Autor umschreibt es so: Gegen Ende der Isolation verliert man allmählich das Sprechen. **(2)** Nun weiß ich, die sonderliche Situation der Totalisolation ist kausal zu begründen. In Haft wird gewissermaßen dem Menschen ein Bein gestellt, wenn auf kriminelle Weise durch den inhumanen Freiheitsentzug die Daseinsform als Mensch verletzt wird. Die Reduktion der Existenz auf primitive Normen ist ein

Verbrechen am Leben. Das unbewusste Veto meines Mitinsassen gereicht mir zum Fingerzeig, die Welt noch besser und vor allem kausaler verstehen zu lernen.
Es ist Mittag geworden, draußen wird Gepolter immer lauter. Mein Nebenmann entwickelt eine unnatürliche innere Hektik. Wie auf dem Sprung vom Schanzentisch rückt er mit dem Hocker hin und her. Als sich die Klappe öffnet, steht der unruhige Geist zum Essensempfang blitzschnell an der Tür. Zwei hereingereichte Suppenkellen füllen den Tellerboden, der aber weiter erkennbar bleibt. Ich sehe eine kalorienarme Zubereitung. L. schlürft sie hastig hinunter. Es missfällt mir, mit welcher Gier der Hungrige die salzige Flüssigkeit verschlingt. Mit der einen Hand führt er den hellgrauen, flachen, als Löffel dienenden Gegenstand zum Mund und verschüttet dabei des Öfteren den gewünschten Inhalt. Die andere Extremität schirmt den Napf demonstrativ von mir ab. Man könnte meinen, ich wollte ihm von der überwürzten, nicht aromatischen Suppe etwas wegschnappen. Die sonderliche Kultur des schnellen Essens bringt des Rätsels Lösung, als sich die Klappe bereits nach kurzer Zeit erneut öffnet. Es ist der präzise Aufruf von draußen: »Nachschlag!« Der essgierige Mithäftling ist erneut am Zuge und erhascht sich eine dritte Kelle des Wasser-Salz-Gemisches. Ich verpasse das Nachfüllen, denn mein Blechnapf hat noch eine halbe Füllung. Da besteht noch keine Berechtigung zum Auffüllen. Wenige Minuten später hat die ungesunde Esskultur ein Credo. Vom Kalfaktor werden Blechnapf und Blechlöffel wieder eingefordert. Dem Mitinsassen entweicht durch ein lautes und wohliges Räuspern überschüssige Magenluft. Der Lunch scheint rundum gelungen, als der Nachbar zufrieden feststellt: »Da hat der Magen wieder Ruhe.« Ich bin vom Erlebten irritiert. Die ungewohnte Inszenierung wird sicher nicht das letzte Schauspiel mit proletenhafter Kultur gewesen sein.
Heute ist Freitag, der 31. Januar 1975. Im Leben eines DDR-U-Häftlings wird es dann zu einem besonderen Ereignis stilisiert, wenn die Obrigkeit Erlaubnisse nach der Hausordnung aus-

spricht. Ich erhalte neben der sogenannten »Lese-Erlaubnis« eine »Schreib-Erlaubnis« und auch die »Einkaufs-Erlaubnis«. Die Haftbehörde scheint gewissermaßen dem Inhaftierten entgegen kommen zu wollen. Beispielsweise wird die sogenannte Einkaufsgenehmigung als Politik von Zuckerbrot und Peitsche eingesetzt. Nach hereingereichter Einkaufsliste kann man gegen vorhandenes Eigengeld alltägliche Dinge bestellen, die auf dem Blatt vermerkt sind. L. blüht bei dieser Sternstunde des Häftlingslebens auf und ist begeistert, für eine Woche seinen Einkauf aufgeben zu können. Neben Bonbons bestellt er vor allem eine größere Anzahl von Zigaretten. Und dabei ist die Liste mit den kaufwürdigen Gegenständen des täglichen Bedarfs erbärmlich karg: Süßigkeiten, Kekse und einige Artikel für den Toilettenbedarf. Ich suche Schreibutensilien, zumal mir jetzt auch eine »Schreiberlaubnis« gegeben wird. Aber weder Papier noch sonstige Schreibsachen sind dort verzeichnet. Es ärgert mich, vom Kiosk derartige für mich wichtige Dinge nicht beziehen zu dürfen. »Kann man im Knast nicht schreiben?«, frage ich den Nachbarn. »Was willst du denn hier schreiben?«, so die verständnislose Antwort von ihm. Und wieder bin ich maßlos entsetzt. Insgeheim frage ich mich: Soll das Knastleben mental so begrenzt bleiben? Die Prozedur des besagten Einkaufes hat nur den Sinn, ein Zeichen der Normalität, auch gegenüber westlichen Beobachtern, zu setzen. Gewissermaßen hält man sich der Form nach an internationale Gepflogenheiten des Knastalltages. Die Justiz umgibt sich mit einem gewissen menschlichen Antlitz. Der eingebuchtete Bürger soll spüren, wie sanftmütig man ist. Vielleicht keimt Dankbarkeit auf. Vielleicht sucht der Vorverurteilte sogar eine Nähe zum System. Man könnte ja wieder ein neues Leben beginnen, was lebenswert erscheinen mag, ganz nach dem Motto: Raus aus dem Knast und rein in den DDR-Alltag. Der Mensch in Bedrängnis soll dem Irrglauben erliegen, eine gewisse Hoffnung auf Besserung zu verspüren. Mit den Augen des Glückes könnte der Bedrängte bereit sein, das Leben wieder positiv zu sehen. Hier fungieren Bonbons, Kekse und

Zigaretten quasi als Lockvogel. Nein, die Staatssicherheit trägt einen Schafspelz. Der Einkauf ist nur eine Farce, so wie die Übersetzung des Wortes es besagt, hier stinkt es gewaltig. Es ist ein Mief von aufgeblasener Luft voller Lug und Trug. Und mein Nachbar, das F6-Räuchermännchen, ist in der letzten Stunde grenzenlos glücklich, weiter seine Lunge intensiv teeren zu können. Mein Geist bleibt dabei in der verpesteten Luft mental auf der Strecke. Ein Mithäftling umschreibt es in einem Erlebnisbericht mit den treffenden Worten: »Es war manchmal schwierig, unter unwürdigen Bedingungen nicht nur sich selbst ausgeliefert zu sein, man musste auch noch einen anderen ertragen, auch wenn man ihn im wahrsten Sinn des Wortes nicht riechen könnte.« **(3)** Ich nehme als Nichtraucher die proklamierten Erleichterungen, auch die zur »Raucherlaubnis« als drittes Bonbon mit sarkastischem Schmunzeln zur Kenntnis, auch wenn die anwesenden Gehirne beider Häftlinge in Zelle 45 dabei krampfhaft Stunde für Stunde nach Sauerstoff ringen.
Auch die von Stasis Gnaden ausgesprochene Erlaubnis zum Schreiben ist eine lächerlich anmutende Erleichterung. Man könnte als Außenstehender meinen, nun ist die mentale Isolation größtenteils aufgehoben. Das ist ein gewaltiger Trugschluss. Auf jeden Fall verkauft die Behörde die Rückkehr zu alltäglichen Handlungen als eine Art Menschwerdung. Wäre man polemisch, würde man behaupten: Der Verwahrraum ist nun aus einem Hundezwinger zu einem Menschenzwinger alteriert. Auf jeden Fall stellt sich bei mir kein Hochgefühl ein. Da wird ein einziges Blatt grauen Papiers mit einem simplen Kuli und unansehnlichem Briefumschlag hereingereicht. Ich weiß zunächst nichts damit anzufangen. Verstohlenen Blickes schaue ich auf die übergebenen Schreibutensilien und frage den Nachbarn nach dem weiteren Ablauf. Der versteht meine regungsarme Verhaltensform überhaupt nicht. »Nun, dann schreib«, so die Aufforderung von ihm. Ich bin irritiert. Was kann ich nach draußen mitteilen? Es ist doch verboten, über die Haft etwas mitzuteilen, so steht es in der Hausordnung. L. lässt nicht locker:

»Du sollst einen Brief nach Hause schreiben, spätestens in einer Stunde holen die das Schreibzeug wieder raus.« Er selbst hat schnell das Blatt Papier bekritzelt. Es sind Zeilen an seine Mutter, zu der er Kontakt hat. Zum Vater besteht keine Verbindung mehr. Der Nachbar rechtfertigt seine unkonventionelle Art des Briefeschreibens recht simpel: »Eigentlich brauche ich nur Geld, das Eigengeld wird knapp. Hoffentlich kann Mutter mir etwas schicken.« Seine Gedanken kreisen in platonischer Weise um das Überleben im Knast, in einer Lebensmaxime niedriger Güteklasse. Inzwischen habe ich begriffen, dass ihm moralische, ethische und psychologische Gedankenprozesse fremd sind. Ich selbst hänge noch immer vor dem grauen Altpapier und bin in Gedanken versunken, was ich nun schreiben könnte. Nur Grüße, nur Lappalien, nur Undefiniertes oder doch Emotionsgeladenes? Auf jeden Fall freut es mich, nachträglich der Mutter zum 58. Geburtstag gratulieren zu können. Die geschriebenen Worte sollen »Hand und Fuß« haben, ohne von Stimmungen überladen zu sein. Ich fasse einen plausiblen Plan. Der Text soll symbolischen Charakter haben, so als ob ich im Urlaub bin und bei schlechtem Wetter eine Wanderung durch die Natur abbrechen muss. Ich versuche es als Gleichnis darzustellen, was meine Eltern sicher verstehen werden. Und mit dem Mittelmaß dosierter emotionaler Regungen beginne ich die Niederschrift: »Liebe Mutter, lieber Vater! Ich bin froh, dass ich Euch nun schreiben kann. Es geht mir gut. Wie geht es Euch gesundheitlich? Zunächst wünsche ich Dir, liebe Mutter, Gesundheit und Lebensmut, gewürzt mit etwas positivem Denken. Wie das Leben so spielt. Momentan fühle ich mich wie auf einer Wanderung, leider wegen unvorhergesehener Dinge unterbrochen. Sie wird mit Durchhaltevermögen zum Ziele führen.« Das Geschriebene stellt mich zufrieden. Die verfassten Zeilen leben von einer gewissen Zuversicht, die gegenüber den mitbetroffenen Lieben außerhalb der Mauern ein Schwarzmalen bewusst vermeidet. Man muss, so meine Intention, das Risiko wagen, um das Leben meistern zu können. Das Wagnis auf dem Wege der Wanderung liegt darin, sich der momentan misslichen Lage zu stellen. Meine hoffnungsvollen Gedanken nach draußen übermitteln zu können, lassen in gewisser Weise die Enge des Zellenlebens erträglicher erscheinen. Das ist eine Form der Psychotherapie. Und doch wird mit der Niederschrift noch mehr erreicht. Selbst beim Briefeschreiben sitzt die Stasi mit im Boot und liest alles, was ihr über die hohen Mauern hinein- und herausflattert. Sicherlich werden akribisch die für sie interessanten Notizen erfasst, sucht man doch nach Indizien, die die Seelenlage des Briefeschreibers noch besser erklären können. Das Geschriebene dient als fortgeführte Vernehmung mit anderen Waffen. Die ersten drei Briefe, die ich nach Hause schreibe, werden durch den Staatsanwalt mit der Begründung »unsachlicher Inhalt« einbehalten und nicht abgesandt. Die Eltern warten auf Antwort ihrer bereits geschriebenen Zeilen. Eine Kostprobe ist der vom 26.04.75. Der nur einseitig beschriebene Text, mehr wird nicht erlaubt, ist vom Inhalt her mit tröstenden Worten gespickt. Die Mixtur des Briefinhaltes soll auf den eng beschriebenen 50 Zeilen als Seelenmassage verstanden werde (vergleiche Abbildung S. 278). Alle Schriftstücke wandern nach dem Lesen sofort in das immer größer werdende Archiv der Stasi-Akte.

Wie verläuft der sonstige Haftalltag? Die Tage verrinnen im Gleichklang von Wecken, Waschen, Anziehen, Bettenmachen, Essen, Trinken, Freistunde, Reden und Vernehmung. Und doch gibt es punktuelle Höhepunkte, wie beispielsweise das einmal wöchentliche Duschen. Auf jeden Fall lässt die Hygiene exorbitant zu wünschen übrig. Denn dem Wasserhahn in der Zelle kann man nur kaltes Wasser entlocken. Da haben empfindliche Körperteile bei der Intensivpflege keine übermäßig guten Aussichten auf Reinheit. Der Kältereiz des Leitungswassers ist wenig angenehm, so dass die notwendige Reinigung dieser Partien nur mit Widerwillen gelingt. Der Unterleib zeigt es einem, wenn die Rute durch Kombination von Nässe und Kälte leblos und zurückgezogen im Raum hängt. Ich bin der Meinung, hinter den Zuchthausmauern demonstriert auch das Genitale eine Art Vita

Geprüft
Staatsanwalt
des Bezirks Halle

Halle, den 19.4.1975

Mein lieber Ay.: Heute ist der „Tag [illegible]" bestimmt worden, den Anfang mit dem Brief schreiben zu machen. Habe ganz herzlichen Dank für Deine Zeilen vom 10.4. Sie kamen gestern an und waren schon sehnlichst erwartet worden. Das aber und einiges andere will ich der Mutti überlassen zu schreiben. Du gabst mir den Rat, Predigten, die zu den Akten gelegt sind, aufzuwärmen. Weißt du, das ist eine zweifelhafte Sache. Wenn man alte Predigten liest, sagt man sich oft: so würdest du es heute nicht mehr sagen. Das Predigen fällt mir jetzt nicht leicht, nein, tatsächlich nicht, aber es ist seltsam: mit einem Mal sind die Leute sehr viel aufmerksamer und hören viel genauer hin. So etwas spürt man ja. Es gibt dafür eine Erklärung. Sie stammt, wenn ich sie jetzt weiterzugeben versuche, nicht von mir, sondern ausgerechnet von einem Juristen, der vor rund 100 Jahren gelebt hat. Er ist nebenher ein berühmter Schriftsteller geworden. Eine kleine Auswahl seiner Schriften ist vor Jahren hier bei uns erschienen. Er war ein bewußter Christ. Er schreibt eigentlich über alle Dinge des Lebens: von der Kunst des Arbeitens, vom Glück, über Menschenkenntnis u.s.w. u.s.w. aber auch über das Leiden. Und das sagt er: „Die Leidenden haben alle ein sehr feines Gefühl dafür, ob der, welcher sie beruhigen und trösten will, selbst recht weiß, wie sie leiden, weil er es selber erfahren hat, und ob er ~~selbst~~ tatsächlich imstande war, das zu leisten, was er ihnen zumutet. Ist das nicht der Fall, so gleiten die besten Worte an ihren betrübten Seelen ab." Das war die Schule für das Lehren, ohne die Menschen niemandem Vertrauen schenken. Da hast Du die Erklärung, von der ich sprach. Aber sie gilt ja in gleicher Weise von dem Beruf des Arztes. Ein Arzt muß nicht nur das richtige Pülverchen geben können, er muß auch Vertrauen und Trost vermitteln können, sonst ist er kein Arzt, sondern ein Handwerker. Aber die Kunst, Vertrauen zu vermitteln, lernt man nirgends woanders als in der Erfahrung des Leidens. Das gebe ich Dir zu bedenken. Ich freue mich, daß Du den Mut nicht verlierst. – Anschließend will ich noch in den Garten. Noch ist da draußen wenig vom Frühling zu sehen. Ich muß noch viel tun, damit sich danach die Damen daran erfreuen. Gott befohlen, mein Junge. Dein Vati!

Mein Tef! Du weißt wie ich mich über Deine Briefe freue und wie dankbar ich dafür bin. Du weißt auch daß ich sehr viel auf Deine Ratschläge gebe, deshalb meine Fragen. So wichtig sind sie aber nicht und z.Zt. auch nicht akut. Aber Deinen mir schon früher gegebenen Rat bezgl. Kurzwelle werde ich befolgen; noch mehr den, – den Willen aufzubringen (so schreibt auch Biene) mir mehr Bewegung zu schaffen und mehr zu laufen. – die Gelenke einfach zwingen – so viel Energie werde ich aufbringen, das verspreche ich Dir. Steffi wird mir helfen, sie sagt sie ist mein Freund, Jojo auch. Steffi ist lieb, sie hilft über manche trübe Stunde hinweg. Ein Tonband habe ich mir von [illegible] Vati mitbringen lassen, um ihre Lieder, Gebete, Selbstgespräche mit ihren Puppen & ihrer Tierwelt auch Jojo aufzunehmen, damit Ihr Euch darüber freuen könnt. Jetzt muß noch Platz für Mutti bleiben. Du wirst sie zu bald [daheim freudig] begrüßen. Bleib gesund mein tapferer Junge, daß [illegible] [illegible] Freunde grüßen und ganz besonders Dich von Eichen, Margit, Biene [illegible] herzlich von Deinem [illegible]

Mein liebes Tef, eben kommen wir – Groß u. Klein + Jojo – von einem ausgedehnten Peißnitz-Spaziergang zurück. Die Sonne schien, und Du hast uns geraten, möglichst viel „an die frische Luft" (Steffis ständige Redewendung) zu gehen. So wollen wir es tun! – Mit diesen Zeilen kann zugleich von Grete u. Scharsch eine Nachricht. Du weißt, was uns das bedeutet! Beide lassen Dich ganz lieb grüßen. (Bestellst Du bei Bienenhonig u. Zitrone?) – Steffi und wird am 27.4. als „Schneeflöckchen" zum Kindergartenfest erscheinen. Weißt Du noch? Grete war es auch einmal u. Du der kleine Schornsteinfeger! Vorhin sang sie: „Auf der blauen Donau schwamm ein Krokodil, Matthias wollt es fangen mit dem Besenstiel." – Die wichtigste Nachricht der letzten Tage: Am 7. u. 8.5. dürfen wir Dich sehen! Ich weiß, Du ~~war~~ wartest schon seit Wochen darauf, wie wir! Ich würde mich freuen, wenn ich Dich am 8.5. 10[00] sehen könnte! Auf diese 30 Min. warten wir sehnlichst. Hoffentlich ist diese Post nicht wieder so lange unterwegs! Mit vielen lieben Grüßen von allen, die viel an Dich denken, [illegible] Deine Mutti

Ganz lieb grüßt Dich Dein [illegible]

Minima. Freitag ist der Tag, an dem das wöchentliche Duschen angesagt ist. Für mich gibt es seit Wochen die erste Gelegenheit, dem Körper eine gründliche Hygiene bieten zu können. »Zum Duschen heraustreten« heißt ins normale Deutsch übersetzt, man möge sich zum geplanten Duschen nur mit Unterhemd und Unterhose bekleidet und mit dickem Knasthandtuch und Kernseife bestückt auf das Heraustreten zum Duschen vorbereiten. Die grüne Miliz vom Haupthaus scheint unter Anspannung zu stehen, hat sie jetzt die Zelleninsassen mit der Prämisse der Perfektion absoluter Isolation zu führen. Oberstes Gebot ist, Kontakte zwischen den Häftlingen auszuschließen. Auf dem Weg zur Dusche herrscht striktes Redeverbot. Verletzt man dieses Gebot, dann wird der Waschgang sofort abgebrochen. Nach dem Signal zum »Herausrücken« stürmen wir beide mit einer Portion Vorfreude in Richtung des begehrten warmen Nass. 45/1 und 45/2 laufen strammen Schrittes über den Etagensteg bis zum seitlichen Ende der Innenhalle. Dort angekommen geht es ungebremst über eine offene Tür zu einem größeren dunstverhangenen Duschraum. Die nass triefende, auffallend vergammelte und dunkelgrün verschimmelte Bruchbude ist zum fensterseitigen Teil hin mit einer langen Bank versehen und gegenüber mit mehreren Duschbatterien bestückt. Drei Duschen entleeren permanent dampfendes Wasser, das mit einem unkontrollierten Strahl zu Boden stürzt. Die Duschköpfe in knapp zweieinhalb Meter Höhe sind miserabel gewartet und defekt. Eine Möglichkeit zur manuellen Korrektur von Wasserintensität und Wasserwärme fehlt. Es gibt dafür keinen installierten drehbaren Griff. Man muss es akzeptieren. So ergießt der plumpe Wasserstrahl ungehemmt seine dampfende Fontäne. Wir beide, die wir auf Wärme und Nässe süchtig sind, reißen mit gewisser sportlicher Schnelligkeit Hemd und lange Hose vom Leib. Ich suche die besagte unmusikalische Wassermenge einzufangen und bin bitter enttäuscht. Denn ich begreife, dass ein normaler Duschvorgang ausgeschlossen ist. Höchstens fünf Sekunden genügen, dem Körper das überaus heiße Nass anzubieten. Dann ist die Schulterpartie von der kochenden Flüssigkeit hochrot überhitzt und schmerzt. Der vorsintflutartige Springbrunnen mit unangemessener Wasserqualität versetzt den Körper in einen Zustand, der eigentlich gar nicht ertragen werden kann. Alternativen sind gefragt, beispielsweise kochendes Duschwasser nur als flüssiges Zubrot zu benutzen. Mit den Händen fasse ich jeweils kurzfristig in den Wasserstrahl und fange handtellerweise die heiße Brühe auf. Folglich muss der Versuch einer gründlichen Körperreinigung ein unerfüllter Wunschtraum bleiben. Und der Unterleib, der eine feuchte Reinigung bitter nötig hat, kommt äußerst begrenzt zu seinem Recht. Ich schaffe es zumindest, dass lästige Düfte unterhalb des Nabels zum Versiegen kommen. Der stakkato ähnliche Ruf eines Uniformierten nach »Fertigwerden und abrücken« beendet den sonderlichen Waschvorgang. Das Ganze dauert nicht länger als acht Minuten. Schnell verbirgt die einmal pro Woche neue, nicht passende lange Unterhose wieder alle Köperteile. In der Zelle angekommen, erwartet uns ein unverhofftes Unheil. Die knappe Zeit, in der die Behausung verwaist war, wird von den Sicherheitsleuten genutzt, um unser Domizil auf den Kopf zu stellen. Überfallartig muss eine Einsatztruppe die Räumlichkeit umgekrempelt haben, hat die Betten verwüstet, den Hocker verrückt, den Tisch verstellt und die beiden Wandschränke durchwühlt. Im Innenleben der Spinde, die mit wenigen persönlichen Habseligkeiten bestückt sind, sieht es aus, als ob Vandalen gehaust hätten, denn die Keksschachtel ist aufgerissen, die Bonbontüte entleert und im Fach verstreut. Selbst das Zahnputzzeug ist wahllos herumgeschmissen worden und liegt geöffnet im Raum. Das ist Methode. Und nach Betreten der Zelle kommt prompt die Anordnung eines beteiligten Vandalen: »Die Zelle ist umgehend zu säubern«. Wir tun es mit unartikuliertem leisem Murren. Ich möchte behaupten, je weniger die Akteure beim Schnüffelvorgang finden, umso aggressiver und rücksichtsloser wird der Tatort von den Strolchen hinterlassen. Ein Ereignis vom 01. Februar 1975 dokumentiert einen Vorfall, als der Gefreite S. (Name bekannt) seinem Vorgesetzten folgendes mitteilt: »Als sich die U-Häftlinge im Duschraum befanden, führte ich eine Kontrolle ihrer Kleidung durch. Bei dieser Kontrolle fand ich in der Hosentasche des U-Häftlings 45/1 einen kleinen Zettel, der beidseitig beschrieben war. (…) (Zettel liegt dem Bericht bei).« Was war verwerflich? Auf diesem Zigarettenpackpapier habe ich einige Gedanken für den nächsten Brief nach Hause notiert. Papier und Schreibutensilien sind ja auf der Zelle nicht erlaubt. Bei der Suche nach Hintergründen für dieses abartige Verhalten stoße ich auf die Erklärung eines Mitgefangenen, der folgendes dazu schreibt: »Das Gefängnis wird zur Sonderwelt, in der andere Maßstäbe gelten. Die Macht des MfS wird zwar abgelehnt, aber akzeptiert als übermächtige Gewalt, die über das eigene Leben/ Nichtleben bestimmt«. **(4)**

An einem der nächsten Tage wollen wir aus Langeweile heraus Aktivitäten entwickeln. Die Inspiration einer zunehmenden mentalen Verflachung in der krank machenden Isolation sorgt für abartige Verhaltensmuster, die in dumme Jungen-Streiche münden. So reizt es die Insassen der Zelle 45 beispielsweise, der unüberwindbar erscheinenden Haftinstitution ein spitzbübisches Schnippchen zu schlagen. Jeder weiß, dass die Kontaktaufnahme von Zelle zu Zelle strengstens verboten ist. Und gerade deshalb ist es ein Kick, Reglementierungen dieser Art Lügen strafen zu können. Mein Mitinsasse als bereits erfahrener U-Häftling gibt zum geplanten Vorhaben gern sein Wissen. Voller Hingabe stellt er sich die Aufgabe, eine Kommunikation mit dem Nachbarverlies aufzubauen. Er meint, dass unsere Toilette zur Zelle nebenan als Sprachrohr verwandt werden könnte. »Da müssen wir nur das Wasser aus dem Knick entfernen«, so L. zu mir. »Meinst du mit Toilettenknick den Siphon?« »Ja, das Wasser muss aus dem Teil gepumpt werden.« »Du weißt, was mit Siphon gemeint ist. Der ist der gebogene Abschnitt im Abfluss, der das übelriechende und schädliche Abwassergas nicht aus der Kanalisation entweichen lässt.« Über mein Gerede ist 45/2 ungehalten und bringt die Diskussion auf den Punkt: »Du meinst,

das Sperrwasser im Geruchsverschluss muss raus. Es ist im Toilettenknick eingesperrt und fault vor sich hin. Nur durch Spülung kann es sich fortbewegen.« Ich verstehe seine Erklärung symbolisch. »L., du meinst, dass nur durch äußere Gewalt das Wasser wieder die gewünschte Freiheit erhält.« »Alf, du spinnst, hast einen Knastkoller. Dein Freiheitsdenken hat gelitten!« Ich erschrecke. Die unbewusste Weitsicht des Mithäftlings habe ich nicht erwartet. Und seine Kritik trifft zu.
Mit der Zeit verflachen automatisch die Denkstrukturen und minimieren sich auf das Wesentliche. Das ist die Anpassung an das Leben in der absoluten Isolation. Das Leben hinter Gittern hinterlässt Spuren, die Folgen eines notwendigen Rückzuges sind. So alteriert man zu einem einfach funktionierenden Lebewesen, das die mitgenommenen Probleme des täglichen Lebens ablegt und das Leben auf die innersten Probleme reduziert. Es ist die Suche nach etwas, um in der Isolation angemessener reagieren zu können. So kann das Überleben durch Disziplin und Ausdauer erträglicher werden. Am Ende des Rückzuges erkennt man sich wieder, verbunden mit der Forderung, das Handwerk des Menschseins neu zu erlernen. Die Überlegungen in der Bedrängnis der Zelle sind gepaart mit bescheidenen Zielen, wie Abbau persönlicher Schwächen und Formung eines überlebensfähigen Charakters. Es sind ähnliche Vorsätze, wie beim Versuch, mit quälenden Lastern aufzuhören. In der heutigen Psychologie spricht man von der »Mission Seelenfrieden«. Hierbei beschreibt sie das Phänomen der mentalen Spannungsreduktion. Psychische Automatismen sollen den inneren Frieden und ein Streben nach gedanklicher Harmonie herstellen. Bereits Ende der fünfziger Jahre entwickelte der amerikanische Sozialpädagoge L. Festinger eine Theorie, die besagt: »Jeder Mensch strebt grundsätzlich nach Ausgewogenheit im Denken, um so einen inneren Frieden wieder zu gewinnen.« **(5)** Ich selbst finde in der Literatur eine persönliche Intuition bei meinem Namensvetter Dr. jur. Graf Alphonse Wilding, der als passionierter Stoiker Ende des 19. Jahrhunderts eine eigene Lebensphilosophie mit

dem Ziel verfasste, die sprichwörtliche Ruhe in Frieden anzustreben. **(6)** Er glaubt, man kann Weisheit nur durch eine innere Gelassenheit erreichen. Ich arbeite momentan daran, habe sie aber noch nicht gänzlich erreicht.
Das kurze Fabulieren ist wieder zu Ende, als ich den Mitinsassen frage: »Wie gehen wir am besten vor, um das Wasser aus dem Siphon zu befreien?« »Das Wasser, das im Knie der Toilettenspülung steht, muss ausgetrocknet werden«. »Wie, womit denn austrocknen?« »Mit einer Unterhose«, so L.s Einwand. Über so viel Cleverness lässt er seine Brust schwellen. Er ist ein Kindskopf, der das Ruder beim Spiel fest im Griff haben will. »Die Unterhose brauchst du doch.« Prompt folgt des Rätsels Lösung: »Als wir das letzte Mal beim Duschen waren, habe ich eine hochgezogen.« »Du bist gut, hast also noch eine zweite.« »Die ist unter der Bettauflage meiner Liege vergraben.« »Du bist ein Genie.« L. gefällt meine Belobigung. Er weiß sie zu schätzen und fühlt sich in der Funktion des Experten. Mit elegantem Schwung entreißt er seinem Bett das Textil. In Windeseile wird die Aktion angegangen, als er, wieder kniend, mit Lappen bewaffnet, die Hände in den Siphon taucht. Der voll gesaugte Leinenlappen wird zur restlichen Bearbeitung hochgereicht. »Wringe die Soße am Waschbecken kräftig aus. Pass auf, dass der Schließer nichts merkt!« Seine Augen sind voller Glut, das Gesicht mit Schweißperlen belegt und die Haare stehen zu Berge. »Ja, ich spitze meine Ohren.« Vorsichtig, fast lautlos wringe ich den intensiv getränkten Lappen am Waschbecken aus. Gleichzeitig sind meine Sinne voll auf Hörstation. Eine Enttarnung unserer Aktion würde für beide eine unangenehme Bestrafung nach sich ziehen. Die geringste Veränderung des Geräuschkonglomerates könnte drohende Gefahr von außen aufkeimen lassen. Ich bestehe die Prüfung als Lauscher. Und unser Tun macht ständig Fortschritte, denn langsam versiegt das Spülwasser im WC. Es ist eine schweißtreibende Angelegenheit, die, einem Kanalreiniger gleich, neben Geduld und Einsatz auch Überwindungskraft verlangt. Plötzlich höre ich Schritte von draußen. Leise und doch

mit Bestimmtheit geht die Botschaft an den Latrinenputzer: »Ein Schließer im Anmarsch!« Schnell und geschickt platziert sich der Zellenpartner, sich Ruhe gönnend auf seiner Sitzgelegenheit. Das wenige Sekunden spätere Gaffen des Patrouillenläufers bleibt ohne Folgen. Die heile Welt im Knast ist die des sterilen Verwahrraumes. Und nach weniger als fünf Sekunden wird die Arbeit fortgesetzt. »Ich bringe noch den Rest des Wassers aus der Toilette.«, sagt der Schwerarbeiter und wirft sich erneut, bewaffnet mit dem zweckentfremdeten Textil, euphorisch zu Boden. Mit bloßen Händen kramt er im Innenleben der Toilette.

»Die Sache ist paletti«, als er doch erschöpft vom Tun seinen Hocker mit Schwung aufsucht und erleichtert feststellt: »Jetzt schreiten wir zur Tat.« Ich bin überzeugt, es gibt zu viele Unwägbarkeiten bei Umsetzung unseres Vorhabens. Wie soll die auf unserer Seite nun leere Abwasserleitung mit der nächsten Zelle kommunizieren? Dort ist doch die WC-Anlage auch mit Wasser gefüllt. Er weiß vom Problem und gibt beschwichtigend zu: »Beim Nachbarn muss auch Niedrigwasser gepumpt werden. Ich probiere einmal zu rufen.« Die Toilettenschüssel ist gewissermaßen das Megaphon, in das er nur drei Worte hineinbrüllt: »Hört ihr mich?« Nochmals mit tiefer Stimme: »Hört ihr mich?«

Totenstille im Raum. Nichts tut sich. Es kommt so, wie ich es vermutet habe. Der Versuch der Kontaktaufnahme scheitert kläglich. Vielleicht wird die Zu- und Ableitung erst über den Wandelgang des Verwahrhauses in die Nachbarzelle geführt. Bekannt ist, dass in letzter Zeit einige Etagen bauliche Veränderungen erfahren haben und dadurch die Kontaktaufnahme zwischen den Zellen erschwert ist. Offensichtlich ist die Kommunikation zwischen Sendertoilette und Empfängertoilette nicht gegeben; dann kann der »Leo« nicht funktionieren. Die perfekte Beschreibung einer brauchbaren Kontaktaufnahme gibt auch T. Zilli aus seiner Haftzeit. **(7)** Enttäuscht scheint mein Zimmergenosse zu sein. Wie ein wildes Tier, das zähnefletschend hinter Gittern eines Zwingers haust, reizt es ihn, die Enge des Käfigs zu sprengen. Kein Lebewesen lässt sich auf Dauer lebendig begraben. Kein Tier lässt es zu, im Gewande eines Leblosen, wie eine Wachsfigur der Madame Tussaud zu wandeln. Sein eben erlebter Misserfolg gleicht dem verhinderten Geheule des Schäferhundes, der aus natürlichem Triebe am liebsten bellen möchte, es aber nicht darf.

Der knasterfahrene Mitinsasse bleibt weiter voller Ideen. Die Nachbarschaft soll durch Wandperkussion in eine kommunikative Verbindung gebracht werden. Der agitiert wirkende Zellengenosse ruft mit weit aufgerissenen Augen in den Raum: »Morsen!« »Was meinst du damit?«, meine Einrede. »Das Fingerklopfen an der Zellenwand, das ist ganz einfach. Kennst du das Knast-Alphabet, Alf?« »Nein.« L. fühlt sich wohl in der Position des Insiders. Er sucht nach einer praktikablen Übersetzung seines Wissens. Man merkt es an den nach oben gezogenen Augenbrauen, als er die Formulierungshilfe an der Zellendecke findet und eine plausible Erklärung sucht: »Das ist so: Einmal klopfen bedeutet Buchstabe »a«, zweimal klopfen heißt »b« und so weiter. Es ist das Beste, vorher genau zu überlegen, welche kurzen Worte einen Sinn für das Morsen geben. Am Beginn des Gespräches wird immer »SOS« geklopft, und am Ende wird immer mit zwei kurzen Schlägen abgeklopft.« Erstaunt und gespannt verinnerliche ich das Gesagte so, als ob das Klopf-Interview einen wissenschaftlichen Charakter habe. Nein, es ist nur ein Geräuschmuster an der Zellenwand, um aus der Not eine Tugend zu machen. Die Welt des Knastes hat Umgangsformen, die sich vom Dasein draußen gewaltig unterscheiden. Sie haben ihren Eigenrhythmus. Mittlerweile hat der Zellenpartner eine Position eingenommen, um mir das Probeklopfen praktisch zu erklären. »Dann wartest du nach dem »SOS« ab, ob der Empfänger mit dir Kontakt haben will.« Mein Mitinsasse wirkt leicht hektisch. Ist das Ganze doch eine Handlungsweise, die ins Auge gehen kann, wenn nicht vorsichtig genug gehandelt wird. Vor der Zelle bewegt sich weiter wie ein Uhrwerk die Staatsgewalt im Eigen-Rhythmus, Runde um Runde als patrouillierender

Langläufer vom Dienst. Plötzlich horcht L. auf und sagt zu mir: »Aha, es wird abgeklopft. Der Empfänger sendet uns eine Bestätigung. Nun müssen wir ran. Lass mich machen.« Mein Nachbar überlegt: »Ich sende folgendes: Ich bin Dieter.« Nun ist mein Zimmergenosse in seinem Element. Er klopft und klopft, einen Buchstaben nach dem anderen. Nach jedem Buchstaben macht er eine kleine Pause. Er wartet und erhält simultan die Bestätigung durch das Abklopfen des fernen Partners. Der Empfänger hat alles verstanden. Doch das ändert sich, als der Fremde wie wild im Stakkato-Tempo abklopft. L. erklärt mir mit aufgerissenen Augen, was vorgefallen ist: »Der hat den letzten Buchstaben »t« nicht verstanden.« Deshalb bemüht sich mein Zellengenosse, die wahrlich 20 Klopfzeichen des Buchstaben »t« zu wiederholen. Mit Erfolg. Und der Fremde bestätigt durch Abklopfen, dass er den Buchstaben »t« verstanden hat. Schließlich ist die Nachricht vollends gesendet. »Was nun?«, meine Frage in die Leere der Zelle. »Warte ab«, beruhigt der Kommunikationskünstler neben mir. »Du musst auch warten können und Ruhe bewahren. Wann und ob überhaupt der Empfänger zum Sender wird, hängt von verschiedenen Umständen ab. Vielleicht will er gar nicht reagieren. Oder ein Schließer ist in Zellennähe, so dass er abwarten muss, bis die Luft wieder rein ist.« Kleinlaut stelle ich fest, dass der Austausch von Informationen nicht unproblematisch ist. Es muss kurz nach 21.00 Uhr sein. Den Kommunikationsabend legen wir ad acta, denn eine Antwort aus der Ferne kommt nicht mehr. Anders an einem Nachmittag der letzten Märzwoche. Da erreicht uns eine sonderbare Nachricht. Wir erhalten einen verzweifelten Hilferuf aus einer Zelle, vermutlich vom nahen Querflügel im Erdgeschoß. Das Klopfen der fremden Finger verlangt besondere Aufmerksamkeit. Es ist eine schweißtreibende und blutige Arbeit, die die Extremität des Hilfesuchenden vollbringen muss. Die Hautfetzen der klopfenden Finger scheinen nur so zu fliegen. Wir sind Zaungäste des Geschehens. Akribisch wird aus neutraler Position die über 20 Minuten dauernde Aktion verfolgt. Und im Verbund können wir

das Gespräch entschlüsseln. Frage: »Wo ist Dr. XX?« Antwort: »Hier nicht.« Frage: »Frau fordert.« Antwort: »Was?« Frage: »Soll durchhalten.« Antwort: »Verstanden.« Frage: »Weitergeben.« Antwort: »Ja.« Mich berührt das Gesagte. Denn ich kenne das Ehepaar. Es sind zwei Ärzte aus Halle-Neustadt. Ich muss aus der Chiffre folgern, dass der bekannte Kollege in diesem Tollhaus anscheinend weich geworden ist. Er scheint zu resignieren und sich den Schergen des Systems in die Arme zuspielen. Ich trauere um ihn, wenn er seine Persönlichkeit unnütz der Maschinerie der Gewalt opfern würde, sich einem System ausliefert, ohne dabei je ein glückliches Ende zu erfahren.
Denn jedes Schwachwerden hat fatale Folgen. Die Aufgabe der eigenen Person ist gepaart mit einem desaströsen Opfergang, der auch körperliche Folgen hat. Traumatische Erinnerungen erfahren nämlich eine längere Speicherung im Gehirn und bewirken langfristig eine häufig wieder kehrende Aktivierung. Die Literatur verfeinert dies noch mit der Feststellung: »Wenn das Gehirn eine traumatische Erfahrung erfasst, werden Neuralkreisläufe zusätzlich mit verwandten Erinnerungen verbunden.« **(8)** Selbst ein mit Schwächen versehener Mensch lässt sich bis zu einem bestimmten Punkt formen. Ich weiß aus eigener Erfahrung, dass jede Seele Erfolg verlangt. Man bedenke, Euphorie und Lebenslust können beglückend wirken. So kann der Knast auch zur Schule des Lebens werden. Und der unfertige persönliche Charakter hat die Chance, durch den eisernen Willen zu reifen. Eine tolle Vision. Anders die Fata Morgana der politischen Kapitulation, die oft desaströse Folgen hat. Wenn tatsächlich der Dr. XX kapituliert und gegen Unterschrift diese Institution verlässt, dann trägt er mit hoher Wahrscheinlichkeit seine Haut als Informeller Mitarbeiter zu Grabe. Dann wird aus ihm auch kein »sozialistischer Übermensch«, denn er bleibt ein Gestrauchelter im Reich der Finsternis. Man muss bedenken, die »Ethik des sozialistischen Übermenschen ist eine ethische Unmöglichkeit«. **(9)**
Meine seelische Befindlichkeit hat sich in der neuen Zelle deut-

lich gebessert. Zu zweit sind die Phasen des Grübelns und des längeren in sich Gehens nur dann noch präsent, wenn der Mitgefangene zur Vernehmung unterwegs ist. Dann höre ich unwillkürlich jedes Geräusch und empfange wie zuvor in der Einzelzelle die Vielzahl der ungewöhnlichen Töne und Laute, wie leise oder laute Schritte, wie auffälliges Schloss-Schlüssel-Geklimper, wie weinerliches oder aggressives Rufen und wie unartikuliertes fernes Klopfen. Ganz selten erahnt man die typisch schrillen Töne der halleschen Tatra-Straßenbahn. Zumindestens meine ich sie zu hören.

Im Mittelpunkt der Zweibettzelle steht jetzt das Treiben in der Zelle. Dabei ist der Tagesablauf das einzig Rhythmische und Geregelte. Der Tagesplan sieht vor, etwa gegen

06.00 Uhr: Wecken
06.15 Uhr: Bettenbau und Zellenreinigung
06.30 Uhr: Morgentoilette
07.00 Uhr: Tagesmeldung
07.15 Uhr: Frühstück
08.00 Uhr: Beginn von Vernehmungen
08.30 Uhr: Beginn von Freistunde
12.45 Uhr: Mittagessen
14.00 Uhr: Fortführung von Vernehmungen
16.45 Uhr: Abendessen
21.00 Uhr: Vorbereitung zur Nachtruhe und
22.00 Uhr: Einschluss.

Die Linie XIV arbeitet recht rationell und vor allem sparsam. Das betrifft vor allem Tätigkeiten, die nicht alltäglich ablaufen. Nur drei Mal pro Woche erfolgt das Rasieren, nur einmal pro Woche wird ein Wechsel der Leibwäsche durchgeführt, und lediglich einmal im Monat kommt es zum Tausch der Bettwäsche. Die Hygiene ist hier ein Stiefkind. In der Hausordnung wird beispielsweise unter der Rubrik des Gesundheitsschutzes folgendes formuliert: »Zur Nachtruhe haben alle Inhaftierten eine gesonderte Nachtbekleidung zu tragen. Es ist aus hygienischen Gründen untersagt, die Unterwäsche auszuziehen. Die übrige

Bekleidung ist zu einem Päckchen zusammengelegt und für den Posten sichtbar auf den Hocker zu legen.« Im Mittelpunkt dieser Zeremonie steht der Holzhocker. Er trägt meine Tagestextilien in akkurater Ausrichtung, wie das dicke verfilzte Hemd aus Wolle, die modrig stinkende Hose, das vergilbt marmorierte Unterhemd und die unförmig ausgelatschten Wollsocken. Jedes Teil hat abends auf dem Sitz eine bestimmte Faltenordnung zu durchlaufen. Und unter dem Hocker haben die ausgerichteten Hausschuhe ihren Platz. Die Zelle als Labor hat ihre eigenen Regeln. Skinner schreibt sinngemäß: Konventionen und Pläne sollen quasi als diskriminierende Reize dienen. **(10)** Was geschieht nun bei fehlerhafter Gestaltung des sogenannten »Päckchenbauens«? Es provoziert unweigerlich die Staatsgewalt vor der Zellentür. Wenn der Wächter vom Dienst einen ordnungswidrigen Aufbau des Schemels sieht, beginnt die Randale, selbst noch zu mitternächtlicher Zeit. Ich erlebe es am eigenen Leibe, als der Nachtwächter mit Wut die schwer bewegliche Zellentür aufreißt und mich anbrüllt: »Was soll das hier?« Er zeigt auf meinen Textilhaufen, der den Hocker nicht nach Vorschrift geordnet schmückt. »Sofort Sachen richten!« Durch den Erstschlaf etwas gehindert, ordne ich recht langsam mein Gehirn. Ein lautes Gepolter richtet mich schneller auf. Denn der weiter brüllende Nachtwächter hat voller Wut den Hocker samt Auflage umgestoßen. »Wird's bald!« Ich springe aus dem Lager und gebe dem Hocker die gewünschte Stapelung mit geknüpfter und gefalteter Hose, mit perfekt eingeschlagenem Unterhemd, Hemd etc.. Vor dem Zuschlagen der Zellentür kommt noch die gezielte Drohung: »Wird Nachtruhe wiederholt gestört, werden weitere Maßnahmen ergriffen!«

Mit dem letzten Satz des Wächters ist mir klar, wer die beginnende Nachtruhe stört. Es ist die bewusst vollzogene Order des Mannes, die ihm seine Vorgesetzten eingeimpft haben. Hier sehe ich heute in dreierlei Hinsicht Folteransätze:

1. Die medizinische Wissenschaft weiß, dass ohne ausreichenden Schlaf das Gehirn nicht folgenlos überleben kann. Ein

Zitat dazu: »Das Gehirn benötigt genau wie andere Körperteile auch Zeit, damit die Verbindungen zwischen den Nervenzellen sich regenerieren und stärken können. Dieser Prozess, auch Konsolidierung genannt, ermöglicht es den Nervenzellen, die Verbindungen zu festigen.« **(11)** Besteht Schlafmangel und zusätzlich noch Stress, wie in der geschilderten Situation, dann besteht die Gefahr, dass sich das neuronale System erschöpft. Jeder weitere psychologische Faktor potenziert die Situation.

2. Der erste Schlaf sorgt kurzfristig für ein gewisses Wohlgefühl, ein Gefühl des Freiseins. Wenn man nun in dieser anfänglichen Tiefschlafphase geweckt wird, dann entsteht massiver Stress, der von Kontrollverlust bis Hilflosigkeit alles Mögliche induzieren kann. Ein Autor umschreibt die Ausnahmesituation: »Frei in seinen Entscheidungen zu sein ist im Zweifel mehr wert, als seine Wünsche erfüllt zu bekommen. Denn die Kontrolle über das eigene Schicksal ist für die meisten von uns eine unabdingbare Voraussetzung von Glück und Zufriedenheit. Sich ausgeliefert zu fühlen gehört zu den unerträglichsten Empfindungen. Menschen und sogar Tiere reagieren mit schweren seelischen und körperlichen Störungen.« **(12)**
3. Letztlich droht durch die gewaltsame Aufwach-Tortur eine Hirn-Rhythmus-Störung. Die Wissenschaft beschreibt sehr genau einen Chronometer im Hirnbereich des SCN, der bei jedem Menschen einen eigenen circadianen Rhythmus besitzt. Eine Hirn-Rhythmus-Fehlsteuerung geschieht häufig dann, wenn in der beschriebenen ersten Schlaftiefe der biologische Zeitgeber getroffen wird. Warum? Das Gehirn entwickelt im Schlaf vermehrt das Hormon Melatonin in der Zirbeldüse. Dieser Stoff bringt erst dem inneren Zeitgeber das Zeichen zum wohligen Schlaf. Zum Zeitpunkt meiner Tortur im »Roten Ochsen« ist dieses Regularsystem noch nicht bekannt. Aber man wusste schon, dass dem »Feind« auf diese Weise äußerlich nicht erkennbare Schäden zufügen werden können.

Die Tage im März 1975 verrinnen, die zwischenzeitlich anberaumten Verhöre sind seltener geworden. In der Zelle ist Erzählen und Diskutieren angesagt. Wir haben gewissermaßen wiederholt aus Neugier interne »Sitzungen«. Mich interessieren die Gründe der Inhaftierung meines Nachbarn, die er vor Tagen nicht nennen wollte. Ich frage ihn: »Was hast du nun getan, dass man dich einsperren will?« Im einheimischen Sprachgewirr von sachsenanhaltinischem und nordthüringischem Mischmasch, verfeinert mit dem singenden Unterton des Mansfelder Dialektes, geht der Angesprochene kleinlaut auf das Thema ein: »Ich bin nicht das erste Mal eingebuchtet. Wegen Klauen saß ich schon in Haft. Jetzt hat das angebliche Krepieren des Friedhofwärters mich gelinkt, musste der Alte umfallen und einen toten Mann markieren, als ich dem Bekloppten mit meinem Freund zusammen einen Streich spielte?« Schockiert unterbreche ich seinen Redefluss und hake nach: »Was meinst du mit totem Mann? War der Friedhofsarbeiter durch euch zu Tode gekommen?« Der unruhig neben mir hockende Gesprächspartner druckst herum und sucht eine Formulierung. Er scheint die Interpretation anders geben zu wollen als die ermittelnde Behörde. Mit tiefer Stimme und betonter Lautstärke folgt eine Antwort: »Ich habe den Totengräber nicht umgebracht. Laut Gerichtsmediziner, den die hier eingeschaltet haben, ist der bekloppte Hund am Herzinfarkt gestorben. Unser Scherz auf dem Friedhof muss den so aufgeregt haben, dass seine kaputte Pumpe stehen geblieben ist.« L. steht auf und geht zu der in der Zellenecke installierten WC-Anlage. In dieser Position kann man sicher sein, vom Spion nicht als entblößte Gestalt vollends gesehen zu werden. Ich habe ihn weiter voll im Visier. Wahrscheinlich regt die Angelegenheit ihn so auf, dass er die Hose jetzt voll hat. Unter Abgang mehrerer methanhaltiger Duftwolken bläst er breitbeinig und wollüstig mehrfach auf dem Thron. Die Atmosphäre der Zelle gleicht innerhalb weniger Sekunden eher der Umgebung eines Misthaufens. Es ist die bekannte mangelhafte Zellenbelüftung, die uns beiden das unerquickliche

Fluidum verschafft. Sein Redeschwall bekommt durch die beharrliche Lösung eines verkrampften Schließmuskelproblems nur eine kurze Pause. »Jetzt geht's nicht mehr, der Wanzen ist voller Gas, so ein Mist, also weiter.« Offensichtlich will L. das, was ihn mental doch schwer belastet, loswerden, auch wenn er das WC noch nicht verlassen kann. »Mein Freund und ich, wir haben den Friedhofs-Verwalter foppen wollen. Der hat uns immer gedroht, wenn wir auf der Wiese neben dem Friedhof rumgeballert haben. Dort ist nämlich eine große freie Fläche, auf der man gut Fußball spielen kann. Der Alte wollte nicht, dass wir hier herum bolzen. Der hat uns mit der Verwaltung gedroht und wollte die Polizei holen, wenn wir nicht damit aufhören. Aus Knatz kippte ich mit meinem Kumpel einen Grabstein auf dem Friedhof um. Daraufhin war der Friedhofswärter so erbost, dass der den Sheriff bestellte. Bei der Dorfverwaltung haben wir einen Verweis und eine saftige Strafe bekommen. Wir durften das Gelände um den Friedhof ohne Begleitperson nicht mehr betreten. Meine Mutter machte solchen Zirkus, dass ich beschloss, ihn fertig zumachen.«

Inzwischen ist der Berichterstatter mit leidlichem Erfolg vom WC befreit und hat mit Getöse den duftenden Ort entsorgt. Die Wasserspülung hilft, den Defäkationsvorgang mit gewissem Anstand abschließen zu können. Ich versuche, das Gespräch bewusst zu entkrampfen: »L., was meinst du mit Friedhofswärter fertig machen?« Wollüstig steckt er sich eine neue F 6 an, um angemessen gesprächsbereit zu bleiben. Ihn dürstet danach. Anscheinend bin ich für ihn eine neutrale Person, die Verständnis zeigt. Ihn freut es. »Mein Kumpel überlegte, wie wir den Friedhofswärter richtig ärgern können. Für den Rest seines Lebens wollten wir ihm eine reinbraten. Da der Totengräber geil auf Arbeit mit Toten ist, kam die Idee mit den Erdmöbeln.« »Was meinst du mit Erdmöbeln?«, mein Zwischenruf. »Du kennst die nicht? Das sind die Särge, die mit Toten gefüllt sind!« »Aha.« Mein Erstaunen ist recht groß. Denn immerhin bin ich als Hallenser des volkstümlichen sachsenanhaltinischen Dialektes schon mächtig. Und über Totenbestattung weiß ich einiges. Habe ich doch nach dem Abitur zunächst die Lehre zum Facharbeiter für mittleres medizinisches Personal, besser gesagt eine Pfleger-Ausbildung, abgeschlossen. Da musste ich mit vielerlei Mühen, des Öfteren auch allein, so manchen leblosen Menschen bis zur Leichenhalle bewegen. Es war eine harte Arbeit an den Universitätskliniken von Halle. Auf jeden Fall sind viele Menschen des sogenannten »Arbeiter- und Bauernstaates« für ihre einfache, manchmal auch pietätlose Beschreibung von Dingen des Lebens bekannt. Anscheinend gehören einige volkstümliche Formulierungen nicht zu meinem Sprachgebrauch. Das Umfirmieren des Sarges zum »Erdmöbel« resultiert wohl aus der zunehmenden Entfremdung von christlichen Lebensinhalten. Die Menschen tendieren staatlich gelenkt immer mehr zum ideologisch propagierten Atheismus.

»Was habt ihr Friedhofschänder nun angestellt?« Der irritierte Erzähler sucht nach Worten: »In der Friedhofshalle standen drei Särge mit Leichen. Spät abends, als der Verwalter nach Hause gegangen war, haben wir uns mit einem Dietrich in die Kapelle eingeschlossen. Die Särge waren nur locker verschraubt, wir öffneten alle drei. Dann wurden die Leichen an dem Textil der Unterlage mit Bindfäden fest gezwirnt. Um Beine, Bauch, Brust und Hals spannten wir Seile, die mit dem Sarginnenfutter verschnürt wurden. Dann schleppten wir die Särge auf Höhe der Kapellen-Eingangstür. Das war Knochenarbeit. Ganz sachte stellten wir alle drei Särge senkrecht nach oben. Die Toten sollten wie im Wachskabinett da stehen, wenn am nächsten Morgen die Halle geöffnet wird. Als alles paletti war, in der Mitte der alte Bauer, flankiert von einer alten und einer jungen Weibsperson, da atmeten wir auf. Die Leichen blieben stehen. Grandios, dachte ich. Was sagst du dazu?«

Mir ist inzwischen die Spucke wegegeblieben. Das Erzählte erinnert mich an eine Story von Edgar Wallace, und doch ist sie brutale Realität, für die ich ihn nicht belobige. Nein, das geht zu weit. Meine mentale Abreibung folgt auf dem Fuße, als ich ihm unmissverständlich erkläre: »Du bist ein Leichenschänder. Schämst du dich nicht, Tote für niederträchtige Zwecke zu missbrauchen.« Es herrscht Totenstille im Raum. Er ist perplex, denn mit einer derartigen Reaktion hat der Erzähler nicht gerechnet. Die Stimmung ist zum Sieden hochgekocht. Ich suche sie auf meine Weise zu retten: »Es ist nun einmal geschehen und du wirst dafür büßen müssen. Merke dir, was ich dir mit aller Deutlichkeit jetzt sagen möchte: Jede Kulturgesellschaft funktioniert nur dann, wenn die Würde des Menschen unantastbar bleibt. Die Mehrzahl der Menschen will dem Leben dienen. Das gelingt nur, wenn sich Menschen untereinander in gebührenden Anstand die nötige Ehre geben. Durch Bestand von Intimität ihrer Person, von Freiheit ihrer Würde und gegenseitige Achtung des Menschseins ist das möglich. Werden diese Regeln nicht beachtet, dann sind die Menschen ohne Schutz, und das Leben ist in Gefahr. Gerade hier im Knast wird uns durch Entzug des Menschseins vor Augen geführt, was das bedeutet. Wir werden durch Entzug der Ehre wie Wehrlose schamlos festgehalten. Das herrschende System des sogenannten Sozialismus erniedrigt die Menschen. Und die Schreihälse auf der politischen Bühne draußen reden verniedlichend vom erstrebenswerten Ziel des »Sozialismus mit menschlichem Antlitz«. Die lügen uns alle an. Die wollen uns nicht den Raum gönnen, in dem man die Würde in Freiheit entfalten kann. Und keiner möchte eine tote Wachsfigur sein, sondern als freier Mensch leben und sterben. Mit Leib und Seele suchen die aufrechten Bürger nach ihrer Würde als Erdenbürger. Das ist es, was erstrebenswert ist. Und was du hier mit den Toten gemacht hast, ist menschenverachtend. Du rüttelst an den Grundfesten des Lebens. Dein Spiel mit den Leichen ist ein Spiel mit dem Leben. Du bist ein wahrer Totengräber. Ich weiß, dass du meine Worte nicht verstehst. Aber ich muss es mir von der Seele reden.« Mein Gegenüber blickt mich mit verstohlenem Blick an. Er sagt nichts, weil er darauf nichts erwidern kann. Mein Reden kam für ihn aus einer fremden Welt. Deshalb bringe ich das Gespräch auf verständliche Form zurück. »Nun erzähle

noch, was weiter geschah. Wie sah am nächsten Tag die Bescherung aus?« »Es war gegen 09.30 Uhr, als der geile Friedhofsarbeiter die Kapelle aufschloss. Wir beide hockten gespannt hinter einem Strauch und beobachteten ihn. Es war so schön wie im Film, als die drei Figuren bei offenem Tor den alten Friedhofswärter anblickten. Die standen wie Puppen in Reih und Glied. Da bekam ich einen Abgang. Und der Wärter stand vor den Dreien wie erstarrt. Mit einem lauten Hilfeschrei und hochgestreckten Armen ließ er sein Schlüsselbund fallen, stolperte über sich selbst und lag wimmernd am Boden. Uns beiden wurde mulmig. Wir rannten schnell nach Hause.«
Ich merke, das konzentrierte Reden strengt den Berichterstatter doch an. Bei seinem enthusiastischen Gerede bleibt ihm die Spucke weg. Zwei Hände voll Leitungswasser retten seinen Mund vor dem Austrocknen. Noch immer ist er voll des Tatendranges und will die tolle Geschichte zu Ende bringen. »Hör her, was dann geschah. Die Story weiß ich nur von Leuten aus dem Ort. Die Geschichte hatte sich wie ein Lauffeuer verbreitet. Irgendwer muss einen Rettungswagen bestellt haben. Stell dir mal vor, was da los war. Der Totengräber wimmert um sein Leben und die drei Toten in der Kapelle standen weiter stramm da und hielten Ehrenwache! Da kriege ich immer noch einen hoch.« Über seine eigene Einlassung lacht der Zellengenosse laut auf, sodass das Gekicher außerhalb der Zelle zu hören sein muss. Ich bleibe am Boden, denn mir ist nicht danach. Mit ernster Miene frage ich mein Gegenüber: »Was geschah mit dem Friedhofswärter?«
»Der Leichenverwalter soll angeblich die Mücke gemacht haben. Die wollen mir hier jetzt einen reinwürgen. Ich soll als Drahtzieher für die Aktion verantwortlich sein. Stimmt aber nicht. Ich wollte nur, dass der einen Denkzettel bekommt. Der soll uns hier Fußball spielen lassen. Sonst ist bei uns im Dorf nichts los.«
Noch immer sitze ich als Konsument der gruseligen Geschichte nachdenklich da und denke, was für ein kaputter Halbwüchsiger ist der Zellengenosse. Schweigen ist angesagt. Und der Berichterstatter merkt, dass mit mir etwas nicht stimmt. Mittels

Zwischenrede versucht er die Situation zu entkrampfen: »Was meinst du dazu? Natürlich habe ich ein beknacktes Ding mit den Toten gedreht. Aber ich wollte nicht, das mit dem etwas passiert.« Eine Atempause bringt Ruhe in den Raum. Ich hole tief Luft und suche unter erheblicher innerer Spannung eine verständliche Antwort: »Als Arzt muss ich dir sagen, dass die Geschichte tragisch ist. Dafür wirst du mit Recht büßen müssen, denn deine amoralische Tat ist einer Hinrichtung gleichzusetzen. Da wird dich keiner aus dem Knast rausboxen können.« Meine Einrede macht ihn stinkig: »Da lasse ich mir noch was einfallen!« Seine Reaktion verstehe ich nicht, und das ist verständlich. Wer über die Ideologie der SED-Diktatur und die Gesetze der DDR-Justiz nicht informiert ist, so wie ich damals, der kann die abwegige Logik des Zellengenossen nicht einordnen und nicht begreifen. Es gibt sie aber. Die Begründung erfolgt in einem der nächsten Kapitel.

F 2 Die Spielregeln des tschekistischen Verhörs

In der Einöde der Einzelhaft verliert der Mensch mit jedem weiteren Tag des Wartens und Sitzens den Glauben an menschliche Fairness. Der Schriftsteller und Bürgerrechtler J. Fuchs, der selbst solche Deprivations-Tortur durchleben musste, umschreibt in seiner einmaligen Art die Zeit des geduldigen Wartens: »Da du nicht weißt, wann sie dich zum Verhör holen, bist du ständig in Erwartung. Heute holen sie dich nicht, aber das wissen nur sie. Du musst davon ausgehen, dass sie dich holen. Plötzlich kann die Tür aufgeschlossen werden, plötzlich kann jemand in der Tür stehen und irgendetwas sagen oder tun. Auf dieses plötzlich kommt es ihnen an. Natürlich wissen sie, dass du ständig auf dem Sprung bist und keine Ruhe findest. (...) Du wirst einen ganzen Tag warten, alle Flurgeräusche registrieren, (...). Morgen erst kannst du sagen: Gestern kam keiner, gestern wurde ich nicht geholt.« **(1)**

Nach 20 Tagen schlägt das plötzliche Ende der Karenz wie ein Blitz ein. Ungute Gefühlsregungen erfassen mich mit der Frage: Werde ich jetzt mein Lochgefängnis des 20. Jahrhunderts erleben? Der Autor J. Raschka, der dieses Spiel nach seiner Verhaftung ähnlich empfindet, geht in die Tiefe und sieht neben dem Ermittlungsverfahren auch eine gezielte Steuerung psychischer und physischer Zermürbungsprozesse. Die Methoden gegenüber der Vorzeit des Mittelalters sind wahrscheinlich nur diffiziler geworden. Er schreibt: »Anfangs blieb der Häftling fast immer in Einzelhaft, um die Wirkung der Isolation und die Verunsicherung zu erhöhen. Während der Einzelhaft war der verhörende MfS-Mitarbeiter die einzige Bezugsperson des Häftlings. Auf diese Weise sollte das Bedürfnis nach Austausch auf den Vernehmer konzentriert werden, um den Inhaftierten dazu zu bringen, das benötigte Geständnis freiwillig zu machen: Die Isolation durch die Einzelhaft war quälend und sollte den Gang zum Vernehmer als Wohltat empfinden lassen.« **(2)** Der Prozess der Dekompensation nagt unwillkürlich am Selbstbewusstsein und an der Widerstandskraft.

Mein individueller Charaktertypus verhindert diesen Prozess, da ich denke, meine stoische Gelassenheit und das Hoffen auf eine bessere Zukunft können helfen. Das weiß natürlich mein Vernehmer noch nicht. Vor Jahren, viele Jahre nach der Haft, lachte ich beim Besuch in Kempten laut los, als ich vor der Kneipe »Narr« auf einer Schiefertafel das Zitat G. Genaros las: »Hallo Mensch, der glückliche Sklave ist der schlimmste Feind der Freiheit!« Man bedenke, in den Anfängen des Römischen Reiches war Folter nur bei Sklaven erlaubt. Als ich nun zum ersten ganztägigen Verhör aufbrechen muss, bin ich bereits gewarnt. Ich nehme mir vor, gegenüber dem Vernehmer nicht wie ein Versklavter aufzutreten. Zum einen gibt es keinen entscheidenden Grund zu schweigen. Ich werde das Bedürfnis zur mentalen Artikulation auch nicht zum Stasi-Kampfmittel pervertieren lassen. Denn Reden ohne präzise Frage kann zum Dolchstoß werden. Es gibt auch keine Veranlassung, Geständnisse blind zu unterschreiben. Meine Devise lautet: Bleibe hellhörig, bleibe emotionslos und bleibe rational. Es ist Montag, der 6. Januar 1975, als die Prozedur zum ersten großen Verhör beginnt. Der monotone Befehl des »Läufers« spricht für sich: »Raustreten zur Vernehmung«, »Stehen bleiben und Gesicht zur Wand«, »Weitergehen, wird's bald!« Die vorgegebenen Wortkombinationen umschreiben das bewusst militaristisch gefärbte und doch nur erbbiologisch verankerte Ritual. Die Bestätigung dafür finde ich im Landesmuseum für Vorgeschichte in Halle/Saale. Da steht auf einem Plakat: »Biologisch gesehen ist der Mensch ein in mobilen Kleingruppen lebender Lauf-Hetz-Jäger.« Nun laufe ich in der Kleinstgruppe zweier Personen auf den zahlreichen Fluren, vorbei an den nicht sichtbaren Menschenseelen, die hinter den vielen Zellentüren schmoren. Hier draußen erscheint alles überaus grau, außer einer rot-leuchtenden Lampe, die dem Flursystem nur geringe Helligkeit gibt. Die mystische Stille und unheimlich anmutende Einsamkeit untermalt die eigentümliche Atmosphäre. Unverhofft erlebe ich Unordnung, als der Begleiter mit irritierendem Geschrei mich anfährt: »Stehen bleiben, Gesicht zur Wand!« Mit ungewöhnlich schnellen Schritten trabt er zur Ecke des Flursystems, um im anderen Gangsystem Einsicht zu bekommen. Da scheint irgendwer im Quergang zu sein. Höchste Priorität hat die fast pathologisch wirkende Anonymität. Ein Wortwechsel beendet die Unruhe. Und als die Luft wieder rein ist, setze ich mit dem Befehl »Weitergehen« den Canossagang fort. Das Hasten durch die Katakomben beschreibt ein Mithäftling bis zum Vernehmungszimmer genauer: »Er (Läufer) verschloss mit geübter und oft praktizierter Handlung blitzschnell die Zellentür, und wir machen uns auf den Weg zum Verhör. (…) Als ich in das Nebengebäude gebracht wurde und ich mich in diesem befand, hörte ich hinter mir meinen Läufer (…) wieder sagen, stehen bleiben, mit dem Gesicht zur Wand.

Ein größerer Sprachschatz war ihm wahrscheinlich nicht gegeben. Es war ein schneller Gang, der mich ins Ungewisse führte, viele Türen und oben neben den Türen Lampen. (...) Diese Türen waren die Eingänge zu den Vernehmungsräumen, die Lampen brannten bei Zu- und Zurückfahren politischer Gefangener von oder zu den Vernehmern. Dies bedeutete, dass jeden Augenblick ein Gefangener zugeführt oder nach Ende der Vernehmung zurückgeführt werden konnte. Nun war ich dran, ich wurde in das Verhörzimmer gebracht. Hier war die Mission des Läufers für ein paar Stunden beendet.« **(3)**

Ich weiß zu diesem Zeitpunkt nicht, wie intensiv der Geheimdienst-Dschungel bereits tätig war. Ich kenne auch nicht die breite Palette der Seelenforscher, die sich vom Feldwebel bis Major im Vorfeld über meine Person Gedanken gemacht hat. Im Nachhinein, d. h. beim späteren Lesen der BStU-Akte bestätigt sich die Vermutung. Der Vernehmer X. fertigt bereits vor dem ersten ganztägigen Verhör handschriftliche Notizen an. Es ist ein detaillierter Plan, in dem jede Frage im Voraus formuliert ist. Ziel des Ermittlers ist es, neben der detaillierten Fluchtbeschreibung eine umfassende Charakterisierung der befragten Person zu erreichen. **(4)** Ein Mithäftling beschreibt die MfS-Taktik des Erstverhöres: »Die gesamte Person aufzuklären, bedeutet nicht nur, Wissen über sie zu erlangen, sondern vor allem totale Verfügungsmacht. Wenn die Stasi die Schwächen und dunkeln Stellen im Leben eines Beschuldigten wusste, wäre er nur noch eingeschränkt Herr über sich. Raffiniert nutzt sie Charaktereigentümlichkeiten und früheres Fehlverhalten aus. Gerade da, wo sich die Stasi über die verborgenen Schwächen einer Biographie die Verfügung über einen Beschuldigten verschaffte, wird er dies heute kaum preisgeben wollen.« **(5)** Aus dem Munde meines Vernehmers höre ich in der ersten Stunde die sicher einstudierte und doch sinngebende Satzfolge: »Bevor nicht alles auf dem Tisch liegt, wird nicht gegessen. Alles Ungenießbare legen wir zur Seite. Wir ordnen es. Also, nun spucken sie mal das Gift aus und reden genauestens über Ihre Tat. Am Ende soll die

Suppe doch schmecken.« Ein derartiges Wortspiel habe ich ihm nicht zugetraut. Man fragt sich, warum er diese Zielstrebigkeit in der Vernehmungstaktik betreibt. Hierzu meint ein Autor: »Ziel ist es, dass der Beschuldigte einsieht, dass er sich falsch gegenüber der sozialistischen Gesellschaft verhalten hat, dass er reinen Tisch mit seiner Vergangenheit und den Straftaten machen muss, mit seinen eigenen und denen, die ihm von anderen bekannt sind. Wir geben ihnen die Chance zum Neuanfang. Wirklich geständig ist jemand erst, wenn er von sich aus umfassend aussagt, auch das, wonach wir ihn nicht gefragt haben.« **(6)** In einer Abschlussarbeit der JHS Potsdam spricht ein Doktorand von den notwendigen Längs- und Querschnittanalysen der Gesamtpersönlichkeit, damit so die wichtigsten einstellungsbildenden Faktoren gefunden werden können. **(7)** Man sucht nach allen nur erdenklichen Verhaltensstörungen, beispielsweise nach Ein- und Unterordnungsproblemen, Verführbarkeit, Willensschwäche, Skeptizismus, Prestigedenken, Karrierismus, Standesdünkel, überzogenem Ehrgeiz, Missbrauch, Überempfindlichkeit, Fanatismus usw..

Von besonderer Bedeutung scheint die Bewertung der gesellschaftlichen Verhältnisse zu sein, wie beispielsweise Probleme bei der Arbeit, Einschätzung des eigenen Sozialstatus und Verhalten gegenüber SED und Staat. **(8)** Und man fahndet nach außergewöhnlichen Verhaltensformen wie Opferbereitschaft, Humanismus, Patriotismus usw.. Vielleicht ergibt sich auf diesem Wege die Voraussetzung für eine spätere IM-Tätigkeit. **(9)** Das weitere Procedere ist Teamarbeit. In der MfS-Zentrale folgt nach jedem Verhör die Auswertung der Daten. Man erarbeitet eine »Täter-Katalogisierung«, um auf diesem Wege schon frühzeitig für die nachfolgenden Verhörpraktiken einen optimaleren Zugriff zu erhalten. Der Autor S. Möbius meint, dass die Analyse mit einer Dreigliederung der Verhörten endet, nämlich in der bereits beschriebenen Einteilung der Personen, solcher mit »ideologisch feindlicher Position«, solcher mit »schwankender politischer Einstellung« und denen, die sich im Umfeld von

»feindlichen Instituten« bzw. »Menschenhändlerbanden« bewegen. Die grobe Eingruppierung scheint dem Apparat zu genügen, um so eine Atmosphäre der passenden Vernehmung, des richtigen Zeitpunktes und der angemessenen Zeitdauer der Vernehmung zu finden. **(10)**
Parallel dazu sind bereits außerhalb der Mauern des »Roten Ochsen« Ermittlungen in alle Richtungen gelaufen. Eine Anfrage geht an den bisherigen Arbeitgeber des Bezirkskrankenhauses Halle-Dölau. Die Antwort der Kaderabteilung bringt das, wonach die anfordernde Stelle akribisch sucht, eine kurze Personenanalyse des Wilding. Da heißt es unter anderem: »In seiner Persönlichkeitsstruktur wirkte er ruhig. Herr W. ist ausgesprochen sensibel und besitzt ein starkes Zugehörigkeitsgefühl zur elterlichen Familie. Ein subjektiv gefärbtes Gerechtigkeitsgefühl, das bis zum unbeherrschten Ausbruch führen konnte, musste gelegentlich korrigiert werden. Gerade dieses Gerechtigkeitsgefühl aber war es auch, was ihn in seiner Einstellung zum Patienten und zum Kollektiv bestimmte.« Genau diese Formulierung des Chefarztes greift Vernehmer X. später auf. Was will er beim ersten Verhör wissen? Im Grunde ist die siebenstündige Befragung unspektakulär. Einige Tage später liefert der Ermittler ein Schriftstück von acht Seiten. Beim Überfliegen entdecke ich wiederholt mir völlig fremde Redewendungen, die aus der Feder des Stasi-Denkers stammen. Sein Geschriebenes lebt in dem Deutsch, das nicht meinem Sprachgebrauch entspricht. Hierzu eine der damals gestellten Fragen: »Welchen Verlauf nahm Ihre gesellschaftspolitische Entwicklung?« In der Antwort wird mir unterstellt, »jetzt schlief auch dort so nach und nach meine Mitgliedschaft ein«. Gemeint ist hier, dass ich mich durch eine angebliche Entfremdung von der Gesellschaft um nichts mehr gekümmert hätte. Anschließend gibt das Protokoll in der Stasi-Sprache noch eine Klarstellung: »Erwähnen möchte ich noch, dass ich mich wenig um politische Probleme gekümmert habe.« Der Frager will belegen, dass die zunehmende Abkehr vom Leben der DDR eine entscheidende

Triebfeder für das spätere Fluchtvorhaben gewesen sei. In Wirklichkeit ist mein politisches Denken bereits in den Jahren vor dem Fluchtversuch entscheidend gereift.
Wie empfinde ich emotional und psychisch die weiteren Verhörpraktiken? Zumeist sitze ich müde und unrasiert auf dem harten Holzstuhl und ertrage geduldig das Schauspiel. Man hat keine andere Wahl. Und einen Rechtsbeistand kann ich erst frühestens nach Abschluss der Ermittlungen erhalten. Ich bekomme nach kurzer Zeit das Gefühl, der Untersuchungsführer sonnt sich in seiner persönlichen Macht, die erlernten psychologischen Finessen auskosten zu können. Da kann unwillkürlich fast jeder Inquisitor hedonistische Züge entwickeln. Sein Getue wirkt auf mich angemessen überlegt und doch paradox. Die anerzogene spannungsgeladene Ruhe und Abgeklärtheit verrät auch eine gewisse Unnatürlichkeit. Denn er kann unterschwellige Signale nicht unterdrücken, hat doch seine Mimik eine eigene und universelle Sprache. Man kennt heute das FACS-Codier-System, das die 43 Gesichtsmuskeln im Mimik-Spiel moduliert. Damals kenne ich noch nicht die verschiedenen Eigenheiten des Lächelns. In seinem Gesicht sehe ich aber des Öfteren ein auffälliges Wechselspiel von nervösem bis aufgesetzt höflichem Muskel-Spiel, das zusätzlich von Zuckungen untermalt wird. Das alles ist Folge der Gesamtsituation, die speziellen Modulationen unterworfen ist. Kurze subtile Gefühlssignale verraten sein aufgesetztes falsches Lächeln. Natürlich kann X. die nonverbalen Merkmale nicht preisgeben. Ohne tieferes Wissen dieser Dinge erkenne ich schon recht frühzeitig, sein vernehmungstaktisches Theorem der Täuschung. **(11)**
Nach Studium von JHS-Protokollen weiß ich heute, dass ihm das dreijährige Diplomstudium über Strafrecht, Kriminalistik und Psychologie das beschriebene unnatürlichen Falschspiel vermittelt hat. Denn die Lehrer der Potsdamer Hochschule verlangen von den Absolventen ausreichende Kenntnisse im vernehmungstaktischen Verhalten. Ein Absolvent der Lehrstätte schreibt: »Die Beobachtung des Beschuldigten in der Verneh-

mung soll aufgrund der Tatsache, dass die Gefühlsprozesse bei der Mehrzahl der Menschen in objektiv feststellbaren, organischen Vorgängen zum Ausdruck kommen, besonders über die Beobachtung des Gesichtsausdruckes und der Gestik erfolgen.« **(12)** Heute bin ich der Meinung, die Gesamtheit der Gesten des Vernehmers unterlag der suggestiven Taktik, den Fragenden zu manipulieren. Im Rahmen der Folterdiskussion formuliert es S. Amati ähnlich: »Man hört häufig, das Ziel der Folter bestehe darin Geständnisse oder Informationen zu erpressen, aber das ist nur ein Teilaspekt und viel eher eine Rechtfertigung: Das eigentliche Ziel ist die Manipulation.« **(13)** Ich ergänze, Ziel ist die Manipulation des Ich und bei fehlender Einsicht seine Zerstörung. Die Zerrüttung der menschlichen Seele ist mit der »strategischen Folter« gleichzusetzen. Da wird in geheimdienstlicher Tätigkeit die Preisgabe von Vorgängen und sonstigen Details zu einem Nebenprodukt der »taktischen Folter«. **(14)** Und diese »taktische Folter« trägt noch ein Spezifikum. Das vom Vernehmer vorformulierte Frage-Antwort-Spiel baut auf bereits vorhandene Erkenntnisse auf. X. gaukelt mir vor, das Erfragte sei Neues und Unbekanntes. In Wirklichkeit schöpft das »Horch-und-Guck-Institut« aus Quellen des geheimdienstlich operierenden Apparates. Wenn illegal Beschafftes offiziell verwendbar gemacht werden soll, dann müssen Beweise durch Wandlung legalisiert werden. Man nennt es »Schutz der konspirativen Quellen«. In dem Buch »Leserbriefschreiber« um- schreibt es M. Scharrer mit den Worten: »Mit den Vernehmungsprotokollen produzierte die Stasi Beweismittel für ihre Anschuldigung. Sie wollte den Schein eines rechtförmigen Verfahrens wahren und dazu benötigte sie die Aussagen, die eine Anklage und Verurteilung nach § 19 StGB rechtfertigen. Die Willkür der politischen Strafverfolgung gegen Andersdenkende hatte (...) durchaus System und Methode.« **(15)** Zum Zeitpunkt der Verhöre ist mir nicht bekannt, woher und von wem seine detaillierten Informationen stammen. Auf jeden Fall scheiden hier die mitbeschuldigten Angehörigen aus. Sie sind wie ich doch standhafte

Persönlichkeiten, ohne Tadel. Das weiß ein jeder vom anderen. Aus heutiger Sicht imponiert das durchlebte Verhörspiel der ersten Wochen eher trivial und phrasenhaft, im Grunde banal. In der Literatur steht: Nicht wenige MfS-Absolventen bringen in ihren JHS-Dissertationen darüber einen Wust von Phrasen, Leerformeln und substanzlosen Parteitiraden. **(16)** Anders sieht es natürlich die Hochschule, die selbst von der Entwicklung neuer wissenschaftlicher Vernehmungsrichtlinien spricht. Man unterstreicht sogar, auf dem Gebiet der Vernehmung ein wissenschaftlicher Vorreiter zu sein. Da wird behauptet: Das Problem bestehe darin, dass die Erkenntnisse der marxistisch-leninistischen Psychologie bisher durch die forensische Wissenschaft noch nicht für die Zwecke der Vernehmung aufbereitet worden seien. (…) Die darzustellenden Grundaussagen (…) sollen dazu beitragen, diese Lücken zu schließen. **(17)** Tat- sächlich besteht nur die Taktik, eine abartige Ausnutzung von Chamäleon artig variierenden Psycho-Tricks zu verbalisieren. Auf jeden Fall arbeitet der Vernehmer mit erlernten Überraschungseffekten. Da werden eigentümliche Zwischenfragen gestellt, die nur aus illegalem Wissen stammen können und naturgemäß bei mir einen durchaus schockierenden Unterton entwickeln. Ich fasse seine Praktiken in drei Punkten zusammen:

1. <u>Umgangsformen verschiedener Art als psychologische Taktik</u>
   Der Vernehmer bestimmt nur anfangs die Gesprächsatmosphäre von überaus freundlich bis kategorisch abweisend. Ich bin überzeugt, dass er die Strick-Story von Silvester durchschaut hat und deshalb seine psychologischen Tricks auf ein Minimum reduziert.
2. <u>Verunglimpfung als Mittel der Verunsicherung</u>
   Meine Aussagen mit unpräziser Formulierung oder kleinbürgerlichem Inhalt, wie er selbst behauptet, beantwortet er mit höhnischem Sarkasmus bzw. unartikulierter Beschimpfung. Sein nicht kalkulierbares Verhalten irritiert mich in keiner Weise.

3. Methoden von »Zuckerbrot und Peitsche«
Der Fortgang der Verhöre entscheidet nach Stasis Gnaden über Vergabe bzw. Rücknahme von Erlaubnissen. Der Vernehmer erinnert wiederholt an die Hausordnung, die einzuhalten wäre. Ich bleibe von einer »Bestrafung« aber verschont, da ich bewusst eine praktikable Form des Konsenses suche.

Es gibt genügend ungesetzliche Methoden bis hin zur offenen Folter. Im unveröffentlichten Manuskript von F. Weiße wird eine Arbeit aus den USA zitiert, die tabellarisch die allgemeinen Methoden, Ziele und Varianten in acht Punkten zusammenfasst. Der Autor spricht von Biedermann-Kriterien. Dazu gehören folgende:
1. Isolation
2. Monopolisierung der Wahrnehmung
3. Erzeugte Entkräftung und Erschöpfung
4. Drohungen
5. Gelegentliche Gefälligkeiten
6. Demonstration von »Allmacht« und »Allwissenheit«
7. Demütigung und
8. Erzwingung trivialer Forderungen. **(18)**

Man könnte glauben, die MfS-Führungsspitze habe die Veröffentlichung zur Vervollkommnung ihrer Folterarbeit kopiert. Nein, der Verfasser Biedermann gibt die Praktiken wieder, die schon seit Jahrzehnten in der früheren Sowjetunion praktiziert wurden. Da hat der kleine Bruder in der DDR nur Methoden übernommen und auf seine Weise den deutschen Verhältnissen angepasst. Letztlich sind sie alle Manöver der Induktion von Abhängigkeit, Angst und Entbehrung. **(19)** Der moderne Inquisitor will selbst bestimmen, wie er beim nächsten Verhör noch perfekter vorgehen kann. Sein Instrumentarium ist die geplante Verhörtaktik, als Spiel mit dem Urphänomen von Not und Hilfe. Ein Mithäftling umschreibt diese Folterform kausal: »Der Häftling muss sich entscheiden, ob er auf seiner Schuldlosigkeit besteht und damit keinen Helfer in seiner Not hat oder sich schuldig bekennt, um die Hilfe des Vernehmers zu bekommen. (...) Im Paradox dieses erzwungenen Vertrauens liegt eine schwere Erniedrigung.« **(20)** Und mit der Parole des sogenannten »Kampfes gegen den Feind« schürt die SED-Riege bewusst das antichristliche Phänomen des Hasses zu einem Konglomerat inhumaner Phänomene. Ein SED-Strafverfolger rühmt sich beispielsweise in krankhafter Form unmenschlich gehandelt zu haben. Er schreibt völlig unverblümt: »Hass ist ein wesentlicher, bestimmender Bestandteil der tscheckistischen Gefühle, eine der entscheidenden Grundlagen für den leidenschaftlichen und unversöhnlichen Kampf gegen den Feind. (...) Hass ist zugleich ein dauerhaftes und stark wirkendes Motiv für das Handeln.« **(21)** Auf jeden Fall sorgt sich auch bei mir das selbstbewusste und selbstbestimmte Ich. Wie ein endloses Theaterstück läuft das Rollenspiel weiter. **(22)** Die Gefahr des Zusammenbruches des Ich ist dann groß, wenn über längere Zeit das Opfer permanentem Stress ausgesetzt ist. Der Autor W. Weiße entwickelt hier ein »heuristisches Modell«, das den Kollaps der Ich-Funktion sieht. Hierzu gilt eine in grober Form gegebene Reflexion, die ich selbst erlebe. Wird mein Ich von allen Seiten extremen Belastungen ausgesetzt, kann irgendwann die Ich-Funktion durchbrennen. Das Opfer sucht händeringend dann nach irgendeiner Hilfe. Durch die gefahrvolle Kommunikation mit dem Vernehmer erhofft der Betroffene eine Stütze seines Ich's zu erhalten. Sehr schnell beginnt die qualvolle und nicht bemerkte Infiltration, die den weiteren Verfall der Ich-Funktion bedingt und in bestimmter Situation zur gänzlichen Erschöpfung und Widerstandaufgabe führt. Jetzt könnte sich das Opfer voller Schmerzen, Schuld und Angst mit dem Folterer verbinden. Und das Ich würde dadurch den Zusammenbruch erleiden. **(23)**

Nach dem selbst Erlebten sehe ich den Tatbestand der »strategischen Folter« erfüllt. Welchen heuristischen Dialog erlebe ich mit X. ? Im Grunde bleibt er wohl beim Prinzip der sogenannten mitfühlenden Kommunikation, die das Frage-Antwort-Spiel als unspektakuläres Standard-Interview kennt. Der intuitiv ermittelte Informationsaustausch bündelt die Datenberge sicher. Die Gehirnforscher sagen, das menschliche Gehirn kann nicht viele Konzepte im Arbeitsgedächtnis gleichzeitig festhalten. Maximal können in 20 bis 30 Sekunden nur sieben Informationsteile gespeichert werden. **(24)** Die Kommunikationsforscher ergänzen diese Strategie, wenn sie feststellen: Das Standard-Interview vertraue auf dem Prinzip von Frage und Antwort als geschlossenem System. So verhindert der Frager, dass sich der Befragte durch den Redefluss im Thema nicht verliert. **(25)** Die Kommunikationswissenschaft beschreibt eine derartige Vorgehensweise als praktikabel. Und die Stasi-Forscher wissen, dass dann die Chance besteht, an weitere Informationen heranzukommen. Kriminalisten und Kommunikationsforscher sind sich einig, die Zuhörer-Erzähler-Beziehung basiert letztlich auf der Grundlage des kognitiven Interviews. Und die Banalität der Ermittlungen lebt vom Modell der »nonverbalen Merkmale«. Dazu setzt der Vernehmer die notwendigen Signale, ganz nach dem simplen Tenor: Daumen nach oben oder Daumen nach unten.

Wie verfährt der Vernehmer mit den Protokollen? Er schreibt zunächst alle Informationen handschriftlich mit. Ob bei den Gesprächen gleichzeitig ein Tonband mitläuft, bleibt ein Geheimnis. Seine Verhör-Protokollierung trägt darüber hinaus ein sonderliches Spezifikum. Die einige Tage später fertigen Schreibmaschinenblätter enthalten Redewendungen, die dem gewünschten Vokabular von X. entstammen. Mitteilungen und Begründungen meinerseits werden in seinem Parteideutsch entstellt. Und alles Entlastende erscheint in unwichtig formulierten Nebensätzen, belastende Aussagen dagegen imponieren in dramaturgisch aufgeblähten Hauptsätzen. Folglich ist der Sinn des Geäußerten verzerrt und deformiert. Ich erreiche nur mit großem Widerstand und außergewöhnlichem Gezeter vor meiner Unterschrift eine Korrektur. Im Schrifttum werden zuhauf derartige Unregelmäßigkeiten beschrieben. Selbst hier besteht de jure kriminelles Handeln. (**26 bis 31**) Nach Meinung des Vernehmers unterliegt mein Denken den ideologischen Einflüssen, der »politisch ideologischen Diversion« (PID) des westlichen Auslandes. Die PID erlaube das Vorgehen gegen politisch Andersdenkende, in dem die marxistisch-leninistische Folklore als Basis für den dialektischen und historischen Kampf bemüht wird. Anscheinend meint er, dass ich geistig im Umfeld einer überkommenen kleinbürgerlichen Welt lebe und infolge antagonistischer Widersprüche konträren Konfliktsituationen ausgesetzt sei. Wilding will nicht begreifen, dass der Sozialismus eine Wissenschaft ist, die als objektive Wahrheit die Entwicklungsgesetze der Gesellschaft erkannt habe. Jeder vernunftbegabte Mensch müsse doch die ideologische Basis des historischen Materialismus als höchste Wahrheit verstehen. Wenn man dieser Philosophie folgt, dann würde man begreifen, was die Argumente des Ermittlers bedeuten. Sie sind Kompositionen, die auf Geheiß seiner Vordenker einer individuellen Verdichtung zugeführt werden müssen. Das Geschriebene dient als positive Grundlage für die später zu urteilende Staatsjustiz. Als Hohn empfinde ich den Wortlaut am Ende eines jeden Protokolls: »Ich habe das Vernehmungs-Protokoll gelesen. Der Inhalt desselben entspricht in allen Teilen den von mir gemachten Aussagen. Meine Worte sind darin richtig wiedergegeben.« Beim Protokollieren jeder Seite überkommt mich ein Schauer von Unwohlsein. Mit der Indisposition folgen natürlich Zweifel.

In solcher Situation kommt der Mediziner zu Wort. Ich spüre die Macht der Gefühle, die im präfrontalen Cortex die Emotionen und Stimmungen kontrollieren. Die somatischen Marker lenken die Entscheidung beim rationalen Denken und Handeln. Die mentale Grundstimmung ist nicht positiv, denn der geistige Mief bleibt bestehen. Ich kann es nicht ändern. Meine mich manchmal überfallende erbärmliche Stimmung potenziert sich mit den Emotionen zu einem Wust von Zerrissenheit und Skepsis. Da ist die im Stillen selbst gestellte Frage berechtigt: Wo bleibt da eine gerechte Welt? Die Wissenschaft behauptet, das moralische Urteilsvermögen, vom tief verwurzelten Bedürfnis

getrieben, sei gebunden an den Glauben an eine gerechte Welt. **(32)** Aber unser wenig moralisches Gehirn habe mit den zahlreichen moralischen Unzulänglichkeiten von Selbstbetrug und Heuchelei zu handeln. Habe ich genügend moralisches Rüstzeug? In der misslichen Situation finde ich keine klare Antwort; heute kenne ich sie. Die bekannte Psychologin C. Fine schreibt: »Das unmoralische Gehirn verfügt noch über eine letzte Strategie, um alle moralischen Bedenken, die wir ansonsten verspüren könnten, schon im Keim zu ersticken. Wir können uns selbst weismachen, dass die Situation, in der wir uns gerade befinden, gar keine wirkliche ethische Dimension hat. Wenn es also keine moralische Verpflichtung zum Handeln gibt, warum sollten wir uns dann schlecht fühlen, wenn wir nichts tun?« **(33)**
Und was treibt meinen Vernehmer dazu, seine Rolle als Vollstrecker zu spielen? Er dient einer Macht, die nach der absoluten Sicherheit und Geborgenheit sucht, sie aber nicht findet und auch nicht finden kann. Auf dem Weg dahin sucht ein jeder psychologisch nach Schutz vor der Angst. Wer sich mit der Welt und den unzähligen Gefahren bis zum angestrebten Ziel auseinander setzen muss, der fahndet unterschwellig nach Lösungen, die drohenden Gefahren zu minimieren. Das gesellschaftliche Bemühen ist von Fehlaussagen begleitet, wenn Macht und Ideologie erstrebenswerte Intentionen darstellen. Sie treffen den Kern der Stasi-Philosophie. Nach dem heutigen medizinischen Kenntnisstand greifen hier unmittelbar zerebrale Prozesse, die auch der Vernehmer durchlebt. Er umgibt sich mit einem abgerichteten Machtgefüge, geprägt von der Mythologie, in einem heldenhaften Kampf für etwas Besseres und Neues zu stehen. Insofern lebt er in der Scheinwelt positiver Gefühle, die psychologisch mit Begehren und Lustgewinn umschrieben werden können. Und seine ideologischen Vordenker geben ihm den entscheidenden Impuls, wenn sie ihm einreden, er sei Kämpfer an der vordersten Front. Unter Zugrundelegung dieses Stimulus verändern sich automatisch die Verdrahtungen seines Gehirns. Ohne es zu merken, springt in seinen Hirnwindungen ein Pro-

zess an, der Lust programmiert. Die Lustmodulation hat bereits massenhaft den Botenstoff Dopamin freigesetzt. Je mehr davon zirkuliert, umso stärker fällt der Aktionismus aus, der das Verlangen seiner Wünsche, der Lust nach Veränderung programmiert. Und dieses Hormon verändert gleichzeitig die Aktivitäten, nämlich das fast triebhafte Streben nach Vernichtung des Feindes. Solches Begehren kann noch die Stimmung heben. Denn Ziel ist es, die feindlich gesinnte Figur hinter Gitter zu bringen. Seine »Lustmaschine« hält sich dauerhaft am Laufen. Die Intuition des Verlangens bereitet ihn auf das Siegesgefühl vor. X. selbst gibt dafür alles. Seine sonderliche Lust wird durch die Verhöre befriedigt, die mit dem Gefühl der steigenden Neugier gekoppelt ist. Nach dem »Las-Vegas-Prinzip« ist der Zustand des Dopamin-Stoßes letztlich eine Droge, die das Gehirn immer stärker verkabelt und dabei fortlaufend umprogrammiert. Gleichzeitig entartet die Erwartungssituation. Das Verlangen wird übermäßig stark zum Phänomen des »Craving« (Sucht, Abhängigkeit). **(34)** Der Vernehmer kann und will jetzt als mental Getriebener nicht mehr anders handeln. Sein Gehirn sucht wie im Drogenexzess nach angenehmen Gefühlen. Problematische Situationen umschifft der Betroffene mit dem inneren Getrieben sein nach Lösung der übertragenen Probleme, nämlich der Umsetzung des von Vorgesetzten eingeimpften Partei- und Klassenauftrages. Und seinem Arbeitgeber sind als Instanz mit langem Arm und ohne Skrupel alle Mittel recht. Die erlernte Doktrin vom angeblichen Besitz der historischen Wahrheit erlaubt es, die legitimierte Überlegenheit wie im Drogenrausch hemmungslos auszunutzen. Der Bürgerrechtler J. Fuchs meint: »Alle Beteiligten waschen ihre gepflegten Hände in Unschuld und im Recht.« **(35)**

So kosten die Untersucher gegenüber den Beschuldigten ihre Autorität aus. Man bedenke noch, die Führungskader der verschiedenen Linien besitzen in der U-Haft eine »biforme Legitimation«. Sie mutieren sowohl als Bedienstete des Geheimdienstes als auch als Kriminalisten des Polizeidienstes. **(36)** Damit ist ihre Tätigkeit noch verklärter. Die Selbstüberhöhung gipfelt in der Umschreibung, Mitglied einer verschworenen Elite zu sein. Der geheimnisumwitterte Personenkreis tritt nach innen und außen entsprechend auf. Ein Nachwuchsfunktionär sieht sich selbst in der Rolle und meint dazu: »Von nun an wollte ich werden wie alle, in einer Organisation, die das Äußerste an männlichen Tugenden selbst richtigen Männern abverlangte. Ich wollte ein Mann wie sie werden und wurde es: Pünktlich, zuverlässig, sachlich. Ich wurde grausam, gefühllos und effizient. Ein richtiger Mann.« **(37)** Ein anderer glorifiziert selbst noch nach der Wende sein früheres Tun: »Wir haben stets nur unsere Pflicht erfüllt, so wie Partei und Staat es von uns verlangt haben. Umdenken nein, so einfach steckt keiner zwanzig Jahre weg. Wir haben ein Stück Geschichte mit geschrieben. (...) Wir haben uns vor keiner Angelegenheit gedrückt, wir haben Ausdauer und Fantasie besessen wie kein anderer in diesem Land.« **(38)** Welche sogenannten Leistungen vollbrachte solch ein Stasi-Hedonist? Der Autor Gieseke benennt bestimmte Voraussetzungen, die die Führungselite verlangte. Dazu zählten unbedingte Pflichterfüllung, militärischer Gehorsam, Verschwiegenheit, Fähigkeit zur glaubhaften Verkörperung von Biographien mit Legende, Führungsqualitäten gegenüber informeller Mitarbeitern, die Fähigkeiten zur Beeinflussung anderer Menschen, Vermeidung von Angriffspunkten für feindliche Kräfte usw.. **(39)** Letztlich war es ein Sammelsurium von Fertigkeiten, die nur wenig mit Neigung, Talent, Tüchtigkeit und Qualifikation zu tun haben. Vielmehr musste man darin eine Anhäufung von Aktivitäten aus der terroristischen Szene sehen, die mit Mitteln der taktischen und strategischen Zielsetzung Menschen quälten und manchmal noch mehr. Die Staatsführung honorierte ihr Tun mit parteilich und staatlich sanktionierten Dankbarkeiten, beispielsweise überdurchschnittlichen Gehältern, schnellem Zugang zu Wohnungen, zeitnahem Kauf von Pkws, ungehindertem Zugang zu Luxusgütern und außergewöhnlichen Auslandsreisen. Aus diesem Grunde waren die Funktionsträger des SSD und ihre Fami-

lien auch bereit, die totale bzw. systematische Überwachung und Verfügbarkeit in jeder Lebenslage zu ertragen. Es gab nur eine entscheidende Prämisse, nämlich bedingungslos die Spielregeln des »tschekistischen Alltages« nicht nur dienstlich, sondern auch privat zu erfüllen. Nicht alle Mitglieder der Linie IX konnten den idealisierten Stil voll umsetzen. Laut Literatur wurde eine Reihe von ihnen alkoholabhängig. Den »humanistischen und patriotischen Charakter« der geheimdienstlichen Arbeit ertränkte man quasi im Suff.
Als Arzt betrachte ich solche Entgleisung mit einer kausalen medizinischen Begründung, die besagt: Derartige Helden hatten im präfrontalen Cortex keine Kontrolle mehr über ihre Emotionen und Stimmungen. Bei ihnen waren durch fehlgesteuerte Interaktionen die acht menschlichen Basisemotionen von Trauer über Scham bis hin zur Angst entscheidend unterminiert. Ich kann die Analyse auch anders formulieren, wenn ich kritisch frage: Besaß nicht so manche auserwählte Figur des Horch-und-Guck-Institutes schon immer eine wesentliche Fehlsteuerung in den moralischen Basisemotionen?

F 3 Die Banalität der Aktion »Weiße Wolke«

Im Rahmen der Durchsicht der BStU-Akten stoße ich auf ein Kapitel, das den Vermerk Aktion »Weiße Wolke« trägt. **(1)** Was verbirgt sich dahinter? Ein anderes handschriftlich beschriebenes Blatt in der Akte enthält folgende Notizen: »Seit 01.08.1976 Anzahl der Vorbeugungsgespräche durch IX vor Beschäftigte im Bereich Medizin. Wiedereingliederung in diesem Bereich (...). Durchgesagt an Führungsoffizier der HA IX/4 am 18.08.1977: 1. Zwei Personen, 3 Gespräche, 2. Keine Wiedereingliederung.« Die Skripte versuche ich zu entschlüsseln und habe folgende

Vermutung. Seit August 1976 beginnt in der Haft für die MERKUR-Mitglieder über das Zuchthaus Karl-Marx-Stadt (Chemnitz) die Übersiedelung in die BR Deutschland. Die Stasi nennt es »Entlassung aus der Staatsbürgerschaft der DDR«.Demnach markiert dieser Zeitpunkt auch den Beginn einer Reihe sogenannter »Vorbeugungsgespräche« in meiner früheren Umgebung. Ich erkenne es an dem oben beschriebenen zeitlichen Zusammenhang und Inhalt. Die hier gewählte Wortkombination »Vorbeugungsgespräch« ist ungewöhnlich. Weder im Internet noch in der Literatur finde ich dafür eine genaue Erklärung. Offensichtlich soll die Stasi-Wortschöpfung eine gezielte Prophylaxe dieses Institutes beschreiben. Und genau hier greift die in meiner Akte gefundene Aktion »Weiße Wolke«. Ich finde auf zwölf Seiten gezielte Fragen, die den Personenkreis der fluchtwilligen DDR-Mediziner erfassen soll. Es geht um die Ärzteschaft, die zur Zeit der 70er-Jahre wegen der hohen Fluchtwelle einer besonders intensiven Überwachung unterzogen wurde. Was besagt der Fragebogen? Er umfasst folgende fünf Themenbereiche:

1. Status bisheriger Maßnahmen.
   Bei dem durchleuchteten Arzt wurde eine grundsätzliche Einordung des momentanen Ermittlungsstandes gegeben, die von Überprüfung über Vorbeugungsgespräche, Fahndung der Sicherheitsorgane bis hin zur möglichen Verurteilung durch die Justiz reicht.
2. Daten zur Person und zum Arbeitsplatz.
   Hierbei erfolgte eine detaillierte Charakterisierung des Bespitzelten. Im Jargon der Behörde bedeuteten die Fragen eine Art »sozialistischer Psychoanalyse«, die für Dritte im MfS-Dschungel wesentliche persönliche und gesellschaftliche Punkte erfassen sollte.
3. Analyse der Gespräche vor Ermittlungsverfahren.
   Die Auswertung und Bearbeitung der Person mündete in der Feststellung, ob die bisherigen Vorbeugungsgespräche Erfolg oder Misserfolg erbracht haben.

4. Beschreibung einer möglichen Fluchtvorbereitung.
   Die Ermittlungen der Stasi mündeten in der Erfassung von Fluchtmotiven und der genauen Beschreibung der erforschten Fluchtgestaltung, letztlich auch der bereits erfolgten Einschaltung sogenannter »Menschenhändler«.
5. Stand der bisherigen MfS-Maßnahmen.
   Zuletzt hatten die Ermittler festzustellen, ob die bisherigen geheimdienstlichen Maßnahmen greifen und Erfolg oder Misserfolg zeigten. Hierzu werden auf Seite 9 bis 12 des MfS-Fragebogens »Angaben zur Ausgestaltung von Maßnahmen der Vorbeugung/Erziehung/Wiedereingliederung« verlangt, die letztlich in dem Punkt 7 münden: »Verallgemeinerungswürdige Erkenntnisse und Schlussfolgerungen aus dem vorliegenden Fall« (vergleiche Abbildungen S. 315–318).

Meine eigene »Weiße Wolke«-Akte, die eine schwer lesbare, handschriftlich verfasste Zusammenstellung des Vernehmers X. ist, nimmt sich nur der ersten Aktions-Punkte an. So übernimmt der Ermittler im Punkt 3.1 (kurze Gesamtcharakteristik der Persönlichkeit) kommentarlos die Einschätzung des Chefarztes der Medizinischen Klinik. Das trifft auch bei Punkt 3.3 (Einstellung und Probleme, die mit Beruf und Tätigkeit unmittelbar zusammenhängen) zu. Insofern sind die Vermerke kritiklos und unspektakulär. Im Punkt 3.7 wird eine »zusammenfassende Einschätzung der Motive und Ziele der Straftat in ihren Zusammenhängen und ihrer unterschiedlichen Wertigkeit« verlangt. Der Vernehmer notiert hier folgenden Text: »Der Beschuldigte fasste den Entschluss, die DDR ungesetzlich nach der BRD zu verlassen, da für ihn keine Möglichkeiten der legalen Übersiedelung nach der BRD bestanden. Des Weiteren war er der Auffassung und vertritt diese immer noch, dass er in der BRD aufgrund seiner sozialen Herkunft keinerlei Benachteiligungen in persönlicher und beruflicher Hinsicht zu erwarten hat, wie das seiner Meinung nach in der DDR speziell gegenüber Christen geschehen würde.« Als ich den Passus bei der BStU-Behörde in

5. Angaben zur Ausgestaltung von Maßnahmen der Vorbeugung/Erziehung/Wiedereingliederung

5.1. Angaben über Beiteiligte und taktisches Vorgehen gegenüber der Person
An welche objektiven oder subjektiven Momente wurde vor allem angeknüpft, um den angestrebten vorbeugenden/erzieherischen Effekt zu sichern? Welche Argumente/Varianten erwiesen sich als besonders geeignet und wirksam?

5.2. Konkrete Auflagen, Bedingungen und Hinweise, die der Person für ihr künftiges Verhalten gegeben wurden

5.3. Weitere Veränderungen der beruflichen und persönlichen Verhältnisse, die eingeleitet wurden (Wo erfolgte gegebenenfalls Einsatz? Welche Veränderungen bedeutete das? Welche Konfliktursachen wurden beseitigt? Welche besonderen Maßnahmen im Kollektiv wurden getroffen usw.?)

5.4. Maßnahmen der Auswertung im Kollektiv und deren Wirksamkeit

5.5. Festgelegte gesellschaftliche Maßnahmen zur Sicherung des angestrebten Erfolges (Wer war für was verantwortlich? Welcher Zweck wurde verfolgt?

5.6. Welche zusätzlichen operativen Maßnahmen der Kontrolle und Sicherung wurden eingeleitet?

5.7. Wie war die unmittelbare Reaktion der Person auf die Maßnahme? Wie reagierte sie im Umgangskreis? Wie war die erste Reaktion des Umgangskreises?

6. Angaben zum weiteren Verhalten der Person
(Die Einschätzung sollte immer unter dem Aspekt erfolgen

- ob sich Veränderungen in bezug auf die unter 3. zu treffenden Feststellungen ergaben und warum es sich gegebenenfalls handelt
- welche Ursachen/Faktoren dafür maßgeblich waren
- ob der mit der Vorbeugungsmaßnahme angestrebte Erfolg eingetreten ist.

Die Problemstellungen unter 3. sind auch hier zu beachten.)

6.1. Eigenes Verhalten im Arbeitsbereich

Fachliche Leistung, Arbeitshaltung
Einstellung zu den Anforderungen und Arbeitsbedingungen
Auswirkungen einer gegebenenfalls vollzogenen beruflichen Umsetzung
Ursachen für eine gegebenenfalls erreichte berufliche Zufriedenheit
Verhältnis zum Arbeitskollektiv
Haltung zu Anforderung an gesellschaftliche Aktivität
Stand der Überwindung früherer negativer Haltungen, Widersprüche und Konflikte
gegebenenfalls neu auftretende Probleme und Konflikte, Ursachen dafür

6.2. Einflüsse des Arbeitsbereiches

Reaktion des Arbeitskollektivs auf die Vorbeugungs-/Erziehungs-Maßnahmen oder eine erfolgte Umsetzung (soweit Gründe dem Arbeitskollektiv bekannt)
Veränderungen, die sich in Durchführung des "Gemeinsamen Beschlusses" im Arbeitsbereich ergaben und deren Auswirkungen auf die Person
Veränderungen, die sich speziell im Zusammenhang mit der Vorbeugung/Erziehung der betreffenden Person im Arbeitskollektiv ergaben und deren Wirkung auf die Person
Unzulänglichkeiten, Schwierigkeiten und Mißstände, die sich gegebenenfalls negativ auf die Entwicklung der Person auswirken

6.3. Heutige politische Einstellung

Worin kommt Veränderung oder unveränderter Zustand zum Ausdruck?

6.4. Heutige Einstellung zur eigenen Straftat

6.5. Rolle von Verbindungen, die im Zusammenhang mit der Straftat bedeutsam waren

Bestehen derartiger Verbindungen noch? Welcher Charakter?
Gibt es Hinweise auf beabsichtigte, versuchte oder erfolgte Wiederaufnahmen? Von welcher Seite?
Gibt es Hinweise auf das Anknüpfen neuer relevanter Verbindungen?
(Dabei auch an solche Verbindungen denken, die "nur" Einfluß ausübten, ohne an der Organisierung der Straftat beteiligt gewesen zu sein.)

6.6. Weitere zur Einschätzung des Verhaltens bedeutsame Faktoren
Verhalten in bezug auf gegebene konkrete Hinweise, Auflagen usw. (vgl. 5.)

7. Verallgemeinerungswürdige Erkenntnisse und Schlußfolgerungen aus dem vorliegenden Fall.

Berlin lese, bin ich überrascht, mit welcher Banalität die Akte »Weiße Wolke« gestaltet ist. Nur wenige neue Hinweise und brisante Abwehrstrategien werden hier genannt. Die Punkte ab 4.4 sind nicht mehr ausgefüllt worden. Offensichtlich bin ich bereits auf der MfS-Verkaufsliste vorgemerkt und somit nicht mehr im Visier der Ermittler, die eine Prophylaxe versuchen wollen. Anders verhält es sich bei den Ärzten, die noch im DDR-Berufsleben stehen. Hier haben die geheimen Aufzeichnungen des Schnüffelapparates eine andere Bedeutung, wird doch bei ihnen eine individuelle Deutung für andere MfS-Linien verlangt. Letztlich lebt die Aktion von der persönlichen und gesellschaftlichen Einordung jedes DDR-Mediziners. Die Eintragungen meines Ermittlers enden mit dem Satz: »Er brachte offen zum Ausdruck, dass er nach seiner Strafverbüßung versuchen wird, die DDR nach der BRD zu verlassen.« Somit ist das Urteil über mich schon vor der Gerichtsverhandlung gesprochen. Mit Abschluss der Stasi-Verhöre (11.04.1975) gibt der Vernehmer eine ausführliche Beurteilung ab, die den gleichen Tenor hat wie in der »Weißen Wolke«. Da steht u. a.: »Von Beginn der Vernehmungen an versuchte er die von ihm begangenen strafbaren Handlungen zu beschönigen und den vollen Umfang seiner Straftaten zu verheimlichen, indem er sich unwissend stellt, wenn er zu konkreten Fakten vernommen wurde. Auf Grund der durchgeführten Vernehmung muss eingeschätzt werden, dass er aus seinen strafbaren Handlungen nicht die erforderlichen Lehren gezogen hat, sondern seinen Aussagen zufolge auch nach der Strafverbüßung versuchen will, die DDR nach der BRD zu verlassen. Der Beschuldigte Wilding musste wegen mehrfacher Verstöße gegen die Hausordnung im Verwahrhaus ermahnt werden.« Aus dem Gesagten ist zu schlussfolgern, dass zu diesem Zeitpunkt bereits feststeht, mich an die BR Deutschland zu verkaufen.

Warum betrieb die Staatssicherheit die perfide Überwachung der Ärzteschaft? Die SED-Führung und ihre Ideologen versuchten über Jahrzehnte den sogenannten »sozialistischen Menschen«, das heißt einen neuen Mitarbeiter nach marxistisch-leninistischen Vorstellungen zu formen. Dieser war nicht leicht zu modellieren, erst recht nicht in den Reihen der sogenannten »sozialistischen Ärzteschaft«. Schon Ende der 50er-Jahre wurde eine Direktive proklamiert, die als »Dienstanweisung 4/59« auf den Arbeitstisch der MfS-Mitarbeiter kam. Sie lief auf eine systematische Überwachung der Menschen im Gesundheitswesen hinaus. Längere Zeit blieb der Staat gegenüber der Berufsgruppe der Mediziner äußerst misstrauisch und vorsichtig. Aus Sicht der SED-Führung war die Argumentation auch berechtigt, denn ein Großteil der gut ausgebildeten Mediziner verhielt sich über lange Zeit politisch indifferent. Das Gesundheitswesen hatte viel zu wenig ärztliche Mitarbeiter. Und aus ökonomischen Gründen konnte die DDR-Medizin im internationalen Maßstab, bezogen auf die technische Entwicklung, nicht mithalten. Man lebte im Zweispalt zwischen Kenntnis internationaler Standards und dem Tatbestand fehlender finanzieller Mittel. Aus diesem Grunde schonte man lange Zeit diesen Berufsbereich ganz bewusst. Bis Ende der 60er-Jahre nahm die SED-Führung wenig Einfluss auf die inneren Strukturen des staatlichen Gesundheitswesens. Die oberste gesundheitspolitische Maxime hieß, die Grundversorgung der Bevölkerung zu wahren. Und der SSD erklärte die Zurückhaltung auch mit der allgemeinen Unzufriedenheit der Ärzte. Nach ihrer Meinung war der Personenkreis der Mediziner »ideologisch unfertig«. Erst in der zweiten Hälfte der 70er-Jahre wuchs der Einfluss des MfS, hatte die Stasi doch inzwischen im Bereich der Mitarbeiter massiv aufgerüstet. Die Hauptabteilung XX/Berlin besaß bis zu diesem Zeitpunkt nur in den Bezirken Halle, Leipzig und Berlin ein größeres inoffizielles Netz. **(2)** In der Folge forcierte man die »operative Durchdringung und Sicherung der medizinischen Intelligenz«. Etwa Ende der 70er-Jahre ist die IM-Durchsetzung der Ärzteschaft mit 3 bis 5 % deutlich höher als in anderen Berufsgruppen. **(3, 4, 5)** Nur am Rande, die privat arbeitende Ärzteschaft war absolut klein und bedeutungslos.

Aus Sicht der Staatssicherheit gab es erst in den 70er-Jahren eine genügend große Anzahl von Ärzten, die sie als Informelle Mitarbeiter führen und manipulieren konnte. Die fleißigsten Informationszuträger waren die gezielt geworbenen »hochwertigen Informellen Mitarbeiter«, die vor allem dem Kreis der medizinischen Führungsebene entstammten. Laut Literatur arbeiteten sie im Durchschnitt bis zu 12 Jahre für den Geheimdienst. Sie lieferten Informationen zur Stimmung, zur Person und zur Sache ihrer unterstellten Kollegen. **(6)** Gerade wir jungen Ärzte zwischen dem 25. und 35. Lebensjahr unterlagen einer besonderen Konspiration. **(7)** Nach konsequenter Recherche mündeten ihre Mitteilungen fast regelmäßig über IM-Auftraggeber letztlich in der beschriebenen Aktion »Weiße Wolke«. Gründe für dieses Vorgehen gab es zur Genüge. Immerhin lagen Ende Juni 1974 allein im Bezirk Halle 105 Vorgänge bei der »Operation Personenkontrolle« des MfS BV Halle vor. **(8)** Und der hallesche MfS-Bezirkschef veröffentlichte am 20.11.1973 die Dienstanweisung 10/73, in der er »zur wirksamen Bekämpfung des staatsfeindlichen Menschenhandels und ungesetzlichen Grenzübertrittes im staatlichen Gesundheitswesen und Bereich Medizin der Martin Luther-Universität Halle-Wittenberg« aufrief. **(9)** Anlass war die zu dieser Zeit ausgesprochen hohe illegale Fluchtrate von Medizinern, oft mit der gesamten Familie. Die Aktion »Weiße Wolke« war demnach eine notwendige Reaktion auf die besondere Situation im medizinischen Sektor.

Heute weiß man, dass an der Universität Halle-Wittenberg nicht nur SED-Getreue dem Geheimdienst für die Erkennung anders Denkender dienten. Gerade das fachlich kompetente Personal war geeignet, dezent und verschwiegen für sie tätig zu sein. Als indiskutable Persönlichkeiten strahlten sie mit einer angeblich demokratischen Attitüde und ihrem anerkannten wissenschaftlichen Niveau eine Art vaterländische Staatsverbundenheit aus. So agierten die mit Decknamen geschmückten IM »Hoffmanns und Schulzes« nicht nur strebsam, geltungsbewusst und machtbesessen in Spitzenpositionen als Bezirksärzte, Kreisärzte, Klinikchefs oder Institutsdirektoren. »Berufungsfragen sind für uns Klassenfragen«, so R. Krüger vom Sekretariat der UPL (Parteileitung der Universität). **(10)** Mit Ehrgeiz und Berechnung waren diese ärztlichen Spitzel bereit, ihre Kollegen auszuschnüffeln und bei der Staatssicherheit zu brandmarken. Wie schön war es doch, wenn man als IM-Reisekader auch noch eine Rolle mit besonderen Aufgaben verbinden konnte. Da betrieb man »Wissenschaft« bis in die USA. Der Opportunist kannte weder Hemmungen noch Skrupel. Es lebte sich im Karrierestreben vortrefflich, wenn solch eine Figur als unerkannter Täter ohne Moral und ohne Gewissen mit spitzen Ohren durch Kliniken bzw. Institute wandelte. Natürlich waren die aus Dankbarkeit erhaltenen kleinen Geschenke, Geldbeträge oder Auszeichnungen (»Medaille für treue Dienste«) läppisch. Es ging diesen Gestalten ja nur um die Karriere.

Nach der Wende scheinen jegliche Gewissensbisse vergessen zu sein, selbst als die Universität Halle-Wittenberg bis in das Jahr 1993 hinein eine Säuberung betreiben musste, um die personelle Erneuerung in den Instituten und Kliniken durchzusetzen. Mir bleibt da nur der Spruch des ersten Bundespräsidenten der BR Deutschland Theodor Heuss, der schon im Jahre 1947 mahnt: »Die Frage, wie wir zu einem neuen deutschen Geschichtsbild kommen, ist die schwerste Aufgabe, die vor uns steht. (...) Ein neues Geschichtsbild entsteht nicht, indem man das alte in die Reinigungsanstalt bringt. Ein neues Geschichtsbild entsteht dadurch, dass wir den Sinn für die Wahrhaftigkeit zurückgewinnen.« **(11)** Fast resignierend schreibt am 12.08.1992 die »Mitteldeutsche Zeitung« Halle, nachdem die hohe Zahl von Spitzel im halleschen Raum bekannt wurde: »Viele der IMs habeneinfach alles verdrängt.« Die der Öffentlichkeit zugespielte IM-Liste von Halle und Umgebung, die fast 5.000 IM-Mitarbeiter offenlegte, half trotzdem, so manchen mit schönem Titel geschmückten und auch mir gut bekannten Mediziner als Täter zu entlarven. Die Auflistung ist nicht nur ein verlässliches Nachschlagewerk für Historiker, sondern auch eine authentische

Dokumentation, in welchem Ausmaß sich nach außen hin glaubwürdige Menschen für die SED-Hierarchie in Anspruch nehmen ließen.
Aus heutiger Sicht frage ich mich, welchen gesellschaftlichen Nutzen diese Schandtaten dem östlichen Gesundheitswesen gebracht haben. Medial blieb es doch bei der scheinheiligen humanitären Welt staatlicher Reglementierung, verbunden mit einem heuchlerisch anmutenden Abbild gesellschaftlicher Schönfärberei. Die offizielle Medizin tolerierte die gesellschaftlichen und psychosozialen Konflikte, die nicht wenige Krankheitskausalitäten hätte erklären können. Wer wollte am System zu dieser Zeit ernsthaft rütteln. Wenn der Bürger es tat, dann gab es die »Aufarbeitung im Roten Ochsen«. Deshalb blieben viele intelligente Bürger bewusst konformistisch und blauäugig. Manche glaubten sogar an die vorgegaukelten Erfolge. Ein Autor schreibt: »Die Medizin der DDR hat im Wesentlichen ihren humanitären Auftrag verraten, indem sie zu solchen Erfahrungen und möglichem Wissen das verordnete Schweigen tolerierte. Auf diese Weise blieb die gesellschaftliche Pathologie unangetastet, und das von ihr verursachte Leiden wurde von Ärzten verwaltet und chronifiziert.« **(12)** Zwei Potsdamer Hochschulabsolventen beschreiben das Handeln der Mediziner tiefschürfender, in gewisser Weise sogar kausaler. Ihrer Analyse nach lebten die Mediziner mit der »Zählebigkeit bürgerlicher, politischer, ideologischer, ökonomischer, kultureller und moralischer Auffassungen, Gewohnheiten und Vorstellungen«. Karikiert wurden auch die angeblich »hochgespielten Humanitätsgedanken« der Ärzteschaft. **(13)** Die Arbeiten der MfS-Mitarbeiter standen natürlich unter strengem Verschluss. Und das traf in gleicher Weise für die Berichte der »Zentralen Auswertungs- und Informationsgruppe« (ZAIG) zu. Als Funktionalorgan nahm die ZAIG in so gut wie allen komplexen Bereichen eine grundlegende, sogar kritische und relativ objektive Auswertung vor. Mitte der 70er-Jahre legte die Organisation den Bericht 572/76 vor und beschrieb die katastrophale Lage im Gesundheitswesen. Die persönlich an

Honecker und Genossen gerichtete Analyse prangerte die miserablen gesellschaftlichen Verhältnisse der Ärzte an. Da wurde ausdrücklich die fehlende Perspektive der Nicht-SED-Mediziner erwähnt. Nichts änderte sich, denn Honecker, Mielke und Staatsfunktionäre blieben nach außen hin weiter sprachlos. Man igelte sich in den undemokratischen und von der Sowjetunion geschützten Machtstrukturen ein. Man bedenke, in der Zeit meiner Internierung von 1974 bis Mitte 1976 flüchteten immerhin 404 Mediziner nach dem Westen. **(14)** Das ist für Patienten und Menschen des nahen Umfeldes immer erschreckend gewesen. Der Doktor oder Arbeitskollege war über Nacht plötzlich nicht mehr auffindbar. Gegenüber vertrauten Menschen und unter vorgehaltener Hand hieß es: »Wieder einer abgehauen. Wie hat er denn das geschafft?«
Es fällt mir schwer zu schildern, was für gesundheitspolitische Exzesse sich zur Honecker-Zeit in meiner Heimat abgespielt haben. Die von der MfS-Obrigkeit mit der Aktion »Weiße Wolke« betriebene kriminelle Datensammlung war ein infames Gesinnungsspiel, was selbst in der grauen Vorzeit früherer Jahrzehnte nicht so perfekt betrieben worden war. Vielleicht begreift der Leser, dass die Aktivitäten des östlichen Systems nicht nur banal waren, sondern ein schändliches Weltniveau erreichten.

F 4 Die Spielchen meines Zellengenossen L.

Es ist Montag, der 3. März 1975. Der Zellengenosse ist wieder einmal für viele Stunden nicht da, es heißt, er wäre zur Vernehmung. In der Situation von Alleinsein spüre ich schonungslos, dass Langeweile zu den emotionalen Fiktionen zählt, die dem Gehirn überhaupt nicht schmecken. Die grauen Zellen wollen Nahrung haben, um die lähmende Leere umgehen zu können.

Der Autor H. E. Zahn beschreibt sein Herumlungern auf dem Zellenhocker mit Blick zum Spion treffend: »Man sitzt da, völlig untätig, auf der Pritsche, stundenlang, tagelang, wochenlang. Man kann die Augen nicht ständig geschlossen halten. In irgendeine Richtung fällt der Blick, hin und wieder trifft er auf den Spion in der Zellentür. Meistens geht da nichts vor sich, der Blick schweift wieder ab. Aber manchmal, selten, in unregelmäßigen Abständen, da sieht man etwas: Ganz leise geht außen die Klappe nach oben, und es erscheint ein Auge, eine Pupille. Und ebenso leise schließt sie sich wieder und da sitzt man dann weiter, ohne jeden menschlichen Kontakt, aber immer in heimlicher Gesellschaft.« **(1)** Ich krame im Gehirn nach belebenden Umständen, auch wenn sie noch so profan sind. Der Kopf will stabile Durchblutung seiner Gefäße und auch mit angenehmen Stimulanzien geködert werden. Nur so fließt der Dopamin-Strom stärker und balsamiert als wichtiges Hormon alle Hirnteile erst richtig ein. Schon belanglose Überlegungen erhöhen den Tonus, damit die guten Gefühle wieder eine Chance haben. Notwendige Geduld und steuernde Selbstkontrolle regulieren den Lebensfluss. Ein anderer Mithäftling beschreibt sein »Sitzen« sogar positiv: »Vielleicht kannst du doch auch Eindrücke gewinnen, die für dein ganzes Leben wichtig werden. Die tägliche Bedrohung des Lebens, wie wir sie im Augenblick fast alle irgendwie erfahren, spornt in einzigartiger Weise zur Wahrnehmung des Augenblicks, zum Auskaufen der Zeit an.« **(2)** Mein 14-Stunden-Tag hat wieder einen Eigenrhythmus, bestehend aus einem Sammelsurium von Geräuschen, Befehlen, Tagesriten, Aktivitäten und Verboten.

Als L. wieder auf Zelle ist, leben wir beide im gewohnten Neben- und Miteinander. Und doch empfinde ich an ihm ein eigentümliches Gespür für Fremdsein und Gegensätzlichkeit. Es ist im Knast immer gut, wenn man den Nachbarn kritisch beobachtet, seinen Charakter prüft und seine seelische Verfassung unter die Lupe nimmt. Manchmal verwundert mich, wie gelassen und auch ruhig er nach stundenlangen Vernehmungen sich benimmt. Er wirkt weder angespannt noch irritiert, weder überfordert noch zerschlagen, auch nicht hungrig oder durstig. Es scheint, als ob der Zellengenosse gerade vom netten Plausch gekommen sei. »Wie war es beim Vernehmer?«, so meine neugierige Frage, als er heute nach sieben Stunden Zellenausgang wieder zurückkommt. »Ach, am besten war, dass mein Vernehmer mir Zigaretten angeboten hat. Die sind würziger als meine.« Es scheint so, als ob das Verhör eher einen erfreulichen Charakter gehabt hat. Ich werde auch den Eindruck nicht los, dass Kriminelle bei diesem Institut besser behandelt werden. Die ausgesprochen offenherzige Art, die er von Tag zu Tag mehr zeigt, gefällt mir nicht. In unseren internen Sitzungen, es sind die Zellengespräche in der freien Zeit, sucht der Knastbruder wieder Fluchtdetails von mir zu erfahren. Man teilt sie unwillkürlich von Hocker zu Hocker mit. Besonderes Interesse zeigt der Nachbar an den Fluchtvorbereitungen, die die westliche Verwandtschaft betrieben hat. Er stellt Fragen mit persönlichem Inhalt. »Aha, da habt ihr also in Berlin voriges Jahr einen Verwandten getroffen, der die Verbindung zu den Schleusern hergestellt hat. Wie viel DM hat der für die Aktion überhaupt vorgestreckt?« Ich halte ein und bin über das Interesse des Fragenden bewusst zugeknöpft. Ich kenne die Zahlen, doch ich will sie nicht ausplaudern. »Weiß ich nicht, wird schon eine Menge gewesen sein.« Die Gespräche über die eigene Vergangenheit bleiben auch in der Folgezeit bei L. von Interesse. So erfährt jeder vom anderen Sachverhalte, die diese Behörde hier interessieren könnte. Über die Flucht zu sprechen hat seine Tücken. Stutzig macht mich besonders, als ausgesprochen gezielte Fragen gestellt werden. »Der P. (Name bekannt) ist also Beamter einer Finanzbehörde. War er denn gut verheiratet?« Keine Antwort von mir. »Hat er Hobbies?« »Die Natur«, so meine lapidare Gegenrede. »War er tierlieb?« Keine Reaktion meinerseits. »Oft trinken ja Behördenhengste.« »Weiß ich nicht.« Eigenartig, denke ich. Kürzlich stellte mir der Vernehmer ähnliche Fragen. Ich weiß, dass der Verwandte P. nach dem Dienst seinen heiß geliebten Dackel ausführt und dann zielgerichtet in eine bestimmte Kneipe einkehrt. Herrchen holt sich die nötige Grundlage für seinen durch anstrengende Tätigkeit überaus gestressten Körper. All das ist Intimwissen, das sicher der hiesige Geheimdienst gern erfahren möchte. Nachvollziehbare Gewohnheiten und Rituale sind für diese Stelle keine Banalität. Persönliche Schwächen und Stärken könnte man irgendwann ausnutzen. Wäre doch möglich, dass der Fragende einen Auftrag hat, so meine stille Aha-Erkenntnis.

Erst nach dem Zusammenbruch des DDR-Systems erfahre ich, was sich öfters im zwischenmenschlichen Umgang in den Zellen abgespielt hat. Die Linie XIV hat in Absprache mit der Linie IX bei der Verlegung eines U-Häftlings immer eine individuelle und gezielte Entscheidung getroffen. Manchmal kam auf diesem Wege auch der Einsatz von sogenannten »Zelleninformatoren« (ZI) zustande, ohne dass die Läufer und Wärter davon wussten. Man nannte die eingeschleusten Verräter, gewissermaßen Knast-IMs, auch »Kammeragenten«, »inoffizielle Kontaktpersonen«, »Zinker« oder »Zellenrutscher«. Statistisch kamen auf einen U-Haft-Denunzianten etwa vier bis sieben U-Häftlinge. **(3)** In der halleschen UHA waren laut Schrifttum 5 bis 6 Prozent der Inhaftierten geheime Mitarbeiter (Statistik von 1981–1989). Aber ein flächendeckender Einsatz war wegen des Problems der Konspiration und aus Mangel an geeigneten Kandidaten nicht möglich. **(4)** Ich entnehme der geheimen Verschlusssache 0008-4/81 (Richtlinie 2/81) die Aufgabenstellung solcher Verräter. In etwas gekürzter Form steht da: Ihre Arbeit hat zur wirksamen Bearbeitung von Strafverfahren mit Haft und zur Gewährleistung von Ordnung und Sicherheit in den Untersuchungshaftanstalten beizutragen. Sie hat der konsequenten, unvoreingenommenen und allseitigen Feststellung der Wahrheit zu dienen. Die Arbeit mit ZI hat dazu beigetragen, die politisch-operativen Gesamtaufgaben des MfS zu lösen. Die grundsätzliche Aufgabenstellung der Zusammenarbeit mit Zel-

leninformatoren hat darin zu bestehen, von Mithäftlingen möglichst frühzeitig Informationen zu erlangen, die Persönlichkeit von Mithäftlingen, ihr Aussage- und sonstiges Verhalten und deren Motivation weiter aufzuklären, um u. a. auf dieser Grundlage ein wirksames vernehmungstaktisches Vorgehen festlegen und realisieren zu können. **(5)**
In der Abschlussarbeit eines Absolventen der Potsdamer JHS wird der Einsatz von ZIs genauer geschildert, so wie ich es selbst empfunden habe: »Der Mitgefangene befindet sich in personaler und sozialer Nähe des Beschuldigten (gleiche Zelle, gleiche soziale Stellung als Untersuchungshäftling und gleiche Unterordnung unter die Disziplin der Haftanstalt). Zwischen beiden bestehen große Gemeinsamkeiten, ähnliche Interessen, Bedürfnisse und Ziele, die die Sympathie und Annäherung sowie die gegenseitige Beeinflussung erleichtern.« **(6)** Es könnte ja sein, dass 45/2 mit einer bestimmten Aufgabe betraut worden ist und von einer hausinternen Sondertruppe geführt wurde, die ihn schulte, natürlich ganz unscheinbar, völlig unaufdringlich und auch unspektakulär. Da soll in belanglos erscheinender Form über persönliche Dinge gesprochen werden. Die Befragung wird geschickt kaschiert und in den Rhythmus zwischen Essen, Trinken, Spielen, Klopfen und Ruhen eingebettet. Eine ideale Position für einen Denunzianten, der bewusst auf die zwischenmenschlichen Kontakte bauen soll. Das ist sicherlich aus Sicht eines einfach strukturierten Menschen keine leichte Aufgabe. Ob das L. aufgrund seines Wissensstandes überhaupt konnte, bleibt sehr fraglich. Der Schriftsteller und Mithäftling J. Fuchs beschreibt einen derartigen Schauplatz mit den Worten: »Das Untersuchungsorgan hat eine zweite Front eröffnet: das erzwungene Zusammenleben, die Konfrontation oder das Miteinander in der Zelle. Je nachdem, wie sich die Beziehungen entwickeln und welche Aufgaben anstehen. Offensichtlich, wenn auch für dich nicht sofort einsehbar, zielen sie auf einen Zellenkrieg.« **(7)** Die Zellenspitzel kommen größtenteils aus den Reihen der U-Häftlinge, seltener sind sie eingeschleuste Strafgefan-

gene. Man beachte, nur wenige Sonderbeauftragte innerhalb der Abteilungen der U-Haft sind über ihre Tätigkeit informiert. **(8)** In einer Verschlusssache wird dazu folgendes ganz pragmatisch festgehalten: Die Zusammenlegung einzelner Beschuldigter mit anderen Verhafteten ist Chefsache, was der jeweilige Abteilungsleiter der Linie IX und XIV in jedem Einzelfall abstimmt. Da wird festgelegt, wer sich mit wem und wie lange eine Zelle teilen muss. **(9)** Und das Zusammentreffen mit dem Führungsoffizier des ZI geschieht in speziell präparierten Räumen der U-Haftanstalt. Die informellen Unterhaltungen werden ganz galant in den Haftfalltag eingegliedert, so dass der zu bearbeitende Mithäftling keinen Verdacht schöpft. **(10)** Der »Zinker« unterliegt präzisen und umfangreichen Verhaltensregeln, um eine Gefahr der Dekonspiration auszuschließen. Die erfolgreiche konspirative Quelle sucht vor allem nach Gewohnheiten, Äußerlichkeiten und Personen-Charakteristika. **(11)** Kann sie doch beim Fortgang der Verhöre gute Dienste leisten. Und was für Vorteile hat der Zellen-Denunziant? Als Gegenleistung ist der Auftraggeber zu kleinen, aber wirksamen Vergünstigungen bereit, beispielsweise Zuwendung von Kaffee, Nikotin, Sondersprecherlaubnis, Sondersporterlaubnis oder Geldprämien. Wenn der ZI die Zelle des denunzierten Mithäftlings stundenweise verlässt, dann geht er nicht, wie er es dem Mithäftling wissen lässt, zur Vernehmung. Nein, er kostet erst einmal genüsslich die Pfründe des angeblich besseren Lebens im obersten Stockwerk des »Roten Ochsen« aus, dort, wo es Rundfunk, Fernsehen, Bücher, Zeitschriften und mancherlei Speisen gibt. Die Abrechnung mit dem Auftraggeber folgt auf dem Fuße, wenn der großzügige Geber vom Zuträger die sogenannte »Wiedergutmachung« verlangt. Letztlich verfolgt diese kriminelle Kooperation das Ziel, den dümmlichen Verräter wie einen Harlekin noch fester an das »Horch-und-Guck-Institut« zu binden und ihn später möglicherweise als Informellen Mitarbeiter außerhalb der Knastmauern weiter zu beschäftigen. Da wird plötzliche Entlassung aus der U-Haft auch ohne Gerichtsurteil möglich.

Aus allen beruflichen Schichten der DDR-Gesellschaft stammten solche zurückgewonnenen Denunzianten. Auch Ärzte zählten dazu. **(12, 13,14)**
Tatsächlich tobt in Zelle 45 eine Art »Zellenkrieg«. Mein komisches Gefühl täuscht mich über so manches gruselige Gerede des 45/2 nicht. Folgendes Gespräch erlebe ich hautnah, als mein Gegenüber recht emotionsgeladen daher redet: »Und glaub mir, die haben hier Sachen drauf, die dich weich klopfen.« Das im Flüsterton Dahingeworfene erreicht kaum meine Ohren. Es überfordert meine Sinne. Ich bin gerade deshalb neugierig. »Was meinst du mit weichklopfen?« Der Gefragte ist in seinem Element. Er befindet sich jetzt in der geübten großtuerischen und angeberischen Rolle des Wissenden. »Ein Insasse vom Erdgeschoss erzählte mir, dass die hier Folter drauf haben.« Ich bin hellhörig und will mehr hören. »Einer der Häftlinge wollte die Stasi leer laufen lassen. Der hatte mit denen Katz und Maus gespielt und keine Aussage gemacht.« »Was heißt das?« Verdutzt und erschrocken richte ich mich auf und starre in Richtung Zellentür, ohne den Spion als reflektierendes Glasauge zu erkennen. »Der Insasse sagte mir, hier sei im Keller ein großes kreisrundes Betonbecken installiert, das wie eine große Badewanne aussieht.« »Quatsch«, erwidere ich mit dem Unterton des Entsetzens. Der Erzähler setzt seine phantasievolle Geschichte mit Begeisterung fort. »In die Badewanne kommen solche Leute rein, die die Stasi verarschen. Der Mensch wird in die Mitte des Bottichs gestellt, kann sich am herunterhängenden Seil festhalten und wird gründlich mit Leitungswasser von unten gewässert.« »Was?« »Die lassen ihn im kalten Wasser so lange stehen, bis der weich ist. Da sagt jeder, was die Stasi hören will.« Ich bin äußerst irritiert über L.s Gerede.
Meine Gedanken suchen Halt. Aus diesem Grunde wende ich mich vom Zellennachbarn ab. Ich will jetzt keine weitere Konversation und beginne wieder einmal nachzudenken. Kürzlich vertiefte ich mich in Bonhoeffers Schriften zur Überarbeitung der Ethik. Darin philosophiert der Theologe über die Dummheit

der Menschen. Er ist überzeugt, dass nur dann eine starke Machtentfaltung eines Täters gelingt, wenn eine genügend große Zahl dümmerer Menschen ihn gewähren lässt. Die Macht des Aktiven setzt immer die Dummheit des Inaktiven voraus. Denn bei der Machtentfaltung des einen wird die innere Selbstständigkeit des anderen genommen. Letzterer verzichtet quasi darauf, ohne zu ahnen, dass dadurch seine missliche Lebenslage noch düsterer wird. Meine Überlegung reift, als ich mir kritisch die dümmliche Person in dieser Zelle betrachte und überlege, mich ihm gegenüber sehr vorsichtig zu verhalten. Sein dümmliches Gerede gefällt mir nicht. Dumme Menschen sind zu überaus Bösem fähig, ohne selbst dessen Tragweite zu begreifen. Und in der Wechselwirkung von Bösartigkeit und Dummheit liegt die große Gefahr des diabolischen Missbrauchs, selbst als Betroffener zugrunde gerichtet zu werden. **(15)**
Ich reagiere und bekunde meine Zweifel an der Story. »L., deine Märchen haben nur kurze Beine. Wer hat dir diese Schweinerei der Amerikaner oder Russen erzählt? So was gibt es nicht im DDR-Knast. Das sind alte Kamellen, genauso wie die vom Fallbeil im Keller des Roten Ochsen.« Der Zellennachbar bleibt stumm, wirkt etwas genervt. Denn ich hinterlasse keine Zeichen schwächelnder Nerven. Insgeheim sage ich mir, vielleicht lässt das perfektionierte »Lochgefängnis« des 20. Jahrhunderts doch noch Folterinstrumente zu.
Nach der Wende erfahre ich, dass es früher in der U-Haft im Erdgeschoß des Wirtschafts- und Vernehmungsgebäudes tatsächlich Sonderverwahrräume mit abartiger Funktion gab. In der Sammlung der Gedenkstätte »Roter Ochse« wird berichtet, dass es Zellen gab, die die Funktion verschärften Arrestes erfüllten. **(16)** Andere Häftlinge berichten aus anderen Haftanstalten, in denen zur Bestrafung neben Dunkel-Zellen auch Steh-Zellen benutzt wurden. **(17, 18)** Und aus dem »U-Boot« in Berlin-Hohenschönhausen ist überliefert, dass es dort tatsächlich eine Wasserzelle gegeben habe. Sie sei mit eiskaltem Wasser geflutet worden, in dem dann der Häftling stundenlang stehen musste.

Nachträglich bekomme ich da auch ohne Wässerung kalte Füße und einen nassen Rücken, auch heute noch.
Mittlerweile beginnt im häufig dunstverhangenen und nebligen Halle langsam der Frühling. Der Vernehmer gibt sich bei den letzten Verhören besonnen. Man könnte meinen, er will korrekt und überlegt erscheinen. Ich bin gewarnt und sein Verhalten macht mich immer wieder stutzig. Nach einer erneuten scheußlichen Nacht mit dem Zellengenossen fragt er im Unterton des sadistischen Lächelns: »Wie war die Nacht?« Eine doch recht ungewöhnliche Einlassung zu Beginn eines Verhörs. Unwillkürlich fragt man sich, was will der wohl hinterfragen? In mir keimt ein teuflischer Gedanke, ich bleibe aber besonnen und antworte ohne emotionale Regungen nur kurz: »Gut.« Weiter soll nichts über meine Lippen kommen. Es ist tatsächlich die Nachtruhe, die mir in letzter Zeit viel Kopfzerbrechen bereitet. Da haben sich massive Ungereimtheiten eingestellt, die mit der Ordnung à la Verwahrraum nicht das Geringste zu tun haben.
Es sind die ungewöhnlichen Spielchen des Mithäftlings. Der Beginn der Nachtruhe ist immer eine Tortur, wenn gegen 21.00 Uhr ausgerufen wird: »Fertigmachen zur Nachtruhe.« Dann läuft alles nach einer wohl durchdachten Ordnung ab. Die ausgezogenen Sachen, wie Hose, Strümpfe und Hemd, liegen ordentlich auf Kante, das Bündel ist rechtwinkelig ausgerichtet. Die Obrigkeit wünscht es so. Und mit der Routine des alltäglich gleichen Ritual richtet ein jeder die ausgelatschten Kunststoffschuhe parallel zur Hockerkante aus. Das entspricht einer vorgegaukelten Ordnung nach dem Prinzip des angeblich geordneten Lebens. Wer sich, wie die Behörde, hinter einer solchen imaginären Ordnung verschanzt, der sucht nicht nach Harmonie. Der hat weder Übereinstimmung noch Klarheit im Sinn. Das ist eine trügerische Harmonie. Auf dem schmalen Grat zwischen Tag und Nacht schwebe ich nun dem Schlaf entgegen. Die Gedanken werden zunehmend schwerer. Sie wandeln bei wohliger Bettwärme langsam in den Raum der Schwerelosigkeit. Es ist der für wenige Minuten währende Zustand des angenehmen Dämmerns.

Genau in dieser Zeit fehlen wesentliche Überlebensstrategien. Anders bei Vögeln, die sich einen sonderlichen Halbschlaf geschaffen haben. Bei ihnen schläft nur die eine Hirnhälfte, während die andere Seite weiter Wache hält. Eine gute und praktische Maßnahme der Natur. Mich blendet das intervallartig aufleuchtende Licht des Scheinwerfers, regt es doch die Sehzellen des Auges immer wieder an. Durch Blockierung der Melatonin-Produktion ist der Ruhende immer wieder aus dem Schlaf gerissen. Man bekommt das Gefühl unter Dampf zu stehen. Während die innere Uhr weiter tickt, steuert der äußere Wecker weiter fehl. Denn Warnsignale der inneren Körperuhr zeigen den Taktfehler des Weckers an und versuchen den um seinen Schlaf Gebrachten zur Ruhe aufzufordern. Da kann man trotz Müdigkeit nicht ruhig einschlafen. Der im wahrsten Sinne Geblendete ist selbst während der Nachtruhe körperlich und seelisch weiter im Zwischenstadium zwischen Wachsein und Schlafen. Jedes gesunde Gehirn braucht zur angemessenen Regeneration den geordneten Wechsel von Konzentration tagsüber und Entspannung nachts. Nur dann können bei geordnetem Schlaf Freude, Ärger, Trauer usw. eine computergestützte Fixierung erfahren. Nicht so hier. Es bleibt ein perverses Spielchen, das die notwendigen biologischen Rhythmen irritiert und krank machen kann.

Dazu kommt ein weiteres, völlig andersartiges Martyrium. Eigenartigerweise sind die beiden Bettgestelle wie Ehebetten eng aneinander gefügt und nur durch eine Besucherritze getrennt (siehe Titelblatt-Rückseite). Vom neben mir liegenden Nachbarn kommt kein Schnarchen, kein Stöhnen, nur ein stilles Hauchen. Die empfundene Nähe des neben mir Liegenden erzeugt ein Gefühl von Abneigung und Suche nach Distanz. L. merkt, dass ich nicht schlafen kann und flüstert herüber: »Warum schläfst du nicht?« Ich wälze mich auf der harten Unterlage hin und her und antworte frustriert: »Versuche, Schlaf zu finden, um im Traum eine bessere Welt zu erleben.« Der Nachbar hält ohne Widerspruch oder Zuspruch inne. Auch er scheint

Ruhe zu suchen. »Blöder Nachtwächter, du miserable Schabe«, ruft er plötzlich ungeniert in die Leere des Raumes, als die Patrouille für Sekunden wieder die Andacht der Besinnlichkeit durch das grelle Scheinwerferlicht unterbrochen hat. »Recht hast du, das sind miese Gestalten«, meine provokante Einlassung in der Stille. Das heimisch gewordene Knarren des Nachtwächters auf dem Steg außerhalb der Zelle zeigt, wo dieser gerade nach Problemen mit der Hausordnung sucht. Die Unheil erzeugenden Aktivitäten des Wärters könnten sich jederzeit vor der Zellentür festsetzen. Der Spion-Gucker ist sicher von seiner hoheitlichen Aufgabe überzeugt und sieht mit Überzeugung die ehrenvolle Tätigkeit, die hier zuhauf inhaftierten Arbeiter, Bauern, Hausfrauen, Ingenieure, Lehrer, Ärzte, Verwaltungsangestellte und Parteikader wie Frösche im Wasserglas unter strengstem Verschluss zu halten. Er weiß aus den internen Instruktionen, dass irgendwann ein jeder Frosch aufhört zu springen und zu zappeln. So kann ohne viel Mühe die Ordnung aufrechterhalten werden. Der »erste humanistische Staat auf deutschem Boden«, so etwas haben die bornierten Kader wörtlich von sich gegeben, kennen die Spielregeln des gut und sicher verschlossenen Wasserglases. Um hier herauszukommen, müsste man das Glas zerschlagen können. Wer kann das schon?
45/2 neben mir bemerkt, wie ich weiter in Gedanken versunken bin. Grund genug, die Situation für sich auszunutzen. »Wie schön ist Nähe.« Sein Ausspruch bringt mich zur Wirklichkeit zurück. Ich erstarre auf dem strohgefüllten Keilkissen und fühle mich zu einer Antwort herausgefordert. »Nähe hat nur Bestand bei liebenden Menschen.« »Aber Liebe gibt dem Menschen Freude«, haucht der Nachbar mit stöhnendem Unterton. »L., du bist wohl liebestoll?« Entsetzt richte ich mich im Bett auf, als im Gleichklang mit der letzten Äußerung seine Hand vergeblich die meine sucht. »Du bist ein Schwein. Nimm deine dreckige Pfote aus meinem Bett, schleunigst!« Abrupt kippt die Stimmung und ist nun äußerst frostig. Unser lautes Reden hat den Posten am Spion in Position gebracht, der über mehrere Sekun-

den unentwegt durch das Bullauge starr hereinblickt und mit einem harten Gegenstand an die Tür poltert. »Ruhe in der Zelle, Nachtruhe ist angesagt!« Wir Streithähne verweilen in absoluter Geräuschlosigkeit, quasi in Totenstarre. Es ist ein vorgetäuschter Schlaf, so dass der Neugierige außerhalb unseres Verlieses wieder geruhsam weiter tappt. Über das interne Refugium erfährt er nichts. Inzwischen hat der liebessüchtige Nachbar die nach Zärtlichkeit suchenden Hände im eigenen Bett vergraben. Demonstrativ dreht er sich weg und geht in sich. Irgendwie und irgendwann übermannt beide Zelleninsassen doch noch der Schlaf.

Das Hirn sagt mir nach drei Monaten Kerker, dass ich mich einer geheimnisvollen und erdrückenden Macht ans Messer geliefert habe. Das Dahinvegetieren ohne Schreibutensilien, das Verbieten jeglicher Aufzeichnungen, das Nichterlauben gewünschter Bücher, all das verschlechtert in Verbindung mit den Spielchen von L. meine Stimmungslage. Ich spüre die innere Spannung, ohne sie nach außen zu zeigen. Es kostet viel Kraft. Und im Umgang in der Zelle hat sich eine eigentümliche Normalität im Umgang miteinander eingestellt. L. gibt sich in letzter Zeit viel Mühe, will freundlich und lebenslustig wirken. Er sucht geradezu Freundschaft, die ich weder gutheißen noch erwidern will. Ich frage mich, wie wird sich der Nachbar heute Nacht betten? Der Bettnachbar ist recht schnell wieder im Element, als er mit Inbrunst und gehobener Stimme in die Kälte flüstert: »Es ist so schön im Bett. Wie schön wäre es, wenn Franz neben mir liegen würde.« Schweigen in der Zelle. »Franz hat eine Art, die mir gefällt. Der kann so zart sein.« Schweigen in der Zelle. Recht schnell begreife ich, was sich im Kopf des Liebessüchtigen abspielt. Die Ruhe und Wärme im Bett setzt bei ihm Schwingungen in Gang, die an eine homosexuelle Neigung denken lassen könnte. In der bisherigen gemeinsamen Haftzeit hat er seinen Trieb mit Bravour im Zaum halten können. Die Vertraulichkeit, die die Zeit des Zusammenlebens mit sich bringt, scheint sich nun in vollen Zügen und ungeniert zu öffnen. Mein immer

wieder abwartendes und gesprächsbereites Verhalten soll sich rächen. Trotz des verbalen Annäherungsversuches bleibe ich zunächst noch besonnen und liege spätabends mit ausgestreckten Händen außerhalb der Bettdecke bewusst ruhig neben dem warmen Bruder. Es vergehen nur Minuten, als der dreiste Geselle erneut mir auf die Pelle rücken will. Seine Aktivitäten laufen so gekonnt ab, als er mühelos die Besucherritze überwunden hat. Ich bin im ersten Moment von dieser Nähe quasi erstarrt, wie ein von fremder Gewalt ertappter Frosch. Krampfhaft überlege ich, was zu tun ist. Der Nebenmann schreitet schnell zur Tat und sucht Kontakt zu meiner Gesäßregion. »Verschwinde sofort aus dem Bett, du geile Sau!« Meine derben Worte begreift der Drängler, aber er reagiert nur zögerlich. »Schon gut, nichts für ungut.« Ich bin von Sinnen und springe aus dem Bett, um Luft zu holen. Das eben Erlebte nimmt mir den Atem. »Mach das nicht noch einmal, sonst ist dein ausgefahrenes Ding in Gefahr!« Meine direkte und barsche Art scheint zu wirken. Er kriecht lautlos auf sein Lager zurück. Aus seiner Ecke kommt kein weiterer Kommentar. Und die Allmacht jenseits des Spions sieht heute, vielleicht sogar absichtlich, völlig untätig zu. Komisch, denke ich. Sonst sind die Schließer bei jedem Mucks sofort zur Stelle, um Ruhe und Ordnung wieder herzustellen. Jetzt geschieht nichts. Warum stellt der Späher sich so taub? Auf jeden Fall hat der Bettnachbar mit seiner Handlung gezeigt, wes Geistes Kind er ist. Und ich beschließe, mich zu wappnen; die Zukunft verlangt angemessene und wirksame Maßnahmen.
In mir keimt der Verdacht, dass die Stasi-Obrigkeit eine kriminelle Taktik verfolgen könnte. Dafür spricht zum einen das fast ungehinderte Verhalten, das der Nachbar im Doppelbett zeigen kann. Zum anderen verstehe ich erst jetzt das eigentümlich fragende Verhalten des Vernehmers. Möglicherweise steht die ermittelnde Behörde sogar Pate. Jetzt begreife ich die Tragweite. Und mir graut vor dem Gedanken, als Geschädigter eines Gestörten zu enden. Die Not macht erfinderisch. Ein Gegenstand muss her, der zum Schutz und notfalls als Waffe verwendet wer-

den kann. Scharfe Gegenstände wie Rasierklingen und Messer gibt es in U-Haft nicht. Also brauche ich einen Gegenstand, der zum Bestand des Zelleninventars gehört. Als 45/2 wieder einmal zu längerer Vernehmung über den Tag weg ist, werde ich fündig. An der Innenseite des Holzrahmens vom linken Bett sehe ich einen hölzernen Span, ein Defekt des Bettrahmens. Trotz ständiger Beobachtung per Spion gelingt es mir, das besagte Holzstück von knapp drei cm Länge vom Bettrahmen abzuhobeln. Das faserig und spitz zulaufende Relikt wandert in meine Hosentasche. Am Mann hat solch ein verbotener Gegenstand ein relativ sicheres Versteck. Die Befürchtung ist berechtigt, denn das Filzen durch die Mitarbeiter des Hafthauses ist jederzeit möglich. Momentan gibt der raue Span mir eine gewisse Sicherheit. Und der vom Bett Verstoßene gibt sich eigentümlicher Weise im Laufe des Tages weiter gelassen, als ob in den vergangenen Nächten nichts gewesen sei. Ich suche auch keinen Anlass zur verbalen Aufarbeitung. Trotzdem hat sich bei mir unwillkürlich ein deutlich reserviertes Verhalten entwickelt. Ab der zweiten Märzwoche erfolgen keine Verhöre mehr. Und 45/2 stellt auch keine Fragen mehr.

Anders ist es in der Nacht. Die Aktivitäten des Bettnachbarn erinnern mich an die Frühjahrs-Brunftzeit der Tiere. Das lautlose ungenierte Näherrücken, Zentimeter um Zentimeter geschieht mit ungewöhnlich dreistem Verlangen. Ohne Worte zu verlieren liegt der gestörte Zellengenosse in einer der folgenden Nachtstunden wieder neben mir. Die Eskalation vor drei Tagen scheint vergessen zu sein. Anscheinend ist sein Gehirn so sexuell verbohrt, dass viele normal funktionierende Schranken ausgeschaltet sind. Mit Nachdruck und Eile sucht sein Phallus rücklings meinen hinteren Körperteil, um mit der steinharten Rute sein Ziel zu finden. Nun ist der Zeitpunkt gekommen, meine bisher geübte Passivität aufzugeben. Die wenigen Sekunden seiner Suche nutze ich aus, um die hölzerne Waffe in Position zu bringen. Mit geballter linker Faust halte ich den präparierten Holzsplitter. Die rechte Hand geht in eine Warteposition, um den wilden Gesellen in Empfang nehmen zu können. Die Begrüßung ist nicht so, wie es sich der Liebestolle vorstellt. »Bleib du mir vom Leibe, du Dreckskerl!« Meine Worte, sicher auch außerhalb des Verwahrraumes hörbar, sind laut und deutlich. Der sexuell Verklärte reagiert auf die barsche Rede so gut wie nicht. Darüber bin ich äußerst erschrocken. Vielleicht braucht er diese Form des Aufbegehrens, um sich noch enthemmter und lüsterner nähern zu können. Seine Angriffshaltung bleibt weiter bestehen. Mit dem erigierten Führungsstab sucht er verklärt und stur das Ziel. Ich brülle mit dem Unterton der Not in die Nacht: »Wenn du nicht sofort das Bett räumst, passiert was!« Selbst auf diese Drohung hin folgt keine Aufgabe seines Angriffsverhaltens. Über mehrere Minuten läuft der Gestörte mit dem strammen Glied nun schon ins Leere. Das geordnete Handeln im Trancezustand ähnelt dem eines geistig Abgedrehten und Unbekehrbaren. Und der zerebral Entrückte ahnt nichts von meiner Vorbereitung. In der linken Hand halte ich weiter das Tatwerkzeug parat. Die andere Extremität tastet sich behutsam suchend vor. Mit einem blitzschnellen Griff beginnt der Endkampf unter der Bettdecke, als ich seine kräftige Rute einfangen kann. Es gelingt mir mit Leichtigkeit, hält er doch dabei verklärt still. Vermutlich hat der lusterfüllte Dämmerzustand ihn in eine sonderliche Trancewelt versetzt. Das Fixieren des ausgefahrenen Gliedes scheint ihm noch einen zusätzlichen Kick zu geben. Dann passiert das Malheur. Meine unter extremer Anspannung stehende Hand gibt in Windeseile das raue Holzstück frei und schlägt erbarmungslos zu. Der Schaft der eisenhart gestählten Rute erleidet zwei Mal eine deftige hölzerne Rasur. Der Getroffene zuckt zusammen, schreit auf und will aus dem Bett springen. »Was machst du?«, schreit er. Auch ich brülle in den dunklen Raum: »Raus hier, du Missgeburt, raus aus meinem Bett!« Inzwischen hält er die Hände zwischen die Beine und kippt in gekrümmter Haltung nach vorne. Unartikulierte Laute verkünden, dass er Schmerzen verspürt. Es dauert keine Minute, da gibt die Kerkerfinsternis die Lösung preis. Eine dunkel erscheinende Pfütze in der Mitte des Lagers signalisiert Unheil. Die warme Flüssigkeit ist tatsächlich Blut. Der Verletzte ruft mit voller Stimme in die Stille: »Hilfe, ich bin verletzt!« Bevor ich meine Sinne ordnen kann, beginnt außerhalb der Zelle ein vielfüßiges Gepolter. Mit dem bekannten rasanten Schloss-Schlüssel-Geräusch gibt das jetzt auf Dauer geschaltete Scheinwerferlicht den Tatort frei. Der Hilfesuchende erschrickt noch mehr, als bei Licht die größere Blutlache sichtbar wird. Schluchzend legt er sich auf den harten und eiskalten Boden neben dem Lager. Selbst vom Ausmaß des Gemetzels überrascht, stehe ich wie gelähmt im Raum. Aus dem Rudel der herangestürzten Uniformierten scheren zwei dunkle Gestalten aus und betreten den direkten Unfallort. Im Hintergrund gestikuliert ein Dritter und ruft nach Arzt und Krankenhaus, ein Vierter verschwindet im Dunkel der Anstalt. Und die beiden unmittelbar neben L. stehenden Wärter, die vom reichlich sichtbaren Blut selbst irritiert sind, packen grobschlächtig den Blutenden an beiden Füßen. Jeder schnappt sich ein Bein, jeder zieht ruckartig die Extremität nach oben, sodass der Hilfesuchende in Richtung Zellenausgang gezerrt werden kann. Der noch am Boden liegende Kopf des Verletzten poltert dabei mit Wucht über den harten Boden. Das Personal behandelt 45/2 wie ein halbtotes Lebewesen und kennt kein Erbarmen, selbst nicht bei der Überwindung des Türausganges. Das Martyrium läuft so schnell ab, dass die Zelle nach weniger als fünf Minuten wieder unter Verschluss steht. Sofort herrscht wieder die gruselige Totenstille. Die Tragweite meiner Handlung hat mich selbst überrascht. Es soll keine Rechtfertigung sein, erklärt aber hinreichend die Ausnahmesituation. Bekannt ist, dass Hilflosigkeit und Angst Triebfedern für unbedachte Handlungen sein können. Es ist wie im Tierreich, ein angeschossener Hund handelt ähnlich. Ein angegriffenes und verängstigtes Tier beißt eben zu. Und so hat der Holzspan als Kriegsbeil eine unschöne Arbeit geleistet. Der blutige Tatort bleibt die ganze Nacht unberührt bestehen. Da frage ich mich, was geschieht jetzt mit Opfer und Täter. Ich bin äußerst unruhig und für längere Zeit massiv irritiert. Nicht im Geringsten habe ich erwartet, dass der Kampf im Bett zu solcher Bluttat führt. Von außen kommt keine Reaktion. Noch immer halte ich in der verkrampften Hand das scharfe Holzstück. Ich sage mir, weg mit der verräterischen Waffe. Direkt nach dem nächsten Spion-Besuch des nun besonders aufmerksam inspizierenden Kontrolleurs springe ich aus dem Strohlager und übergebe das Tatwerkzeug der WC-Spülung. Ende des aufregenden Gemetzels. Das Erlebte bleibt ein Rätsel, auch in der Zukunft. In der Folge kommt es zu keiner Zeit zu einem Gespräch, das heißt, es erfolgt keine Aufarbeitung des Vorfalles. Immerhin steht doch ein Vorgang mit Verletzungsfolge im Raum. Gerade bei dieser Institution, bei der doch sonst um jedes noch so kleine Detail gefeilscht wird. Vernehmer X. erwähnt nie die Vorkommnisse. Auch ein eigentümliches Fragen nach dem Erlebten unterbleibt. Und den Mithäftling habe ich nie wieder gesehen. Die Unterlagen in der BStU-Akte erwähnen mit keiner Zeile das Gemetzel. Das Geschehen ist ein Vorfall, den es anscheinend nie gab, besser formuliert, nie offiziell gegeben hat.

Warum? Wie muss ich das abartige Handeln des Mithäftlings bewerten? Aufgrund der Äußerungen zu seinem Lebenslauf gehe ich davon aus, dass er eine verkorkste Jugend hinter sich hatte. Sein Denken und Handeln stand immer unter dem Einfluss des alles beherrschenden egoistischen Lustgewinns. Seine jugendlichen Verfehlungen hatten sich in Richtung einer triebhaft-aggressiven Erlebniswelt verschoben. Er lebte in einer primitiven Kultur mit Manifestation animalischer Triebbedürfnisse, verbunden mit einem farbenreichen Medium für aggressive Befriedigung und narzisstischem Denken. Als psychisch Gestörter ließ er destruktive Tendenzen zu, um sich im Streben nach sozialer Rücksichtslosigkeit in einer Art Gewaltbereitschaft zu profilieren. In der lieblosen Ablehnung des Sozialklimas keimte das pathologische Verhalten weiter. Jeder Mensch zählte für ihn nicht mehr. Der Gestrauchelte suchte mit Penetranz nach Quellen triebhafter Erregung. Bekannt ist, dass in der Gefangenschaft die Sexualität normalerweise auf einer Sparflamme dahin vegetiert. Dafür sorgen auch die inhumanen Bedingungen in Haft. Und doch, trotz Begleitung von Ängstlichkeit, Niedergeschlagenheit, Minderwertigkeits- und Ohnmachtsgefühlen erlebt der Totalisolierte weiter sexuelle Phantasien. Dabei kaschieren Formen der sexuellen Aktivität für nur kurze Zeit die negativen Emotionen. Insgeheim sucht der Inhaftierte nach Reizen und Handlungsweisen, die für eine Sättigung des körperlich-seelischen Spannungszustandes sorgen könnten. Der Unbefriedigte feilscht um Auswege von Impulshandlungen, die in der Einöde zur Befriedigung reichen. Ein unter Strom stehender Mensch lebt in der Lüsternheit, gewissermaßen auf dem Niveau von Onanie oder erzwungener Homosexualität. **(19)** Formen des Gefangenen-Hospitalismus betreiben in erster Linie Psychopathen, die ein feines Gespür entwickeln können, in ihrer Nähe andere ins Visier zu nehmen. Der psychisch Auffällige versucht den normal denkenden und handelnden Zelleninsassen auszunutzen, noch schlimmer, ihn zu manipulieren und gegebenenfalls zu konsumieren. An diesem Punkt wird die Angelegenheit auch im Staate DDR kriminell. Nach dem DDR-Strafgesetzbuch galt damals der § 122, der die Nötigung und den Missbrauch von sexuellen Handlungen beschreibt. Der kausale Ring schließt sich, wenn ich an anderer Stelle weiter lese: »Sie (Stasi) bedient sich dabei vor allem gern der Homosexuellen. Vornehm im Hintergrund bleibend, steuert sie die Zellenbelegung und kann z. B. einen Gefangenen in eine Zelle einweisen lassen, wo Neuzugänge regelmäßig vergewaltigt werden. Auch lassen sich homosexuelle LLer leicht erpressen.« **(20)** Hier schließt sich für mich der Kreis.

Ich rekapituliere das selbst Erlebte mit dem Wissen von heute. Der gestörte Zellengenosse handelte gewalttätig. Es bestand ein antagonistisches Wirken von libidinösen, beziehungsbezogenen und destruktiven Impulsen. Motiv ist nicht allein Sex, sondern die Tendenz zum aggressiv-sadistischen Machtvollzug. Der Täter lebt in der imaginären Fantasie zwischen Erniedrigung, Beherrschung und Quälerei. Und genau das bestimmt seine sonderliche Aktivität. In seinem Fall kommt zusätzlich noch eine krankhafte Neigung, die ihn zu einer kriminellen Handlung mit Toten getrieben hat. L. hat mit mir genauestens besprochen, wie er in einer Kapelle drei Tote wie Puppen aufgestellt hat. Offensichtlich haben die Toten ihn erregt und befriedigt. Und die Liebe zur Gewalt steht im Konsens mit der Liebe zum Toten, das heißt zur Nekrophilie. Ich weiß, dass Nekrophilie über den Tod und das Töten reden können und danach erst richtig lebendig werden. **(21)** Ein Mensch mit solcher Neigung zitiert seine Lüsternheit und schreibt: »Eine tiefe Todessehnsucht war in mir, so lange ich mich erinnern kann. Ich bin immer liebend gern auf Friedhöfen spazieren gegangen. Es kam mir ständig so vor, als wenn ich leben würde, um zu sterben.« **(22)** Solch ein gestörter Mensch kennt nur zwei Geschlechter, nämlich den machtvollen Gewalttäter und den machtlosen Getöteten. Das ist Perversion, die es bei gestörten Persönlichkeitsstrukturen öfters gibt. Ich bin aus heutiger Sicht überzeugt, dass der Mitinsasse ein sexistischer Gewalttäter war, der infolge Knast-Hospitalismus und möglicher ZI-Tätigkeit eine exzessive Potenzierung erfuhr. Die entscheidende Rolle bei all diesen pathologischen Spielchen hat sein Gehirn übernommen. Manche Mediziner meinen, das Gehirn sei das wichtigste Sexualorgan. Denn bei Sex, Sucht und Trauma laufen hirnphysiologische hyperreaktive Vorgänge im Mandelkern ab. Unterstützt wird der Höhepunkt von einer ganzen Reihe spezifischer Hormone, unter anderem von Adrenalin und Luliberin (Sexhormon). Ich bin der Meinung, sein Zerebrum lebte im Intermezzo und Spannungsbogen von zyklischem Auf- und Abbau, vom Kampf- und Fluchtverhalten und vom Problem der Angst- und Trauma-Bewältigung.

Nach den abartigen Erlebnissen verordnete ich mir eine Zellenkur. Kontraproduktiv wäre handlungsloses Stillsitzen und existenzbedrohendes Grübeln gewesen. Inaktivität ist prinzipiell für viele Gehirnareale destruktiv. Deshalb setzte ich das Motiva-

tionssystem wieder verstärkt in Gang. Bekannt ist, dass die motorische Koordination eine gesteigerte Funktionstüchtigkeit des Zerebellums induziert. Deshalb verband ich in den folgenden Tagen die Bewegungsmeditation mit den von mir selbst kreierten »Vier-B-Maßnahme«, bestehend aus Bedürfnis, Bündelung, Bändigung und Bewegung. Denn das Gehirn benötigt den Glauben an sich selbst. Der rhythmische Modus im 4-Schritt-Gang von und zur Zellentür verlangt mindestens 20 Minuten Aktivität. So werden die Gehirnareale von Frontal-, Okzipital- und Parietallappen mit dem motorischen Cortex besser verzahnt. Dabei gelingt ein fantasievolles Denken, was ich mit der buddhistischen Lehre des Lächelns verbinden kann. Erst danach hat mich der Hocker wieder, ganz bewusst, um eine Sitzmeditation anzuschließen. Das außergewöhnliche Erlebnis soll den Geist von negativen Gedanken befreien. Die kognitiven Prozesse im Frontallappen aktivieren positives Denken. Und die eingetretene zerebrale Veränderung schafft wieder einen positiven Zeitfluss. Es ist ganz wichtig, selbst wieder die Zeit des angenehmen Denkens und Handelns bestimmen zu können, ganz nach dem Sprichwort: »Kommt Zeit, kommt Rat!«
Nach der Wende habe ich in den BStU-Akten gezielt nach den beschriebenen Vorfällen gefahndet, ohne Erfolg. Das MfS scheint bewusst alle Daten, die im Zusammenhang mit derartigen Turbulenzen in dieser Zelle bestanden, nicht erfasst oder rechtzeitig vernichtet zu haben. Damit ist klar, dass eine detaillierte Rekonstruktion der Ereignisse nicht gelingen kann, hatte man sich doch als angeblich korrekte Behörde wieder einmal aus der Verantwortung gezogen. Ein neues Urteil des Bundessozialgerichtes betätigt diesen Sachverhalt (vergleiche AZ: B 9a VG 2/05 R).
(23) Ich habe auch keinen Hass gegenüber der psychisch gestörten bzw. kranken Figur L., im Gegenteil. Aus ärztlicher und menschlicher Sicht bedauere ich seine damalige desaströse Situation, war doch seine Seele in der Gewalt des Stasi-Apparates gänzlich abartig verändert und verkümmert.

F 5 Das Nachtverhör von Y.

Bereits einige Stunden muss ich geschlafen haben, als völlig unverhofft die Zellentür aufgerissen wird und zwei fremde Personen die Behausung betreten. Eine Gestalt nähert sich meinem Lager, in dem ich schlaftrunken liege. Der zweite Uniformierte bewacht aus dem Hintergrund den Ausgang. Es kommt mir vor wie im Film, als ich schemenhaft das Äußere der beiden Figuren in Augenschein nehme. Ihre Uniformen zeigen eine verblüffende Analogie zur Nazizeit, dokumentiert durch die graugrüne Montur der Reithose, Militärjacke und glänzenden Knobelbecherstiefel. Das ungestüme Verhalten der beiden Gestalten hat mich schnell wachgerüttelt. Mein noch schlaftrunkenes Verhalten ändert sich zunächst nicht, als eine der beiden Gestalten sich aus dem Dunkel schnellen Schrittes nähert. Mit einer intensiv grellen Taschenlampe leuchtet er mein Gesicht aus und hantiert gleichzeitig schwungvoll mit der anderen Hand, in der er einen metallenen Stab hält. Ich suche unwillkürlich Augenschutz, denn die Lampe des Näherkommenden blendet. Die Situation ist erst jetzt ungewöhnlich und irritierend. Nur wenige Sekunden vergehen, als der vor dem Strohbett stehende Uniformierte sich unwirsch über mein Lager beugt und schreit: »Sofort raus und anziehen!« Ich bemerke, wie ihm seine Mütze ins Gesicht rutscht und er deshalb unbewusst verärgert reagiert. Noch immer hält er krampfhaft das Werkzeug fuchtelnd hoch und verwandelt diesen Gegenstand plötzlich in eine etwa einen Meter lange Metallrute. Die wild vibrierende Metallkugel an der Spitze kommt vor meinem Gesicht zum Stehen. Jetzt erzielt der drohend auf das Nachtlager gerichtete Totschläger seine volle Wirkung. Und die wütend fuchtelnde Person reagiert mit konfusen Muskelzuckungen im halbverdeckten Gesicht. Nun springe ich, gepaart mit ängstlichen und irritierten Gedanken, vehement schnell aus der Schlafstelle. Der Fremde bewahrt Abstand und hantiert am Metallstab, sodass die Totschlägerspitze wieder in die Verkleidung zurück springt. »45/1 in fünf Minuten angezogen, verstanden!« Die Zellentür schließt den Vorgang abrupt ab, nicht aber meine nun wild sprießenden Gedanken. Was wollen die von mir, Verlegung, Vernehmung oder Scheinhinrichtung? Alles denkbar. Die Vernehmungen scheinen doch abgeschlossen zu sein.

Es muss tiefe Nacht zwischen zwei und drei Uhr sein. Unfrisiert und unrasiert warte ich im kalten Verließ auf das Handeln der unkalkulierbaren, fremden Macht vor der Tür. In der von der Außenwelt völlig abgeschlossenen Welt ahne ich nichts Gutes. Meine Gedanken füllen sich mit Inhalt, als ich mir sage, manche Gestalt mit hasserfülltem Hirn sehnt sich, Menschen in Not nicht nur zu beherrschen, sondern auch zu quälen. Stehen doch die bekannten Anweisungen im Einklang mit den gesetzlichen Verfügungen dieses Institutes. Da ist man auf der sicheren Seite. Laut JHS-Hochschule ist und bleibt das für alle Zeiten die »unerbittliche Wahrheit des Klassenkampfes«. **(1)** Da hat auch der Totschläger nur symbolischen Charakter. Bringt er erst richtig die Macht des Täters zum Laufen. Der Vorgeschmack auf das sichere Siegesgefühl erlaubt alles zu geben. Eine einleuchtende, aber abartige Philosophie, die schon in grauer Vorzeit begründete, Menschen grundlos zu tyrannisieren. Nach dem Heraustreten bemerke ich, dass mich heute zwei Uniformierte abführen wollen, sehr ungewöhnlich. Der Zweite trägt an einem Gurt einen Gummiknüppel. Komisch, denke ich. Der »sozialistische Wegweiser« könnte andere Aufgaben erfüllen. Auch das grimassenhafte, müde Gesicht des Knüppelträgers lässt nichts Gutes ahnen. Und die Tour im Hafthaus A ist heute anders als bisher zum Vernehmer X.. Nach der Wende kann ich durch Aufzeichnungen der Gedenkstätte »Roter Ochse« entnehmen, dass alle Vorgänge, beispielsweise die Zuführung des Beschuldigten zu außerplanmäßigen Handlungen, vorgeplant wurden.

Ich muss in einen Raum eintreten, der sofort an ein typisches Chefzimmer der örtlichen Führungsriege erinnert. Er wird im Zentrum von einer T-förmigen Anordnung zweier Tische dominiert. An der langen Tischseite stehen beidseits mehrere Stühle, vermutlich für Mitarbeiter des Führungsstabes. Im Grau und Halbdunkel des Objektes fällt die saubere, hochpolierte und sich spiegelnde Tischplatte auf. Am kürzeren Querflügel thront in einem komfortablen Ledersessel eine etwa sechzigjährige männliche Person. Wer weiß, was hier alles an Technik versteckt ist. Die Person bleibt ohne Namen und ohne Dienstgrad. Für mich ist es Y.. Der Unbekannte ist mit einem Anzug gekleidet und trägt keinerlei militärische Abzeichen. Weit entfernt vom dominanten Tisch wartet ein Stuhl auf mich, der in der Ecke des Raumes positioniert ist. Immerhin hat sich seit dem Mittelalter hier doch einiges verbessert. Der Befragungsstuhl des 20. Jahrhunderts trägt zweifelsfrei keine schmerzerzeugenden Aufbauten. Er erfüllt wohl eine analoge Funktion. Aber im Mittelalter war er nicht nur »Bedenk-Stuhl«, sondern auch »Stachel-Stuhl« oder »Angst-Stuhl«. Einer mit mittelalterlichem Deutsch geschriebenen Klageschrift entnehme ich eine interessante Umschreibung: »dass die Deputierten einen Newen Stuel mit langen spitzen Nägeln durch geschlagen machen lassen, darauff Hans Kettens Frau hin und wieder geschüttelt worden« (Schrift von 1669 in Burg Altena/Westfalen). Nun sitze ich dreihundert Jahre später ohne derartiges Martyrium und ohne Schüttelvorrichtung auf dem harten Stuhl in ungewöhnlicher Entfernung vom Gastgeber und warte auf Aktivitäten des Unbekannten. Ganz bewusst soll mir wohl die Nähe genommen werden. Dazu sagt Argyl, dass es bei Distanz von mehr als 3,50 m Abstand zwischen kooperierenden Einzelpersonen auf jeden Fall keinen Austausch, geschweige denn Sympathie mehr geben kann. Das soll die Situation auch nicht bewirken. Aber viele körpersprachliche Signale funktionieren dann nicht mehr. Letztlich kommt eine echte Kommunikation erst zustande, wenn »Multi-Signal-Einheiten« zu Hilfe genommen werden. **(2)**

Genau das ist hier sicher nicht gewünscht. Ob die Stasi-Obrigkeit diese Hinweise kennt? Sicher soll das nicht kommunikative Prinzip von Hass- und Feinddenken erfüllt werden. Dafür spricht auch die Gestik des bisher Stummen beim Betreten des Raumes, kein Gruß, keine Anrede, keine Aufforderung zum Setzen, nur anonymes Warten. Der weiter im Sessel agierende Fremde liest vermutlich in meiner Akte. Ausgestattet mit der Macht nonverbaler Signale und der Dokumentation des sozialökonomischen Status scheint sich Y. eine maßgebende Atmosphäre schaffen zu wollen. Sicherlich bin ich nicht der erste, der die bewusst so gesteuerte Vorführung durchläuft. Der Mensch hinter dem glänzend-polierten Tisch übernimmt quasi die Rolle des geheimnisumwitternden Dämonen, der Autoritätshörigkeit und subtiles Obrigkeitsdenken verbreiten will. Der Mitgefangene Seifert beschreibt eine ähnliche Situation: »Wenn ich mir überlege, wie hilflos man dagesessen hat bei den Verhören. Ich glaube schon, dass so ein Stasi das Gefühl kriegt, andere Menschen zu beherrschen, und dass er sich wohlfühlt dabei. Die sonnen sich doch fast alle in ihrer persönlichen Macht. Die sind doch ganz groß mit ihrer modernen Technik, mit ihren besonderen Möglichkeiten – Abhörgeräte, Wanzen, psychologische Tricks und was weiß ich noch. – Tja, Vernehmer müsste man sein!« **(3)** Zwischen dem zwiespältigen Gefühl von Widerstand und Ohnmacht verbringe ich einige Minuten schweigend und warte auf irgendwelche Aktivitäten des fernen Gegenübers. Inzwischen hat ein Wärter dem weißhaarigen Aktenleser Kaffee und belegte Brote gebracht. Erst dann kommt essend der Rezipient zum Thema. Mir ist bewusst, er kennt mich durch die Stasi-Akten sehr genau. »Wilding, Sie wollten in die BRD. Ihre bei der Vernehmung vorgebrachten Argumente, nur dort frei und humanistisch arbeiten zu können, sind vorgebrachte Floskeln, die ich Ihnen nicht abnehme. Sie lockt nur das Geld. Wir werden es nicht zulassen, dass Sie auf Kosten der Werktätigen sich ausbilden lassen und dann über Nacht verschwinden. Was sagen Sie dazu?« Der Frager bemerkt nicht, wie ich ihn beobachte. Y. zeigt einen ärgerlichen Gesichtsausdruck. Sein Mimikspiel verrät intuitiv den wahren Gesichtsausdruck und echten Gefühlsausdruck, nämlich eine Arbeitsweise als Täuscher und Falschspieler. Ich bin gewarnt und nun hell wach. Und ein anderes Argument verrät mir eine weitere Ungereimtheit. Ich weiß, dass psychologisch geschulte Täter dann stark gemacht werden, wenn man Zivilcourage scheut und Unterwürfigkeit zeigt. Ich sage mir, drei Verhaltensformen mit dem Anfangsbuchstaben »A« sind zu minimieren, nämlich jede Form von Abhängigkeit, Autoritätshörigkeit und Angst. Der Vernehmer ist leicht beleidigt, als auf die einleitende Frage eine Gegenrede ausbleibt. »Nun reden Sie endlich über Ihre Probleme. Ich erwarte eine ausführliche Stellungnahme.« Y. wartet vergeblich. Da scheint ihm der Kaffee nicht mehr zu schmecken. Ohne emotionales Gehabe bleibe ich äußerlich weiter ruhig und sage: »Ich bleibe bei den Aussagen, die ich bereits zu Protokoll gegeben habe.« »Was heißt hier Aussagen? Ihre vorgebrachten Gründe sind lapidar. Haben Sie eigentlich begriffen, dass Sie hier kranke Menschen im Stich lassen wollen und damit Ihren hippokratischen Eid verletzen? Äußern Sie sich dazu!« Der bewusst angewandte Trick von Pflichterfüllung und Ehrempfinden soll meine Seele ärgern. Trotzdem bleibe ich bewusst indifferent und im Detail äußerst sparsam. Tiefschürfendes Aussprechen von Wahrheiten bringt an diesem Ort nichts. »Zur Flucht äußere ich mich nicht weiter. Und zum Thema des hippokratischen Eides werde ich mit Ihnen nicht reden. Der wird leider viel zu oft verletzt. Ich habe ihn nicht verletzt.« »Wie bitte, das sind Hetzgedanken!«, brüllt der Fremde aus der Ferne. Der genervt und mittlerweile aggressiv wirkende Gesprächspartner scheint zu begreifen, dass ich problembeladenen Diskussionen ausweichen will. Ich bin überzeugt, der penetrante Frager sucht ein Interview mit subjektiven Sinneszusammenhängen und biografischen Feinheiten. Das einfache Frage-Antwort-Spiel vom Vernehmer X. hat ihm anscheinend zu wenig Daten geliefert. Er scheint weitere Fakten zu suchen, die ihm ein narratives Gespräch im Sinne einer »Koda« liefern, natürlich für eigene Zwecke. Eine in der JHS Potsdam erlernte Weisheit besagt: »In Anlehnung an die in der Psychotherapie im sogenannten Konfliktgespräch gesammelten Erfahrungen wird deshalb empfohlen, in der Kommunikation mit dem Beschuldigten alles zu vermeiden, was bei diesem den Eindruck erweckt, dass von ihm vorgebrachte Probleme, die vorgebrachte Ansicht, der von ihm beschriebene Konflikt, in dem er sich befindet oder zu befinden glaubt, von vornherein negiert, abgewertet oder gar mit zynischen Bemerkungen bedacht wird.« **(4)** Der weißhaarige Offizier legt verbal nach und stichelt ganz geschickt weiter. Dabei bleibt sein mimisches Spiel gekünstelt freundlich. »Wie konnten Sie es zulassen, dass Ihre Familie Kontakt zu Menschenhändlerbanden aufnahm? Sie wissen doch aus der Presse, dass die ein kriminelles Handwerk unter Lebensgefahr betreiben.« Weiterhin bleibe ich wortkarg. Nicht im Geringsten habe ich die Absicht, mich mit ihm auf eine derartige Diskussion einzulassen. »Was Angehörige eingeleitet haben, können Sie den Protokollen entnehmen.« »Ach, papperlapapp, Ihre Verwandtschaft hat Sie doch informiert. Das wissen wir.« »Ich weiß nichts weiter.« Meine knappe Ausrede erfreut ihn nicht. Das Interview befindet sich in einer Sackgasse. Der Frager weiß sicher, dass ohne Umsetzung eines Erzählrituals weder eine Nachfrage noch Bilanzierung des Interviews gelingt. Das Prinzip des seit 1970 bekannten narrativen Interviews scheint nicht zu greifen. Warum? Freies Erzählen gäbe dem Frager den nötigen Spielraum, den gesamten Erfahrungs- und Orientierungsbestand der Probleme besser zu rekonstruieren. Vielleicht würde dann sogar schmutzige und vor allem neue Wäsche gewaschen. Als Helfer in der Not könnte Y. vielleicht in seinem Sinne Spreu vom Weizen trennen und in der Bilanzierung eines Eingeständnisses einen Konsens für sich erarbeiten. Und das verbale Getue könnte in einer fast väterlichen Form der Akzeptanz enden.

Grünbein beschreibt die Taktik beim narrativen Verhör so: »Der Interviewer soll unbekannte Hintergründe benennen, beispielsweise mit welchen Verarbeitungs-Strategien der Befragte argumentiert, wie er darüber hinaus in soziale Prozesse integriert ist und wie sich sein Blick für die persönliche Sicht der Außen- und Innenwelt verändert.« **(5)** Ich bleibe distanziert, sodass bei dem

Katz- und Mausspiel der fast väterlich wirkende Typ im Drehsessel mitspielen muss. Jetzt interessieren ihn Aussagen zum Umfeld der Fluchthelfer. Zum wiederholten Male fragt er: »Nun mal raus mit der Sprache. Was haben Sie von den Fluchtaktivitäten in der BRD gewusst?« »Nichts. Darüber wurde nie gesprochen. Wir waren völlig überrascht, wie die Flucht ablaufen soll. Keiner wusste etwas von Helfershelfern.« »45/1, habe ich Sie richtig verstanden?« Der Weißhaarige im Drehsessel wird laut, zornig und erhebt sich etwas aus seinem Sitz. »Sie sprechen von Helfershelfern.« Seine Sitzgelegenheit bekommt beim Hinsetzen Fahrt. Er schlägt mit den Händen auf die Tischplatte, fängt sich aber doch wieder schnell. »Das ist eine unzulässige Feindumschreibung. Das sind Kriminelle. Und dafür noch viel Geld bezahlen!« Im Morgendämmern ist das Gespräch an einem toten Punkt angekommen. Beide Kontrahenten scheinen es zu spüren. Und doch fühlt sich mein Gegenüber in der Ferne immer noch in der Rolle des Hedonisten. Er gießt eine weitere Tasse Kaffee ein und räuspert sich. Und mein Hirn arbeitet auf Hochtouren, als ich mir insgeheim die Frage stelle: Will der Vernehmer mir unterstellen, dass die Fluchtgemeinschaft selbst Verbindung mit Stellen und Personen aufgenommen hat oder zumindest in Handlungen verwickelt war? Dies würde nämlich ein aktives, organisiertes Vorgehen begründen. Dann wäre nach den DDR-Gesetzen der Paragraph 219 (2) Absatz 1 StGB erfüllt. Er würde den zusätzlichen Tatbestand der »ungesetzlichen Verbindungsaufnahme« begründen. **(6)** Auf jeden Fall sucht er weiter krampfhaft nach Schwachpunkten. Mein Kleinbeigeben wäre die gewünschte Kapitulation, die die Institution dann »Einsicht« und »Mitarbeit im Verfahren« nennen würde. **(7)** Im Schrifttum wird eine derartige Situation beschrieben: »Der Geheimdienst suchte beim ausgewählten Opfer nach neuralgischen Punkten, wie (...) Schuldkomplexe, (...) um den konkreten Bürger dann in kombiniert verübter und beeindruckender Weise in den Pakt hineinzuziehen.« **(8)** Auch hier kommt der MfS-Offizier bei mir nicht entscheidend weiter. Denn

die Interaktionstechnik des aggressiven Fragens funktioniert nicht.
Nun wechselt der Sesselhocker mit gehobenem Kopf und in der Rolle eines Philosophen das Thema. »Sie kennen Karl Marx. Ist Ihnen bewusst, dass das Kommunistische Manifest wie das von Ihnen geschätzte Neue Testament Dokument der Hoffnung ist? Nur durch das Manifest wird ein Sozialismus wahr!« Sein Gesprächswechsel überrascht mich. Ich vermute, der Mann scheint auf diesem Wege ganz geschickt die verbale Wende erreichen zu wollen. Der Grauhaarige scheint psychologische Fähigkeiten zu besitzen, sein Gegenüber doch noch verbal packen zu können und in eine Diskussion zu verwickeln. Ich provoziere bewusst und sage: »Das Evangelium des Sozialismus umgibt sich mit einer Kraft, die angeblich die zutiefst ungerecht empfundene kapitalistische Gesellschaftsordnung ablösen würde.« Wiederholt schaut Y. zur halbdunklen Decke des Saales und erweitert die Kontroverse geschickt mit dem angelernten Wissen: »Erst der Sozialismus schafft eine Gesellschaft, die die Menschheitsgeschichte mit der Natur in Einklang bringen kann.« Nun folgt eine ganze Reihe weiterer interessanter Fragen und Antworten, die das Thema Leben im Sozialismus und Christsein beleuchten. Sie fördern auf jeden Fall die Stimmung. Das Verhör hat mit der aufgehenden Sonne einen völlig anderen Stil bekommen. Mich überrascht, dass der Diskussionspartner kein Phrasen-Drescher und Parolen-Schwätzer aus der Funktionärsriege ist. Seine Welt lebt nicht nur von leeren Sprachhülsen, die man im Alltag sonst hörte. Die Argumentation empfinde ich lebhaft und niveauvoll. Deshalb rede ich jetzt lustig weiter und ergänze: »Aha, dieser Sozialismus will angeblich eine bessere Zukunft schaffen. Er möchte die Ungerechtigkeit der Klassengesellschaft beseitigen, ohne Ausbeutung des Menschen durch den Menschen, so zumindestens sagt es Marx. Ihr Weg soll wie im christlichen Glauben in einer Erlösung enden.« Die Rede kommt an. Und der Frager hat es tatsächlich erreicht, dass ich nun frei von der Leber rede. Das war wohl auch sein Ziel im Nachtverhör. Der Zuhörer

scheint meinen bewusst formulierten Unterton der utopischen Wurzel der marxistischen Weltanschauung nicht zu begreifen. Im Gegenteil, er unterstützt das von mir Gesagte, als er hinzufügt: »Der Sozialismus ist die echte Umsetzung der Menschheitshoffnungen, die Religion wird überwunden und die Entfremdung aufgehoben.« »Sie sind der Meinung«, so meine Zwischenrede, »der Kommunismus schaffe einen neuen Menschen, der das Leben neu einrichten kann.« Zunächst stutzt Y. und freut sich über die lebhafte und lockere Gesprächsführung und erweitert das Wortgefecht: »Ich bin überrascht, Ihre Argumentation gefällt mir. Mit Ihnen ist etwas anzufangen.«
Bei der späteren Überarbeitung des stattgefundenen Verhöres werde ich hellhörig, was die Staatssicherheit unter taktischen Verhörpraktiken verstand. Omnipotente Varianten sahen auch Tricks vor, die den Häftling angeblich in die Position des Gesprächspartners heben sollte. Die Literatur beschreibt die sinnvolle Verführungsgrundlage, die die MfS-Behörde dem Führungsoffizier vorgibt. Da steht geschrieben: »Für einen Augenblick sollte der abschreckende Nimbus der staatlichen Macht durchbrochen werden. Ablehnender Hass soll vergessen werden und Sympathie gegenüber diesen netten, hilfsbereiten Beamten soll empfunden werden. (...) Allein der gekonnt menschliche Umgang, die unerwartete Gesprächsbereitschaft, auch über heikle politische Themen mit einem Vertreter der Macht reden zu können, und die gewährte Hilfe sollten das generelle Vorurteil des Bürgers vom vereinnahmenden SED-Staat und seiner Überwachungs-Behörde ins Wanken bringen.« **(9)** Zum Zeitpunkt des Nachtverhörs ist mir diese Taktik noch nicht bekannt.
Ich merke aber sehr wohl, wie sich Y. in der Rolle eines Predigers wohl fühlt. Sein Verhalten spricht dafür, dass er die Mystik der sozialistischen Utopie verinnerlicht hat, quasi in seiner wohltuenden Ersatzreligion lebt, die bereits jetzt dem Christentum den Rang abgelaufen hat. Ich sehe das Verhalten von ihm kausaler. Seine mystische Verklärung steht im Zusammenhang mit

der neuronalen Evolution, die besagt, je mehr man sich in eine bestimmte Ideologie vertieft, desto mehr reagiert das Gehirn auf diesen Glauben und sieht ihn als objektive Realität. Es gibt keine griffige Methode, die diese Überzeugung eines Menschen ändern könnte. **(10)** In solchem ketzerischen Getriebe steckt auch die marxistische Ideologie des Klassenkampfes mit dem imaginären Hass auf den Kapitalismus.

Da erinnere ich mich an die dogmatisch untermalte Argumentation im sogenannten Staatsbürgerkunde-Unterricht der Schule und Universität. Da behauptete der »Gewi-Lehrer« (Pädagoge für das Fach Gesellschaftswissenschaft), dass im Zustand ohne Kapital und ohne Besitz an Produktionsmitteln ein Ideal des Menschseins erreicht wäre. Unweigerlich würde nach Erreichen dieses gesellschaftlichen Ideals die klassenlose Gesellschaft wie ein Himmelreich auf Erden folgen. Das besage schon allein die gesetzmäßige historische Entwicklung. Und am Ende der geschichtlichen Entwicklung würde selbst der Staat inklusive seiner Machtinstrumente absterben. Was für ein philosophischer Wunschtraum, der noch die sonderliche Verklärung erfährt, wenn behauptet wird, dass sich dann allseitig die Persönlichkeit ohne Einschränkungen im Arbeitsprozess und ohne Notwendigkeit von Geld herausbilden würde. Mit diesem Nonsens beladen suchen ihre Anhänger ihr Heil in der Zukunft der kommunistischen Utopie.

Beim nächtlichen Verhör kenne ich die Tragweite dieser Ideologie sehr genau. Deshalb bleibe ich stumm und antworte auf das Gerede von ihm nicht mehr. Der verklärte Redner geht in sich und scheint zu merken, dass sein ungebremster Redefluss kontraproduktiv ist. Ich bin überrascht, wie er zwischen Konsens und Widerrede schwankt. »Wilding, wir wissen, Sie vertreten eine irreale Auffassung vom gesellschaftlichen Leben. Was sagen Sie dazu?« Ich suche bewusst nach einer versöhnlichen und verbindlichen Argumentation. Das hat überhaupt nichts zu tun mit dem eingesperrten Bürger im psychischen Mangelzustand, der wegen möglicher Scham oder Peinlichkeiten nun leichter verführbar und suggestiv reagieren könnte. Ich suche bewusst eine Antwort, auch wenn ich meine Gesprächsposition mit einem trügerischen Visionär führe: »Ich meine, der Sozialismus vertritt eine philosophische Richtung, die sich gegen die Zerstörung der Liebe in der Gesellschaft auflehnt. Marx sucht nach der Hoffnung, dass sich der Mensch befreit, wenn er die Verwirklichung der wahren menschlichen Bedürfnisse findet. Letztlich suchen sicher auch Sie nach einem Weg zu den geistigen Wurzeln des Humanismus. Nur, wo finde ich in der DDR derartige Ansätze?« Der letzte Satz hat meinem Gesprächspartner überhaupt nicht gefallen. Sein philosophisches Gebäude scheint Grenzen zu kennen. Die Diskussion kippt, auch wenn er noch einmal argumentativ einlenkt. »Sie haben Ansätze, wie man eine christliche Gestaltung des Menschen im Sozialismus akzeptieren könnte. Und in der Kirche der DDR sehe ich auch Vertreter, die auf dem richtigen Weg sind.« Fast unterstützend fahre ich ihm ins Wort und ergänze: »Da gibt es Bischöfe, die eine Kirche im Sozialismus propagieren. Sie wollen ein real existierendes Christentum aufbauen, aber ohne Benachteiligung der Christen in Schule und Beruf.« Der Drehstuhl des Offiziers bewegt sich plötzlich wieder wild hin und her. Der Sesseldreher ist äußerst unruhig geworden und agitiert mich in dem schlecht beleuchteten Raum mit dem Vorwurf: »Was erlauben Sie sich zu behaupten. Das grenzt an Hetze. Was für eine Benachteiligung der Christen meinen Sie? Sie konnten doch auf Kosten der Arbeiterklasse studieren.« »Wie bitte?«, meine kurze Widerrede. Y. bleibt am Ball: »Geben Sie eine Erklärung für diese infame Unterstellung.« Nun folgt von mir ein kurzer Rückblick aus dem Jahr 1958, als ich mich als einer der Klassenbesten nach Abschluss der achten Grundschulklasse zum Besuch der Oberschule bewarb. Damals wollte die Mehrzahl der Schüler die Schule verlassen und ein Handwerk erlernen. Es gab genügend freie Plätze für den Besuch der erweiterten Oberschule. Man warb die Schüler zum Besuch der erweiterten Schule. Meine Eltern verwunderte es nicht, dass mein Antrag zum Besuch der höheren Schule kommentarlos abgelehnt wurde. Ohne viel bürokratisches Tun marschierte der Vater zur SED-Bezirksleitung Halle, der entscheidenden politischen Stelle vor Ort, und intervenierte. Er verstand dieses Handwerk sein Leben lang sehr gut. Dort bestand er auf meiner Aufnahme zur Oberschule mitdem Hinweis: »Wenn mein Sohn nicht die erweiterte Schule hier besuchen darf, stelle ich für ihn den Antrag auf Übersiedelung in die BRD.« Vermutlich scheute der Partei-Apparat eine größere öffentliche Verwicklung, war doch der Vater ein sehr bekannter und auch anerkannter Pfarrer in dieser Region. So genehmigte man kommentarlos nachträglich meine Aufnahme in die Adolf-Reichwein-Oberschule. Die Klassenlehrerin, eine bornierte SED-Funktionärin, gab vor der Klasse mit Pathos bekannt: »Wilding, du darfst zur Oberschule. Du siehst, wie demokratisch unsere DDR handelt.« Und ich, als 14-jähriger Bub im Fokus der Klasse antwortete anders als es die Lehrerin vermutet hatte: »Das habe ich bisher bemerkt. Die erlebten Umstände sprechen für sich.«

Den Zuhörer Y. interessieren weitere von mir genannte Benachteiligungen als Christ nicht. Im Gegenteil, er bleibt bei seiner Meinung und betont nochmals: »Unser Staat ist ein Rechtsstaat. Ich verbitte mir Ihre Unterstellungen. Nochmals zur Aufgabe der Kirche in der DDR. Die Evangelische Kirche scheint zu begreifen, dass sie das Leben der Menschen nur mit Partei und Staat gestalten kann.« Sein Gerede schmeckt mir überhaupt nicht. Ich schweige. Auch Y. hält für eine gewisse Zeit inne, scheint in Gedanken versunken zu sein und sucht nach einem verlässlichen gemeinsamen roten Faden. »Ihre Ansichten sind sicher verbesserungsfähig und nicht immer frei von Polemik. Aber ich bin der Meinung, man sollte Ihnen Gelegenheit geben, Ihre Tätigkeit in der DDR-Gesellschaft zu finden.« »Was soll das heißen?«, meine kurze Entgegnung. Der immer noch optimistisch wirkende Geheimdienstoffizier reizt eine ungewöhnliche Karte und sucht nach Worten. »Das bedeutet, Sie besitzen genügend Sachkenntnis der gesellschaftlichen Zusammenhänge. Da

es eine Ausreise in die BRD nicht geben wird, haben wir eine gemeinsame Aufgabe zu bewältigen.« Y.s Mimik lässt Interaktionssignale erkennen. Er ist kognitiv deutlich ausgelastet und wendet beim Bewegen des Ledersessels den Blick ab. Er scheint den Blick infolge der größeren Entfernung beider Gesprächsteilnehmer nicht halten zu können. Mir ist aus der Medizin bekannt, dass ein Täuscher viel kognitive Energie in außergewöhnlicher Situation des Blickfanges benötigt. Und doch bleibt Y.s nonverbales Aufbäumen bestehen, als er zwischen sich und mir wieder die Machtverhältnisse klar rückt. Die als Indiz für Macht fungierenden Dominanzsignale sollen Klarheit bringen. Er starrt mich an und blüht plötzlich in einer eigentümlichen Konversation auf. Die Rede wirkt nicht vorbereitet. »Sie zeigen positive Denkansätze, das schließt eine positive Zusammenarbeit nicht aus. Im Rahmen Ihrer Ethik sehe ich unsere gemeinsame Friedenspolitik. Die sozialistische Gesellschaft bietet Ihnen hier zahlreiche positive Lösungswege.«
Über so viel patriotische Einschätzung meiner Person bin ich völlig irritiert und zucke reflektorisch auf dem Verhörstuhl zusammen. Mein Hirn sucht die insgeheime Frage zu klären: Was will der, will der mich werben? Seine Einschätzung ist doch völlig deplatziert. Tatsächlich ist es der Versuch einer Werbung, die laut Literatur oft nach einem festen Procedere abläuft. Das Werbungsgespräch ist darauf ausgerichtet, die »positiven Auswirkungen der Entscheidung der Zusammenarbeit und die unabwendbaren Folgen ihrer Ablehnung hervorzuheben und beim Versuch der Verweigerung die Realisierung der sich aus der strafrechtlichen Verantwortlichkeit ergebenden Konsequenzen deutlich zu machen«. **(11)** Die Taktik wird praktische Realität, als er plötzlich völlig unverhofft mit einem gekonnten Griff aus dem Untergrund ein Papier hervorholt. Er gibt dem weißen Blatt in Richtung des anderen Endes des Konferenztisches einen kräftigen Schwung. Wie beim Eisstockschießen schlittert es über die glatt-polierte Fläche, um am Ende, wie gewollt, liegen zu bleiben. Ich bin außer mir und entrüstet und hole verbal zum

Gegenschlag aus: »Was soll das hier? Meinen Sie, ich degradiere mich zum Freund und Helfer Ihrer Behörde? Die Aussetzung der anstehenden Haft ist wohl der Köder?« Natürlich weiß ich nicht, was alles auf dem Blatt geschrieben steht. Aber ich bin sicher, es ist eine Werbung.
Ich entnehme der Literatur die mittlerweile bekannte Methode, wie der sogenannte »Gewinnungsprozess« normalerweise durchlaufen wurde.
Es gab vier Phasen:

1. Phase: Überprüfung des Kandidaten
2. Phase: Konspirative Kontaktaufnahme
3. Phase: Erarbeitung des Werbevorschlages und
4. Phase: Werbung des Informellen Mitarbeiters. **(12)**

Demnach befand ich mich in Phase 1 und 2 des Werbefeldzuges. Zunächst legt man Formen der Beeinflussung fest. Mittels Überzeugen, Belehren, Sanktionieren, Manipulieren und Suggestion sucht der Agitator das Werbungsziel umzusetzen. In der zweiten Phase beginnt mit Hilfe einer vertrauensvollen Kontaktaufnahme die eigentliche ausbaufähige Anwerbung. Nach der Wende haben Stasi-Offiziere wiederholt behauptet, sie hätten jeden DDR-Bürger für eine Mitarbeit gewinnen können, wenn sie dies gewollt hätten. Richtig ist, dass in einem Überwachungssystem wie der DDR bei allen Menschen Ansatzpunkte für eine Kotaktaufnahme gefunden werden konnten. Falsch ist aber die Unterstellung, dass jeder Bürger in einer Erpressungs- oder Drucksituation gleichsam automatisch die moralischen Wertevorstellungen außer Kraft setzte. Häufig versagte das umfangreiche Repertoire der Stasi eben doch. **(13)** Das »Nein« zur Zusammenarbeit blieb für mich ein unkalkulierbares Risiko. Nein zu sagen ist meiner Meinung nach nur dann schwer, wenn die Angst übergroß ist. Ein »Ja« wäre die blumige Umschreibung für Wiedergutmachung, Rückgewinnung, oder laut Stasi-Jargon ein zumeist durch Erpressung induziertes »vernehmungstechnisches Einvernehmen«. Der Geheimdienst brauchte den Schlamm für schmutzige Geschäften im Verborgenen. Seine

Machenschaften waren omnipotent. Ich möchte nicht wissen, wie viele Bürger dieses Schicksal durchlaufen haben.
Bleibt noch das Ende des Nachtverhörs. Nach meiner provokanten Äußerung bekommt der bisher zuvorkommend agierende Gesprächspartner ein tiefrotes Gesicht. Er springt aus dem Sitz und kramt halb gebeugt im Untergrund des Arbeitsplatzes. Das Augenspiel mit weit aufgerissenen Pupillen signalisiert mir Unheil. In der bereits aufgegangenen, noch verschleierten gelblichen Frühsonne glüht sein Gesicht orangefarben. Mit dem kräftigen Schwung eines ungeübten Diskuswerfers verlassen Objekte seine Hände. Da fliegen mit Schwung Bücher, vielleicht sogar die von Marx, Engels oder Lenin, in Richtung des umworbenen Objektes 45/1. Der Vorgang wiederholt sich noch zwei Mal. Ich kann mich rechtzeitig ducken, ohne dass ich Schaden nehme. Mehr Literatur scheint dem wutentbrannten Gesellen nicht zur Verfügung zu stehen. Reflektorisch haben meine Extremitäten das Gesicht vor Einschlägen bewahrt. Ich bleibe weiter sesshaft. Im Gleichklang dieser außerplanmäßigen Aktion scheint der Enthemmte seine persönliche Morgenandacht gefunden zu haben, als er rüber schreit: »Du Schwein verarschst mich. Wegen dir schlage ich mir die Nacht um die Ohren. Du wirst die gerechte Strafe bekommen. Das wirst du noch bereuen!« Diese knapp zwanzig Sekunden dauernde zerebral gesteuerte Ausnahmesituation eines Menschen mit gewissem Verstand, aber ohne Anstand werde ich nie vergessen.
Die psychologische und kriminalistische Schulung des MfS-Offiziers verfehlte hier ihre angeblich wissenschaftlich erarbeiteten, raffinierten Techniken. Die »leisen Formen der Repression« und der »sanfte Totalitarismus« verfehlten ihr gewünschtes Ziel. **(14)** Ich hätte gerne den Abschlussbericht des Nachtverhörs in der BStU-Akte gelesen. Es gibt ihn nicht oder nicht mehr. Schade.

F 6 Die Zeit vor dem Gerichtstermin

Der ostdeutsche Geheimdienst sammelte unentwegt Informationen. Er betrieb die Sammelwut akribisch »hüben und drüben«, das heißt auf beiden Seiten des deutschen Vaterlandes. Unter dem Begriff »Verdichtung« wurden die Informationen dann zusammengefasst. Im Berichtswesen verstand man darunter Mittel und Maßnahmen, die eine brauchbare Erarbeitung, Weiterleitung, Verarbeitung und Speicherung von Fakten ermöglicht. Damit konnte eine umfassende strategische und operative Arbeit im In- und Ausland erreicht werden. So halfen feste Begriffe mit einer präzisen hierarchischen Gliederung, die gewonnenen Daten gewinnbringend zu sortieren, zu gruppieren und zu komprimieren. Und ein einheitliches Glossar sorgte für verbindliche Standards. Seit 1968 gab es die ersten Möglichkeiten einer computerfähigen Erfassung. Mit Hilfe von drei Großrechnern (Typ »Siemens S 4004«) war der östliche Geheimdienst in der Lage, seine unermessliche Datenanhäufung besser zu filtern. Zusammen mit der Datenbanksoftware »SIRA« und »GOLEM« bekamen die Schnüffler Anfang der siebziger Jahre ein praktikables Erfassungssystem, das zunächst nur dem Auslandsgeheimdienst vorbehalten blieb. Erst 1986, also sehr viel später, wurde für den gesamten Ostblock ein »Einheitliches System Elektronischer Rechentechnik« (ESER) greifbar. Der BStU-Mitarbeiter St. Konopatzky findet Hinweise, dass man mit großem Aufwand umfangreiche Daten erfasste, sie aber zu wenig nutzen konnte. **(1, 2)** Im SIRA-System sind alle Quellen mit Nummer und Deckname erfasst, nicht aber mit dem Klarnamen. **(3)** Der inländische Ermittlungsdienst stand noch in den Startlöchern und vor einem riesigen Berg von Akten. So beschwerte sich in den siebziger Jahren ein Mitarbeiter, dass in den Bürostuben eine viel zu behäbige Arbeitsweise überwiege. Er begründete es auch mit der immensen Flut von zu informierenden Personen. Die endgültige statistische Verdichtung stand

erst danach an. Er schreibt: Die Akte einer erfassten Person, die seiner Meinung nach der kostbarste Gegenstand der Ermittlungsarbeit ist, würde am Ende der Vernehmungen zu mindestens sechs Stellen wandern, unter anderem zum Referatsleiter, über die SED-Bezirksverwaltung bis hin zur eigentlichen Auswertestelle, die er »Verdichtungsstation« nennt. Dieser Informationsweg ist dem kritischen Prüfer bereits damals zu behäbig und zeitraubend. **(4)** Seine Äußerungen waren Indiz für eine noch unvollkommene Vernetzung im Stasi-Inland.
Welche Fakten der Flucht interessierten die Ermittlungsbehörde? Im Grunde alles, was mit der Tätigkeit der Schleuserorganisation und den versuchten Fluchtwegen stand. Bezogen auf den vorliegenden Fall beschrieb es das MfS sinngemäß so: Hauptzielrichtung bleibt die weitere offensive Bearbeitung der Fluchthilfeorganisation, die sich um die Person Lindner etabliert hat. So beschaffen Spitzel auf dem Boden von Berlin (West) und der Bundesrepublik Deutschland weitere Details, die ich an dieser Stelle nicht näher analysieren möchte. Es gibt dazu umfangreiche geheimdienstliche Ermittlungen**(5, 6).** Der Major MOG. (Name bekannt) von der Abteilung XV gab am 20.05.1975 eine Erklärung zu meinem familiären Umfeld im Westen ab. Er schreibt: »In der Anlage senden wir ihnen (Abt. IX) die Vernehmungsprotokolle des Beschuldigten Wilding, Alfons und (...) zurück. Die Protokolle wurden durch uns ausgewertet und die operative Nutzbarkeit der darin genannten Personen des Operationsgebietes geprüft. Aufgrund des Sachverhaltes ist nicht auszuschließen, dass sich diese Personen (....) bereits im Blickpunkt gegnerischer Abwehr oder Nachrichtendienste befinden oder sogar Beziehungen zu ihnen unterhalten. Aus diesem Grunde wird von einer operativen Bearbeitung durch unsere DE. Abstand genommen.« Anscheinend sollte der Auslandsgeheimdienst des Markus Wolf keine weiteren Schnüffelvorgänge unternehmen.
Wie wurden nun die Erkenntnisse in den Ermittlungsakten verdichtet? Die interne Bearbeitung der gesamten Merkur-Gruppe

übergab das MfS von Halle einem Triumvirat, bestehend aus Staatsanwaltschaft von Halle, Justizbehörde von Halle und Berlin und der zuständigen SED-Dienststelle des Bezirkes Halle. Vergleichbar mit der Handlungsweise in der Zeit der römischen Antike hatte dieser Dreierbund als Kommission fest vorgegebene staatliche Sanktionen zu erledigen. Am 10. April 1975 hatte der MfS-Untersuchungsführer das Ermittlungsverfahren durch Erstellung eins Schlussberichtes abgeschlossen. Der Bericht bildete gleichzeitig die Grundlage für die Anklageschrift des Staatsanwaltes. Hier waren die festgestellten offiziellen Beweismittel und Ermittlungsergebnisse zusammengefasst. **(7)** Das von der Führungsebene des MfS-Büros in Halle abgefasste Schreiben nannte Empfehlungen für das weitere Procedere im Strafverfahren. Und die Linie IX überprüfte vor Abgabe der Zusammenfassung nochmals alle Akten auf Schutz der inoffiziellen Quellen, mit anderen Worten: Hier wurde bereits das erste Mal der Reißwolf bedient. **(8)** Die Handakte der Stasi-Behörde selbst verblieb in ihren Tresoren. Es war kategorisch untersagt, dem offiziell agierenden Staatsanwalt diese Unterlagen zur Einsicht zu überlassen. **(9)** Im Triumvirat spielte die SED-Behörde die entscheidende Rolle. Von ihr wurden formaljuristisch die Wünsche der Partei berücksichtigt. Die eigentliche Justizinstanz hatte nur eine untergeordnete Rolle mit begrenztem Spielraum. Denn innerhalb der staatlichen und juristischen Einrichtungen bestand keine Gewaltenteilung. **(10)** Im Lehrbuch »Grundlagen der Rechtspflege« wird die effiziente politische Steuerung der DDR-Justiz beschrieben: »In allen staatlichen und gesellschaftlichen Organisationen verwirklicht die marxistische Partei ihre führende Rolle in der Rechtspflege durch die in den Rechtsorganen tätigen Mitglieder der Partei. Als Genossen haben sie die Pflicht, sich für die konsequente Verwirklichung der Beschlüsse der Partei in den Rechtspflegeorganen einzusetzen. Sie sichern den Einfluss der Partei unter allen Mitgliedern der Rechtspflegeorgane.« Staatsanwalt und Richter waren entsprechend des Parteistatutes also in besonderer Weise verpflichtet, die »Einheit und

Reinheit der Partei zu schützen« und die »aktiven Parteibeschlüsse zu verwirklichen«. Dienstrecht und Parteidisziplin bestimmten ihr Handeln. **(11)** Man umschrieb die Zusammenarbeit mit den Worten, dass allein die Partnerschaft der Sicherheits- und Justizorgane das unangefochtene Zusammenwirken auf politisch-operativer Basis erlaube. Und die wie ein Justizministerium fungierende Berliner ZK-Abteilung für Staats- und Rechtsfragen blieb die oberste Schaltzentrale. **(12)** Sechs Formen der Verknüpfung von Justiz- und Parteiapparat gab es, ohne sie an dieser Stelle im Detail zu benennen **(vergleiche 13)**. Auch in meinem Falle wurde die Justiz in dieser Weise tätig und missachtete damit fundamental bestehende gesetzliche Bestimmungen. Streng genommen verfügte in Absprache mit der örtlichen SED-Leitung die Generalstaatsanwaltschaft von Berlin alles Wesentliche.
Wie wurde der illegale Gleichklang der Instanzen erreicht? Prinzipiell erhielten bei politischen Strafsachen sowohl Richter als auch Staatsanwälte im Vorfeld Schulungen, in denen sie die »richtige Auslegung« der vom MfS vorgegebenen Paragraphen aufgezeigt bekamen. Dabei wurde aufgrund der bestehenden Richtlinien das »angemessene Urteil« wie in einem fertigen Drehbuch der Prozesssteuerung vorgeschrieben. **(14)** Die bekannte Autorin M. Boveri sieht hier einen im 20. Jahrhundert vielerorts verübten Verrat an der Macht. Sie schreibt: »Heute verrät man nicht mehr sein Vaterland, man verrät heute eine Partei, eine ideologische Gruppe, d. h. eine politische Doktrin, auf die diese Gruppe sich stützt.« **(15)** Die deutsche Journalistin hat einen gesunden Weitblick.
Wie lief im eigenen Fall das Zusammenspiel des Triumvirates ab? Bereits zwei Wochen nach Aktenverschluss veröffentlichte die Staatsanwaltschaft eine Anklageschrift. Am 05.05.1975 erhielt auch die SED-Bezirksverwaltung Halle ein Schreiben mit dem bemerkenswerten Zusatz: »Anliegend übersende ich (Staatsanwalt N., Name bekannt) die Durchschrift meiner Anklage in der Strafsache gegen (...). Es ist vorgesehen, folgende

Freiheitsstrafe zu beantragen, (...) Alfons WIlding 3 Jahre.« Interessant ist, dass bereits einen Monat vor Gerichtsprozess die empfohlene Strafhöhe genannt wurde. Mit gleichem Datum schreibt der Staatsanwalt auch an die Berliner Generalstaatsanwaltschaft der DDR/Abt. 1 u. a. folgendes: »Anlage zur Kenntnis und mit der Bitte um Zustimmung, die Verhandlung unter Ausschluss der Öffentlichkeit zuführen.«

Warum soll zu einem politischen Prozess die Bevölkerung ausgeladen werden? Die gesellschaftskritisch motivierten Verfahren standen unter Ausschluss selbst der nächsten Angehörigen. Natürlich kann auch im demokratischen Staat die Öffentlichkeit nicht zugelassen werden, wenn Paragraph 6 der Konvention zum Schutze der Menschenrechte und Grundfreiheiten (Gefährdung der Sicherheit der öffentlichen Ordnung oder Sittlichkeit) anzuwenden ist. Der DDR-Staat sah selbst dann die öffentliche Ordnung gefährdet, wenn Menschen aus dem Volke die Schandprozesse, die eklatant gegen UNO-Richtlinien verstoßen, hätten mitverfolgen können. Ein Ausschluss der Öffentlichkeit basierte auf Paragraph 211 StPO der DDR, der in jeder Phase der Verhandlung das Publikum ausschließen konnte. Und Paragraph 212, Abs. 2 StPO der DDR stand unter der Maßgabe, dass über die zur Sprache kommenden Tatsachen und Umstände strengste Geheimhaltung zu bewahren sind. Dagegen war es sogenannten Vertretern der Sicherheitsorgane gestattet, beim Prozess anwesend zu sein. Lediglich 6,6 % aller politischen Prozesse waren öffentliche Verhandlungen, zumeist in Form eines vom DDR-System gewollten Schauprozesses. **(16)**

Die Anklageschrift war in achtfacher Ausfertigung verteilt worden. Auch der Leiter der U-Haft Halle bekam ein Schriftstück. Der Staatsanwalt benannte mehrere Straftatbestände, die laut Gesetz der DDR in der Fassung vom 19.12.1974 folgende Paragraphen vorsahen:

1.) Paragraph 100, Abs. 1 – die staatsfeindliche Verbindungsaufnahme

2.) Paragraph 213, Abs. 1 – der Republik-Fluchtversuch,

3.) Paragraph 213, Abs.2, Ziffer 2 und 3 – im schweren Fall (Ausnutzung eines Versteckes und Tat einer Gruppe) und
4.) Paragraph 63, Abs. 2 – Bestrafung bei mehrfacher Gesetzesverletzung.

Am 21. Mai 1975 wird mir die Anklageschrift vorgelegt. In einer kleinen Einzelzelle erhalte ich die Möglichkeit zum Lesen der Anklageschrift. Der begleitende Läufer sagt: »45/1, in spätestens einer Stunde ist wieder Umschluss. Lesen Sie das Ganze und unterschreiben Sie mit Datum.« Ein Kugelschreiber liegt bei, nicht aber zusätzliches Papier für eigene Aufzeichnungen, die ich mir natürlich machen wollte. Deshalb bitte ich den Bediensteten: »Ich benötige ein Blatt Papier für Notizen.« Die Antwort ist rüde: »Notizen sind hier verboten. Sie halten sich an die Hausordnung!« Ich will ganz bewusst das stereotype Gerede des Läufers nicht verstehen und frage nochmals mit Nachdruck nach: »Wie bitte, kein Schreibzeug?« Ohne eine Antwort verschwindet die uniformierte Gestalt aus der Einzelzelle, in die ich nun eingeschlossen bin. Er lässt mich wie einen begossenen Pudel sitzen. Ich lese das Pamphlet mit Widerwillen. Es entspricht dem typischen östlichen Parteideutsch, verziert mit phrasenreichem Pathos und pathetischer Umschreibung der kriminellen Taten. Recht schnell begreife ich, was eigene Argumente im bevorstehenden Prozess bringen würden. Und sicher lässt es der Ablauf vor Gericht sowieso nicht zu, dass persönliche Beweggründe und Motive zum Verlassen der Heimat dargestellt werden können. Erlebnisberichte anderer Mithäftlinge bestätigen meine damalige Vermutung. **(17, 18, 19)**

In den folgenden eineinhalb Wochen vor dem Gerichtstermin beschäftigt mich die bevorstehende Tortur schon. Das ist ein völlig normaler Vorgang. Normal arbeitende Hirnwindungen verlangen irgendeine Verarbeitung der Gedankenflut. Man sucht unwillkürlich nach einer sinnvollen Widerrede. Wie aber Gedanken festhalten? In mir keimt ein Plan. Da ich durch das vorübergehende Zusammensein mit Häftling L. leider zum Raucher wurde, benutze ich die Reste meines Nikotinkonsums als Schreibgrundlage. Die Innenseite der Zigarettenpackung wird als Schreibfläche umfunktioniert. Und die abgebrannten Streichhölzer, mit Nässe versetzt, eignen sich vortrefflich als verkohlte Schreibhölzer. Der Plan klappt. Ich vermerke Stichworte auf dem Schachtelpapier, wie: Christliche Erziehung, schulische Benachteiligung, humanistische Wertvorstellung, Leben ohne Beschränkungen, Recht zur Ausreise. Diese Aufzeichnungen überleben trotz guten Verstecks nicht mehr als drei Tage. Beim nächsten Duschgang werden sie gefilzt. So bleibt mir nichts anderes übrig, als die Vorbereitungen im Fontalgehirn zu speichern. **(20, 21)** Momentan erlebt ich hautnahe die geistige Ohnmacht. Ein anderer Häftling sinniert kurz vor seinem Gerichtstermin in einer etwas überspannten sentimentalen Gedankenwelt, als er sein Vegetieren unter Verwendung authentischer Briefe beschreibt: »Du liegst schon neben deiner Leiche, siehst dich schonungslos, siehst dich tot, gestorben! Wenn du da nicht aufstehst, sondern dich in Selbstmitleid, Einsamkeit und im Verlorensein an deinen eigenen, schon deutlich fühlbaren Leichnam schmiegst, gehst du rettungslos unter. (…) So pathetisch habe ich damals nie gedacht. (…) Ich begann, mich unmerklich aufzurichten, endlich. Eigentlich müsste ich ihnen dankbar sein.« **(22).**

Mein Anwalt Dr. K. (Name bekannt) sieht keine Notwendigkeit, vor dem Prozess mit mir lange und intensiv über den Prozess zu reden. Laut Paragraph 64 der StPO der DDR bestehen nach dem Papier tatsächlich Rechte der Verteidigung, nicht aber in der praktischen Umsetzung. Es können nach dem Gesetz wohl Beweisanträge gestellt werden, Rechtsmittel eingelegt werden, Vorschläge zu gerichtlichen Entscheidungen getroffen werden und in begrenztem Umfang Einsicht in die Strafakten genommen werden. Aber das alles erst frühestens nach Abschluss der Ermittlungen. Letztlich gibt es in praxi keine gängige Verteidigung des Mandanten. Nach Ansicht der SED-Führung kann es für politische Vergehen keine Rechtfertigung geben. Würde ein Anwalt tatsächlich den Mandanten korrekt verteidigen wollen,

dann wäre er selbst in Kürze Angeklagter. In der Literatur sind sogar einzelne Fälle bekannt. Die Rechtsanwalts-Besuche dienen im Grunde lediglich dem Kennenlernen. Dr. K. sucht mich in U-Haft zwei Mal auf. Sehr störend empfinde ich die demonstrative Präsenz des SED-Parteiabzeichens an seinem Anzug. Man wird unwillkürlich äußerst vorsichtig. Die Sprechzelle ist karg, nur mit zwei Stühlen und einem Tisch bestückt, an dem man sich gegenüber sitzt. Ich kann mir gut vorstellen, dass mitgehört wird. Die Gesprächsführung lässt keinen Zweifel offen. Dr. K. sucht nach einer persönlichen Note, als er sagt: »Ihre Eltern grüßen Sie recht herzlich und wünschen vor allem Gesundheit. Die Mutter erzählte mir, Sie würden unter Migräne leiden.« Mich überrascht von Anfang an, wie der Anwalt die anhängenden juristischen Probleme umgehen will. »Nein, alles in Ordnung«, meine kurze Antwort. Ich bin schon nervös. Und ich merke, wie krampfhaft Dr. K. nach einem unverbindlichen Gesprächsstoff sucht, als er bemerkt: »Wir hoffen, dass nun bald das Gericht tagt.« Aha, denke ich, der will oder kann nichts weiter erörtern. Am Anwaltstermin vom 29.04.1975 sind die Verhöre bereits seit drei Wochen abgeschlossen, ohne dass der Rechtsanwalt irgendeine Akte von mir kennen würde. Ich frage ganz bewusst danach.
So kann die DDR-Justiz ohne Kontrolle von außen völlig störungsfrei agieren. Notfalls gilt Absatz 3 des Paragraphen 64. Da steht: »Im Ermittlungsverfahren kann der Staatsanwalt hierfür Bedingungen festsetzen, damit der Zweck der Untersuchung nicht gefährdet wird.« **(23)** Selbst der Staatsanwalt ist der dirigistischen Handlung der Staatssicherheit unterstellt, ist also auch nicht frei verfügungsberechtigt. Damit konvertieren alle Einlassungen zu grotesken Scheinanlässen. Der Literatur entnehme ich, wie so mancher DDR-Anwalt beim Häftlingsbesuch vor Angst zitterte und furchtsam auf die vier Wände der Gesprächszelle starrte. **(24)** Welche Funktion hatte der Anwalt aus Sicht der Ermittlungsbehörde? Alle Rechtsanwälte der DDR hatten die »ausdrückliche Pflicht zur Zusammenarbeit mit den

örtlichen Volksvertretern und ihren Organen«. Das sagt schon alles. Mitglied im Rechtsanwaltskollegium konnte nur der werden, der »Volk und seinem sozialistischen Staat treu ergeben ist«. **(25)** Dazu lese ich ergänzend: Der DDR-Anwalt vertritt die »berechtigten Interessen«, die laut SED »gesellschaftlich gebilligt und akzeptiert« sind. **(26)** Ein Stasi-Vernehmer formuliert es im Gespräch mit dem Untersuchungshäftling schonungslos offen: »Ihr Anwalt befindet sich auf freiem Fuß und besitzt juristische Fachkenntnisse. Ansonsten hat er die gleichen Rechte und Möglichkeiten wie Sie.« **(27)** Das sagt genug aus, was unter sozialistischem Recht auf Verteidigung des Angeklagten zu verstehen ist.
Dr. K., der im Auftrag des Staranwaltes Dr. Vogel (Berlin-Ost) arbeitet, hat nur am Austausch allgemeiner Informationen Interesse. Im gemeinsamem Gespräch mit mir pointiert er es: »Ich möchte Ihnen Verhaltensregeln geben, die meiner Meinung nach wichtig sind. Bleiben Sie vor Gericht ruhig und vor allem überlegt. Ihr Fluchtvorhaben ist misslungen. Darauf steht nach Gesetzen der DDR eine Strafe.« Ich muss mich nach diesen Worten zusammen nehmen, insgeheim kocht es in mir. Das hätte auch der Vernehmer sagen können. Ich suche nach einer Klarstellung und erwidere: »Der DDR-Staat verletzt doch internationales Recht, wenn er Menschen nicht ausreisen lässt. Internationale Beschlüsse erlauben das Recht zur Ausreise. Daran hat sich auch die DDR zu halten.« »Nein, Herr Wilding, das internationale Recht ist komplizierter, als Sie es hier sehen wollen. Schluss mit dem Gerede, das hat keine Basis.« Der Anwalt beißt die Zähne auf die Unterlippe und verkrampft das Gesicht. Seine beiden Hände hat er mittlerweile ganz gezielt an beide Ohren geführt, um zu demonstrieren, dass der Raum abgehört wird. Ein vertrauensvolles Gespräch ist somit illusorisch und sogar gefährlich. So endet nach knapp fünfzehn Minuten die sinnlose Sitzung. Der Anwalt verabschiedet sich mit den Worten: »Ich hoffe, wir haben die Gerichtsverhandlung bald hinter uns.« Ich gebe keine Antwort mehr, denn mir ist nur noch übel.

Heute weiß ich, dass vor der Wiedervereinigung in der ganzen DDR gerade einmal 600 Anwälte eine Zulassung für Strafverfahren besaßen. **(28)** Auch der ehemalige DDR-Unterhändler für den deutsch-deutschen-Menschenhandel, dem die Kanzlei Dr. Vogel unterstand, fungierte in manchen Situationen wie ein zuverlässiger Verwalter des Systems. Die nach Paragraph 5 GKRA geregelte Schweigepflicht war nichts wert. **(29)** Nur wenige für politische Verfahren zugelassene Kanzleien teilten sich die Fälle untereinander auf. Laut Studie aus dem Jahre 1984 bearbeitete das Anwaltsbüro Dr. Vogel den größten Teil, nämlich 61 % der Fälle, deutlich weniger die Anwaltsbüros von Cheim, Gysi, de Maiziere, Noack, Sieslack und Wolff. **(30)** Immerhin waren 12 % der Anwälte durch sogenannte »Aufträge« auch für die Stasi mit tätig, das heißt bestimmte Fakten, die der Geheimdienst aus kausalen Gründen benannte, wurden im Vorfeld bei den Beratungsgesprächen mit den Klienten angesprochen. **(31)**
Auch ohne Kenntnis dieser Sachverhalte habe ich schon damals den Glauben an irgendeine juristische Fairness verloren. Beim Gang durch das Gefängnis in Richtung Zelle stelle ich mir bohrende Fragen, beispielsweise die: Wie lange kann ein Staat, der sich ständig selbst belügt, überleben? Ich bin der Meinung, dass die durch Lug und Trug gekittete Gesellschaft nur für eine gewisse Zeit ihre ausweglose Lage kaschieren kann. Die zunehmende ideologische und weitere ökonomische Verarmung des ständig dahin laborierenden DDR-Gesellschaftssystems muss unweigerlich irgendwann zu einem Kollaps führen und sich selbst richten. Auf eine Frage habe ich beim Gang durch die Katakomben eine klare Antwort: Will ich bei Kenntnis dieser Kausalkette von Abnormitäten noch ein eigenes Leben im Osten Deutschlands aufbauen? Nein, ich nicht mehr.

Kapitel G

Deutsche Justiz in Ost und West

Hat die deutsche Justiz, die früher auf dem rechten Auge blind war, nun auf ihrem linken Auge das Sehvermögen eingebüßt?
Dr. phil. Jochen Staadt
deutscher Historiker

G 1 Der Prozess ohne Öffentlichkeit

In der Nacht zum 02. Juni 1975 komme ich nicht zur Ruhe. Es sind die Stunden vor dem anberaumten Gerichtstermin. Der sicher dadurch induzierte oberflächliche Schlaf sorgt für eine Traumwelt, die ich sonst nicht kenne. Der Appell »Aufstehen, Nachtruhe beendet!« klingt an diesem Morgen besonders forsch. Das Wecken befreit mich von den widerwärtigen Phantombildern. Noch eben sah ich einen im Verlies angeketteten Hund, der selbst ein dahin schmachtendes bärtiges Wesen bewacht. Eine grausame Welt. Traumdeuter würden das zerebrale Erlebnis mit Aggression, Wut oder Verteidigungsinstinkt übersetzen. Sicher stehen die Symbole in engem Zusammenhang mit dem bevorstehenden Ereignis. Fragen über Fragen, auch solche mit Realitätssinn, die alle unbeantwortet bleiben: Wer wird im Gerichtssaal anwesend sein? Wie werden sich Staatsanwaltschaft und Richter verhalten? Wie wird der Verteidiger auftreten? Eine korrekte Vorbereitung zur Verhandlung gab es ja nicht. Es gilt eigentlich nur der Maxime einer De Jure-Show zu genügen. Der bittere Genuss der faden Marmelade und des trockenen Kleie-Brotes in Kombination mit Muckefuck-Kaffeeersatz hat heute eine besonders fremdartige süßliche Note. Es ist die unbewusste Anspannung, die für eine veränderte Sinneswahrnehmung sorgt. Heute scheint die Zeit anders zu laufen. Alles geschieht mit einer betonten administrativen Wichtigkeit. Mit gehobener Stimme ertönt der Befehl: »45/1, heraustreten zum Effekten!« Da weiß ich, dass die Fahrt zum Gericht ansteht. Der Läufer führt mich in einen halbdunklen, schmalen Raum, in dem die persönlichen Zivilsachen von Unterwäsche bis Anzug deponiert sind. Die passenden Schuhe tragen heute sogar eine Schnürung. Nach 166 Tagen kommen mir die Textilien äußerst ungewohnt und fremd vor. Der Hosenbund passt nicht mehr, so dass ich den Gürtel um zwei Löcher enger schnallen muss. Ein matter Spiegel gibt den Oberkörper frei. Insgesamt scheint das blasse Gesicht mit runzliger Haut und gläsernen, rot angelaufenen Augen im Umkreis dunkler Ringe nicht wie das eines 31-jährigen, der in der Blüte seines Lebens steht. Wie ein Mensch sich verändert, wenn Körper und Seele Kapriolen schlagen müssen. Ich suche keine Antwort auf die Frage, was man aus mir gemacht hat. Der Befehl: »Transport, zum Gericht!« unterbricht die medizinisch gefärbten Gedanken. Unter Androhung von Strafe und Gebrauch der Schusswaffe bei Zuwiderhandlung, so die Worte eines der begleitenden Wärter, finde ich Platz im Kleintransporter, wieder perfekt isoliert und mundtot verwahrt. Heute stören mich die Abgase aus dem Zweitaktmotor besonders intensiv. In der äußerst engen Box scheinen die Dämpfe ihre toxische Wirkung vollends zu erfüllen, ohne jedoch eine euphorisierende oder narkotisierende Wirkung zu entfalten. Die Zeit bis zum Erreichen des Gerichtsgebäudes am Hansering ist dafür zu kurz. Das Plastemobil hält direkt vor dem Seiteneingang des ehrwürdigen neoklassizistischen Justizpalastes. Über Hintertreppen geht es zum ersten Obergeschoss, entlang eines mit Säulen und Fresken verzierten Flures bis zur Mitte des Hauptgebäudes. Kurz vor Erreichen des Sitzungssaales bemerke ich in einer rechten Ecke halbversteckt eine mehrköpfige Menschengruppe. Es ist meine Familie. Besonders markant erscheint die Gestalt der

80-jährigen Großmutter, die in einer leicht nach vorn gebeugten Haltung verweilt. Sie stützt sich schwer auf ihrem Gehstock ab. Unbewusst signalisiert sie durch das verbissene Gesicht und verstärkt durch die drohende Haltung ihres Gehwerkzeuges ihre emotionale Anspannung, gepaart mit extremer innerer Wut gegenüber der Staatsgewalt. Es gibt für uns Drei kein Stehenbleiben, im Gegenteil, die befohlene Schrittgeschwindigkeit wird von den begleitenden Justiz-Bediensteten in der Nähe der Gruppe noch bewusst erhöht. An dem interessant gemusterten Türblatt zum Gerichtssaal hängt unübersehbar ein schwarzweißes Schild mit den Worten: »Unter Ausschluss der Öffentlichkeit«. Im ersten Moment bin ich irritiert und übersetze den Spruch für mich ins Hochdeutsche: »Unter Ausschluss des Volkes.« Mit Betreten des etwa 20 × 35 Meter messenden Gerichtssaales überkommt mich eine ungewöhnliche Gefühlsmischung von Ausgeliefertsein und Ratlosigkeit. Was mag dieser Saal schon für unwürdige Szenen erlebt haben? Wie kann dieser imposante und ehrwürdige Bau so entwürdigt werden?

Ich weiß, dass dieser Institution, die mich jetzt aburteilen will, jegliche internationale Legitimation fehlt. Die Konstruktion des sogenannten sozialistischen Rechtsstaates hat weder eine vertikale noch horizontale Gewaltenteilung, auch keine Regelungen für die Verfassungsgerichtsbarkeit, und es fehlt in der Verwaltungsgerichtsbarkeit jeglicher Schutz vor staatlichen Einflüssen. Diese Justiz will das kostbare Gut der Rechtssicherheit eines simulierten Verfassungsstaates nicht kennen. Und doch gibt sie sich eine innere Rechtfertigung. **(1)** In Wirklichkeit erfolgt die staatliche Handlungsweise auf der gesetzlichen Grundlage einer kommunistischen Ideologie, die die Gesetze gezielt als »Kampfinstrument im Klassenkampf« einsetzt. Und hinter der ausgehöhlten, schlecht getünchten Fassade scheinbar rechtsstaatlicher Normen verbirgt sich nichts anderes als der diktatorische Maßnahme-Staat mit dem »schönen Schein der Normalität.« **(2)**

In etwas überzeichneter Form benennt ein bekannter Autor den perfekten »Normensimulationsstaat« als Wahnperspektive mit

dem Schleier von »panoptischer und panintellektueller Kontrolle.« **(3)** Diesen Rechtskomplex sehen die fanatischen Ideologen als vielfältig verknüpftes Ganzes nicht nur juristisch, sondern auch gesellschaftspolitisch. Das ganze Getue ist vom Geheimdienst bis hin zu den beauftragten staatlichen Organen und gesellschaftlichen Institutionen als eine Einheit gebündelt. Man spricht vom »Partner des politisch-operativen Zusammenwirkens«, kurz vom POZW. Und die Durchsetzung dieser Prinzipien wird mittels »sozialistischem Recht« nach dem »Differenzierungsprinzip« durchgefochten. So kann die DDR-Justiz einen Beitrag zur Parteipolitik leisten, ganz nach dem bekannten Liedermotto »die Partei hat immer Recht«. **(4)**
Um 10.00 Uhr beginnt das Spektakel, zunächst mit einem formgerechten, fast feierlichen Auftreten der Aktivposten, wie der Oberrichterin O. (Name bekannt), Staatsanwältin M. (Name bekannt), dem Schöffen Q. (Name bekannt), der Schöffin R. (Name bekannt), der Justizprotokollantin G. (Name bekannt) und unserem Rechtsanwalt Dr. K. als Verteidiger. Auf den mehr als 30 Plätzen sitzen nur zwei Zuschauer. Neben dem bekannten Vernehmer X. hat eine fremde Person Platz genommen, die aufgrund der intensiven Kommunikation mit ihm höchstwahrscheinlich zum Stab des Ministeriums für Staatssicherheit gehört. Vor uns thronen die streng daher gaffenden Staatsbediensteten mit einer fast wachsartig starren Mimik. Drei Justizangestellte in passender Uniform trennen uns kategorisch voneinander. Die wirksame Abschirmung lässt zu keiner Zeit eine Kommunikation untereinander zu. Selbst in dieser Situation besteht strenge Isolation (**vergleiche Titelbild**). Das unspektakuläre Verfahren beginnt nach Vorstellung der Personen durch Oberrichterin O. mit einleitenden Floskeln. Die Staatsanwältin M. trägt den wesentlichen Inhalt der Anklageschrift vor. Der Beschluss über die Eröffnung des Hauptverfahrens mündet problemlos und routiniert in die Vernehmung zur Person und zur Sache. Alles wirkt gut einstudiert, so wie in einer alltäglich geübten Routine. Mir ist nicht bekannt, wie viele vergleichbare Shows hier pro Jahr ab-

laufen. Ein längeres Frage-Antwort-Spielchen zum Fluchtversuch rundet den Vormittag ab. Nach kurzer Gerichtspause folgt die weitere Vernehmung, die auch alle illegalen Erkundungen des MfS nun juristisch legitimiert. Wir Betroffene schildern die beiden Fluchtversuche ohne persönliche Wertung. Am Ende der Fragestunde kommt die Richterin O. zum Schluss: »Es wird festgestellt bzw. bekannt gegeben, dass im Verfahren 1 BS 17/74 nachgewiesen wurde, dass es sich bei den Schleuserfahrern um die Angeklagten D. (Name bekannt), E. (Name bekannt) und den Sicherungsfahrer F. (Name bekannt) gehandelt hat, die alle drei im Auftrage der Menschenhändlerorganisation Lindner, die seit mindestens zehn Jahren durch Menschenhandel einen Kampf gegen die DDR führt, die Angeklagten nach der BRD ausschleusen wollten.« Die Beweisaufnahme ist zur Zufriedenheit der Staatsbediensteten abgeschlossen, auch wenn die Staatsanwältin M. offensichtlich noch einen Wust von Floskeln hätte loswerden wollen. Sie hat bereits mit eingeübter DDR-Ideologie unser schweres kriminelles Vorgehen beschrieben. Während der Einlassung der Staatsanwältin M. beobachte ich ihr Mimik-Spiel, das auf mich kalt, zynisch und aggressiv wirkt. Zum Schluss ergänzt diese Person, indem sie an Moral und Berufsehre appellieren möchte, sinngemäß: Da stehen vor uns drei junge Mediziner, die in unserem Staat studieren konnten und nun auf üble Weise ihn verraten wollen. Ich bleibe bewusst stumm, um nicht durch unüberlegte Äußerungen wegen »Hetze« (Paragraph 106 StOP der DDR) zusätzlich angeklagt zu werden. Auf jeden Fall ist es der Oberrichterin gelungen, die Angeklagten in eine amoralische Ecke zu verbannen. Das Credo von M. endet in der Feststellung: »Die Haltung dieser drei ist skandalös und niveaulos.« Der Schwall erlernter und sicher oft gebrauchter ideologischer Phrasen scheint ihr Erleichterung und Genugtuung zu bringen, auch wenn ihr Kopf bereits hochrot verfärbt ist.

Schon damals war mir klar, dass die Staatsfunktionäre so daher reden. Nach der Wende lese ich, dass beispielsweise 96,3 % aller Staatsanwälte Mitglied der SED waren (Stand 1986). **(5)** Und doch blieb diesen zuverlässigen Staatsdienern nur die Rolle von Statisten. Der Staatsanwalt beim Generalstaatsanwalt der DDR Herr E. Kaul sagte beschwichtigend im Jahre der Wende: »Dass wir nur Mittler, ja eigentlich Statisten waren, die Staatsanwälte, im Verhältnis zum MfS. Mittler für das, was vom Politbüro der SED über den Minister für Staatssicherheit oder dem MfS festgelegt, dann durch uns bis zum Gericht ging.« **(6)** Man bedenke, vor der Gerichtsverhandlung hatte auf den Untersuchungsplan mit den Beweismittelakten und die Vernehmungstaktik der Staatsanwalt weder einen entscheidenden Einfluss noch einen ungehinderten Zugang. Das MfS formuliert es mit seinen Worten: Die Unterlagen sind »kontrollfähig« zu gestalten, damit auch alle operativen Mittel und Methoden, auch die aus der illegalen Konspiration, juristisch verarbeitet werden können. So bestimmten die OV-Richtlinien das weitere Vorgehen, ganz nach der Prämisse, den »größten sicherheitspolitischen Nutzen« zu erzielen. **(7)** Tatsächlich war es so, dass die Stasi mit Abschluss des operativen Vorganges die rechtliche Würdigung selbst verfasste. Und der Staatsanwalt schrieb manche dieser Diktionen einfach ab und konnte so als bestellter Erfüllungsgehilfe treu bei seiner formaljuristischen Tätigkeit bleiben.

Während des Schauspieles der Gerichtsverhandlung bleiben auch die beiden Schöffen völlig blass und unauffällig. Anfangs hören sie noch interessehalber zu. Mit der Zeit verflacht ihre mentale Teilnahme zunehmend. Beide zeigen weder emotionale Regungen noch eine verbale Anteilnahme. Q. und R. füllen quasi den Platz auf der Tribüne, um der ganzen Prozedur ein demokratisches Gesicht zu geben. Es interessiert auch keinen Teilnehmer der Runde, dass sie während der Zeit zusehends zerebral dahindämmern. Die Literatur beschreibt die Schöffen als »staatskonform denkende und handelnde Funktionäre«, die erst nach politischer Überprüfung eine Zulassung erhielten. **(8)**

Als Angeklagter hofft man nun, dass wenigstens der Verteidiger eine andere Rolle einnimmt. Dr. K.s Auftreten wirkt grotesk. Er gibt das Plädoyer aus der Position des bedeutungslosen Eckenstehers ab. Weder forsch, noch wichtig wirkt er dabei. Oberrichterin O. und Staatsanwältin M. blicken alsbald mit interesseloser Mine in den fast leeren Saal. Die etwa 10 Minuten des Redens locken keinen der Thronenden aus der Reserve. Sicher weiß Dr. K., dass sein Standort in der Nischenposition das widerspiegelt, was ihm im Showgeschäft hier zugebilligt wird, nämlich eine Position als unwichtige Randfigur. Seine Rolle ergibt sich aus dem Charakter des DDR-Strafverfahrens, das keine Waffengleichheit zulassen will und darf. **(9)** Ein Historiker schreibt: »An der (feststehenden Rechtswahrheit) kann auch ein Verteidiger nicht viel ändern.« Würde er sie in Frage stellen, dann wäre selbst der Rechtsanwalt persönlich und beruflich in erheblichen Schwierigkeiten. Selbst seine Funktion als Rechtsanwalt wäre in Gefahr. (**10)** Der von Verwandten beauftragte Rechtsanwalt Dr. W. Vogel (Berlin), für den Dr. K. im Prozess tätig ist, formuliert es später sehr treffend, als er die lächerliche Vorbereitung zum Strafgerichtsprozess beschreibt: »Die Rechtsanwalts-Vorgespräche reduzieren sich auf eine Besichtigungsgenehmigung«. Genau das empfinde ich auch bei den selbst erlebten zwei kurzen Begegnungen vor dem Prozess. Dr. Vogel meint an anderer Stelle zur Stellung der Verteidigung noch folgendes: Die wichtigste Voraussetzung für die »Interessengemeinschaft« von Justiz und Sicherheitsorganen sei die »absolute Loyalität« der Rechtsanwälte. **(11)** Bereits mit Beginn des Plädoyers von Dr. K. ist die Verhandlung in wesentlichen Punkten abgehakt. Den Beteiligten ist klar, die Verteidigung hat »ohne Wirkung« zu bleiben. **(12)** Unter diesem Blickwinkel werden seine Worte verständlich, wenn er schönredend äußert: »Die Angeklagten haben zur Klärung des Sachverhaltes selbst beigetragen. Sie verhehlten nicht, weshalb sie die Gesetzesverletzungen begangen haben. Die Angeklagten haben eine hochqualifizierte Ausbildung genossen und erwarben eine angesehene Stellung. Das kann man nicht übersehen, und das muss auch den Angeklagten gesagt werden. Die Schwierigkeiten, die auftraten, setzten in Resignation ein. Das führte letzten Endes zur Aufnahme staatsfeindlicher

Verbindungen. Die Menschenhändlerorganisation nutzte diese Schwächen aus, um noch mehr Geld zu scheffeln. Dadurch setzt eine Gefährdung derjenigen Personen ein, die sich schleusen lassen. Es ist zu überlegen, ob nicht eine geringere als die beantragte Freiheitsstrafe (von drei Jahren) ausgesprochen werden kann.« **(13)** Seine Rede bleibt ohne Antwort und verpufft im Saal wie eine Luftblase. Und doch sucht er das verständnisvolle Gespräch, als der Anwalt am Prozesstag spätnachmittgas meine Eltern noch aufsucht und vom Verlauf der Verhandlung berichtet. Mein Vater hat die Rede des Verteidigers so interpretiert: Unsere Leute hätten sich cleverer verteidigt. Die Verteidigung, auf dem Motiv der Diskriminierung aufgebaut, wäre vor allem von unserer (A.) geführt worden. Sie hat dafür wohl die meisten Fakten aufzuweisen gehabt. Während ihres ganzen Bildungsganges wäre sie wegen Vaters Beruf benachteiligt worden. Ganz und gar nicht schüchtern hat sie die Dinge beim Namen genannt. Unsere Männer hätten sie ergänzt. Es klang wie eine Art Genugtuung, als der Rechtsanwalt dazu bemerkte: Und das alles hat sich der Beamte von der Staatssicherheit mit anhören müssen. Es ging dann noch um die Frage, ob das mit unseren Leuten ein Sonderfall sei. Der Wirkung in der Öffentlichkeit wegen könnte es so sein, weil der Fall so quer durch Halle ging und einiges Rumoren bewirkt hätte. **(14)** Das Verhalten des Anwaltes spricht für eine lobenswerte Handlung, meine Eltern zu beruhigen. Es ist zu bedenken, dass es auch andere Verteidiger gab, die in gesetzeswidriger Weise vor und nach dem Theater analoger Strafgerichtsverfahren gewünschte Desinformationsstrategien betrieben. Beispielsweise erfüllten die in den Medien bekannten Personen, wie IMB »Torsten«, »Notar« oder »Czerni« (alle Namen bekannt) solche Strategien. Sie hatten vom Geheimdienst vorgegebene Informationen. **(15)**

Gegen 13.30 Uhr endet die Zeremonie ohne Zuschauer. Ist es doch ein Fall, wie jeder andere, der sich zu dieser Zeit in abertausenden Fällen auch an anderen Orten Ost-Deutschlands abspielte. 93,4 % aller politischen Verfahren liefen nichtöffentlich ab. **(16)** Zugelassene Prozessbeobachter, zumeist waren es nur MfS-Mitglieder, verpflichteten sich zu strengster Geheimhaltung. **(17)** Als häufig verwandte Begründung für den Ausschluss des Volkes gab die DDR-Justiz den notwendigen »Schutz der Öffentlichkeit« an. Natürlich sollte nicht bekannt werden, unter welchen Umständen man das geheiligte Land verlassen wollte. Da schreibt ein Mithäftling: »Jedem gesunden Menschen triebe es Tränen in die Augen vor Lachen, wenn er im Kino mal eine solche lächerliche Gerichtsfarce vorgeführt bekäme. Und würde er gar noch Einsicht in das Gerichtsprotokoll nehmen dürfen, glaubte er bestimmt, entweder das Libretto eines absurden Theatergags oder das Zeugnis Geisteskranker vor sich zu sehen.« **(18)** Ein anderer Betroffener schreibt schonungslos einen offiziellen Brief an den SED-Chef Honecker: »Der auch so neue Justizapparat, der wie eh und je im Namen des Volkes seine Prozessfarcen vor den leeren Bänken des ausgesperrten Volkes abspielt, scheint wieder einmal das teuerste und makaberste Kabarett im deutschen Sprachraum zu sein.« **(19)** Es gibt eine Reihe weiterer Autoren, die das Szenario auf ihre Weise karikieren und die Arbeitsweise der ermittelnden Behörde mit ihrem Machtapparat von A wie Aktenfälschung bis Z wie Zeugenbeeinflussung publik machen. **(20, 21, 22, 23, 24)**

Vor dem Gerichtssaal steht bis zuletzt die nicht zur Verhandlung zugelassene Familie und wartet. Der Vater sieht es in einer späteren Aufzeichnungen aus Sicht des devoten DDR-Bürgers: »Nach der Verhandlung war es gar nicht einfach, auf Sichtweite an sie (die drei Angeklagten) heranzukommen. Wir waren wohl auf dem Flur zum Hauptverhandlungssaal in Erwartung, dass sie den Saal verlassen würden. Als die Tür zum Saal geöffnet wurde, ging es aber sehr schnell, weil die Beamten unsere Drei drängten schnell zu gehen. (…) Nur das Strafmaß von drei Jahren haben sie uns signalisiert. Darüber waren wir schon froh, weil wir mehr befürchtet hatten.« **(25)** Anders erlebt diese Szene ein Mithäftling, der nach dem Spektakel krampfhaft vor dem Gerichtssaal das Gespräch mit den wartenden Eltern sucht. Er

beschreibt die Situation mit den Worten: »Auf meine Frage, ob ich meine draußen wartenden Eltern wenigstens einen Moment sprechen könnte, bekam ich vom MfS-Personal zur Antwort: Halt das Maul, du Verbrecher.« **(26)**
Zwei Tage nach der Prozess-Show folgt ohne persönliche Teilnahme die Urteilsbegründung mit Bestätigung der beantragten Strafhöhe. Eine Einlegung von Rechtsmitteln erfolgt nicht, ist auch nicht sinnvoll. Die Ausführungen zur Begründung der Strafhöhe entsprechen dem stereotypen Schwall von kaum verständlichem Parteideutsch. Hier spricht die Klassenjustiz mit einem abartigen Kauderwelsch. Die Oberrichterin schreibt: »Mit ihrem Entschluss zum Verrat an den gesamtgesellschaftlichen Interessen unseres sozialistischen Staates und der Realisierung ihres Ziels haben sie den gegen unseren sozialistischen Aufbau einen Kampf führenden imperialistischen Kräften Vorschub geleistet, die in skrupelloser Weise mit Menschen unseres Staates als Ware handeln und dabei unter Missbrauch der getroffenen Abkommen und Vereinbarungen und damit geschaffenen Verbesserungen und Erleichterungen im grenzüberscheitenden Reiseverkehr und im Transitverkehr entgegen dem Völkerrecht handeln. Mit Vertretern dieser Kreise haben sich die Angeklagten aus ihrer die gesellschaftlichen Verhältnisse der DDR ablehnenden Haltung verbunden und haben durch ihr Handeln dazu beigetragen, die Ziele dieser Prinzipien der friedlichen Koexistenz ablehnenden und bewusst gegen sie wirkenden imperialistischen Kreise, die Schwächung unserer Potenzen durch die Ausschleusung von DDR-Bürgern, die Schädigung des internationalen Ansehens unseres Staates, die Aktivierung der mit der Ausschleusung verbundenen Feindpropaganda gegen unsere sozialistische Staats- und Gesellschaftsordnung und die Schürfung politischer Unsicherheit und Unruhe unter der Bevölkerung unterstützt. (...) Unter Berücksichtigung des Charakters und der Schwere der von den Angeklagten (A. und B.) und Wilding begangenen Straftaten, der Art und Weise der Begehung, der von ihnen über den Zeitraum eines Jahres entwickelten

Intensität, des Stadiums der Verwirklichung ihres Vorhabens und der in ihren Persönlichkeitsentwicklungen liegenden Umständen verurteilte der Senat sie in Übereinstimmung mit den Anträgen des Vertreters des Staatsanwaltes des Bezirkes zu einer Freiheitsstrafe von je drei Jahren. Diese gegen die Angeklagten erkannten Freiheitsstrafen sind ihrer Höhe nach entgegen dem Vorbringen der Verteidigung erforderlich, um den Schutz unserer sozialistischen Staats- und Gesellschaftsordnung vor solchen Anschlägen zu gewährleisten.« **(27)** Die gerichtliche Würdigung durch die Oberrichterin O. weist nur wenige Unterschiede zur Anklageschrift auf. Manche Passagen klingen wie aus einer abgeschriebenen Polit-Rede. Vielerorts entspricht sie dem in Juristenkreisen genannten »Dichtschreiben« des Urteils, einer damals üblichen Kunst mit zwei Polen. Zum einen analysiert man Indizien, Aussagen und Tatsachen detailgenau, macht auf diesem Wege Sachverhaltsfeststellungen wasserdicht und zum anderen umgeht man kontroverse, vor allem gesellschaftskritische Argumente minimalistisch. Nach diesem üblichen Muster verfährt die DDR-Justiz im »geschlossenen System der Staatssicherheitsjustiz« fast immer. **(28)** Sie war nur scheinlegitimiert, denn sie sprach Recht nicht nach objektiven Maßstäben. Das Maß an Objektivität entwickelte man aus den Vorgaben der Partei-Direktiven. Artikel 90, Absatz 1 der DDR-Verfassung beschreibt klar und deutlich, dass die »Rechtspflege der Durchführung der sozialistischen Gesetzlichkeit, dem Schutz und der Entwicklung der DDR und ihrer Staats- und Gesellschaftsordnung« dient. **(29)**

Erst nach der Wende begreife ich, warum die Richterin eine so absonderliche und groteske Gestalt abgab. Sie erfüllte ihre Handlungen sicher mit einem hohen Maß an politischer Überzeugung. Die Prämisse der Neutralität war ihr völlig fremd. Die Führung der Generalstaatsanwaltschaft verlangte eine Handlungsweise als »verlässlicher politscher Funktionär.« (**30**) Artikel 94 der DDR-Verfassung besagt: »Richter kann nur sein, wer dem Volk und seinem sozialistischen Staat treu ergeben ist.« **(31)**

Strafe und Strafhöhe waren eine Vorgabe der Staatssicherheit. Im Schrifttum wird die eklatante Missachtung der Strafprozessordnung sehr genau und gut beschrieben. **(32, 33)** Dabei operiert die SED-Partei in jeder Phase des Gerichtsverfahrens sowohl als verdeckter Staatsanwalt als auch agierender Richter. Nebenbei, später hörte ich, dass diese Person nach der Wende eine Niederlassung als Rechtsanwalt gestellt habe.
In den Stunden nach dem Urteil schärft man unwillkürlich seine Gedanken, um das Erlebte noch einmal aufzuarbeiten, vor allem wegen des heuchlerischen Schauspiels von angeblicher Rechtsprechung. Ich weiß, dass am Eingang des Hauptportales zum Landgerichtsgebäude in goldenen Buchstaben die Inschrift prangt: »Recht muss Recht bleiben«. Welcher Hohn, welch verletzender und beißender Spott, wenn man das Erlebte noch einmal rekapituliert. Mir war schon vor dem Spektakel klar, der totalitäre Maßnahme-Staat kaschiert schonungslos und gekonnt sein wahres Gesicht. Der Publizist und Historiker Werkentin spricht vom »Vollstrecker« unter dem Deckmantel des »simulierten Verfassungsstaates«. **(34)** Solche Form der Pseudogerichtsbarkeit darf es in Deutschland nie wieder geben.

G 2 Die Rattenburg neben Grüns Weinstuben

Sofort nach dem Urteilsspruch erfolgt die Verlegung in eine Transportzelle der Untersuchungshaftanstalt des Hanseringes (Kleine Steinstrasse 7), obwohl der juristische Vorgang noch nicht rechtskräftig ist. Ich beziehe das im Jahre 1930 erbaute alte preußische Gefängnis, das sich in einem desolaten Zustand befindet. Bis zum Beginn des Zweiten Weltkrieges besaß dieser Komplex eine unterirdische Direktverbindung zum heutigen Landesgerichtsgebäude. Kriegseinwirkungen zerstörten das

Gangsystem, eine Rekonstruktion nach dem Krieg unterblieb. Mit der Wende wurde der gesamte Komplex stillgelegt, da ihr baulicher Zustand keinem Gefangenen mehr zugemutet werden konnte. **(1)** Das mehrstöckige Gebäude ist unweit des Marktes gut in die hallesche Altstadt integriert, ohne dass man es vom Hansering aus wahrnehmen kann. In der TV-Dokumentation »Wir waren böse« aus dem Jahre 2002 gibt es eine Szene, in der ich mit den Angehörigen über eine Aussichtsplattform diese Stätte einsehen konnte.

Was erlebe ich dort? Im nasskalten und schlecht beleuchteten Verlies befindet sich bereits eine fremde Person U. (Name bekannt). Er freut sich, nun nicht mehr allein zu sein. »Willkommen, Fremder«, so seine freundliche Begrüßung, als ich mit meinem Textilbündel den Raum betrete. Und er legt gleich sarkastisch nach: »Willkommen in der Naturlandschaft der halleschen Unterwelt.« Noch verstehe ich seinen beißenden Spott nicht. Ich ahne, dass die vom Tageslicht nur spärlich beleuchtete Bleibe einiges Widerwärtige zu bieten hat. Der Kellerraum ist recht schmal, gefüllt mit zwei Doppelstockbetten, einem äußerst abgenutzten Holztisch und mehreren Stühlen. In der Zellenecke befindet sich neben einem Waschbecken ohne Sichtschutz die Toilettenschüssel mit Deckel, die Sanitärzone à la DDR-Knast. Der Raum lässt aufgrund seines Grundrisses kaum eine Gehstrecke zu. Die teils verkratzten und recht unsauberen grauen Innenwände zeigen weder einen Lichtschalter noch Klingelknopf. Eine Kommunikation zur Außenwelt gibt es nur über die Zellentür. Es ist mein zweites Lochgefängnis in der Geburtsstadt Halle.

Der verbale Austausch mit U. nach wer, wie, wo, was? erfüllt die Kennenlernphase für mehrere Stunden. Der Zellengenosse wartet genauso wie ich nach dem Urteil auf eine Weiterreise in ein Gefängnis. Keiner von uns weiß, wohin es gehen wird. Es lohnt sich auch nicht darüber nachzudenken. Genannt werden immer wieder Orte wie Brandenburg, Bautzen oder Cottbus. Das sind die bekanntesten politischen Haftanstalten. Und U. sucht immer wieder nach Gesprächsstoff. Er scheint mich testen zu wollen:

»Stinklangweilig ist es hier. Habe ein Buch verlangt und nach zwei Tagen wieder zurückgegeben. Der Kram vom Sozialismus kotzt mich an.« Ich bleibe zunächst stumm, abwartend und auch distanziert. Das hat man im letzten halben Jahr zur Genüge gelernt. Die Lippen wollen im Moment keine politischen Wertungen zulassen. Die bisherigen Erfahrungen mit Mitgefangenen sind doch getrübt. Zumindestens versuche ich durch kritisches Zuhören Freund vom Feind zu trennen. Im Grunde weiß hier ein jeder, dass man trotz Vorsicht dabei Schiffbruch erleiden kann. Die Gehirne der Menschen lassen viel Gutes und leider auch Böses zu. Der DDR-Knast ist wie im normalen DDR-Leben eine sonderliche Brutstätte für Ungewöhnliches, letztlich nur noch konzentrierter. Das System der DDR hat die Hirne der Menschen viel mehr als anderswo geschult und leider so manch einen Kopf charakterlich völlig abartig programmiert. Momentan interessiert mich sehr viel mehr das zugewiesene Bett mit dem aufgezogenen Stahlgerüst. Die Unterlage ist so defekt, dass die Unterseite der Liege nur bruchstückhaft mit Stahlfedern versehen ist. Einige Metallhaken sind herausgebrochen und nicht ersetzt worden. So hängt an zwei größeren Stellen die Matratze zum Boden hin durch. Meine erste Liegeprobe wird gleich zum Desaster, obwohl ich nur noch 65 kg schwer bin. Ich falle in eine Position, die mich wie in einer Hängematte dem kalten Fußboden näher bringt. Dem wirbelsäulen-unfreundlichen Lager entkomme ich durch einen beherzten Körperschwung. Im Stillen frage ich mich, wie man hier unbeschadet die Nächte überstehen soll. Als ich das ungastliche Lager mit Schwung fast fluchtartig verlasse, lacht U. laut auf. Er meint anscheinend, ich hätte die Hausordnung des Hafthauses A verinnerlicht. Da war ja das Liegen auf dem Bett von 06.00 Uhr bis 21.00 Uhr strengstens verboten. U. beruhigt mich und meint: »Du kannst hier auch tagsüber auf der Pritsche herumlungern. Die Wärter lassen einen in Ruhe. Die wollen selbst von uns in Ruhe gelassen werden. Das faule Pack da draußen sucht keine Konfrontation. Manchmal glaube ich, in einem Kloster zu hausen. Genieße die Zeit hier,

Alf.« Der Mitinsasse überrascht mich mit seinem Vergleich. Er wird schnell wieder volkstümlich und fühlt sich wichtig, als er ergänzend sagt: »Kein Schwein kümmert sich hier um dich. Nur randalieren darfst du nicht. Die geben dir den Fraß und sind äußerst schnell beim Einsammeln des ausgelieferten Essgeschirres. Das ist der einzige Unterschied zum Zoo. Hier lernt man schnell, den Magen im Akkord zu füllen, sonst bleibst du hungrig, bist bald rappeldürr und vogelfrei.« Sein Reden bringt mich sofort auf abwegige Gedanken, die Funktion des Knastes neu zu definieren. Das Dahinvegetieren hier reicht wohl zum nackten Überleben, zu mehr aber nicht. Ich erinnere mich an die Beschreibung von Foucault, der darüber mit einer gekonnten philosophischen Untermalung sinngemäß schreibt, dass unsere Gesellschaft nur »disziplinierte« Körper verlange. Sein beschriebenes Sträflingsfluidum kann ich durch das eigene Erleben gut ergänzen, etwa so: Der Obrigkeit gefällt der gewünschte brave Häftling, vor allem dann, wenn er ohne weitere individuelle Wünsche dankbar bleibt. Man soll froh sein, wenn aus dem Chamäleon 52/1, 45/1 und jetzt 23/2 nun bald der Strafgefangene mit dem Namen Wilding werden darf. Die Nomenklatur des MERKUR 3 bleibt dabei bis zur Wende eine unbekannte Größe. Jetzt greifen völlig andere Erziehungsmaßnahmen, nicht die vom MfS gewünschte Selbstaufgabe des politischen Individuums, sondern die seit Jahrhunderten geübte interne Züchtigung von Häftling zu Häftling. Jetzt gelten allein die Machtspiele des sicheren Überlebens, ein atmosphärischer Machtkampf zwischenmenschlicher Art mit vererbten Mitteln der menschlichen Vorfahren, die ihre Triebe erfolgreich zum Lebenserhalt einsetzten. Insofern ist die anstehende Zeit der Gefangenschaft eine Form des Überlebenstrainings. Das wissen auch die machtbesessenen und militärisch gedrillten Verfechter des DDR-Disziplinarapparates, die laut Lehrbuch noch immer an der ideologischen Erziehung zu einem besseren Menschen mit sozialistischem Bewusstsein basteln. Das ist die abnorme Weiterentwicklung im Kampf um den angeblich guten Menschen, die Foucault als His-

toriker und Psychologe bei seiner Beschreibung der Disziplinierung vergisst.
Die Nachtruhen im desolaten Lochgefängnis sind tatsächlich eine Tortur. Ich kann mich nicht daran gewöhnen, dass bei jedem Lagewechsel in der Hängematte tierische Geräusche erzeugt werden. Die abartige Musik klingt wie ein flehentlich brüllender Stier. Da lässt der rote Ochse grüßen! Nachts, im längeren Halbschlaf, träume ich mehr als sonst, die Vergangenheit der Jugend wird ungewollt glorifiziert. Als ich morgens erwache, fällt die positive Traumwelt in sich zusammen und zeigt mit brutaler Härte die momentane Realität. Ich kann noch schemenhaft die nächtlichen Gedankenspiele rekapitulieren und die Erinnerungen aus der Schulzeit wachrufen. Dabei wird mir erst jetzt bewusst, wo ich mich befinde. Es ist die Nähe zu den knapp 80 m entfernt liegenden »Grüns Weinstuben« in der Rathausstraße. Dort habe ich mit Schulkameraden der Grundschule über mehrere Tage Hilfsarbeiten geleistet und das erste Geld verdient. Die Arbeitsstätte befand sich im Kellergewölbe des Restaurants, quasi auf gleichem Niveau in unmittelbarer Fortsetzung zu meiner jetzigen Bleibe. Die ganze Altstadtregion ist höhlenartig unterminiert und sicherlich früher von Haus zu Haus begehbar gewesen. Das Gewölbe der Weinstuben beherbergte verschieden große Fässer, in denen Wein gelagert war. Manche Holzbehälter hatten eine solche Größe, dass man sie hätte begehen können. Wir gerade einmal 14-jährigen Buben füllten die vom Wirt bereit gestellten leeren Weinflaschen mit der Köstlichkeit aus einem der Fässer ab. Es war W. (Name bekannt), der mich für die Tätigkeit geworben hatte und der es besonders gekonnt verstand, den köstlichen Inhalt mit Wollust intervallartig zu probieren. Und wir anderen Jugendlichen klebten derweil hurtig Etiketten, damit der Entstehungsort des Weines manifestiert werden konnte. Die Gaststätte hatte bei den Hallensern einen sehr guten Ruf, nicht nur wegen ihres Flairs rustikaler Einrichtung, sondern vor allem wegen des dort zeitweise ausgeschenkten heimatlichen Saale-Unstrut-Weines. Der größere Teil

des köstlichen Tropfens aus heimischer Region wanderte sowieso in die sogenannte »Hauptstadt der DDR«, nach Ost-Berlin. Ich selbst habe erst viel später die herzhaft fruchtige Säure und einmalige Note des Weines zu schätzen gelernt.
Es gab noch einen weiteren Grund, warum ich die heimische Weinbauregion zu schätzen lernte. Als junger Assistent der Inneren Medizin erhielt ich 1973 vom halleschen Arbeitgeber des Bezirkskrankenhauses eine notfallmäßige Verpflichtung zur zeitlich begrenzten Übernahme einer ärztlichen Tätigkeit im Krankenhaus Dorndorf an der Unstrut. Es wurde zu einem unvergesslichen Erlebnis. Da floss nicht nur zur Faschingszeit der »Dorndorfer Rappental«. Es waren die Faschingsveranstaltungen an sich, die die Bürger vom östlichen System in diesem nördlichsten Weinbaugebiet Deutschlands sich nicht verbieten ließen. An anderen Orten der DDR war Fasching wegen der unkontrollierbaren Menschenansammlungen ohne SED-Gebetsbuch schon lange eingeschlafen bzw. verboten worden. An der Unstrut tobte damals eine einmalige Fröhlichkeit und Lebensfreude, untermalt mit Musik eines regionalen Rundfunk-Senders. Die ungezwungene Begeisterung erinnerte mich an Sendungen, die ich damals leider nur per Radio und TV von Mainz, Düsseldorf und Köln kannte. Der Rhein war damals noch unerreichbar weit entfernt.
Meine Rückbesinnung ist abrupt unterbrochen, als im Lochgefängnis vom Hansering der Wärter vom Dienst das Frühstück hinein katapultiert. Das Wald-Wiese-Teegemisch erfüllt natürlich lebenserhaltende Funktionen, mehr aber nicht. Eine Weinschorle von der Unstrut-Region hätte eine andere Qualität gehabt. So lebe ich mit der Hoffnung, dass die kommenden Zeiten auch diese Köstlichkeiten irgendwann ermöglichen.
Es schmerzt, die kostbare Lebenszeit der Jugend hier im Kellerverlies totschlagen zu müssen. Der Zellengenosse spielt mit mir »Mensch ärgere dich nicht«. Und die Seele sucht unaufhaltsam weiter nach befriedigender Nahrung. Mein Vater scheint das zu ahnen, als er drei Tage nach dem Urteilsspruch am 7. Juni 1975

schreibt: »Soll man pessimistisch sein? Ich denke an ein Wort über Optimismus. Es wäre klüger pessimistisch zu sein, weil man hernach nicht der Enttäuschte ist. Aber Optimismus ist in seinem Wesen keine Ansicht über die gegenwärtige Situation, sondern er ist eine Lebenskraft, eine Kraft der Hoffnung, wo andere resignieren, eine Kraft, den Kopf hoch zu halten, wenn alles fehlzuschlagen scheint, eine Kraft, Rückschläge zu ertragen, eine Kraft, die die Zukunft für sich in Anspruch nimmt. Den Optimismus als Willen zur Zukunft soll niemand verächtlich machen, auch wenn er hundertmal irrt, es ist die Gesundheit des Lebens. (...) Das Wort stammt übrigens von Dietrich Bonhoeffer. In der Hoffnung bald etwas zu hören, grüße ich Dich mit einem herzlichen Gott befohlen.« **(2)** Viele seiner Predigten, die ich seit der frühen Jugend gehört habe, lebten von der im Neuen Testament ausgesprochenen Botschaft der Hoffnung. Ich bin der Meinung, die Hoffnung kann dann Realität werden, wenn sie Zukunft geben kann. Die Vision muss mit Vitalität umgesetzt werden, so wie es Moses in praxi tat, als er sein Volk in ein neues Land und in bessere Zeiten führte. Christliche Denker postulierten daraus eine Befreiung von allem Übel, die »Theologie der Hoffnung«. Mein Vater gibt in unmissverständlicher Weise diese Dynamik weiter, wenn er zur Honecker-Zeit, trotz aller Anfeindungen, dem Menschen Zuversicht und Mut im christlichen Glauben predigt. Sehr oft sprechen ihn nach Sonntags-Gottesdiensten angesetzte Spitzel an und warnen, er möge seine Reden doch besser zügeln. Ich höre noch seine Worte, als er sich einmal zum Abendbrotstisch gegenüber meiner ängstlichen Mutter verteidigte: »Für uns Christen ist es nötig, sich vor allem in der zivilisierten Welt der Hoffnung auf Freiheit und Gerechtigkeit zu widmen. Wir brauchen einen reellen Weg aus der Misere der gesellschaftlichen Hoffnungslosigkeit.« In einer Diskussion mit mir sagte er einmal: Die Utopie der Lehre von Marx bringt die Menschen nicht weiter. Dieser »Ismus« pflegt die Maxime von Hass und Intoleranz, ohne zu einer besseren Welt zu finden. Mein Vater besteht darauf, hier im Osten für und mit den Menschen zu leben. Das Thema einer Flucht nach dem Westen lehnt er kategorisch ab. Da bin ich anderer Meinung. Ich habe mittlerweile genug und will nicht länger nur auf bessere Zeiten hoffen.

Einen Tag später bin ich perplex, als plötzlich B. in das gleiche Zellen-Kabuff verlegt wird. Er ist ebenso überrascht und fragt völlig irritiert: »Wie kommt es, dass wir zusammen liegen?« »Gut so«, meine knappe Antwort. Das Rätsel werden wir selbst nicht lösen. Seit genau einem halben Jahr war keinerlei Kommunikation zwischen uns möglich, selbst nicht zum Zeitpunkt der Gerichtsverhandlung. Es könnte ja auch sein, dass das Zusammenlegen den Zweck erfüllt, trotz Urteilsspruch weiter zu ermitteln. Der Durst nach Neuem ist beim MfS pathologisch hoch und grenzenlos. Wahrscheinlich scheint aber der Behörde ein Kommunikationsfehler unterlaufen zu sein. Es sind unsere verschiedenen Namen. Und die Decknamen MERKUR 2 und MERKUR 3 scheinen für die Behörde nicht mehr relevant zu sein. In den folgenden Stunden versuchen wir im Beisein von U. den Informationsaustausch auf das Nötige zu beschränken. Es bleibt aber nicht dabei, denn verbale und mentale Interaktionen besitzen die Würze einer lebhaften und außergewöhnlichen Kommunikation. Und ich bin der Auslöser. Eine persönliche Konfrontation entwickelt sich, als ich beginne, nach all dem bisher Erlebten doch »mein Herz auszuschütten.« Die induzierte Depressivität meinerseits entwickelt sich recht rasch im Umfeld der unwirtlichen, rauchgeschwängerten und stinkenden Atmosphäre des Kellergewölbes. Die Zelle ist übersättigt vom multiplen Gemisch aus Nikotin und Fäkalien. Die polytoxische Luftmixtur reizt meine überaus empfindlichen Bronchien so sehr, dass Husten die Luftwege nicht von Schleim befreien kann. Man mag es gar nicht glauben, die verhinderte Luftzufuhr von außen würde auch keine Erleichterung bringen. Seit vielen Jahren liegt ein charakteristischer Dreigestank aus essigsaurer Tonerde, beizendem Käsegestank und feinstaubigem Kohle-Ruß wie eine Glocke über der Stadt. Notgedrungen hat sich die Lunge des anhaltinischen Bürgers an diese spezifische chemische Luftmixtur aus den Großbetrieben Buna und Leuna adaptiert. So leidet ein jedes Gehirn und macht den Menschen physisch und psychisch gleichgültiger.

Meine zerebrale Gleichgültigkeit ist bald dahin, als mich unbändige Wut überkommt. Jetzt scheint sich mein Ich in einer abartigen Form zu öffnen. Völlig zu Unrecht nehme ich B. als Angriffsziel und überschütte ihn mit Schimpfworten und Flüchen, wie bei einer reaktiven psychotherapeutischen Aufarbeitung. Auf jeden Fall lässt es mein vorübergehend eingeschränktes Bewusstsein nicht zu, dass ich die Hände zur Faust balle und der schon desolaten Holztischplatte durch Trommelschläge das Leben aushauche. Gekonnt und zu Recht geht B. in Deckung und verbarrikadiert sich in eine notwendige Abwehrhaltung. Nach einigen Minuten finde ich wieder die Fassung. Mein gerade Fabriziertes tut mir jetzt selbst leid. Ich weiß auch, ein hemmungsloses und ungezügeltes Auftreten würde nur Nachteile bringen. Viele andere haben möglicherweise eine ähnliche Situation durchlebt und sind deshalb unberechtigt in einen menschenunwürdigen, krankmachenden Arrest gewandert. Als B. erkennt, dass ich wieder besonnen reagiere, kommt seine beruhigende Feststellung: »Wir sitzen doch in einem Boot und wollen den Hafen gesund erreichen.« Sein beherrschtes Benehmen fängt mich wieder ein, und ich vergrabe mich verstohlen in der Pritsche. Das beherzte Hineinspringen in die Matte sorgt unter allerlei metallgeschwängerten Geräuschen wieder für ein Weinen der kaputten Liege. Offensichtlich leidet sie mit.

Was war passiert? Fast alle Häftlinge der Stasi-Zeit tragen irgendwann (oder auch lebenslang) ein Stasi-Trauma. Es ist meine ausgesprochene Hilflosigkeit. Und es ist eine typische Reaktion einer beginnenden seelischen Dekompensation, in der die erste intrapsychische Verarbeitung des letzten halben Jahres erfolgt. Kommt es zu keiner Verarbeitung, drohen neben Selbstbeschuldigung, Resignation, Distanzierung andere sonderliche Formen des Desavouierens. Die noch bestehenden Abwehrmechanismen könnten außer Kraft gesetzt werden. Der Betroffene sucht unbewusst nach einem inneren Halt, um der schmerzlichen Hilflosigkeit und geistigen Ohnmacht zu entfliehen. In Haft sollte das Abgleiten in einen seelischen Realitätsverlust vermieden werden. Im Nachgang gelingt mir die zerebrale Analyse. Was war in meinem Gehirn passiert? Die Literatur beschreibt derartige Phasen plastisch. Im Moment der Ausnahmesituation sind die höheren zerebralen Abschnitte des »denkenden Gehirns« ausgeschaltet. Die niedrigen Bereiche, wie u. a. Amygdala und Hippocampus im Inneren des Gehirns, steuern dann zum Überleben die psychischen Grundfunktionen, ganz nach dem Motto Kampf oder Flucht. Die absurde Angst nimmt das gesamte Gehirn quasi als Geisel und legt für eine gewisse Zeit die Fähigkeit zum logischen Denken lahm. **(3)** In dieser Phase haben Stimmungen und Emotionen eine Sonderrolle, wenn sie machtvoll das Geschehen, insbesondere die Mixtur von Erregung und Gedankenfülle, bestimmen. Und doch findet das Zerebrum eine Regulation. Der Wissenschaftler erklärt es so: »Weil die Erregung bei jeder Emotion stets dieselbe ist und nur in der Intensität variiert, ist es Sache des Gehirns, die Erregung mit den richtigen Gedanken zu verknüpfen.« **(4)** Das Gehirn hat Selbstschutzmechanismen installiert, um auf diesem Wege die abartigen emotionalen Zustände zu regulieren. So wird ein vernünftiger Konsens erreicht, und der Konflikt zwischen Verstand und Gefühl ist entschieden. **(5)**

Es ist B., der den Konsens findet und eine emotionale Aufrüstung betreibt. Den Gedankenaustausch hat er bewusst in eine andere Richtung gelenkt, als er sagt: »Weißt du, wo wir noch bis vor wenigen Tagen gesessen haben?« »Natürlich, bei der Stasi im Roten Ochsen«. Nun greift auch der Zuhörer U. ins Gespräch ein und will für ein anderes Thema Interesse wecken. »Wisst ihr, dass dort auch Leute umgebracht wurden? Ein Mitgefangener aus der U-Haft meint, dass dort im Keller eine Todeszelle sei.« Überrascht bin ich, wie schnell Gerüchte als Halbwahrheit verkauft werden. Deshalb wiegele ich die Rederei ab und sage:

»Wir wissen alle viel zu wenig von den Nazis und Russen, die hier jahrelang gesetzlos oder mit dem Kriegsrecht gehaust haben. Und keiner in der DDR hat Interesse, über den politischen Knast zu informieren.« Ruhe tritt im Kellerverlies ein, es herrscht fast Totenstille. Dieses Thema ist ein heißes Eisen. B. ergänzt: »Diese Räume könnten sicher grauenvolle Geschichten erzählen. Wer in solche Kellerräume gesperrt wird, leidet genauso wie die Angehörigen, die vor dem Knast weinen.« Seine Zwischenrede verhindert, dass unnötig Hass geschürt wird. In der derzeitigen Phase sollten keine weiteren Psychotraumata aufgebaut werden. Wir drei beenden unser Daherreden mit der Feststellung, dass sich kein Gesellschaftssystem gern in die Karten gucken lässt. Insofern ist es egal, wann und wo man aus politischen Gründen sitzen muss. Wenn Gewissen und Meinung unterdrückt werden, dann vergehen sich alle Machthaber an den Menschen. Dazu lese ich später bei Lew Tolstoi: »Niemand weiß, unter welcher Regierung er lebt, solange er nicht in ihren Gefängnissen gesessen hat oder von ihr verfolgt wurde.« Da fällt mir noch ein provokanter Spruch von Tennessee Williams ein: »Wir sind allesamt Versuchskaninchen im Labor Gottes. (…) Das Projekt Menschheit ist noch nicht abgeschlossen.«
Nach der Wende arbeite ich die Rolle des »Roten Ochsen« auf. Die Geschichte ist eine äußerst unrühmliche, denn sie hat für mehr als 140 Jahre tiefe Schatten geworfen. Das trifft insbesondere auf die politische Justiz zu, die die beiden Historiker J. Scherrieble und A. Gursky detailliert rekonstruiert haben. Einige Fakten aus ihren Aufzeichnungen belegen dies. Im Jahre 1840 ließ Friedrich Wilhelm IV von Preußen vor den damaligen Toren Halles, genauer »Am Kirchtor«, eine damals »moderne Straf- und Gefangenenanstalt« errichten. Zuvor soll hier eine Gastwirtschaft und dazu eine Ochsenumspann-Station mit dem Namen »Roter Ochse« bestanden haben. Im modernen Zuchthaus hausten nun über Jahrzehnte Revolutionäre von 1849, später Sozialdemokraten, Liberale, Kommunisten etc., ab 1945 Verfolgte des russischen Militärtribunals und nach 1950 Gefan-

gene alle Couleurs der Staatssicherheit. Bis 1950 kamen über 600 Menschen durch Guillotine, Strang oder Erschießungskommandos um, davon 549 bei den Nazis und etwa 100 bei den Russen. Die Hinrichtungsstelle im »Roten Ochsen« war seit November 1942 präsent. Bis Kriegsende »lieferte« die Anstalt (nach einer Angebotsliste vor der Exekution) 69 Hingerichtete der halleschen Universitäts-Pathologie. Und die eng mit Halle kooperierende Universität von Jena »übernahm« u. a. 41 enthauptete Häftlinge für ihre »Forschungen«, weil die hallesche Uni die stetig wachsende Zahl der Getöteten nicht mehr übernehmen konnte. Eine angebliche wissenschaftliche Arbeit eines Mediziners ist für mich besonders infam, eigentlich kriminell. Da schreibt ein Doktorand »Über die Genese der Halsmuskelblutungen beim Tod durch Erhängen«. Zur weiteren Klärung des Sachverhaltes habe ich kürzlich die Gedenkstätte des »Roten Ochsen« nochmals aufgesucht und bin nach Einsicht der Unterlagen sprachlos. Der Doktorand (Name bekannt) »forschte« im Sommer 1944 in einer Baracke der Mansfelder Straße von Halle. Dort nahm er bei den Hinrichtungen sogenannter »Ostarbeiter« teil. Er maß hier beim »verhältnismäßig langsamen Hochziehen durch einen Flaschenzug« (…). »die Differenz der Muskelspannung (…) durch Fingerdruck«. Dieser Mediziner war einer der ersten nach dem 2. Weltkrieg, der in der Martin-Luther-Universität Halle-Wittenberg einen akademischen Grad erwarb! **(6)** Ein Professor der Theologie (Rektorat) (Name bekannt) und ein Professor der Kinderheilkunde (Dekanat) (Name bekannt) verliehen ihm den akademischen Titel am 08.04.1946 (!) Der jung Promovierte war in der SBZ (Sowjetischen Besatzungszone) und später in der DDR bis 1958 Lehrbeauftragter an der Universität von Leipzig, seit 1954 sogar mit Professur, ging dann in die BR Deutschland und erhielt dort am 13.06.1973 das Bundesverdienstkreuz für seine Tätigkeit als Leiter der Abteilung Flugunfallmedizin in Fürstenfeldbruck. Ich bin entsetzt, wie Karrieren gemacht werden können. Zur DDR-Zeit wurde der Ort der Hinrichtungsstelle zu einer Tischlerei umgestaltet.

Im »Roten Ochsen« saßen gleichzeitig bis zu 200 Bürger, zumeist politisch Verfolgte. Die Institution war in Honeckers Regierungszeit die drittgrößte politische Anstalt in der DDR. Bis zur Wende sammelten hier die Abteilungen IX und XIV des SSD mehr als 200 Meter Akten. (7) Der zu meiner Haftzeit praktizierte »leise Terror« bleibt für mich eine moderne Form der psychischen Hinrichtung.
Das Ende der Haft am Hansering ist aus persönlicher Sicht besonders erlebnisreich. Sie gibt dem knapp zweiwöchigen Aufenthalt im Verlies die besondere Note. Ich erinnere mich an die ironische Begrüßung des U., der beim Empfang das naturverbundene Dasein im Knastkeller karikiert. Man bedenke, er liegt unmittelbar neben dem Kanalsystem. Naturgemäß sucht in diesem Bereich allerlei Getier Wärme, Nahrung und Geborgenheit. Man könnte als Häftling darüber philosophieren. Mir ist anders zu Mute, denn nachts laufen Kakerlaken über die Beine. Die verwegenen Kriechtiere verstecken sich in den abgelegten, streng riechenden Utensilien. Morgens beginnt dann die regelmäßige Schlacht um den Lebensraum. Oft hilft beim Kampf um die Zelle nur eine Endlösung. Die Aktion ersetzt den Frühsport für eine halbe Stunde. Das braune, vollgefressene Getier muss erbarmungslos und mit Getöse zertreten werden. Nur erst einmal treffen, denn die seit Generationen hier lebenden Tiere scheinen den Luftwirbel des ankommenden Schlagwerkzeuges verinnerlicht zu haben und fliehen gekonnt aus der Kampfzone. Es sind schlaue Geschöpfe im Verborgenen, scheint doch das Geheimnisvolle des Flüchtenden hier eine Rolle zu spielen. Warum? Wenn die Fluchtrichtung der Kakerlake feststeht, gilt es die Laufstrecke mit der Laufgeschwindigkeit abzustimmen, fast so wie es bei der Vorplanung des hiesigen Geheimdienstes, wenn er die Fluchtrichtung ausspioniert. Ich sammele die notwendige Erfahrung, um auf dem eingeschlagenen Fluchtweg den braunen Panzer zu erwischen. Nur, der Kampf bleibt ohne großen Erfolg, die Armada von nachrückendem Getier aus dem Untergrund erfolgt jeden Tag weiter. Höhepunkt im Überlebens-

kampf wird eine Begebenheit, die ich selbst hautnahe erlebe und die dem Kapitel die Überschrift gibt. Ich sitze auf dem für jeden Mithäftling optimal einsehbaren WC und betreibe eine minutenlange Defäkation. Die methanreiche Duftnote scheint besondere Anziehungskräfte hervorzurufen. Als die Darmentleerung ein Ende erreicht, springt plötzlich aus dem Untergrund der Toilettenschüssel ein gut genährtes Getier und sucht mit einem Salto meinen hinteren Körperbereich. Ich springe erschrocken hoch. Begleitet von einem intensiven Wassergeplätscher und ungewöhnlichen Windzug lasse ich unter Gebrüll der Zuschauer völlig irritiert, blitzschnell den WC-Deckel fallen. Der Verschluss schafft im wahrsten Sinne des Wortes den nötigen Schutz vor dem Untier. Anscheinend habe ich ungewollt dem Eindringling eine Art Gehirnschlag verpasst. Nach mehrmaliger Intensivspülung des Toiletteninhaltes tritt gespenstische Ruhe ein, eine Stille im WC und Stille in der Zelle. Das nach wenigen Sekunden einsetzende ungezügelte Gelächter der Zellenzuschauer schafft genüssliche Entspannung. Vorsichtig öffne ich als irritiertes Opfer, so fühle ich mich im Moment, die WC-Abdeckung. Die Suche nach dem langschwänzigen Unwesen bleibt erfolglos. Es ist entflohen und hat ohne Kontrollinstanz den Stasi-Knast wieder erfolgreich verlassen. U. trifft die Pointe, als er lachend in den Raum brüllte: »Der Ratte ist eine Flucht in die Freiheit gelungen, ohne Passierschein, ohne Antrag und ohne Hindernisse!« Nach kurzer Pause ergänzt er: »Besser so für die Ratte. Seht, es gibt immer noch legale Wege in eine andere Welt.« B. bleibt ruhig und nachdenklich.

Am 18. Juni 1975 bin ich dran. Das erste Mal wird von der Stasi die wunderschöne und manchmal auch weltverändernde Redewendung gebraucht: »Sachen packen, zum Transport.« Jetzt geht es nicht nach Karl-Marx-Stadt (Chemnitz), dem eigentlichen Schritt Richtung Westen. Jetzt geht es über die Effektenkammer und unter schwerster Bewachung in Ketten zum Hauptbahnhof Halle. Dort wartet der sogenannte »Grotewohl-Express«, der mich für sechzehn Monate zum vorbestimmten

Knast bringt. Zu diesem Zeitpunkt weiß ich noch nicht, wohin in dem äußerst engen Gitterverschlag die zehnstündige Bahnfahrt mich bringen wird. Ein »Mach's gut« sagt beim Verlassen der Zelle eigentlich alles. Man könnte ergänzen: Bleib gesund und munter. Nur das spricht keiner aus. Man hofft, die Zeit ohne Krankheit zu überstehen. Am gleichen Tage verfasst der frühere Vernehmer X. einen Aktenvermerk mit folgendem Inhalt: »Am heutigen Tag wurden die Gerichtsakten zu den EV gegen (...) Wilding, Alfons auf Vollständigkeit überprüft. Die Verplombungen der Akten waren unverletzt. Es wurden keine Beanstandungen festgestellt. Die gesamten Berichte zu dem U-Vorgang wurden vernichtet. Es befinden sich aus dem Vorgang gegen (...) keinerlei Unterlagen mehr im Besitz des Untersuchungsführers. Beurteilungsblätter wurden gefertigt.«
Das von der Staatssicherheit nicht vernichtete Material bleibt bis auf weiteres unter ihrer strengsten Obhut. So kann ich die in schriftlicher Form noch vorliegende Welt des MERKUR 3 wohlbehütet in meiner Heimatstadt zurücklassen.

G 3 Die Akteneinsicht und ihre Aufarbeitung

Am 20.10.1976, nach 22 Monaten, endet meine Haft im Zuchthaus Cottbus. Nach einem zweitägigen Aufenthalt im Notaufnahme-Lager Gießen kann ich bei nahen Verwandten für kurze Zeit unterschlüpfen. Zwei Monate später beginne ich in einem renommierten Klinikum Hessens die weitere ärztliche Tätigkeit. Der leitende Ärztliche Direktor hilft nach Schilderung des Durchlebten wie ein zweiter Vater. Mittlerweile besitze ich den Flüchtlings-Ausweis C, der bei Behördengängen etwas helfen kann. Die Generalstaatsanwaltschaft beim Oberlandesgericht in Hamm hat auf Antrag die Feststellung der Unzulässigkeit der

Vollstreckung des Urteils vom 04.06.1975 getroffen. Ich bin damit nicht vorbestraft und frei von juristischen Sorgen. Und nach der politischen Wende bescheinigt mir auch das Regierungspräsidium Halle, dass der festgestellte Zeitraum der Haft vom 18.12.1974 bis zum 20.10.1976 im Sinne des Paragraphen 2 Absatz 1 Satz 1 Nr. 1 BerRehaG (Rehabilitierungsbescheinigung nach Paragraph 17, 22 Berufliches Rehabilitierungsgesetz) Verfolgungszeit ist. Mein gesellschaftliches Ansehen im Vaterland ist somit in Ost und West wieder vollends hergestellt.
Die juristische Aufarbeitung beginnt bereits wenige Tage nach der Wiedervereinigung. Ich stelle eine Anzeige gegen Unbekannt wegen Körperverletzung und Rechtsbeugung. Einen Monat später konkretisiert der von mir und meinen Angehörigen (A. und B.) eingeschaltete Rechtsanwalt K. (Name bekannt) die Strafanzeige in einer Sammelklage. In ihr soll mit rechtstaatlichen Grundsätzen das Urteil des Bezirksgerichtes Halle vom 04.06.1975 überprüft werden. Anwalt K. benötigt zur Begründung dazu detaillierte Unterlagen des Bezirksgerichtes Halle und Akten aus den BStU-Behörden von Halle, Magdeburg und Berlin. Die Berliner Stelle ist die eigentliche Schaltzentrale der Stasi-Unterlagen. Zunächst geschieht so gut wie nichts. Erst nach einem Jahr bestätigt die Staatsanwaltschaft Halle den bereits 1990 eingereichten Antrag des Rechtsanwaltes K. und teilt mit, dass »lediglich die Vollzugsakte (des B.) gefunden wurde.« Sie würden deshalb von den Antragstellern weitere Angaben erwarten. Da fragt man sich nur wie? Die Gauck-Behörde sah keine Veranlassung, sonderliche Aktivitäten zu entwickeln, um die baldige Akteneinsicht zu genehmigen. Die tatsächlich bestehende überwältigende Antragsflut der Deutschen verlangt ein geduldiges Warten. So kann die Justizbehörde von Halle auch schriftlich festhalten: »Erst bei Vorliegen aller erbetenen Angaben wird eine Recherche eingeleitet.« Man hat also viel Zeit gewonnen.

In der Zwischenzeit lese ich über die juristischen Probleme im Nachkriegs-Deutschland, die ein bekanntes historisches

Dilemma hinterlassen hat. Bekannt ist, dass die bundesdeutsche Justiz bei der strafrechtlichen Verfolgung der NS-Vergangenheit (Entnazifizierung) große Probleme hatte. In einem bekannten Nürnberger Gerichtsurteil stufte man die NS-Justiz »als kriminelles Werkzeug des NS-Unrechtsstaates ein und erklärte sie zahlloser Verbrechen gegen die Menschlichkeit für schuldig.« **(1)** Die hierbei verurteilte deutsche Richterschaft widersprach dem energisch. Sie sei durch den nationalsozialistischen Terror und die Tradition des Rechtspositivismus an die staatlichen Gesetze gebunden gewesen. Die Argumentation des Rechtspositivismus begründe sich aus dem Gerichtsverfassungsgesetz (GVG) und dem Paragraphen 146, in dem Juristen den dienstlichen Anweisungen der Vorgesetzten nachzukommen haben. Und auf der Leiter nach oben sei dem internen Weisungsrecht über den Generalstaatsanwalt bis hin zu den dienstlichen Anweisungen des Justizministeriums zu folgen. **(2)** Angesehene Juristen fragten sich deshalb nach dem Zusammenbruch des DDR-Regimes, wie man nun das begangene DDR-Unrecht aufzuarbeiten gedenke. Aus der bekannten historischen Problematik nach dem 2. Weltkrieg folgte unwillkürlich die Widerrede des Staatsrechtlers D. Blumenwitz, der eine analoge Handlungsweise bei der zweiten deutschen Diktatur prophezeite. In einem Gutachten mahnte er bereits 1991 die Angelegenheit an und schreibt: »Die Verbrechen des DDR-Unrechtsregimes sind vor allem deshalb von der bundesdeutschen Justiz zu verfolgen, weil sie schwerste Verstöße gegen die völkerrechtlich verankerten universalen Menschenrechte darstellen.« **(3)** Ein noch deutlicheres Procedere umschreibt der bekannte Schriftsteller Thomas Mann: »Wer nach dem Sturz einer Diktatur die Opfer nicht großzügig entschädigt und die Täter nicht konsequent bestraft, begeht eine Form des Unrechts.« **(4)**

Aufgrund solcher Äußerungen bekannter Persönlichkeiten bin ich, bezogen auf den eigenen, immer noch ruhenden Vorgang, frühzeitig sensibilisiert. Ich verstehe den eigenen Antrag mit äußerstem Vorbehalt. Da fragt man sich beispielsweise, ob die deutsche Justiz dieses Mal in der Lage sei bzw. gewillt ist, das juristische Unrecht aufzuarbeiten. Und werden die Opfer des untergegangenen DDR-Terrorsystems mit ihren oft massiven physischen und psychischen Schäden entschädigt? Gibt es eine gesunde Aufarbeitung, damit nicht ein weiteres Mal die Täter entlastet werden? Fragen über Fragen und doch schon viel Zweifel. Zur ersten Akteneinsicht der Stasi-Unterlagen fahre ich mit A. und B. am 24.11.1992 zur BStU-Filiale nach Magdeburg. Völlig verwundert und irritiert verlasse ich abends mit den Angehörigen den Ort, weil letztlich nur die eigenen Vernehmungsprotokolle aus der U-Haft in Halle eingesehen werden konnten. Aus diesem Grunde schalten wir Betroffenen noch am gleichen Tag den Ministerialdirigenten Dr. J. (Name bekannt) ein. Er ist im Ministerium der Justiz des Landes Sachsen-Anhalt auch für die Staatsanwaltschaft von Halle zuständig. Wir bekommen von ihm ausdrücklich die Zusage einer Einsicht in alle vorliegenden Akten und auch die Genehmigung zur Anfertigung von Fotokopien. Die Magdeburger Behörde erlaubt aber keine weitere Einsicht. Frustriert fahre ich unverrichteter Dinge nach Hause. Das Procedere im Umgang mit den Stasi-Akten scheint selbst für die Gauck-Behörde zu diesem Zeitpunkt noch völlig unklar zu sein. Das wird in einem Brief bestätigt. Anfang 1993 bittet der Rechtsanwalt K. gemäß Paragraph 18 des Stasi-Unterlagen-Gesetzes vom 20.12.1991 um eigene Akteneinsicht, damit er nun baldigst eine detaillierte Begründung seiner Anträge geben könne. Er wünscht eine Hinterlegung der Unterlagen beim zuständigen Amtsgericht. Die Berliner BStU-Zentrale lehnt erneut die Zustellung von Unterlagen ab und betont, dass eine Einsichtnahme durch Betroffene bzw. durch Rechtsanwälte nur in den Räumen der BStU-Behörde erfolgen kann. Voller Ungeduld mahnt Anwalt K. nach fruchtlosem und zeitraubendem Behördengerangel mit zahlreichen Briefen über zwei Jahre lang die Staatsanwaltschaft und betont: »Ich gehe davon aus, dass Sie zu dieser Strafanzeige, die bei Ihnen seit Jahren vorliegt, inzwischen die Ermittlungen aufgenommen und wenigstens die Vorprozessak-

ten 211-33-75- StA Halle beigezogen haben, die der Gauck-Behörde vorliegen, weil ohne diese Akten eine sachgerechte Bearbeitung der Strafanzeige meiner Auftraggeber vom 08.10.1990 nicht möglich ist.« Von dort folgt die lapidare Antwort: »Es wurde ein Verfahren zum Nachteil Wilding eingeleitet. Das Aktenzeichen des neu eingeleiteten Verfahrens lautet 2 UJS 7315/94.« Danach erst bittet am 26.04.1994 die Staatsanwaltschaft Magdeburg um Einsichtnahme in die vorliegenden Operativakten und Verfahrensakten bei der Berliner BStU-Behörde. Man bedenke, mittlerweile sind mehr als drei Jahre vergangen. Bemerkenswert für mich ist eine vom Magdeburger Staatsanwalt Z. (Name bekannt) bereits zu diesem Zeitpunkt (1994) handschriftlich am Seitenrand angefertigte Akten-Notiz folgenden Inhalts: »Die auf die Geschädigten seinerzeit angewandten Strafvorschriften legen den Verdacht nahe, dass es sich um einen Fluchthilfefall handelt, so dass Rechtsbeugung aller Wahrscheinlichkeit nach nicht vorliegt.« Offensichtlich hat man die Umstände noch nicht juristisch geprüft. Aus diesem Grunde sendet die Justiz Ende Mai 1994 die Akte an die örtliche Kriminalpolizei, »damit dort der Dr. Wilding ebenfalls zur Sache vernommen werden kann. Hierbei ist zu klären, ob es sich um einen Fluchthilfefall handelt«. Für mehr als ein Jahr verbleibt anschließend der Vorgang beim Landeskriminalamt von Sachsen Anhalt, der Zentralen Ermittlungsgruppe für Regierungs- und Vereinigungskriminalität. Meine Vernehmung durch die örtliche Behörde ist kurz und bündig. Sie endet mit der Frage des Beamten: »War der damalige Fluchtversuch aus der DDR eine organisierte Aktion mit Fluchthilfe?« Ich gebe eine präzise Auskunft und frage zurück: »Kennt man nicht die vorliegenden Stasi-Akten?« Eine Antwort unterbleibt.
Im März 1995 lese ich in der örtlichen »Nassauischen Neuen Presse«: »Gauck in Limburg: Der Bundesbeauftragte J. Gauck kommt zu einer öffentlichen Vortragsveranstaltung. Er spricht zu dem Thema: Die Stasi-Akten, das unheimliche Erbe. Chancen oder Hypothek für das neue Deutschland?« Einem Großteil der

etwa 300 Bürger imponiert die ausgesprochen persönlich gehaltene Informationsveranstaltung des Referenten, in der er über die anfängliche mühsame Arbeit, den Aufbau und die Arbeitsweise seiner Behörde spricht. Die im Vorfeld gestellten Fragen zu Chancen und Hypothek für Deutschland bleiben für mich nur oberflächliche Worthülsen. Nach dem Vortrag spreche ich J. Gauck persönlich an und bitte nochmals um Einsicht in alle über mich vorhandenen Akten, auch für meinen bereits seit Jahren tätigen Rechtsanwalt. Der Bundesbeauftragte zeigt Bereitschaft, etwas zu tun. Nebenbei sehr störend verhält sich ein Fremder, angeblicher Apotheker aus Limburg (es war kein Apotheker, sondern wohl eher ein Gauck begleitender Schutzpatron, der die baldige Weiterfahrt anvisierte). Wenige Wochen später schreibt ein Mitarbeiter der Berliner BStU-Zentrale: Sie haben bereits Einsicht in sämtliche zu den jeweiligen Personen erschlossenen Unterlagen. Eine lapidare, nicht weiterhelfende Antwort.
Am 01.02.1996 fragt Rechtsanwalt K. bei der Staatsanwaltschaft Magdeburg nach dem Stand zur Sache. Mit deutlicher zeitlicher Verzögerung kommt eine Antwort, die aber nur die Problematik der Akteneinsicht bei der Gauck-Behörde beschreibt. Aufgrund des bisherigen Verlaufes bemühe ich mich mit den Angehörigen um eine weitere Akteneinsicht, die dann am 24.10.1997 in Halle/Saale möglich wird. Fazit dieser erneuten Einsicht ist, dass außer einigen belanglosen Blättern, die zum Zeitpunkt der ersten Konsultation noch nicht erschlossen waren, keine neuen Unterlagen vorliegen. Somit ist auch jetzt eine juristische Darstellung der Anträge durch Rechtanwalt K. noch nicht möglich. Es vergehen wieder mehr als zwei Jahre, ohne dass irgendetwas Entscheidendes geschieht.
Und dann plötzlich wird die Justizbehörde in Magdeburg sehr aktiv. Die Ereignisse überstürzen sich im Februar 2000. Dem Anwalt K. wird am 09.02.2000 von der Staatsanwaltschaft die Beiakte der Stasi-Unterlagen, immerhin 136 Blatt zugesandt. Die Betroffenen staunen genauso wie der Rechtsanwalt, als nur neun

Tage später, am 18.02.2000, die Staatsanwaltschaft einen Einstellungsbescheid sendet. Erst zwei Monate später, am 14.04.2000, werden weitere 1152 Blatt der Ermittlungsakte(!), unter anderem die Beiakten I-XII des MfS, zugestellt. Rechtsanwalt K. reagiert sofort und antwortet mit zwei Schreiben, in denen er aufgrund der nun vorliegenden Unterlagen erstmals eine detaillierte Darstellung der Rechtslage geben kann. Er begründet äußerst präzise die zehn Jahre alten Anträge der Betroffenen, beispielsweise die Problematik der

1. Rechtsbeugung durch die Oberrichterin O., die Staatsanwälte M. und N.,
2. Freiheitsberaubung durch die beiden Stasi-Mitarbeiter IM »Berger« und IM »Lutz«, die beide Bundesbürger sind und
3. Handlungsweise der Schöffen Q. und R.

Die Staatsanwaltschaft hat inzwischen nochmals geantwortet und sieht die Angelegenheit aus ihrer Sicht für beendet. Folgende Details werden von dort angegeben: Die Oberrichterin O. sei weder reisefähig noch verhandlungsfähig. Der Staatsanwalt N. ist bereits seit 1992 verstorben, also schon acht Jahren tot. Und gegen die Personen IM »Berger« und IM »Lutz« sei nicht ermittelt worden. Der Klarname des IM »Lutz« bleibe unbekannt. Und von den Schöffen Q. und R. habe man keine Wohnanschrift. Der Rechtsanwalt K. schreibt an die zuständige Staatsanwaltschaft mit großer Verwunderung: »Es erscheint unverständlich, dass dieser Sachverhalt, der ausweislich der Akten inzwischen seit wenigstens vier Jahren bekannt ist, bis zur jetzt ermöglichten Akteneinsicht im Beschwerdeverfahren meinen Auftraggebern vorenthalten worden ist, ohne dass Strafverfolgungsmaßnahmen gegen die als Hauptbeteiligte mitwirkenden IM »Berger« und »Lutz« in die Wege geleitet wurden und noch dazu, dass den an dem Strafverfahren gegen meine Auftraggeber beteiligten Persönlichkeiten durch den Einstellungsbescheid auch noch bescheinigt wird, sie hätten sich im Rahmen der damaligen Gesetze und der Übung der Strafgerichtsbarkeit in der DDR bewegt.« Die vom Anwalt K. eingeschaltete Generalstaatsanwaltschaft in Naumburg antwortet am 14.07.2000: »Ich habe den Sachverhalt geprüft, jedoch auch unter Berücksichtigung Ihres Beschwerdevorbringens keine Veranlassung gefunden, in Abänderung der angefochtenen Entscheidung die Erhebung der öffentlichen Klage oder eine sonstige Maßnahme anzuordnen. Die Beschuldigten haben sich nach den vom Bundesgerichtshof in mehreren Entscheidungen aufgestellten Kriterien nicht wegen Rechtsbeugung oder Freiheitsberaubung strafbar gemacht. Die Verurteilung Ihrer Mandanten wegen Aufnahme staatsfeindlicher Verbindungen in Tateinheit mit mehrfach versuchtem ungesetzlichen Grenzübertritt im schweren Fall und berechtigten Eindringens in das Grenzgebiet stand danach nicht in einem öffentlichen und unerträglichen Widerspruch zu elementaren Geboten der Gerechtigkeit und stellt insbesondere keinen Willkürakt dar (vgl. insbesondere BGHSt 40, 30, 40 ff.; 272, 277 ff.). Für die bislang nicht als Beschuldigte eingetragenen und vernommenen Schöffen (Q. und R.) gelten die gleichen Erwägungen. Auch soweit Verfahren (wegen durch politische Verdächtigung begangene Freiheitsberaubung) gegen die ehemaligen IM »Berger« (Name genannt) und IM »Lutz« (Klarname nicht bekannt) in Betracht kommen könnten, besteht kein hinreichender Tatverdacht, da insoweit ebenfalls nur solche Anzeigen an das MfS tatbestandserheblich sind, die den Angezeigten der Gefahr aussetzte, rechtsstaatswidrige Gewalt- oder Willkürmaßnahmen zu erleiden (vgl. BGHSt 40, 125,135 ff.). Ich weise Ihre Beschwerde daher als unbegründet zurück.« Nach nun zehnjährigem vergeblichem Behördendisput ist mein Rechtsanwalt K. sprachlos. Frustriert teilt er mir mit: »Damit sehe ich diese unerfreuliche Sache als abgeschlossen an. (...) Vielleicht haben Sie mit den Medien mehr Glück.«

Was habe ich aus diesem zehn Jahre langen juristischen Verfahren gelernt? Schon im Jahre 1990 beschreibt L. Wawrzym im Wagenbach-Taschenbuch 180 treffend: »In der politischen Praxis der Bundesrepublik wird, trotz aller entgegengesetzten Reden,

genau wie nach 1945 Täterschutz vor Opferschutz gehen. (...) Alle werden schöne angleichende Reden absondern, aber in Wirklichkeit immer sorgfältig den Deckel zuhalten. Ich nenne das Bauchmietzeln: Man wird viel von Datenschutz reden und Quellenschutz, also Täterschutz meinen. Das ist Dialektik.« **(5)**
Dazu passen zwei Äußerungen aus dem Kreis hochrangiger Täter. Einer dieser früheren Stasi-Führungskräfte frohlockt nach der Wende, als er schreibt: »Keine bundesdeutsche Partei will sich jetzt bekleckern mit roter Soße.« Ein anderer wird sogar noch dreister. Der frühere Stasi-Generalmajor und Chef des »Roten Ochsen« bezeichnet in einem Interview der »Jungen Welt« die früheren politischen Gefangenen und Repressionsopfer als »Täter«, was aus meiner Sicht einem Beleidigungstatbestand nach § 194 StGB gleich kommt. Der »Verband der Verfolgten kommunistischer Gewaltherrschaft« resümiert daraus für die deutsche Justiz: »Dass (...) nach dem Sturz des SED-MfS-Regimes (...) Vertreter des MfS-Führungscorps es wagen, sich dreist aus dem Stasisumpf zu erheben, (...) zeigt die Versäumnisse und Fehler von Politik und Justiz seit der Wiedervereinigung.« **(6)**
Ich versuche eine Analyse des jahrelang vergeblichen Justiz-Vorganges. In den ersten Jahren nach der politischen und gesellschaftlichen Wende gibt es in der Justiz des vereinten Deutschland anscheinend eine juristische Phase der Urteilsbildung und Aufarbeitung. Die bundesdeutsche Justiz hat genug Probleme auf unterschiedlichster Ebene in den neuen Bundesländern aufzuarbeiten. Frühestens ab 1993-94 liegen zum Thema Flucht und Fluchthilfe erste höchstrichterliche Entscheidungen vor. Zunächst scheint die Justiz nach einem verbindlichen Umgang mit der DDR-Vergangenheit zu suchen. In diesem Zusammenhang erinnere ich an die handschriftliche Randbemerkung des Staatsanwaltes Z. aus Magdeburg, der im Jahre 1994 unter dem Begriff »Fluchthilfe« erste Erfahrungen anderer Gerichte absorbiert hat. Ein Jurist umschreibt es in einem anderen Urteil mit dem Satz: »Denn auch bei der strafrechtlichen Verfolgung des DDR-Un-

rechtes haben sich erhebliche Schwierigkeiten ergeben.« **(7)** Hierzu möchte ich Fakten eines vergleichbaren Prozesses nennen, die bei »Republikflucht« die gleichen Themen von Körperverletzung und Rechtsbeugung umschreiben. Das Verfahren lief beim Strafsenat des Landgerichtes Berlin. Es geht wie im eigenen Fall in erster Linie um die Problematik der »Rechtsbeugung durch DDR-Richter« und dem damit in Zusammenhang stehenden StGB-Paragraphen 336. **(8)** Ich rezipiere in Kurzfassung: DDR-Richter können prinzipiell in der Bundesrepublik wegen Rechtsbeugung nach Paragraph 336 StGB verfolgt werden. In der DDR galt hier der Paragraph 244 StGB. Die Handhabung wird zwischen Ost und West im Artikel 8 und 9 des Einigungsvertrages geregelt. Nach Ansicht der Vertragspartner bestehe bezüglich des Richteramtes eine Vergleichbarkeit. Da Richter prinzipiell weisungsabhängig sind, erhält die staatliche Führungsebene eine tragende Funktion. Daraus resultiere die besondere Situation auch für die DDR-Richter. Sie hätten nur ein geringes Maß persönlicher Unabhängigkeit gehabt. Denn die übergeordneten Justizorgane bis hin zum Ministerium der DDR-Justiz hätten die »Anleitung der Gerichte ausgeübt«. Nach Paragraph 21 Abs. 1 GVG-DRR kontrolliere diese Stelle die anderen Justizorgane. Für die bundesdeutsche Rechtsprechung greife nun, in Anlehnung an die Entnazifizierung nach dem 2. Weltkrieg, der sogenannte Rechtspositivismus, der das interne Weisungsrecht nach dem »Gerichtsverfassungsgesetz« (GVG) regelt. Die bundesdeutsche Justiz formuliert daraus folgendes: Der Paragraph 336 StGB-BRD kann sich nur auf Willkürakte im Sinne offensichtlicher, schwerer Menschenrechtsverletzungen beziehen. Im hier beschriebenen Verfahren habe das Gericht festgestellt, dass die Verurteilung wegen »Republikflucht« (§ 213 StGB-DDR) keinen schweren Verstoß gegen die Menschrechte darstelle. Deshalb sieht das Gericht die DDR-Verurteilung wegen »Fluchthilfe« weder als Rechtsbeugung noch als Körperverletzung, sofern die DDR-Justiz die üblichen Spielregeln eingehalten hat. Für mich als Opfer heißt das: Ich muss mir sagen lassen, dass ich die kriminellen Handlungen in dem »Roten Ochsen« als inhumanen und gesetzeswidrigen Terror zu erdulden habe. Und ich habe das vom Strafsenat in Halle ausgesprochene Urteil, das eklatant gegen die UNO-Resolutionen verstößt, als juristische Tatsache des Unrechts einfach hinzunehmen. Auch mein Rechtsanwalt K. will diese fragwürdige bundesdeutsche Dialektik nicht verstehen. Durch ein Gespräch mit ihm und durch die Literatur wird mir sehr bald klar, warum sich die deutsche Justiz wieder hinter das GVG-Paradigma begibt. Der Strafrechtler Prof. von Arnim umschreibt die laxe Behandlung der deutschen Vergangenheit mit den Worten: Egal ob es sich nun um die Verfolgung des nationalsozialistischen Justizunrechtes oder um die Handlungen der SED-Machthaber handelt, hier hat man die unwürdige Tatsache einer unverhohlenen Regierungskriminalität zu tolerieren. Seiner Meinung nach leben wir in einer sich »immer mehr deformierenden Demokratie des schönen Scheins.« **(9)**

Da frage ich mich als Nichtjurist, welchen internationalen Standpunkt eigentlich die Weltgemeinschaft vertritt. Der Artikel 12 der Internationalen Konvention über zivile und politische Rechte (UNO) besagt doch eindeutig: Jedem Menschen steht frei, jedes Land, auch sein eigenes, zu verlassen. Schon zur Honecker-Zeit gibt es ein international sanktioniertes »1503-Verfahren«, das auf einer Resolution des Wirtschafts- und Sozialrates / ECOSOC der UNO beruht. Während des Kalten Krieges war es eine der wenigen legalen Möglichkeiten, die DDR ohne illegale Fluchthilfe verlassen zu können. Nur wenige kannten die Regelung. Ich kannte sie nicht. Die 12.000 DDR-Bürger, die den 1503-Übersiedelungs-Passus nutzten, waren die Glücklichen, ohne dass sie ihren legalen Weg der DDR-Ausreise an die große Glocke hängen konnten und wollten. **(10)** Auch beide deutsche Regierungsseiten blieben bis zur Wende stumm. Das hatte einen politischen Grund, wollten doch die beiden deutschen Regierungen die sogenannten »gut nachbarschaftlichen Beziehungen« weiter ausbauen. Und der SED-Staat konnte wegen einiger

Tausend Bürger sein internationales Ansehen nicht in Frage stellen. Es war also die politische Großwetterlage, die kein anderes Procedere erlaubte. Streng genommen hätte man auch die damalige Regierung in Bonn wegen des modernen Sklavenhandels, d. h. des »Freikaufens« von DDR-Bürgern, brandmarken müssen. Die Aktivistin B. Klump formuliert bereits damals in einem Buch die legale 1503-Ausreise-Methode. Leider wurde ihre Zusammenstellung nie veröffentlicht. Ihr Internet-Credo gilt noch heute. Sie beschreibt es so: Wenn weiter Rechte und Grundfreiheiten in millionenfachen Einzelfällen hintertrieben werden, kann diese Welt nicht saniert werden. Nur die UNO kann einen grundsätzlichen Wandel bewirken. **(11)**
In den letzten Jahren macht eine Internationale Law-Commission von sich reden. Sie will die international geltenden Tatbestände in einem internationalen Gerichtshof durchsetzen. Das wäre sicher ein guter Weg. Bis heute sträuben sich aber immer noch viele Regierungen, die gewaltsame Verhinderung der Ausreise in einem Katalog der Delikte verbindlich zu fassen. Ein Genfer UNO-Beamter umschreibt dieses Handeln mit folgendem Satz: »Ausreisebeschränkungen aber stehen hier in der Tabelle der Menschenrechte ganz unten.« **(12)** Ich bin der Meinung, dass das Menschenrecht auf Freiheit einen verankerten internationalen Schutz braucht, der die Verbesserung und Weiterentwicklung des Verfahrens einschließt. Seit 2007 sorgt ein eingerichteter und funktionierender UN-Menschenrechtsrat für mehr praktischen Menschenrechtsschutz. Der Autor S. B. Gareis hofft, dass der Rat über genügend weltweite Verfahren und Instrumente verfüge, um die Menschenrechtssituation in kooperativer Weise entscheidend zu fördern. **(13)** Noch immer besteht seiner Ansicht nach die »Grundspannung zwischen Staatssouveränität und dem Anspruch der Staatengemeinschaft nach Beachtung kollektiver Normen.«
Meiner Meinung nach bedarf es des weltweiten Umdenkens, nämlich der Proklamation eines Weges von der Staatenheimat zur Weltheimat. Der kürzlich verstorbene französische Diplomat

St. Hessel fordert aus diesem Grunde eine neue Weltheimat, die er »terre-patrie« nennt. Nur sie könne eine tatsächlich reifende Weltgesellschaft schaffen. **(14)** In seinem Vermächtnis appelliert er an die Empörten dieser Erde und fordert: »Der Mensch hat nicht nur ein Gehirn, sondern auch ein Herz bekommen, und genau dieses müssen wir stärken. Bleibt nicht dabei, empört zu sein, sondern zeigt Verantwortung. Verändert diese Welt, habt Mitgefühl, seid Bürger einer wahrhaften Weltgesellschaft!« **(15)** Ich meine, die sieben Milliarden Hirne dieses Planeten brauchen ein verbindliches Regulativ für eine Weltgesellschaft. Um sie führen zu können, ist psychologisch betrachtet ein von allen anerkanntes Instrument mit Über-Ich-Funktion notwendig. Nur Weltbürger können pathologischen Weltverbesserern das Handwerk legen. Auch heute noch vergiften Weltanschauungs-Diktaturen und Weltverbesserer-Utopien die gesunden Gehirne. Es bedarf der Proklamation von Liebe und Hilfsbereitschaft. Hass und Terror müssen ausgemerzt werden. Nur dann kann der individuelle Anspruch eines weltweit umspannenden 1503-Status zu einem omnipotenten Recht werden. Die Welt wird mehr befriedet sein, wenn auch Einreise und Ausreise global geregelt sind. Man denke an die weltweiten Flüchtlingskatastrophen unserer Zeit. Momentan sind mehr als 50 Millionen Menschen auf der Flucht. Tagtäglich setzen sich Menschen aller Altersstufen und aller Erdteile kriegerischen Auseinandersetzungen, religiösem Fanatismus und Problemen durch Naturgewalten aus, in der Hoffnung, bald an einem neuen Wohlfühlort ein lebenswerteres Leben ohne Not und ohne Verfolgung führen zu können. Gerade wir Europäer sollten durch mehr Mitgefühl und mehr praktische Nächstenliebe das restriktive Migrationsverhalten gegenüber Hilfesuchenden aufgeben und helfend eingreifen. Wir leben in Mitteleuropa in einem Ghetto des Reichtums und haben die Verpflichtung, jedem Bedrängten zur Seite zu stehen. Ich sage es mit meinen Worten:

Wir alle haben nur ein Herz mit Liebe.
Wir alle haben nur ein Hirn mit Verstand.
Wir alle haben nur ein Leben auf Zeit.
Wir alle haben nur diese Welt zum Leben.
Wir alle haben die Pflicht, in jeder Situation diese Logik mit Ethik und Empathie umzusetzen!

Kapitel H

Anhang

Wer so tut, als bringe er die Menschen zum Nachdenken, den lieben sie.
Wer sie wirklich zum Nachdenken bringt, den hassen sie.
Aldous L. Huxley
britischer Schriftsteller

H 1 Schlussbemerkungen

Ein bekannter Historiker sagt, dass nach dem Scheitern des Kommunismus die ehrliche Vergangenheitsbewältigung ein schwieriges Unterfangen bleibe. Viele Belastete spinnen weiter an ihrer fatalen Lebenslüge. **(1)** Kritiker dieser Szene ergötzen sich an den Begriffen der moralischen, soziologischen, juristischen und historischen Vergangenheitsaufarbeitung. Da wird vieles zerredet. Ein Beispiel dafür ist der frühere Konsistorialpräsident der Evangelischen Kirche der DDR, der als »Jurist im Kirchendienst«, als »Weizsäcker des Ostens« oder »Mann des Staates in der Kirche« nach der gesellschaftlichen und politischen Wende die Funktion des Brandenburgischen Ministerpräsidenten übernahm. **(2)** Auf jeden Fall hat der Stasi-Führungsoffizier des »IM Sekretär« alias Stolpe das vorhandene Material seines »IMB« (laut MfS-Lexikon: »Informeller Mitarbeiter zur unmittelbaren Bearbeitung im Verdacht der Feindtätigkeit stehender Personen«) Anfang Dezember 1989 vernichten lassen. 1992 stellte der Untersuchungsausschuss von Brandenburg, der auch die Rolle Stolpes während der DDR-Zeit unter die Lupe nahm, fest, dass man eigentlich fast alle dort geprüften Mandatsträger zur Niederlegung des Amtes hätte bewegen müssen.

(3) Dazu eine persönliche Anmerkung, die meine Eltern mir mit Wehmut berichteten. Während der Internierung der MERKUR-Gruppe baten sie um einen Gesprächstermin bei dem Konsistorialpräsidenten Stolpe und wollten um Hilfe bitten. Ein Internierter der Gruppe war erkrankt. Mein Vater gab dazu folgende schriftliche Stellungnahme ab: »Obwohl wir bei ihm (Stolpe) angemeldet waren, wurden wir nicht in seinem Büro, sondern auf dem Flur des Hauses (...) angehört. Es war dann ein recht kurzes Gespräch. Ich würde sagen: Mit ein paar Redensarten wurden wir (Eltern) abgefertigt. Schrecklich deprimiert und maßlos enttäuscht über sein Verhalten zogen wir wieder ab. Auch in der Folgezeit haben wir nichts mehr von ihm gehört. (...) Es ist immer wieder, beinahe im Übermaß, jedenfalls für uns, betont worden, dass sich Herrn Stolpes Tätigkeit im Dienste für die Kirche in der DDR auf humanitäre Aktionen, besonders für Inhaftierte, erstreckt habe. Wie dringend nötig wäre das für unsere Angehörigen gewesen!« Am Ende resümierte er: »Ich möchte noch einmal betonen, dass wir weder von Herrn Stolpe noch von einer anderen Instanz der Kirche in der DDR für unsere Situation Verständnis und Hilfe erfahren haben. So war die Wirklichkeit. Bei allen Veröffentlichungen und Äußerungen von Herrn Stolpe kann man als Betroffener und Geschädigter die Frage nicht loswerden: Was ist Dichtung und was ist Wahrheit?«

(4) Keiner kennt die wahre Rolle des Ex-Ministerpräsidenten bei verschwundener Akte des IM »Sekretär«. Waren seine konspirativen Beziehungen zu Stasi-Offizieren tatsächlich nur »Gesprächskontakte« als »unabhängiger Verhandlungspartner«?

(5) Stolpes chamäleonartiges Verhalten lässt ihn im zwielichtigen Halbdunkel stehen. Ich präzisiere die Frage: War sein Handeln bzw. Nichthandeln eine angemessene Vorgehensweise und vor allem eine psychologisch akzeptable Reaktion, so wie es dieser Mann in der Öffentlichkeit immer wieder betonte. Wo ist da der von ihm in den Medien mehrfach betonte Heiligenschein seiner angeblich humanitären Handlungsweise? (6) Die Medien haben ihn richtig eingeschätzt, als sie schrieben, er bewege sich im Zwielicht des »öffentlichen Vertrauens«, der zwischen den Fronten lavierte, und als »IMB«-Mitarbeiter sich mit allen arrangierte, galant und problemlos die Weltanschauung wechselte und im übrigen »geschmeidig bis zur Selbstverleugnung« blieb. (7) Das ist keine Vergangenheitsbewältigung mit Anstand. Mit dieser Ambivalenz lavierten sich durch die Nachwendezeit eine ganze Reihe früherer Führungskräfte im Osten, auch in den Reihen der DDR-Kirche. Wenn ich von dem unschönen und anrüchigen Wort »Wendehälse« spreche, dann möchte ich nur das politische Urteilsvermögen des mitdenkenden Lesers aktivieren.

Warum lege ich so großen Wert auf das psychologische Denken und Handeln? Ein nicht Betroffener und doch analytisch mitdenkender Bürger von heute braucht Hinweise für den gesunden psychologischen Spürsinn. Es kommt doch darauf an, unter uns frühzeitig irrationale und abnorme Handlungen zu erkennen. Ich gehe noch weiter, wenn ich feststelle, die Welt beherbergt sieben Milliarden Menschen, und jedes Hirn eines Erdenbürgers hat seine eigene Welt. Unter ihnen gibt es genug »Kopflose« mit verbogenen Seelen, die jederzeit Verhängnisvolles anrichten könnten. Genauso war es in meiner Heimat, als mir Autoritäten des Machtapparates liebenswürdig bis ernsthaft-tückisch die abartige sozialistische Weltanschauung predigten. Der Mediziner H. J. Maaz spricht von der Perversion des Systems, in dem Diktatur über vierzig Jahre unter der Gleichung ausgeübt wurde, Einschüchterung sei Sicherheit. (8) Der unfertig lenkbare bis unkritisch verführbare Bürger bewegte sich als ein Organisations- und Automaten-Mensch wie eine Nummer, wie ein Objekt und wie ein Mitglied der Herde, von oben verwaltet. (9) Der sonst unauffällige Mensch von nebenan akzeptiere als normiertes Wesen weder die radikale Ablehnung noch die kritiklose Zustimmung zur marxistisch-geprägten Weltanschauungsdiktatur. Das Leben erschöpfte sich als eingeschriebenes SED-Parteimitglied im Phänomen des sogenannten »Partialkonsenses«, einer unnatürlichen Einheit von angeblich aktiv mitarbeitenden Individuen und totalitärer Machtausübung der Parteilobby. Und der maskenhaft arrangierte Mitläufer ohne SED-Mitgliedsbuch erkannte im depravierten Zustand nicht die immensen sozialen und undemokratischen Defizite. Zum Zeitpunkt meines Fluchtversuches gab es unter uns Jugendlichen keinen entscheidenden gesellschaftlichen Widerstand. Noch lebten wir wie die breite Volksmasse von fabulösen Versprechungen und versteckten Lügen. Bis zum Studium vegetierte auch meine noch jugendliche Seele in einer Kultur der Illusionen von schön reden, eher ungläubig hoffen, möglichst positiv denken und nicht nach außen hin auffallen. Das Leben brauchte und verlangte eine Kosmetik. **(10)** Meine Aufarbeitung war durch die beiden Fluchtversuche bereits mehr als zehn Jahre vor dem Mauerfall abgeschlossen. Die DDR-Justiz verpasste mir die rote Karte, sodass ich streng genommen sowohl Täter als auch Opfer wurde: »Wir waren böse.« Diesen nachdenklichen Titel gab der Produzent H. Kulick dem TV-Dokumentarbericht, den die MERKUR-Mitglieder gestalteten.

Schon zur Haftzeit stellte ich mir die Frage: Kann ich das Erlebte vergessen, soll ich schweigen oder ist es sinnvoll, das Erlebte weiterzugeben? Auf einem Plakat des U-Bahn-Aufganges las ich kürzlich: »Die größte Katastrophe ist das Vergessen.« Die Antwort war eindeutig. Verwerfliches Geschehen zu rekapitulieren und zu veröffentlichen gehört zum verantwortlichen Leben. Als Zeitzeuge und Christ kann ich über Versöhnung und Vergeben reden, nicht aber über das Vergessen. Warum? Selbst wenn man versuchen wollte zu vergessen, gehen im Gehirn doch die Inhalte des Durchlebten nie ganz verloren. Nur Unwesentliches wird vergessen. Lebensgeschichten sind nicht immer sofort erreichbar, wenn passagere Überlagerungen bzw. Unterdrückung bestehen sollten. **(11)** Im alltäglichen Leben formuliert es der Volksmund mit dem Spruch: Was du nicht verdaut hast, das kommt irgendwann wieder hoch. Der Mediziner weiß, ein irri-

tiertes Gehirn mischt weiter kräftig mit, solange es unter Mithilfe der Strategie des »fading affect bias« an der Erinnerung hantiert. Die belastenden Emotionen können mit dem nachlassenden Affekt wohl ärmer werden. Mit Erinnerung an früher wird auch die Vergangenheit weniger belastend, konfliktärmer und akzeptabler. Auch Kompromisse können möglich werden, aber keinesfalls im Sinne einer fehlerhaften Neuschreibung. Der Psychologe argumentiert in analoger Weise. Er meint, das Ich sucht im Abwehrkampf gegen traumatische Erfahrungen nach einer weniger belastenden Darstellung. Dem Zeitzeugen soll es ermöglicht werden, die Dokumente, Verknüpfungen und Strukturen leichter und präziser zu benennen. Darin sehe ich den integrativen Charakter der Retroperspektive und vor allem die Notwendigkeit einer Mahnung.
Kürzlich schreibt dazu mein Oberschulklassenkamerad Dr. Sch. (Name bekannt) folgendes: »Sollte man bei der Unrechtsstaatsdiskussion, die unleugbare Fakten aufzeigt, nicht auch akzeptieren, dass viele der Genossen, die damals in Verantwortung waren und sich bemüht haben, die »Überlebensgemeinschaft« DDR trotz aller Schwierigkeiten so optimal wie möglich zu gestalten (natürlich immer mit den verordneten Sprachregelungen und Einhaltung der Parteidisziplin), ihre Vergangenheit jetzt kritisch sehen und ihre Fähigkeiten nunmehr in einem demokratischen Gemeinwesen verwirklichen wollen? In einem Staat, der sich auch zu den christlichen Grundwerten bekennt, sollte man eine der wichtigsten Grundlagen des menschlichen Zusammenlebens überhaupt – Bekennen, Vergeben und Neubeginn – die Wandlung vom Saulus zum Paulus, niemals vergessen! Und so wäre es also geboten, den Wettstreit heute anerkannter und demokratisch legitimierter Parteien auf dem Wege zur Optimierung unserer Gesellschaft (unserer heutigen »Überlebensgemeinschaft«) nicht immer wieder mit den ideologischen Rückblicken zu belasten. Da sollte sich unser Bundespräsident auch einmal zurückhalten können!« Dr. Sch. bezieht sich hier auf die aktuelle Debatte der Regierungsfähigkeit DER LINKEN in Thüringen. In

einer Rede hat dazu Bundespräsident Gauck im »Bericht aus Berlin« (ARD), die Frage aufgeworfen, ob diese Partei tatsächlich schon so weit weg von den Vorstellungen sei, die die SED einst bei der Unterdrückung der Menschen hatte, dass wir ihr voll vertrauen können. Es gebe doch »Teile in der Partei, wo ich (Gauck) wie viele andere auch, Probleme haben, dieses Vertrauen zu entwickeln.« Zu einem früheren Zeitpunkt äußerten sich hierzu bereits bekannte DDR-Bürgerrechtler. Die Schriftstellerin Freya Klier sagt 2006 auf einem Hearing des Bundestages: »Die Träger des alten Systems (DDR) haben sich in der Wendezeit völlig neu und sehr geschickt positioniert – und das in einer osteuropäischen Vernetzung. Sie haben flächendeckend Gelder beiseite geschafft, über GmbH-Gründungen auch Volksvermögen, mit dem ziemlich effektiv gearbeitet wird. (….) Diese Leute haben sich gegenseitig in Schlüsselpositionen geschoben und torpedieren die Demokratie. Da geht es um Zukunft, (…). Das ist ein knallharter Kampf.« **(12)** Und Markus Meckel schreibt in einer weiteren Stellungnahme: »Da treten plötzlich hohe Stasi-Offiziere organisiert und abgesprochen bei einer Veranstaltung auf und versuchen, ihrer Geschichtsklitterung öffentlich Geltung zu verschaffen. (…) Die Gerechtigkeitslücke (…) ist besonders groß geworden, seit die Bundesregierung nach oberster Rechtsprechung den Bediensteten von SED-Staat und Staatssicherheit hohe Summen für Sozial- und Altersversorgung zahlen muss (Sonderrente in Höhe von 3,5 Milliarden Euro pro Jahr), während viele Opfer unter sozialer Not leiden.« **(13)** Fr. Klier untermauert ihre Haltung nochmals in einem späteren Interview der »Welt am Sonntag«: »Diese Leute marschieren ja nicht nur in Gedenkstätten auf, sie sitzen auch im Bundestag, in den Medien, in den Schulen und in unzähligen Gremien. Woran liegt das? Klier: Das ist die Folge von schweren juristischen Fehlern, die im Zuge der deutschen Einheit begangen wurden. So hätte der Staatssicherheitsdienst unbedingt zur kriminellen Vereinigung erklärt werden müssen. Dann würden diese Leute heute nicht so auftrumpfen. (…) Wir können nicht zulassen,

dass das DDR-Unrecht verharmlost wird, indem weitvernetzte Demokratiefeinde die Deutungshoheit über die DDR-Geschichte erlangen. Sie sollen nicht auch noch unsere Zukunft mitbestimmen.« **(14)**
Als früherer MERKUR 3 suche ich nach einer Antwort und benutze dazu das Zitat meines Vorfahrens, des Stoikers Dr. Graf Alphonse Wilding, der in seiner 1894 verfassten »Lebensphilosophie« die Menschen in drei Gruppen einteilte. Er schrieb: »Es gibt drei Sorten von Menschen: Die Guten, die, die es nicht sind und die Bösen«. **(15)** Nun möchte ich meinem Schulkameraden zur Beantwortung seiner gestellten Frage glauben, dass die recht große Zahl der indifferenten Menschen, die man auch gern als »Wendehälse« bezeichnet, jetzt ernsthaft am gemeinsamen demokratischen Deutschland bauen. Ich sehe selbst 25 Jahre nach dem Mauerfall nur eine Möglichkeit, allen drei genannten »Sorten von Menschen« die Chance für eine vernunftbegabte Überlebensstrategie einzuräumen. Sie sollten den Weg von Verzeihen und Vergeben einschlagen, das heißt sowohl als Opfer, Mitläufer oder auch Täter zur Nächstenliebe bereit sein. Aber richtige Vergebung kann nur greifen, wenn alle genannten Gruppen ohne Bedingungen die Hand zur Versöhnung ausstrecken. Nur dann hat das Böse keine Gewalt mehr. Man muss voller Demut, ohne Hass und mit gutem Willen handeln. Erst dann kann die unbegrenzte Versöhnungsbereitschaft den Weg zur Vergebung frei machen und eine wahre Konfliktlösung ermöglichen. Prinzipiell gibt es neben der persönlichen Versöhnung die sehr viel notwendigere Aufarbeitung der gesellschaftlichen Versöhnung. Versöhnung ist ein langfristig angelegter transformativer Prozess, der von drei Säulen getragen werden muss, nämlich der demokratisch fundierten Resonanz von Strafe (Wiedergutmachung), von Wahrheit und Gestaltung einer wahren Versöhnung. Meistens braucht die Wahrheitsfindung den längsten Weg, da Grundlage der befreienden Versöhnung die ehrliche Aufarbeitung voraussetzt. Eine erzwungene Wahrheit hilft keinem. Der bekannte tschechische Bürgerrechtler und Staatspräsident

V. Havel sprach in diesem Zusammenhang vom Kampf um ein »Leben in Wahrheit«. Deshalb sind frühere Lasten der Vergangenheit nicht nur »so einfach« zu entsorgen. Bleibt ein Teil der Gesellschaft unterschwellig hasserfüllt oder abartig misstrauisch, dann funktioniert der Wunsch zur Versöhnung nicht.
Ich meine, zur gesellschaftlichen Vergangenheitsbewältigung gehören Vergangenheit, Gegenwart und Zukunft. Auch die mindestens noch 16 000 Säcke mit Schredder-Material des Stasi-Apparates gehören zur Aufarbeitung. 1989 hatte der Stasi-Chef kurz vor Öffnung der Annalen in einer Verfügung die »Reduzierung des Bestandes« angeordnet. Seine Untergebenen bedienten Öfen, aktivierten Reißwölfe und produzierten aus dem brisanten Material in Verkollerungs-Maschinen Papierkügelchen, bis die Maschinen heiß liefen und teilweise ihre Tätigkeit einstellten. Übereifriges MfS-Personal hat zuletzt das Material noch per Hand zerrissen. Die Sprecherin der Berliner BStU-Behörde D. Hovestädt meint einschränkend, der Dokumentenbestand solle besonders bei »perfiden Vorgängen auf den unbedingt notwendigen Umfang« reduziert werden. **(16)** Das seit Jahren bereits in Zirndorf bei Nürnberg mit Hirn und Hand angewandte Zusammensetzungs-Verfahren der Stasi-Akten hätte nach Aussage von Experten länger als 300 Jahre in Anspruch genommen. Es ist gut, dass das Berliner Fraunhofer-Institut für Produktionsanlagen und Konstruktionstechnik vor kurzem ein weltweit einmaliges Gerät entwickeln konnte, sodass nun eine zweizügige teilautomatische Scanstraße die Möglichkeit gibt, die Schnipsel nach Farbe, Form und Beschriftung schnell und präzise zusammenzufügen. Vor wenigen Monaten genehmigte der Bundestag einige Millionen zur Aufstellung eines solchen Scanners.
Man fragt sich nach all dem selbst Erlebten, warum der Rechtsstaat die Aufarbeitung der Vergangenheit so zögerlich angegangen ist. Er agierte aus seiner Sicht gänzlich moderat. **(17)** Die bundesdeutsche Justiz ermittelte nach der Wende gegen etwa 100 000 Täter, die möglicherweise Schuld auf sich geladen haben könnten. Nur 40 Personen kamen in Haft. **(18)** Das waren mathe-

matisch betrachtet gerade einmal 0,04 Prozent der möglichen Betroffenen. Das Bundesverfassungsgericht stellt in einem Urteil fest, es sei keine Aufgabe staatlicher Justizstellen, eine Debatte über die Vergangenheit für beendet zu erklären oder einen Schlussstrich unter eine langwierige Diskussion zu ziehen. **(19)** Mir will anfangs die Argumentation nicht gefallen. Bleibt die Justiz doch wieder bei ihrer indifferenten Aussage, wenn sie sinngemäß sagt: Das Böse im Menschen kann die Justiz nicht allein aufarbeiten. Sie verweist die Rechtsgelehrten auf die juristische Argumentation des Paragraphen 336 StGB der BRD und des Paragraphen 224 StGB der DDR. Das habe ich bereits an anderer Stelle versucht zu analysieren. Eine sonderliche juristische Kapriole bot der frühere Stasi-Chef Mielke, als er wegen zweier Morde in den 30er-Jahren zur Rechenschaft gezogen werden sollte, nicht wegen der Rolle als Chef der Staatssicherheit. Mit der Wende schlüpfte diese abartige und kriminelle Gestalt aus der Rolle des schießwütigen Täters in die Rolle des leidgeprüften Opfers, als er in der Berliner U-Haft einsaß. Ein Kenner der Szene schreibt, wie der alte und gebrechliche Mann als »Rumpelstilzchen« in seiner Zelle tobte und sich wegen der angeblich unmenschlichen und katastrophalen Unterbringung beschwerte. Nach der Hausordnung der U-Haft des »Roten Ochsen« hätte es bei analoger Handlung Gründe für die Anstaltsleitung gegeben, einen solchen Menschen in die Arrestzelle zu stecken. Nicht so im Vollzug der BR Deutschland; die Justizverwaltung legte ihn behutsam auf eine Krankenstation. **(20)** So konnte er für seine unverbesserlichen Offiziere und Partei-Ideologen weiter wie eine übermenschliche Leuchtgestalt des untergegangenen Systems imponieren und als bleibende Stasi-Vaterfigur die Rolle des angeblich inhuman behandelten, kranken Opfers annehmen.

Warum will ich mich selbst noch an die schreckliche Zeit der Haft erinnern? Sie schafft Freiraum und hilft bei der Wahrheitsfindung, so wie bereits beschrieben. Ich behaupte, es bleibt bei der Notwendigkeit frühzeitig menschenunwürdige Gefahren zu erkennen. Der amerikanische Philosoph G. de Santayana sagt: »Wer die Vergangenheit nicht erinnern kann, ist verurteilt, sie zu wiederholen.« **(21)** Ich sehe die Pflicht der Erinnerung als moralisches Gebot, um der Verantwortung für die Zukunft gerecht zu werden. »Wissen von der Verantwortung bedeutet, das Bewusstsein für die Verantwortung um unsere Zukunft zu erlangen. Dazu ist es notwendig, sich der Vergangenheit zu stellen, über sie Auskunft einzuholen«, so sieht es auch K. Schweizer in ihrer Dissertation. **(22)** Für den Psychoanalytiker und Mediziner A. Mitscherlich gibt es den Wiederholungszwang, wenn der abgedrängten, scheinbar entmachteten Geschichte nicht nachgegangen wird. »Wir alle, ob schuldig oder nicht, müssen die Vergangenheit annehmen. Wir alle sind für sie in Haftung genommen …«, so die Aussage R. v. Weizsäckers 1985 in seiner berühmten Rede vor dem Bundestag. Eine verschwiegene Erinnerung hätte für das Volksempfinden verheerende Folgen. Der Nutzen der Erinnerung ist größer als die Geschichte zu tabuisieren. Mitscherlichs Versuch der psychoanalytischen Gegenwartsanalyse, die in dem Vorwurf der kollektiven Unfähigkeit trauern zu können mündet, beschäftigt die deutsche Intelligenz seit langem. Bis heute gibt es weder regionale noch globale Erinnerungsmuster, die als allgemein gültiges Interventionsmuster gelten könnten. Auch bei der Aufarbeitung der Stasi-Zeit greift nicht die notwendige Parole »Trauerarbeit macht frei«. Die historischen Erinnerungsmuster auf religiöser und vielschichtig säkularer Basis versagen. Wie schön wäre es, wenn die vielbeachtete Rede des gerade verstorbenen Bundespräsidenten R. von Weizsäcker, die er zum 40. Jahrestag zur Befreiung vom Faschismus hielt, einen Lösungsweg auch für den Pseudokommunismus ebnen könnte. Er sagte u. a.: »Gerade deswegen müssen wir verstehen, dass es Versöhnung ohne Erinnerung gar nicht geben kann. (…) Das Vergessen wollen verlängert das Exil, und das Geheimnis der Erlösung heißt Erinnerung.« **(23)**

Im Moment erleben wir, wie neue Utopien sich weltweit rasant verselbstständigen. Es ist auch die Naivität, die manchen unbe-

scholtenen Bürger der satten europäischen Gesellschaft zum Verhängnis wird, wenn sie ihr unkritisches Denken, gepaart mit Halbwahrheiten und gespickt mit Dummheit zu kriminellen Handlungen verführt. So werden Menschen, ohne dass sie es selbst wahrhaben wollen, in ein menschenunwürdiges Abseits getrieben. Die Torheit lässt eine leicht manipulierbare Urteilsbildung zu und gibt den verklärten Weltverbesserern Gelegenheit, ihr prophetisch untermaltes Handwerk des Terrors umzusetzen. Heute keimen neue Formen kranker Ideologien, die letztlich auch unser Leben beeinflussen. Selbst die momentan wenig attraktive kommunistische Weltverbesserer-Ideologie existiert im Verborgenen weiter. Trotz allem ist Schwarzmalen keinesfalls angezeigt.
Der Glaube an die politischen Werte der Demokratie ist im deutschen Vaterland nach der schmerzlichen und schrecklichen Vergangenheit doch deutlich gewachsen. Für mich bleibt es bei dem uralten Traum, den Seneca bereits aussprach, als er in der Rolle des römischen Philosophen und Stoikers an die kritische Volksseele appellierte und die Vermenschlichung des Menschen forderte: »Der Mensch ist für den Menschen eine heilige Sache.« Noch verbindender klingt es im Lateinischen:

»Homo res sacra hominis.«

Alte und neue Tragödien in aller Welt verlangen, dass der Spruch auf ein Mahnmal kommt und jeden daran erinnert, immer menschlich zu handeln.

H2 Personenregister

A. MERKUR 1 der Fluchtgruppe
B. MERKUR 2 der Fluchtgruppe
C. MERKUR 4 der Fluchtgruppe
D. Schleusungsfahrer beim zweiten Fluchtversuch, laut MfS Teil von »Kondor«
Dr. J. Ministerialdirigent im Ministerium der Justiz von Sachsen-Anhalt
Dr. K. Rechtsanwalt im Strafprozess als Vertreter von Rechtsanwalt Dr. Vogel (Berlin)
Dr. S. Konsistorialpräsident der Evangelischen Kirche von Sachsen-Anhalt und IM »Sekretär«, zuletzt Ministerpräsident des Landes Brandenburg
Dr. Sch. Oberschulkamerad und Wissenschaftler der Martin-Luther-Universität Halle-Wittenberg
E. Schleusungsfahrerin beim zweiten Fluchtversuch, laut MfS Teil von »Kondor«
F. Sicherungsfahrer beim zweiten Fluchtversuch, laut MfS Teil von »Kondor«
G. Justizprotokollantin im Strafprozess
GI »Fred« Geheimer Informator (IM der 50er-Jahre), der Pfarrer O. Wilding bespitzelt
GI »Wolfram« Geheimer Informator (IM der 50er-Jahre), der Pfarrer O. Wilding bespitzelt
H. Oberstaatsanwalt und CDU-Fraktionsmitglied im Brandenburger Landtag 1992
IM »Baum« Zubringer beim zweiten Fluchtversuch und getarnter MfS-Mitarbeiter
IM »Lutz« Zubringer beim zweiten Fluchtversuch und getarnter MfS-Mitarbeiter
IM »Berger« Zubringer beim zweiten Fluchtversuch und getarnter MfS-Mitarbeiter

K. Rechtsanwalt, der von 1990 bis 2000 die juristische Aufarbeitung versucht

L. Mithäftling in Zelle 45 des »Roten Ochsen«, laut MfS 45/2

M. Staatsanwältin im Prozess des Bezirksgerichtes Halle – 1. Strafsenat

MK. Schriftführer in U-Haft Gera (Haftbefehl des Kreisgerichtes Gera- Stadt)

MOE. MfS-Offizier in U-Haft Gera (Kreisgericht Gera-Stadt)

MOL. MfS-Offizier in U-Haft Gera (Haftrichter des Kreisgerichtes Gera-Stadt)

MOS. MfS-Offizier in U-Haft Gera (Major des Kreisgerichtes Gera-Stadt)

MOG. MfS-Offizier in U-Haft Halle/S. (Major des MfS Bezirk Halle/S.)

MOM. MfS-Offizier in U-Haft Halle/S. (Oberstleutnant des MfS Bezirk Halle/S.)

MOO. MfS-Offizier in U-Haft Halle/S. (Oberstleutnant des MfS Bezirk Halle/S.)

MOR. MfS-Offizier in U-Haft Halle/S. (Major des MfS Bezirk Halle/S.)

MOY. MfS-Offizier, Generalmajor und Chef des MfS im Bezirk Halle/S.

N. Staatsanwalt vor dem Strafprozess (Bezirksgericht Halle/Saale)

O. Oberrichterin im Strafprozess (Bezirksgericht Halle/Saale)

P. Angehöriger der Familie und Vermittler bei den beiden Fluchtversuchen

Q. Schöffe beim Strafprozess (Bezirksgericht Halle/Saale)

R. Schöffin beim Strafprozess (Bezirksgericht Halle/Saale)

RG. Klassenlehrer der Adolf-Reichwein-Oberschule (heute Gymnasium) in Halle/Saale

S. Mitarbeiter der Abteilung XIV des MfS (Gefreiter) als Zellen-Kontrolleur

T. Führungsoffizier von IM »Sekretär«

U. Mithäftling der Transportzelle in Halle-Hansering (Kleine Steinstrasse7)

V. Freund seit früher Jugend bis heute und Mitglied der Studentenverbindung »ALMA MATER HALLENSIS 1964-1970«

W. Schulkamerad der Grundschule und Mitarbeiter in »Grüns Weinstuben«

X. Vernehmer des MfS der Linie IX (Obergefreiter) in den Tagesverhören

Y. Vernehmer des MfS der Linie IX im Nachtverhör

Z. Staatsanwalt von Magdeburg im Rechtsstreit bis zum Jahre 2000

Anmerkungen zum Personenregister

Mit Ausnahme von IM »Berger«, IM »Baum«, GI »Fred«, GI »Wolfram« und dem MfS-Vernehmer Y. (Nachtverhör) sind mir alle Personen namentlich bekannt. Die mit »GI« geführten Personen waren »Geheime Informatoren«, die man ab 1968 als »IMS« (Informelle Mitarbeiter zur politisch-operativen Durchdringung und Sicherung des Verantwortungsbereiches) bezeichnete. In der vorliegenden Veröffentlichung werden bewusst keine Namen genannt. Man könnte argumentieren, dass der Autor überzieht, wenn er selbst seine Angehörigen, Bekannten und Freunde nicht benennen will. Ich sehe hierin den besonderen Schutz der Persönlichkeitsrechte und versuche gleichzeitig eine Form der Gleichbehandlung aller genannten Personen. Keinesfalls gefährde ich dabei mein Bestreben einer historischen Aufarbeitung und Bewertung der Stasi-Zeit. Der Autor sieht das Problem des uneingeschränkten Datenschutzes, auch wenn es das Stasi-Unterlagengesetz in §§ 32 bis 34 zulässt, wenn personenbezogene Daten ehemaliger Stasi-Mitarbeiter in Medien, Forschung und historischer Aufarbeitung nicht anonymisiert werden müssen. Das Bundesverfassungs-Gericht sieht laut Urteil vom 23.02.2000 in der Nennung solcher Personen eine die Öffentlichkeit tangierende Frage. Gerichte aus letzter Zeit urteilen etwas differenzierter. In einem Artikel schreibt der mir persönlich bekannte Leiter der Gedenkstätte »Roter Ochse« in Halle/S., dass ehemalige MfS-Offiziere androhten zu klagen, wenn ihre Namen innerhalb einer Ausstellung weiter genannt würden. Gerichtliche Auseinandersetzungen helfen hier nicht weiter. Meiner Meinung nach ist es vorteilhafter, wenn die Anonymisierung dem editorischen Nutzen dienen kann und so eine Behinderung der verlegerischen Tätigkeit unterbleibt. Natürlich sind Buchautoren und Personen der Zeitgeschichte, zu denen auch zahlreiche DDR-Funktionäre, DDR-Kirchenvertreter, Personen der MfS-Führung und Politiker aus früherer und unserer Zeit gehören, von dieser Regelung ausgenommen. Die Welt des MERKUR 3 ist keine Historie, die in langsam vergilbenden Akten leblos dahin dämmert und irgendwann vergessen ist.

H 3 Literaturverzeichnis

A 3 Der Deckname MERKUR 3

1 Weber, J. »Der SED-Staat: Neues über eine vergessene Diktatur«, München, Landsberg am Lech, 1995, S. 63
2 Gill, D. u.a. »Das Ministerium für Staatssicherheit« – Anatomie des Mielke-Imperiums, Berlin, 1991, S. 322 – 401
3 Weber, J., a.a.O., Seite 67 und 72
4 Scharrer, M., »Der Leserbriefschreiber – Tatwaffe Erika«, Berlin, 2005, S. 56
5 Scharrer, M., a.a.O., Seite 56
6 Gill, D., a.a.O., S.139
7 Engelmann, R. »Das MfS-Lexikon«, Berlin, 2011, S. 304
8 Raschka, J. »Einschüchterung, Ausgrenzung, Verfolgung«, Dresden, 1998, S. 19
9 Bergmann, Ch. »Die Sprache der Stasi«, Göttingen, 1999, S. 78
10 Bergmann, Ch., a.a.O., S. 93

11 Fuchs, J. »BF informiert – Unter Nutzung der Angst«, 2/1994, Berlin, 1994, S. 28
12 Krone, D. »Wenn wir unsere Akten lesen«, Handbuch zum Umgang mit den Stasi-Unterlagen,Berlin,1997,S. 35
13 Scharrer, M., a.a.O., S. 75
14 Weber, J., a.a.O., S. 37
15 Löhn, H.P. »BF informiert: Unsere Nerven lagen allmählich blank – MfS und SED im Bezirk Halle« (Nr. 13), Berlin, 1996, S. 7
16 Löhn, H., a.a.O., S. 8
17 Weber, J., a.a.O., S. 56 und 57
18 Engelmann, R. u.a. »Justiz im Dienste der Parteiherrschaft«, Berlin, 1999, S. 247
19 Gauck, J. »Die Stasi-Akten«, Reinbek bei Hamburg, 1992, S. 22
20 Wawrzyn, L. »Der Blaue. Das Spitzelsystem der DDR«, Berlin, 1990, S. 15
21 Weber, J., a.a.O., S. 61
22 Wanitschke, M. »Methoden und Menschenbild des Ministeriums für Staatssicherheit der DDR«, Köln, Weimar, Wien, 2001, S. 32
23 Weber, J., a.a.O., S. 2 – 4

B 1 Heimatgefühl und Wohlfühlort

1 Kohl, W. »Wie riecht Leben?« – Bericht aus einer Welt ohne Gerüche, Wien, 2009, S. 237
2 Klumbies, H. »Die Wiederauferstehung des Heimatgefühles«, www.wissen 57.de/die-wiederauferstehung – des-heimatgefühles.html
3 Kurbjuweit, D. »Was ist Heimat?«, Der Spiegel, Nr. 15/2012, S. 60–71
4 Wikipedia, »Anton-Günther-Gedenkstein«, www.de.wikipedia.org/wiki/Anton-Günther-Gedenkstein
5 Klumbies, H., a.a.O.
6 Hessel, St. »An die Empörten dieser Erde!«, vom Protest zum Handeln, Berlin, 2012, S. 9
7 Hessel, St., a.a.O., S. 14

B 2 DDR-Leben und frühe Honecker-Ära

1 Richter, H. E. »Zur Psychologie des Friedens«, Reinbek bei Hamburg, 1982, S. 122 und 123
2 Richter, H.E., a.a.O., S.163
3 Hafkemeyer, J. »Der Patriot . Der lange Weg des Egon Bahr«, Berlin, 2012
4 Hanke, Chr. »Die Deutschlandpolitik der Evangelischen Kirche in Deutschland von 1945 – 1990« – Schriftenreihe der Gesellschaft für Deutschlandforschung – Band 68, Berlin, S. 242 – 244
5 Gehrmann, M. »Die Überwindung des Eisernen Vorhanges« – Die Abwanderung aus der DDR in die BRD und nach Westberlin als innerdeutsches Migranten-Netzwerk, Berlin, 2009, S. 68
6 Hutter, F.J. u.a. »Menschen auf der Flucht«, Opladen, 1999, S. 8 und 9
7 Hutter, F.J. u.a., a.a.O., S. 20 und 21
8 Hutter, F.J. u.a., a.a.O., S. 285
9 Hosfeld, R. »Was war die DDR?« – Die Geschichte eines anderen Deutschland, Köln, 2008, S. 254
10 Grafe, R. »Die Grenze durch Deutschland« – Eine Chronik von 1945 bis 1990, München, 2008, S. 227
11 Gehrmann, M., a.a.O., S. 131
12 Hosfeld, R., a. a.O., S. 254
13 Richter, H .E., a.a.O., S. 26
14 Richter, H. E., a.a.O., S. 29
15 Richter, H .E., a.a.O., S. 55
16 BStU, MfS, ZAIG 4760, Blatt 49

17 Nawrocki, J. »Im Ganzen bewährt. Das Berlin-Abkommen nach zweieinhalb Jahren Praxis«, in: Deutschland-Archiv, 8. Jahrgang, 1975, Heft 1, S. 22 – 32

18 BStU, MfS, ZAIG 4760, Blatt 50

19 Detjen, M. »Ein Loch in der Mauer« – Die Geschichte der Fluchthilfe im geteilten Deutschland 1961 – 1989, München, 2005, S. 267

20 Weber, H. »Geschichte der DDR«, München, 1999, S. 394

21 Gehrmann, M., a.a. O., S. 138

22 Wanitschke, M. »Methoden und Menschenbild des Ministeriums für Staatssicherheit der DDR«, Köln, Weimar, Wien, 2001, S. 22

23 Wanitschke, M., a. a.O.,S. 23

24 Wanitschke, M., a. a.O.,S. 24

25 Wanitschke, M., a.a. O., S. 226

26 Wanitschke, M., a. a.O., S. 227

27 Gehrmann, M., a.a. O., S. 139

28 Poppe, U. »Zwischen Selbstbehauptung und Anpassung« – Formen des Widerstandes und der Opposition in der DDR, Berlin, 1995, S. 42

29 Richter, H.E., a.a.O., S. 54 und 55

30 Richter, H.E., a.a.O., S.67

31 Richter, H.E., a.a.O., S. 71 – 76

32 Knabe, H. »Was war die DDR-Opposition?«, – Zur Typologie des politischen Widerstandes in Ost-Deutschland, in: Deutschland-Archiv, 29.Jahrgang; 1996, Heft 2,S. 184–198

33 Poppe, U. u. a., a.a.O., S. 23

34 Henke, K.D. u.a. »Widerstand und Opposition in der DDR«, Köln, Weimar, Wien, 1999, S.301

35 Neubert, E. »Geschichte der Opposition in der DDR 1949 – 1989«, Berlin, 1997, S. 202

36 Richter, H.E., a.a.O., S. 22 und 23

37 Knabe, H. »Weiche Formen der Verfolgung in der DDR – zum Wandel repressiver Strategien in der Ära Honecker«, in: Deutschland-Archiv, 30. Jahrgang, 1997, Heft 5, S. 715 ff.

B 3 Die Kirche im Sozialismus

1 MfS, BV Halle, Ref. XII, A.-Nr. 214/56 (Überprüfungsvorgang Nr.132/55 und Operativplan Hle, Archiv-Nr. 214/56)

2 Krone, T. u.a. »Seid untertan der Obrigkeit« – Originaldokumente der Stasi- Kirchenabteilung XX/4, 13. Kapitel, Berlin (Neues Forum), 1992, S. 76

3 Krone, T. u. a., a.a.O., S. 76

4 Neubert, E. »Geschichte der Opposition in der DDR 1949–1989«, Berlin, 1997, S. 263 ff.

5 Heydemann, G. u.a. »Kirchen in der Diktatur« (Drittes Reich und SED-Staat) – Eine Publikation des Deutschen Historischen Institutes London, Sammlung Vandenhoeck, Göttingen, 1993, S. 168

6 Engelmann, R. »Das MfS-Lexikon« – Begriffe, Personen und Strukturen der Staatssicherheit der DDR, Berlin, 2011, S. 182

7 Pollack, D. u.a. »Zwischen Verweigerung und Opposition – Politischer Protest in der DDR«, Frankfurt/M., New York, 1997, S. 55

8 Pollack, D., u. a., a.a.O., S. 85

9 Neubert, E., a.a.O., S.202

10 Besier, G. »Der SED-Staat und die Kirche 1969–1990« – Die Vision vom »Dritten Weg«, Berlin, Frankfurt/M., 1995, S. 184–186

11 Läpple, Chr. »Verrat verjährt nicht« – Lebensgeschichten aus einem geteilten Deutschland, Hamburg, 2008, S. 202 – 205

12 Besier, G., a.a.O., S.187

13 Bethge, E. »Dietrich Bonhoeffer: Widerstand und Ergebung« – Briefe und Aufzeichnungen aus der Haft, Gütersloh, 2005, S. 15–16

14 Müller-Enbergs, H. u.a. »Das Fanal« – Das Opfer des Pfarrers Brüsewitz und die Evangelische Kirche, Frankfurt/M., 1993

15 Besier, G. »Symbol: Schwerter zu Pflugscharen« – EKD-Synode 6/1982, Friedensbewegung im Friedensstaat, 1995, S. 832

16 Müller-Engbergs, H., a.a.O., S.16

17 Müller-Engbergs, H., a.a.O., S.10

18 Müller-Engbergs, H., a.a.O., S.76

19 Grashoff, U. »Wie ein Blitzschlag in der hochelektrisch geladenen Atmosphäre eines totalitären Systems«, Deutschland-Archiv, 58. Jahrgang, Heft 4, S. 620

20 Grashoff, U., a.a.O., S. 623 21
Grashoff, U., a.a.O., S. 627 22
Grashoff, U., a.a.O., S. 628

23 Hanke, Chr. »Die Deutschlandpolitik der Evangelischen Kirche in Deutschland von 1945 bis 1990« – Eine politikwissenschaftliche

Untersuchung unter besonderer Berücksichtigung des kirchlichen Demokratie-, Gesellschafts- u. Staatsverständnisses, Schriftenreihe der Gesellschaft für Deutschlandforschung, Band 68, Berlin, 1999, S. 248
24 Hanke, Chr., a.a.O., S.249
25 Hanke, Chr., a.a.O., S.278
26 Hanke, Chr., a.a.O., S.255
27 Der Spiegel »Grauzone Gott« – Die Kirchen in der ehemaligen DDR bekennen sich nur zögerlich zu ihren Verstrickungen im Stasi-Staat, Heft 6, 1992, S.3
28 Der Spiegel, a.a.O., S. 1und 2
29 Wolle, St. »Die heile Welt der Diktatur« – Alltag und Herrschaft in der DDR 1971–1989, Bonn, 1998, S. 254
30 Funder, A. »Stasi-Land«, Hamburg, 2004, S. 235 und 237
31 Der Spiegel, a.a.O., S.3

B 4 Migration von Ost nach West

1 Brinkschulte, W. u.a. »Freikauf-Gewinnler« – Die Mitverdiener im Westen, Frankfurt/M. 1993, S.17
2 Hirschmann, A. »Exit, Voice and Loyalty – Responses to Dechine in Firms«, Organisations and States, Cambridge (MA)), 1970
3 Gehrmann, M. » Die Überwindung des Eisernen Vorhanges« – die Abwanderung aus der DDR in die BRD und nach West-Berlin als innerdeutsches Migranten-Netzwerk, Berlin 2009, S. 102
4 Brinkschulte, W. u.a., a.a.O., S. 660
5 Brinkschulte, W. u.a., a.a.O., S. 47
6 Brinkschulte, W. u.a., a.a.O., S. 111
7 Detjen, M. »Ein Loch in der Mauer« – die Geschichte der Fluchthilfe im geteilten Deutschland 1961–1989, München, 2005, S. 164
8 Detjen, M., a.a.O., S.166
9 Detjen, M., a.a.O., S.390
10 Gieseke, J. »Die Staatssicherheit und Gesellschaft« – Studien zum Herrschaftsalltag in der DDR – Analysen und Dokumente, Band 30, Göttingen, 2007, S. 117
11 Engelmann, R. u.a. »Das MfS-Lexikon« – Begriffe, Personen und Strukturen der Staatssicherheit der DDR, Berlin, 2011, S. 348 ff.
12 Gieseke, J., a.a.O., S.120
13 Brinkschulte, W. u.a., a.a.O., S. 93
14 Hardt, M. u.a. »Empire« – Die neue Weltordnung, Frankfurt/M., 2009, S.225

15 Brinkschulte, W. u. a., a.a.O., S.13
16 Faust, S. »Ich will hier raus«, Berlin, 1983, S. 11
17 Barzel, R. »Es ist noch nicht zu spät« – Autobiografie und Ansichten eines Politikers, München, 1976, S. 39
18 Diekmann, K. »Freigekauft« – Der DDR-Menschenhandel, Fakten, Bilder, Schicksale, München, 2012, S. 22
19 Diekmann, K., a.a.O., S.42
20 Schmidthammer, J. »Rechtsanwalt Wolfgang Vogel. Mittler zwischen Ost und West«, Hamburg,, 1987, S. 87
21 Geißel, L. »Unterhändler der Menschlichkeit« – Erinnerungen, Stuttgart, 1991, S. 327
22 Brinkschulte, W. u.a., a.a.O., S. 103 – 105
23 Brinkschulte, W. u.a., a.a.O., S. 115 – 117
24 Brinkschulte, W. u.a., a.a.O., S. 120 – 125
25 Brinkschulte, W. u.a., a.a.O., S. 126 und 163
26 Stern, J.R. »Und der Westen schweigt« – Erkenntnisse, Berichte, Dokumente über Mitteldeutschland, 1945–1975, Oldendorf, 1976, S. 311
27 Behling, Kl. u.a. »Vertuschte Verbrechen« – Kriminalität in der Stasi, Leipzig, 2007, S. 197–200
28 Rehlinger, L.A. »Freikauf: Die Geschäfte der DDR mit politisch Verfolgten«, Halle/S., 2011
29 Budde, H. »Gestohlene Seelen«, Norderstedt, 2008, S. 261
30 Poppe, U. u.a. »Zwischen Selbstbehauptung und Anpassung« – Formen des Widerstandes und der Opposition in der DDR, Berlin, 1995, S. 197–198
31 Diekmann, K., a.a.O., S.80
32 Diekmann, K., a.a.O., S.47
33 Brinkschulte, W. u.a., a.a.O., S. 27–28
34 Brinkschulte, W. u.a., a.a.O., S. 33
35 Brinkschulte, W. u.a., a.a.O., S. 15
36 Friedel, O. »Gefangenenfreikauf« – Innerdeutsche Beziehungen: Freikauf von in der DDR einsitzenden Gefangenen, Norderstedt, 2004, S. 19
37 Schade, Th. »Fini ist tot – Wo sind die Millionen?«, Sächsische Zeitung vom 13.11.2012
38 Nikbakhsh, M. »Geschäftsfrau Rudolfine Steindling ließ 130 Millionen EUR spurlos verschwinden«, http://www.profil.at/articles/1012/560/266160/geschaeftsfrau-rudolfine- steindling-130 … 10.07.2014
39 Brinkschulte, W. u.a., a.a.O., S. 257

C 1 Einreise in die »Deutsche Demokratische Republik«

1 Gernhardt, R. »Achterbahn« – Ein Lesebuch, Inselbücherei S 2001, Berlin, 2012, S. 90 – 102
2 Gernhardt, R., a.a.O., S. 91
3 Fritze, L. »Täter mit gutem Gewissen« – Über menschliches Versagen im diktatorischen Sozialismus, Band 6 der Schriften des Hannah-Arendt-Institutes für Totalitarismusforschung, Köln, Weimar, 1998, S. 277 ff.
4 Fritze, L., a.a.O., S. 279
5 Hussock, P. A. »Das gestohlene Leben« – Dokumentarerzählungen über politische Haft und Verfolgung in der DDR, Help e.V., Bamberg, 2004, S. 6
6 Jahn, R. »Wir Angepassten« – Überleben in der DDR, München, 2014, S. 9 ff.
7 Grafe, R. »Die Schuld der Mitläufer«, München, 2009, S. 22

C 2 Zwei Urlaubsreisen nach Bulgarien

1 BStU, MfS, BV Halle, AU 904/76, Band 1, Nummer IV/1747/74 (Potsdam)
2 Detjen, M. »Ein Loch in der Mauer« – Die Geschichte der Fluchthilfe im geteilten Deutschland 1961–1989, München, 2005, S. 314
3 Wikipedia »Flucht aus der Sowjetischen Besatzungszone und der DDR«, www. de. wikipedia/wiki/Flucht aus der Sowj. Besatzungszone und der DDR, Seite 1 ff.
4 Lutherbibel 1912, Matthäus-Kapitel 2,13, CID-Christliche Internetdienst, Bibel-Online-internet NET
5 Lutherbibel 1912, Matthäus-Kapitel 2,19, CID-Christliche Internetdienst, Bibel-Online-internet NET

C 3 Abhauen oder bleiben

1 Welsch, W. »Die verklärte Diktatur« – Der verdrängte Widerstand gegen den SED-Staat, Aachen, 2009, S. 113
2 Poppe, U. u.a. »Zwischen Selbstbehauptung und Anpassung« – Formen des Widerstandes und der Opposition in der DDR, Berlin, 1995, S. 208
3 Marxen, K. u.a. »Strafjustiz und DDR-Unrecht« – Dokumentation, Band 6: MfS-Straftaten, Berlin, 2006, S. 505–519

4 Wikipedia, »Flucht aus der Sowjetischen Besatzungszone und der DDR«, www.de.wikipedia.org/wiki/Flucht-aus-der_Sowj.Besatzungs-zone und der DDR
5 Ahrberg, E. u.a. »Sehr geehrter Herr Bundeskanzler!« – 28 Erwiderungen auf ihr Deutschlandbild oder warum Geschichte haftbar macht, Leipzig, 2002, S. 20
6 Gehrmann, M. »Die Überwindung des Eisernen Vorhanges« – Die Abwanderung aus der DDR in die BRD und nach West-Berlin als innerdeutsches Migranten-Netzwerk, Berlin, 2009, S. 70 und 216
7 Wikipedia, »Flucht aus der Sowjetischen Besatzungszone und der DDR«, a.a.O., S. 1ff.
8 Wikipedia, »Braindrain«, http://de.Wikipedia.org./wiki/Braindrain
9 Wikipedia, »Flucht aus der Sowjetischen Besatzungszone und der DDR«, a.a.O., S. 2ff.
10 Wikipedia, »Flucht aus der Sowjetischen Besatzungszone und der DDR«, a.a.O. S. 2ff.
11 Courtois, St. u.a. »Das Schwarzbuch des Kommunismus – Unterdrückung, Verbrechen und Terror« – Sonderausgabe, München, Zürich, 2004, S. 857
12 Maaz, H. J. »Der Gefühls-Stau« – ein Psychogramm der DDR, München, 1992, S. 124
13 Andert, R. u.a. »Der Sturz« – Honecker im Kreuzverhör, Berlin und Weimar, 1990, S. 433
14 Kroh, F. »Freiheit ist immer Freiheit ...« – Die Andersdenkenden in der DDR, Frankfurt/M. und Berlin, 1988, S. 69
15 Kroh, F., a.a.O., S. 70
16 Adolf-Reichwein-Oberschule, Klassenbuch für das Schuljahr 1960/1961 – »Klasse 11 B 5«
17 Scherrieble, J. »Der ROTE OCHSE Halle/Saale« – Politische Justiz 1933-1945 / 1945–1989, (Katalog zu Dauerausstellungen), Berlin, 2008, S. 518–520
18 Andert, R. u.a., a.a.O., S. 368
19 Andert, R. u.a., a.a.O., S. 372
20 Gehrmann, M., a.a.O., S. 268
21 Gehrmann, M., a.a.O ., S. 290–291
22 Schorlemmer, F. »Absturz in die Freiheit« – Was uns die Demokratie abverlangt, Berlin, 2002, S. 93–94
23 Storck, M. »Karierte Wolken« – Lebensbeschreibungen eines Freigekauften, Moers, 1994, S. 42
24 Andert, R. u.a., a.a.O., S. 263
25 Hutter, F.J. u.a. »Menschen auf der Flucht«, Opladen, 1999, S. 265
26 Welsch, W., a.a.O., S. 48 und 49

27 Welsch, W., a.a.O., S. 48
28 Wolle, St. »Die heile Welt der Diktatur« – Alltag und Herrschaft in der DDR 1971–1989, Bonn, 1998, S. 284
29 Welsch, W., a.a.O., S. 48

C 4 Flucht in die Fremde

1 Hanano, R., »RESET mitmachen: Migration«, Internet-reset.to/know/edge/migration, S. 1
2 Hanano, R., a.a.O., S. 2
3 Hanano, R., a.a.O., S. 2 – 3
4 Hanano, R., a.a.O., S. 2
5 Hanano, R., a.a.O., S. 4
6 Ottmer, J. »Globale Migration« – Geschichte und Gegenwart, Beck'sche Reihe – bsr. 2761, München, 2012, S. 20–21
7 Hanano, R., a.a.O., S. 7
8 Bundeszentrale für politische Bildung, »Migration und Bevölkerung« – Studie: Auswanderung aus Deutschland – Motive, Erwartungen u. Erfahrungen, Migrations-Info, Bonn info@bpb.de
9 Ottmer, J., a.a.O., S. 98
10 Richter, H.E. »Zur Psychologie des Friedens«, Reinbek bei Hamburg, 1982, S. 191
11 Richter, H.E., a.a.O., S. 225
12 Internet: http://de. statista. com/statistik/daten/studie/14212/umf
13 Stuttgarter Zeitung »Fluchthelfer für DDR-Bürger – Republikflüchtling hinterm Armaturenbrett«, Notiz vom 21.01.2013

C 5 Fluchthilfe und Fluchtverhinderung

1 Stern, J.R. »Und der Westen schweigt« – Erlebnisse, Berichte, Dokumente über Mitteldeutschland 1945 – 1975, Oldendorf, 1976, S. 309
2 Scharrer, M. »Der Leserbriefschreiber«- Tatwaffe Erika, Berlin, 2005, S. 21
3 Scharrer, M. a.a.O., S. 21-22
4 Budde, H., »Gestohlene Seelen«, Norderstedt, 2008, S. 23
5 Budde, H., a.a.O., S. 24
6 Budde, H., a.a.O., S. 25
7 Detjen, M. »Ein Loch in der Mauer« – Die Geschichte der Fluchthilfe im geteilten Deutschland 1961–1989, München, 2005, S. 348

8 Detjen, M., a.a.O., S.269
9 Weidenfeld, W. u.a. »Handbuch zur deutschen Einheit. 1949–1989–1999«, Frankfurt/M., 1999, S.806
10 Zimmermann, A. »Europäischer Gerichtshof für Menschenrechte«, www.uni-potsdam.de
11 Detjen, M., a.a.O., S.222
12 Der Spiegel »Morgen um sechs bist du in Michendorf«, 1973, Heft 34, S.10
13 Detjen, M., a.a.O., S.123
14 Fromm, E. »Die Furcht vor der Freiheit«, 2005, 12. Auflage, S. 107
15 Fromm, E., a.a.O., S.117 – 119
16 Der Spiegel »Fluchthelfer – bzw. auszuschleusen«, Heft 45, 1973, S. 3
17 Der Spiegel »Morgen um sechs bist du in Michendorf«, 1973, Heft 43, S.4
18 Der Spiegel, a.a.O., Heft 34, S. 5
19 Der Spiegel »Die alte Branche existiert nicht mehr« – Ausreisebewilligungen und Unterwanderung beschleunigen den Niedergang des Fluchthilfe-Gewerbes, 1985, Heft 1, S. 1
20 Tantzscher, M. »Hauptabteilung VI: Grenzkontrollen, Reise- und Touristenverkehr« (MfS-Handbuch), Berlin, 2005, S.73
21 Nawrocki, J. »Die DDR grollt weiter« – Vage Drohungen gegen den Transitverkehr mit Berlin, Zeit-Archiv, Ausgabe 40, 1978, S. 2
22 Der Spiegel »Fluchthilfe – gezielter Schlag«, 1976, Heft 41, S.1
23 Der Spiegel, a.a.O., S.2
24 Der Spiegel, a.a.O., S.1
25 Der Spiegel, a.a.O., S.10
26 Der Spiegel, a.a.O., S.7
27 Detjen, M., a.a.O., S.274
28 Tantzscher, M., a.a.O., S. 69 – 71
29 Tantzscher, M., a.a.O., S. 72
30 Tantzscher, M., a.a.O., S. 73
31 Der Spiegel, a.a.O., S.10
32 Der Spiegel, a.a.O., S. 8 – 9
33 Detjen, M., a.a.O., S.283
34 Der Spiegel, a.a.O., S.3
35 Tantzscher, M., a.a.O., S.57
36 Tantzscher, M., a.a.O., S. 60 ff. und S. 104 (Organigramm 17)
37 BStU, MfS, HA VI 124, Bl. 181 ff.
38 BStU, MfS, ZAIG 7052, S. 1 – 62
39 Berliner Zeitung »Für die Staatssicherheit eine Flucht vorbereitet« (Archiv), vom 14.07.1994
40 BStU, MfS, ZA Nr. 13907/75, Registratur Nr. XV/4020/74

41 BStU, MfS, HA VI/OPD Berlin vom 18.12.1974 – »Sachfahndung eines Fahrzeuges«
42 BStU, MfS, Außenstelle Halle, Archiv Nr. 904/76 und Potsdam IV/1747/74 – »Bericht über eine verhinderte Schleusungsaktion der Menschenhändlerbande Lindner am 18.12.1974«
43 BStU, MfS, HA VIII/4 und VI/OPD -»Beobachtungsbericht«, Reg. Nr. 439/74/Z
44 BStU, MfS, HA VI/OPD – »Bericht vom 18.12.1974«
45 BStU, MfS, Außenstelle Gera, Abteilung VI, Archiv Nr. 008007 – »Dokumentation PKE Hirschberg«
46 BStU, MfS, HA VI/OPD – »Information vom 06.01.1975«
47 Engelmann, R. u.a. »Das MfS-Lexikon« – Begriffe, Personen und Strukturen der Staatssicherheit der DDR, Berlin, 2011, S. 161
48 Wikipedia »Fluchthilfe«, S. 3
49 Die Welt »DDR-Fluchthelfer erhalten Bundesverdienstkreuz«, Bericht vom 29.10.2012
50 Internet: »Paradigmenwechsel? – 15 Fluchthelfer werden geehrt« (Ehrung), Bericht vom 18.10.2012, in: www.fluchthilfe.de
51 Richter, K.H., »Mit dem Moskau-Paris-Express in die Freiheit« – Gelebte Geschichte (Band 1), Berlin

D 1 Der zweite Fluchtversuch

1 Strafgesetzbuch und Strafprozessordnung der Deutschen Demokratischen Republik, 8.Kapitel: Straftaten gegen die staatliche Ordnung, Bonn, Seminarmaterial des Gesamtdeutschen Institutes
2 Strafgesetzbuch und Strafprozessordnung der Deutschen Demokratischen Republik, a.a.O.,
3 BStU, MfS, Außenstelle Halle, BV Hle AIM 3468/89, II, Band 2, Bl. 317, in: Scherrieble, J. »Der »Rote Ochse – Halle/Saale«, Berlin, 2008
4 Funder, A. »Stasi – Land«, Hamburg, 2004, S. 185
5 BStU, MfS, Außenstelle Halle, BV Hle Abteilung XIV, SA Nr. 22, Bl. 82
6 Gursky, A. »Politische Justiz im Roten Ochsen«, Schriftenreihe der Stiftung Gedenkstätte in Sachsen-Anhalt, Band 1, S. 550
7 BStU, MfS, ZA Reg. Nr. XV/4020/74, Archiv Nr. 13907/75
8 Schweizer, K. »Täter und Opfer in der DDR« – Band IV, Münster, 1999, S. 78
9 Masson, J.M. »Hunde lügen nicht« – Die großen Gefühle unserer Vierbeiner, München, 1997, S. 236
10 Masson, J.M., a.a.O., S. 33

11 Feddersen-Petersen, D.U. »Hunde und ihre Menschen« – Sozialverhalten, Verhaltensentwicklung und Hund- Mensch-Beziehung als Grundlage von Wesenstests, Stuttgart, 2001, S. 49–55
12 Feddersen-Petersen, D.U. »Hundepsychologie« – Sozialverhalten und Wesen, Emotionen und Individualität, Stuttgart, 2004, S. 355
13 Masson, J.M., a.a.O., S. 113
14 Masson, J.M., a.a.O., S. 233
15 Neumann, E. M. »Sie nahmen mir nicht nur die Freiheit«, München, Zürich, 2007, S. 13–23

D 2 Der Haftbefehl

1 BStU, MfS, Hle Archiv Nr. 904/76/Band III – »Festnahme Protokoll«, Nr. 66
2 BStU, MfS, Hle Archiv Nr. 904/76/Band III – »Festnahme Protokoll«, Nr. 60
3 BStU, MfS, Hle Archiv Nr. 904/76/Band III – »Einlieferungsanzeige«, Nr. 16
4 BStU, MfS, Hle Archiv Nr. 904/76/Band III – »An den Staatsanwalt des Bezirkes Gera«, Nr. 99
5 Comte-Sponville, A. »Woran glaubt ein Atheist?« – Spiritualität ohne Gott, Zürich, 200, S. 177–181
6 Skribanowitz, G. »Feindlich eingestellt!« – Vom Prager Frühling ins deutsche Zuchthaus, Böblingen, 1991, S. 32
7 Keller, G. »Die Psychologie der Folter« – Amnesty international, Frankfurt/M., 1991, S. 45–46
8 Litzche, S.M. u.a. »Nachrichtendienstpsychologie 3« – Beiträge zur inneren Sicherheit, Schriftenreihe des Fachbereiches Öffentliche Sicherheit, Brühl, 2005, S. 162–171
9 Friedel, O. »Gefangenenfreikauf«– Innerdeutsche Beziehungen: Freikauf von in der DDR einsitzenden politischen Gefangenen, Doku-Nr. V60884, Norderstedt, 2004, S. 7
10 Herz »Hinter hohen Mauern der politischen Haftanstalt 1933–1945 und 1945 und 1989« –Flyer
11 Iber, Chr. »Philosophy« – Dialektik und Ektasis, Berlin, 1994, S. 239
12 Strafprozessordnung vom 01.01.1949, Deutsche Justizverwaltung der Sowj. Besatzungszone in Deutschland, Berlin, 1949 (gültige Fassung 1968)
13 BStU, MfS, ZA DSt 102565, Zentrale Dienstkonferenz vom 24.05.1979, S.23 (Mielke-Referat)

D 3 Der Rücktransport

1 Storck, M. »Karierte Wolken« – Lebensbeschreibung eines Freigekauften, Moers, 1994, S. 124
2 Bath, M. »Gefangen und freigetauscht« – 1197 Tage als Fluchthelfer in DDR-Haft, Dokumente unserer Zeit, Band 5, München, Wien, 1981, S.23
3 Neumann, E. M. »Sie nahmen mir nicht nur die Freiheit«, München, Zürich, 2007, S. 108
4 Kriegel, M. »Haftbefehl 02.11.1973«, Halle, 2009, S. 128
5 Gursky, A. u.a. »Politische Justiz im Roten Ochsen«, Schriftenreihe der Stiftung der Gedenkstätte Sachsen-Anhalt, Band 1, S. 13
6 Gursky, A. u.a., a a.O., S. 13
7 Gursky, A. u.a., a.a.O., S. 14 ff.
8 Back »Die Geschichte der JVA Halle«, www.bsbd-Isa.de/jva.halle.htm, S. 1
9 Gursky, A. u. a., a.a.O., S. 15 ff.
10 Back, a.a.O., S. 2
11 Beleites, J. »Zwei Ausstellungen in einem Buch« – Der Katalog zu den neuen Dauerausstellungen in der Gedenkstätte Roter Ochse in Halle/S., in: Horch und Guck, Heft 61, 3/2008, S. 76 bis 77
12 Suckut, S. u.a. »Anatomie der Staatssicherheit« – Geschichte, Struktur und Methoden, in: Beleites, J. »MfS-Handbuch«, Teil III/9, Berlin, 2004
13 Gursky, A. u.a., a.a.O., S .21
14 Welsch, W. »Die verklärte Diktatur« – Der verdrängte Widerstand gegen den SED-Staat, Aachen, 2009, S. 268

E 1 Die Hausordnung in der U-Haft

1 BStU, MfS, BV Halle, Abteilung XIV, Sachakten Nr. 69, Blatt 166 – 174 : »Ordnungs- und Verhaltensregeln für Inhaftierte in den Untersuchungshaftanstalten des MfS (Hausordnung)«
2 Beleites, J. »Die Haftbedingungen in den Vollzugsanstalten des MfS«, in: Deutschland-Archiv 5/1999, S. 787–798
3 Beleites, J. »Die Rolle des MfS im Bereich des Untersuchungshaft- und Strafvollzuges der DDR«, in: Horch und Guck 24/1998, S. 46–55, GVS MfS 000811/79, S. 98ff.
4 Mielke, E., BStU, MfS, BdL, Dok 6827, DSt 102565 – »Referat auf der Zentralen Dienstkonferenz« vom 24.05.1979, in: GVS MfS 0008 11/79, S. 23
5 Stern, J.R. »Und der Westen schweigt« – Erlebnisse, Berichte, Dokumente über Mitteldeutschland 1945 bis 1975, Preußisch Oldendorf, 1976, S. 299, in: Befehl Nr.6/71 vom 1.3.1971, Tagebuch-Nr. BdL /397/71

6 Raschka, J. »Einschüchterung, Eingrenzung, Verfolgung« – Zur politischen Repression in der Amtszeit Honeckers, Berichte und Studien Nr. 14, Hannah – Arendt – Institut, Dresden, 1998, S. 58, in: BSTU, ZA, JHS 21961

7 BStU, ZA, JHS 21961, Bl. 313

8 Grün, A. »Jeder Mensch hat einen Engel«, Freiburg, Basel, Wien, 2004, S. 196

9 Rottleuthner, H. »Zum Aufbau und zur Funktionsweise der Justiz in der DDR, in: Engelmann und Vollenhals »Justiz im Dienste der Parteiherrschaft«, Anm. 45, S. 25

10 Beleites, J., a.a.O., S.788–798

11 BStU, MfS, HS (Sektion Rechtswissenschaft, Lehrstuhl für Hochschulausbildung), »Das Strafverfahrensrecht der DDR in seiner Bedeutung für die politisch-operative Tätigkeit, insbesondere für die Untersuchungsarbeit des MfS«, Potsdam, 1987, S.100

12 Rataizik, S. »Der Untersuchungshaftvollzug im MfS« – Abteilung XIV im MfS und in den BV, S. 6, in: www.mfs-insider.de/Abhandlungen/UHA. htm

13 Fricke, K.W. »Die Schönfärber verhöhnen ihre Opfer«, Frankfurter Rundschau vom 16.11.2007

14 Rataizik, S., a.a.O., S.13

15 Rataizik, S., a.a.O., S.7–8

16 Fricke, K.W., a.a.O., S.2

17 Fricke, K.W. »Lädierte Legenden« – Der Nimbus der DDR-Staatssicherheit, Nr. 431, 2005, S. 46, in: www.stiftung-hsh.de/downloades, CAT212/431 4146 Fricke.pdf.

18 Suckut, S. u.a. »Anatomie der Staatssicherheit – Geschichte, Struktur und Methoden, MfS-Handbuch, Berlin, 2004, S. 5

19 Marxen »Recht im Verständnis des MfS«, Anmerkung 40, in: Suckut, S. u.a., a.a.O., S.27

20 Bundeszentrale für politische Bildung »Auf den Spuren einer Diktatur: Politische Haft«, www. bpb.de/themen/6x7JLZ/4,0,Glossar, html.

21 BStU, MfS, BV Rostock, Abteilung XIV, Nr. 45, Blatt 1–25, »Jahresarbeitsplan 1989 der Abteilung XIV der Bezirksverwaltung der Staatsicherheit« vom 29.12.1988

22 BStU, MfS, BV Rostock, Abteilung XIV, Nr. 54, Blatt 81–91 »Festlegung für die politisch-operative Dienstdurchführung der Abteilung XIV der Bezirksverwaltung für Staatssicherheit« vom 02.04.1986

23 BStU, MfS, BV Rostock, Abteilung XIV, Nr. 149, Bl. 42–53 »Protokoll über den Anleitungs- und Kontrolleinsatz in der Abteilung XIV in der Bezirksverwaltung« vom 18.03.1988

24 Beleites, J. »Schwerin. Demmlerplatz« – Die Untersuchungshaftanstalt des Ministeriums für Staatssicherheit in Schwerin, Schwerin, 2001, S. 99
25 Beleites, J. »Die Haftbedingungen in den Vollzugsanstalten des MfS«, Deutschland-Archiv 5, 1999, S. 2
26 Wikipedia »Politische Haft (DDR)«, S. 4

E 2 Von Weihnachten bis Silvester

1 Macht, M. »Iss wonach dein Herz verlangt«, in : Geist und Gehirn, Heft 5, 2007, S. 45–50
2 Kiefer, I. »Schlau geschlemmt«, in : Geist und Gehirn, Heft 5, 2007, S. 36–43
3 Klein, St. »Die Glücks-Formel oder wie die guten Gefühle entstehen«, Reinbek bei Hamburg, 2002, S. 176
4 Klein, St., a.a.O., S. 175
5 Klein, St., a.a.O., S. 178
6 Klein, St. »Zeit«- Der Stoff aus dem das Leben ist, Frankfurt/M., 2006, S. 79
7 Krockow, W. »Nicht schuldig!« – Der Versuch einer Aufarbeitung von fünfeinhalb Jahren Zuchthaus in der DDR, Schriftenreihe des Berliner Landesbeauftragen für die Unterlagen des SSD der ehemaligen DDR, Band 11, S. 38
8 Coevenhooven, van H. »Die Stimme«, in : »Das gestohlene Leben«, HELP e.V., 2004, S. 33–39
9 Buttersooner, H. »Die Niederlage des Gefängnisses«- eine Bestandsaufnahme, Privatarchiv, 2003
10 Zahn, H. E. »Haftbedingungen und Gedächtnisproduktion in den Untersuchungshaftanstalten des MfS« – Psychologische Aspekte und biografische Veranschaulichung, in : Schriftenreihe des Berliner Landesbeauftragten für die Unterlagen des SSD der ehemaligen DDR, Band 5, Berlin, 2001, S. 51–52
11 Zahn, H. E., a.a.O., S. 85, zit. bei Köstler, A., S. 85
12 Zahn, H. E., a.a.O., S. 35
13 Knabe, H. »Gefangen in Hohenschönhausen« – Stasi-Häftlinge berichten, Berlin, 2008, S. 279
14 Grün, A. »Der Umgang mit dem Bösen« – Der Dämonenkampf im alten Mönchtum, Münsterschwarzach, 2005, S. 55 und 56
15 Grün, A., a.a.O., S. 15 – 99
16 Knabe, H., a.a.O., S. 292

17 Storck, M. »Karierte Wolken« – Lebensbeschreibungen eines Freigekauften, Moers, 1994, S.77

18 Kriegel, M. »Haftbefehl – O2.11.1973«, Halle/S., 2009, S. 174

19 Bohlken, A. »Die dritte Dimension der Tränen« – DDR-Flucht, Haft und Trauma, Heilungswege, Leipzig, 2007, S.66

20 Knabe, H., a.a.O., S.294

21 Kummerow, A. u. W. »Weihnachten im Tagebuch«, Zürich, 1993, S. 148

22 Sander, U. »Gesegnete Weihnacht«- Worte und Weisen zum Fest, Freiburg i.Br., 2006, S.41

23 Sander, U., a.a.O., S.17

24 Kummerow, A. u. W., a.a.O., S. 123

25 Ratzinger, J. »Gesegnete Weihnacht« – Worte und Weisen zum Fest (Chanukka und Weihnachten), Freiburg i.Br., 2006, S. 34–35

26 Fuchs, J. »Gedächtnisprotokolle, Vernehmungsprotokolle« – November 1976 bis September 1977, Reinbek bei Hamburg, 1990, S. 124

27 Luxemburg, R. »Briefe aus dem Gefängnis«, Paderborn, 2007, S. 71 ff.

28 Bonhoeffer, D. »Widerstand und Ergebung« – Briefe und Aufzeichnungen aus der Haft, Gütersloh, 1994, S. 179

29 Hussock, P. A. »Die letzten Stunden des Lebens«, Berlin, 1994, S. 10

30 Strehlow, A. u.a. »Politische Haft in der DDR« – Ergebnisse einer Befragung politischer Gefangener in den 80er-Jahren, Frankfurt/M., 2005, S. 12

31 Behnke, K. u.a. »Zersetzung der Seele« – Psychologie und Psychiatrie im Dienste der Stasi, Hamburg, Leipzig, 2010, S. 304

32 Bath, M. »Gefangen und freigetauscht« – Dokumente unserer Zeit, Band 5, München, Wien, 1991, S. 28

33 Storck, M. »Karierte Wolken« – Lebensbeschreibungen eines Freigekauften, Moers, 1994, S.59

34 Ebert, D. u.a. »Und plötzlich waren wir Verbrecher« – Geschichte einer Republikflucht, München, 2010, S. 65

35 Klein, St. »Die Glücks-Formel – oder wie die guten Gefühle entstehen«, Reinbek bei Hamburg, 2002, S. 58–60

36 Ortega-Gutierrez, S. »Tödliche Reize«, in: Gehirn und Geist, Nr. 4/2007, Heidelberg, S. 70–75

37 Fine, C. »Wissen Sie, was Ihr Gehirn denkt?«, Heidelberg, 2006, S. 157

38 Kriegel, M. »Haftbefehl 02.11.1973«, Halle/S., 2009, S. 179

39 Linden, W. u.a. »Geist, Seele und Gehirn«- Entwurf eines gemeinsamen Menschenbildes von Neurobiologen und Geisteswissenschaftlern, Münster, 2005, S. 147–156

40 Bohlken, A., a.a.O., Titel des Buches

E 3 Ein Buch, eine Zeitung, ein Spiel

1 BStU, MfS, BV Halle, Archiv Nr. 904/76, Band 1, Nr. Potsdam IV/1747/74, S. 67

2 Schmidt, A. »Leerjahre« – Leben und Überleben im DDR-Gulag, Böblingen, 1986, S. 7

3 Grashoff, U. »Selbsttötungen in der DDR und das Wirken des Ministeriums für Staatssicherheit« – Sachbeiträge, Teil 35, Landesbeauftragte für die Unterlagen des SSD der ehemaligen DDR in Sachsen-Anhalt, Magdeburg, 2004, S. 41

4 Grashoff, U., a.a.O., S. 40

5 Grashoff, U. »In einem Anfall von Depression«- Selbsttötungen in der DDR, Berlin, 2006, S. 2

6 Grashoff, U. »Erhängt?« – Angezweifelte Selbsttötungen politischer Häftlinge in der DDR, in: Horch und Guck, 1/2008, S. 34–37

7 Grashoff, U. »Die hohe Selbsttötungsrate der DDR verursacht durch politische Depression?«, in: public.beuth-hochschule.de/…/kred/suizide/…/Suizidrate DDR, S. 5

8 Grashoff, U., a.a.O., (»Selbsttötungen …«), S. 43

9 Grashoff, U., a.a.O., (»Selbsttötungen …«), S. 99

10 Simon, R. I. »Die dunkle Seite der Seele« – Psychologie des Bösen, Bern, 2011, S. 217

11 Wedler, H. L. »Gerettet?« – Begegnungen mit Menschen nach Selbstmordversuchen, Darmstadt und Neuwied, 1979, S. 36

12 ExOCoP-Wiki »Haftbedingte psychische Auffälligkeiten«, in: http://de.excocap.org/index/ptp/Haftbedingte-psychische – Auff.. % C 3% A 4 lligkeiten, Kategorie: Gesundheit, S. 1

13 Gößling, J. u.a. »Zur Entität der sogenannten Haftpsychose«, in: R. u. P., 22. Jahrgang, Heft 3, 2004, S. 123–129

14 Type Note »Genie und Wahnsinn: Martin Luther«, in: Neumayr, A. »Luther, Wagner, Nietzsche im Spiegel der Medizin«, Wien 1999

15 ExOCoP Wiki »Schwere psychische Störungen bei Gefangenen: eine Meta-Analyse«, in: Fazel, S. u.a. The Lancet Vol 359, Februar 16, 2002

16 Bandelow, B. »Das Angstbuch« – Woher Ängste kommen und wie man sie bekämpfen kann, Reinbek bei Hamburg, 2007, S. 195 ff.

17 Vaas, R. »Gott im Gehirn« – Hotline zum Himmel, Bild der Wissenschaft, Heft 7, 2005, S. 30–38

18 Bohl, F. »Abschied von einer Illusion« – Die Überwindung des Sozialismus in Deutschland, Bonn, 1990, S. 82

19 Vaas, R. »Gefährdete Gehirne« – Spektrum der Wissenschaft (Denkanstöße), Heidelberg, 2011, S. 61 ff.

20 Greenfield, S. »Spektrum der Wissenschaft (Denkanstöße)«, Heidelberg, 2011, S. 69
21 Groß, M. »Spektrum der Wissenschaft (Denkanstöße)«, Heidelberg, 2011, S. 71
22 Fest, J. »Nach dem Scheitern der Utopien« – Gesammelte Essays zur Politik und Geschichte, Reinbek bei Hamburg, 2007, S. 241
23 Faust, S. »Die gescheiterte Ideologie« – Vortrag von G. Schabowski vom 24.05.2005 in der Gedenkbibliothek zu Ehren der Opfer des Stalinismus, www.tellus-international.de/diskus-gedenkbibliothek- messages/14/81.html?
24 Horlacher, W. »Die große Utopie – Sozialismus in Deutschland«, München, 1976, S. 39
25 Hertle, H. H. u. a. »Damals in der DDR« – Der Alltag im Arbeiter- und Bauernstaat, München, 2004, S. 130
26 Horlacher, W., a.a.O., S. 160–161
27 Fest, J., a.a.O., S. 191
28 Ryklin, M. »Kommunismus als Religion« – Die Intellektuellen und die Oktoberrevolution, Frankfurt/M. und Leipzig, 2008, S. 106
29 Ryklin, M., a.a.O., S. 1
30 Horlacher, W., a.a.O., S. 297
31 Fest, J., a.a.O., S. 201
32 Horlacher, W., a.a.O., S. 212

E 4 Das ordinäre Zellenleben

1 Matsching, M. »30 Minuten Körpersprache verstehen«, Offenbach, 2010, S. 9
2 Scharrer, M. »Der Leserbriefschreiber« – Tatwaffe Erika, Berlin, 2005, S. 458, zit. Anm. 50, S. 6
3 Richter, A. »Der lange Arm der Stasi« – Folter, Psychoterror, DDR-Nostalgie, Persönliche Zeugnisse, Aachen, 2009, S. 145
4 Kochrow, W. »Nicht schuldig!« – Der Versuch einer Aufarbeitung von fünfeinhalb Jahren Zuchthaus in der DDR, Schriftenreihe des Berliner Landesbeauftragten für die Unterlagen des SSD der ehemaligen DDR, Band 11, Berlin, 2002
5 Faust, S. »In welchem Lande lebt Mephisto?« – Analyse und Perspektiven, Sonderreihe Band 5/6, München, 1980, S. 107
6 Klein, St. »Die Glücks-Formel oder wie die guten Gefühle entstehen«, Reinbek bei Hamburg, 2002, S. 62–72

7 Zahn, H.E. »Haftbedingungen und Geständnisproduktion in den Untersuchungs-Haftanstalten des MfS« – Psychologische Aspekte und biografische Veranschaulichung, Schriftenreihe des Berliner Landesbeauftragten für die Unterlagen des SSD der ehemaligen DDR, Band 5, Berlin, 2001, S. 49
8 Watson, D. u.a. »Einübung in Selbstkontrolle« – Grundlagen und Methoden der Verhaltensänderung, Reihe »Leben lernen« Nr. 13, München, 1975, S. 296
9 Newberg, A. u.a. »Der Fingerabdruck Gottes« – Wie religiöse und spirituelle Erfahrungen unser Gehirn verändern, Pößneck, 2010, S. 218
10 Wicht, H. »Schön – schöner – Cerebellum!«, Gehirn und Geist, 11/2006, S. 56–59
11 Liebertz, Ch. »Sitzen, nein danke!«, Gehirn und Geist, 7/2004, S. 70–73
12 Welsch, W. »Der Stich des Skorpion« – Ich war Staatsfeind Nr. 1, München, 2004, S. 106
13 Matschig, M., a.a.O., S.32
14 Knabe, H. »Gefangen in Hohenschönhausen« – Stasi-Häftlinge berichten, Berlin, 2007, S. 168
15 Report München »EU-Glühbirnenverbot«, Pressemitteilung in www.br.- online.de vom 05.01.2009
16 Funder, A. »Stasiland«, Hamburg, 2004, S. 269
17 Matschig, M. a.a.O., S. 21–37
18 Bohlken, A. »Die dritte Dimension der Tränen« – DDR-Flucht, Haft und Trauma, Heilungswege, Leipzig, 2007, S. 156
19 Bohlken, A., a.a.O., S. 157

E 5 Die Verwahrung auf pseudowissenschaftlicher Basis

1 Häftlingshilfegesetz, Fassung vom 29.09.1967 (erstmals am 06.08.1955 erwähnt)
2 Wikipedia »Politische Haft (DDR) «, S. 1 – 7, http:// de.wikipedia.org/w/index. php? title=Politische-Haft-(DDR) ol-did=119999903
3 Behnke, Kl. u.a. »Zersetzung der Seele« – Psychologie und Psychiatrie im Dienste der Stasi, Hamburg, Leipzig, 2010.S. 76
4 Zimbardo, Ph. u.a. »Psychiatrie«, Berlin, Heidelberg, New York, 1996
5 Rauchfleisch, U. »Folter« – Gewalt gegen Menschen, Ethik konkret, Band 1, Freiburg (Schweiz), 1990, S. 81–82
6 Rauchfleisch, U., a.a.O., S.84–85

7 Rauchfleisch, U., a.a.O., S. 83–84
8 Rauchfleisch, U., a.a.O., S. 86–87
9 Rauchfleisch, U., a.a.O., S. 88
10 Dümmel, K. u.a. »Was war die Stasi?« – Einblicke in das Ministerium für Staatssicherheit der DDR, Konrad Adenauer-Stiftung e.V., St. Augustin, Berlin, 2012, S. 22–24
11 Behnke, K., a.a.O., S. 307
12 Möbus, S. »Grundsätzlich kann von jedem Beschuldigten ein Geständnis erlangt werden« – Gedenkstättenheft Sachsen-Anhalt, Heft 6, Magdeburg, 1999, S. 92 und 99
13 Fuchs, J. »Den spezifischen Formen des DDR-Terrors gerecht werden« – Anhörung der Bundestagsfraktion Bündnis 90/Grüne, Vortrag vom 17.03.1997, Bonn, 1997, S. 2 und S. 5
14 Rosenberg, T. »Die Rache der Geschichte« – Erkundungen im neuen Europa, München, Wien, 1997, S. 352
15 Richter, H. »Die Operative Psychologie der Staatssicherheit der DDR«, Technische Universität Dresden, (Dissertation 2000), Frankfurt/M., 2001, S. 28, zit. bei Steiner A. »Staatssicherheit und Psychologie« – Zur Praxis der Psychologieausbildung der Staatssicherheit der DDR an der Juristischen Hochschule Potsdam, Dipl. Arbeit, Universität Leipzig (unveröffentlicht) 1996
16 Richter, H., a.a.O., S. 1
17 Richter, H., a.a.O., S. 2
18 BStU, MfS, ZA, VVSo 0001-106/68, JHS, 24470
19 Pingel-Schliemann, S. »Zersetzen«- Strategie einer Diktatur, Studie: Schriftenreihe des Robert-Havemann-Archivs 8, Berlin, 2004, S. 196
20 Richter, H., a.a.O., S. 31
21 Behnke, K. u.a., a.a.O., S. 20–26
22 Richter, H., a.a.O., S. 301 ff.
23 Moser, T. »Politik und seelischer Untergrund« – Aufsätze und Vorträge, Frankfurt/M., 1993, S. 120
24 Richter H., a.a.O., S. 150 – 151, zit. in »Die Beurteilung der Persönlichkeit«, MfS, JHS, VVSo, 001-29/86/IV,1986,S.23
25 Newberg, A. u.a. »Der Fingerabdruck Gottes« – Wie religiöse und spirituelle Erfahrungen unser Gehirn verändern, Pößneck, 2010, S. 112
26 Linden, W. u.a. »Geist, Seele und Gehirn« – Entwurf eines gemeinsamen Menschenbildes von Neurobiologen und Geisteswissenschaftlern, Münster, 2005, S. 157
27 Linden, W. u.a., a.a.O., S. 165 ff.
28 Linden, W. u.a., a.a.O., S. 159, zit .in Claas, P. u.a. »Prozessorientierte Psychotherapie bei der Traumaverarbeitung«, Tübingen, 2002

29 Hobsen, A. J. »Das optimierte Gehirn« – Wie wir unser Bewusstsein reparieren, manipulieren, ruinieren, Stuttgart, 2010, S. 23 ff.
30 Hobsen, A.J., a.a.O., S. 36
31 Vaas, R. »Gefährdete Gehirne«, Heidelberg, 2011, S. 61 ff., in: »Große Fragen« – Spektrum, Denkanstöße der Wissenschaft, S. 7
32 Klein, St. »Die Glücks-Formel« oder Wie die guten Gefühle entstehen, Reinbek bei Hamburg, 2002, S. 241
33 Brown, H. »Selbstbewusst! Den eigenen Wert erkennen, Selbstzweifel besiegen«, Psychologie Heute, 40.Jahrgang, Heft 9, S. 23
34 Zimbardo, Ph. »Der Luzifer-Effekt« – Die Macht der Umstände und die Psychologie des Bösen, Heidelberg, 2008, S. 415–420
35 Brown, H., a.a.O., S. 27

E 6 Der Vernehmungsbeginn nach Karenz

1 Buttersooner, H. »Die Niederlage des Gefängnisses« – Eine Bestandsaufnahme, Eigenverlag, 2003, S. 31, zit. Foucault, M. »Von der Subversion des Wissens«
2 Engelmann, R. u.a. »Justiz im Dienste der Parteiherrschaft« – Rechtspraxis und Staatssicherheit in der DDR, Berlin, 1999, S. 451, zit. in BSTU, ZA, Abt. XIV 546, Blatt 163 (Rataizick-Referat vom 2.12.1986)
3 Knabe, H. »Gefangen in Hohenschönhausen« – Stasi-Häftlinge berichten, Berlin, 2008, S. 286
4 Raschka, J. »Zwischen Überwachung und Repression« – Politische Verfolgung in der DDR 1971 bis 1989, Opladen, 2001, S. 74
5 Richter H. »Die Operative Psychologie der Staatssicherheit der DDR«, Frankfurt/M., 2001, S. 206, zit. in MfS, JHS, MF Z. Tgb.-Nr. 108/67
6 Norman, R. »Politische Häftlinge in der Untersuchungshaft des MfS« – Haftbedingungen von 1971 bis 1989, Hamburg, 2002, S. 14, zit. in Möbius, S., Gedenkstätten-Arbeit im Land Sachsen-Anhalt, Heft 6, Magdeburg, 1999, S. 92 und S. 99
7 Raschka, J. a.a.O., S. 6, zit. in BStU, ZA, VVS, JHS 1 – 313/81, Bl. 4–5
8 Raschka, J. a.a.O., S. 68, zit.in Gilbert, F. »Der Richter und sein Lenker. Politische Justiz in der DDR«, Berlin, 1992, S. 139
9 Markowitsch, H.J. u.a. »Tatort – Gehirn« – Auf der Suche nach dem Ursprung des Verbrechens, Frankfurt/M., 2007, S. 172
10 Zilli, T. »Folterzelle 36 Berlin, Pankow« – Erlebnisbericht einer Stasi-Haft, Vorwort von Pross, Ch., Berlin, 1993, S. 8
11 Engelmann, R. u.a., a.a.O., S. 444
12 Raschka, J. »Einschüchterung, Ausgrenzung, Verfolgung« – Zur

Politischen Repression in der Amtszeit Honeckers, Berichte und Studien Nr. 14 des Hannah–Arendt-Institutes für Totalitarismus-Forschung e.V. der TU Dresden, Dresden 1998, S. 53, zit. Nr. 125

13 Beleites, J. »Zwei Ausstellungen in einem Buch« – Der Katalog zu den neuen Dauerausstellungen in der Gedenkstätte Roter Ochse in Halle/Saale, zit. in Fricke, K.W. »Zur Menschen- und Grundrechtsposition« (Bericht von Helmecke, H.), S. 222

14 Koch, D. »Das Verhör« – Zerstörung und Widerstand, Band 2, Dresden, 2000, S. 328

15 Koch, D., a.a.O., S. 328, zit. in V.v. Weizsäcker, 1987, Band V, S. 13

16 Koch, D., a.a.O., S. 329, zit. in Maercher »Die psychischen Folgen politischer Inhaftierung«, Vortrag vom 17.3.1998, Dresden

17 Weckmann, A. »Zu Zwangsmaßnahmen in der MfS-Untersuchungshaft«, Studienarbeit im Grin-Verlag, Dokument Nr. V 161400, Norderstedt, 2009, S. 10

18 Richter, H., a.a.O., S. 237, zit. in JHS (Hg.) 1988, Lehrheft, 2, S. 8 ff.

19 Richter, H., a.a.O., S.260

20 Raschka, J., a.a.O., S.60

21 Richter, H., a.a.O., S.261

22 Richter, H., a.a.O., S. 240, zit. in JHS (Hg.) »Die wirksame Arbeit mit Legenden«, 1985, S.5

23 Richter, H., a.a.O., S. 241, zit. in MfS JHS GVS 160-14/70, BStU ZA JHS21800,

24 Fuchs, J. »Gedächtnisprotokolle, Vernehmungsprotokolle« – Nov. 76 – Nov.77, Reinbek bei Hamburg, 1990, S. 104 ff.

25 Zahn, H.E. »Haftbedingungen und Geständnisproduktion in den Untersuchungs-Haftanstalten des MfS – Psychologische Aspekte und biografische Veranschaulichung«, Schriftenreihe des Berliner Landesbeauftragten für die Unterlagen des SSD der ehemaligen DDR, Band 5, Berlin, 2001, S. 9, Anmerkung 2 und 3

26 Fritzsch, G. »Gesicht zur Wand« – Willkür und Erpressung hinter Mielkes Mauern, Leipzig, 1993, S. 13

27 Richter, H., a.a.O., S.183

28 Richter, H., a.a.O., S. 184, zit. in MfS, JHS, VVS, 117/68, BStU ZA JHS24483

29 Richter, H., a.a.O., S. 183 ff.

30 Koch, D., a.a.O., S.326

31 Newberg, A. u.a. »Der Fingerabdruck Gottes« – Wie religiöse und spirituelle Erfahrungen unser Gehirn verändern, 2010, S. 322 ff.

32 Newberg,A. u.a., a.a.O., S.323

33 Litzcke, S. M. »Beiträge zur inneren Sicherheit« – Nachrichtendienstpsychologie 1, Brühl, 2003, S. 130–134

F 1 Der Haftalltag zu zweit

1 Knabe, H. »Gefangen in Hohenschönhausen« – Stasi-Häftlinge berichten, Berlin, 2007, S. 281–282
2 Eberhardt, A. »Verschwiegene Jahre« – Biografische Erzählungen von Gefangenschaft und dem Leben danach, Berlin, 1998, S. 158
3 Krolkiewicz, R.G. »Hafthaus« – Ein Bericht unter Verwendung authentischer Briefe, Wilhelmshorst, 2003, S. 79
4 Behnke, K. u.a. »Zersetzung der Seele« – Psychologie und Psychiatrie im Dienste der Stasi, Hamburg, Leipzig, 2010, S. 74
5 Högler, St. »Mission Seelenfrieden« – Psychologie, kognitive Dissoziation, Geist und Gehirn, Heft 6, 2005, S. 70–73
6 Graf Wilding, A. »Lebensphilosophie« – Fremde und eigene Betrachtungen aus dem Leben eines modernen Stoikers, Frankfurt/O., 1894, S. 1–109, Signatur 1a: Nh 9158 (Staatsbibliothek Berlin)
7 Zilli, T. »Folterzelle 36«, Berlin- Pankow – Erlebnisbericht einer Stasi-Haft, Berlin, 1993, S. 62 ff.
8 Newberg, A. »Der Fingerabdruck Gottes«, Pößneck, 2010, S. 108
9 Bohl, F. »Abschied von einer Illusion« – Die Überwindung des Sozialismus in Deutschland, Bonn, 1990, S. 82
10 Watson, D. u.a. »Einübung in Selbstkontrolle« – Grundlagen und Methoden der Verhaltensänderung, Reihe Leben lernen 13, München, 1975, S. 296
11 Newberg, A. u. a., a.a.O., S. 203
12 Klein, St. »Die Glücks-Formel« – oder wie die guten Gefühle entstehen, Reinbek bei Hamburg, 2002, S. 282

F 2 Die Spielregeln des tschekistischen Verhörs

1 Fuchs, J. »Gedächtnisprotokolle, Vernehmungsprotokolle« – Nov. 1976 – Sept. 1977, Reinbek bei Hamburg, 1990, S.134
2 Raschka, J. »Einschüchterung, Ausgrenzung, Verfolgung« – Zur politischen Repression der Amtszeit Honeckers, Berichte und Studien Nr. 14 des Hannah-Arendt-Institutes für Totalitarismus-Forschung der Uni Dresden, Dresden, 1998, S. 52 und 52, Anm. 385
3 Kriegel, M. »Haftbefehl 02.11.1973«, Halle/Saale, 2009, S. 133
4 BStU, MfS, BV Halle, Abteilung IX, Sachakten Nr. 585, Bl. 46–77
5 Koch, D. »Das Verhör« – Zerstörung und Widerstand, Band 2, Dresden, 2000, S. 326

6 Koch, D., a.a.O., S.326
7 Richter H. »Die Operative Psychologie des Ministeriums für Staatssicherheit der DDR«, Frankfurt/M., 2001, S. 200
8 Richter, H., a.a.O., S.200
9 Richter, H., a.a.O., S.183
10 Hahn, R.O. »Ausgedient« – Nach Notizen eines Stasi-Offiziers erzählt, Halle/Saale, 2001, S. 56
11 Raschka, J., a.a.O., S.60
12 Richter, H., a.a.O., S.196
13 Amati, S. »Reflektionen über die Folter« – Psyche Nr. 3, 1977, S. 228–245
14 Weiße, F. »Psychische Folter beim MfS« – Analyse und Erfahrungsbericht, Phoenix –Selbsthilfeverein von Folterbetroffenen e.V., Berlin, 1998, S. 13
15 Scharrer, M. »Der Leserbriefschreiber« – Tatwaffe Erika, Berlin, 2005, S. 84
16 Zahn, H. E. »Haftbedingungen und Geständnisproduktion in den Untersuchungshaftanstalten des MfS – Psychologische Aspekte und biografische Veranschaulichung« Berlin, 2001, Band 5 der Schriftenreihe des Berliner Landesbeauftragten für die Unterlagen des SSD der ehemaligen DDR, S. 9 und 10, zit. in BStU, Signatur MfS JHS 21803 und MfS JHS 21986
17 Richter, H., a.a.O., S. 236 – 237, Anm. 97: JHS Potsdam 1988, Lehrheft 2, S. 8 ff.
18 Weiße, F., a .a .O., S. 32, in: Biedermann, A.D., B. of the New York, Academy of Medicine, Vol.33, No.9,1957, S.619
19 Weiße, F., a.a.O., S.32
20 Koch, D., a.a.O., S.329
21 Richter, H., a.a.O., S. 177, zit. in Anm. Nr. 9
22 Zahn, H.E., a.a.O., S.22–25
23 Weiße, F., a.a.O., S. 35 -40
24 Newberg, A. u.a. »Der Fingerabdruck Gottes« – Wie religiöse und spirituelle Erfahrungen unser Gehirn verändern, Pößneck, 2010, S. 315
25 Lietzcke, S.M. u.a. »Nachrichtendienstpsychologie 3« – Beiträge zur inneren Sicherheit, Brühl, 2005, S. 157
26 Faust, S. »In welchem Lande lebt Mephisto?« – Schreiben in Deutschland, München, 1980, S. 116
27 Scharrer, M., a.a.O., S.82–84
28 Fritzsch, G., a.a.O., S.90
29 Bath, M. »Gefangen und freigetauscht« – 1197 Tage als Fluchthelfer in DDR-Haft, Dokumente unserer Zeit, Band 5, München, Wien, 1981, S. 30
30 Raschka, J., a. a.O., S. 132
31 Richter, A. »Der lange Arm der Stasi« – Folter, Psychoterror, Nostalgie (Persönliche Zeugnisse), Aachen, 2009, S. 28–29

32 Fine, C. »Wissen Sie, was Ihr Gehirn denkt? – Wie in unserem Oberstübchen die Wirklichkeit verzerrt wird und warum, München, 2007, S. 55, Anm. 4
33 Fine, C., a.a.O., S. 71–72
34 Klein, St. »Die Glücks-Formel« oder wie die guten Gefühle entstehen, Reinbek bei Hamburg, 2002, S. 140–146
35 Fuchs, J., a.a.O., S. 137
36 Selitrenny, R. »Doppelte Überwachung«- Geheimdienstliche Ermittlungsmethoden in den DDR-Untersuchungshaftanstalten, Forschung zur DDR-Gesellschaft, Berlin, 2003, S. 291
37 Moser, T. »Politik und seelischer Untergrund«, Suhrkamp-Taschenbuch 2258, Frankfurt/M. 1993, S. 126
38 Hahn, R.O., a.a.O., S. 9 und 27
39 Schweizer, K. »Täter und Opfer in der DDR« – Vergangenheitsbewältigung nach der zweiten deutschen Diktatur, Studien zur DDR-Gesellschaft, Band 4, Münster, 1999, S. 85

F 3 Die Banalität der Aktion »Weiße Wolke«

1 BStU, MfS, BV Halle, Abteilung IX, Sach-Nr. 267
2 Weil, F. »Zielgruppe Ärzteschaft« – Ärzte als inoffizielle Mitarbeiter des Ministeriums für Staatssicherheit der DDR, Berichte und Studien, Nr. 54 des Hannah-Arendt-Institutes für Totalitarismus-Forschung e.V., Göttingen, 2008, S. 235
3 Weil, F. »Mein Bestes für das Gesundheitswesen« – Ehemalige IM-Ärzte als Abgeordnete der letzten Volkskammer 1990, Deutschland-Archiv, Heft 5, Berlin, 2006, S. 853–864
4 Rothe, H. »Zielgruppe Ärzteschaft« – Ärzte als Inoffizielle Mitarbeiter, Horch und Guck, Heft 1, Berlin, 2008, S. 79
5 Weil, F., a.a.O., S. 30
6 Weil, F., a.a.O., S. 147
7 Reichert, St. »Unter Kontrolle« – Die Martin-Luther-Universität und das Ministerium für Staatssicherheit 1968 – 1989, Band 1 und Band 2, Halle /Saale, 2007, S. 307 ff.
8 Reichert, St., a.a.O., S. 126
9 Reichert, St., a.a.O., S. 308, Anm. 153
10 Reichert, St., a.a.O., S. 75
11 Raue, P. u.a. »Darf man das?« – Die Veröffentlichung von Stasi-Listen in Halle an der Saale im Sommer 1992 und die Folgen, Halle/Saale, 2004, S. 74

12 Maaz, H.J. »Der Gefühls-Stau« – Ein Psychogramm der DDR, München, 1992, S. 40
13 Schröder, K. u.a., BStU, MfS, JHS Potsdam, MF VVS 160-304/74, Bl.24 und Bl.41, (Diplomarbeit 1974)
14 Gieseke, J. »Staatssicherheit und Gesellschaft« – Studien zum Herrschaftsalltag in der DDR, Analysen und Dokumente, Band 30, Göttingen, 2007, S. 117

F 4 Die Spielchen meines Zellengenossen L.

1 Zahn, H.E. »Haftbedingungen und Geständnisproduktion in den Untersuchungshaftanstalten des MfS« – Psychologische Aspekte und biografische Veranschaulichung, Band 5 der Schriftenreihe der Berliner Landesbeauftragten für die Unterlagen des SSD der ehemaligen DDR, Berlin, 2001, S. 35
2 Bonhoeffer, D. »Widerstand und Ergebung« – Briefe und Aufzeichnungen aus der Haft, Gütersloh, 1994, S. 122
3 Sperk, A. »Die MfS-Untersuchungs-Haftanstalt Roter Ochse Halle/Saale von 1950–1989« – Eine Dokumentation, Halle/Saale, 1998, S. 11
4 Erdmann, V. »Die Zelleninformatoren in der Untersuchungshaft der MfS-Bezirksverwaltung Halle/S. 1981 bis 1989«, Magdeburg, 1998, S. 14, in: BStU, Aust. Halle, MfS BV Halle, Abteilung IX, SA 218
5 Fuchs, J. »Magdalena« – MfS-Memphis-Blues-Stasi-Die Firma-VEB Horch und Guck, Reinbek bei Hamburg, 1999, S.96–97
6 Schweizer, K. »Täter und Opfer in der DDR« – Vergangenheits- bewältigung nach der zweiten deutschen Diktatur, Band 4, Studien zur DDR-Gesellschaft, Münster, 1999, S. 122, zit. in Kopf/Seifert, 1971, S. 96
7 Fuchs, J. »Du sollst zerbrechen!« – DDR-Autor Jürgen Fuchs über seine Haft im Gefängnis des Staatssicherheitsdienstes, in: Der Spiegel 45/177
8 Selitrenny, R. »Doppelte Überwachung« – Geheimdienstliche Ermittlungsmethoden in den DDR-Haftanstalten, Berlin, 2003, S. 298
9 Schmidt, A. »Leer-Jahre« – Leben und Überleben im DDR-Gulag, Hemsbach, 1986, S. 300, Anm. 1096
10 Selitrenny R., a.a.O., S.302
11 Erdmann, V. »Die Zelleninformatoren in der Untersuchungshaft der MfS-Bezirksverwaltung Halle/Saale 1981 – 1989«, Reihe Sachbeiträge, Teil 8, Naumburg, 1998, S.9
12 Fuchs, J., a.a.O., S.35
13 Erdmann, V., a.a.O., S.15–16

14 Lietzcke, S. u.a. »Nachrichtendienstpsychologie 3« – Beiträge zur inneren Sicherheit, Brühl, 2005, S. 10 und 19
15 Bonhoeffer, D. »Ich habe dieses Volk geliebt« – Zeugnisse der Verantwortung, München, 1961, S.26–27
16 Scherrieble, J. u.a. »Politische Justiz im Roten Ochsen« – Schriftenreihe der Stiftung Gedenkstätten Sachsen-Anhalt, Band 1, 2006, S. 474
17 Garve, R. »Unter Mördern« – Ein Arzt erlebt den Schwerverbrecher-Knast, München, 2000, S.45
18 Kowalczyk »China« A. »Sicher verwahrt« – Stasiknast und medizinische Versorgung, Norderstedt, 2004, S.39
19 Fuchs, J. »Gedächtnisprotokolle, Vernehmungsprotokolle« – Nov. 1976 – Nov. 1977, Reinbek bei Hamburg, 1990, S. 196
20 Ebert, D. u.a. »Und plötzlich waren wir Verbrecher« – Geschichte einer Republikflucht, München, 2010, S.129
21 Fromm, E. »Die Seele des Menschen« – Ihre Fähigkeit zum Guten und zum Bösen, Stuttgart, 1979, S. 35
22 Roth, K. »Sexsucht« – Krankheit und Trauma im Verborgenen, Berlin, 2010, S.91
23 Müller-Heidelberg, T. u.a. »Grundrechte-Report 2008«– Zur Lage der Bürger und Menschenrechte in Deutschland, Frankfurt/M., 2008, S. 206

F 5 Das Nachtverhör von Y.

1 Engelmann, R. u.a. »Justiz im Dienste der Parteiherrschaft« – Rechtspraxis und Staatssicherheit in der DDR, Berlin, 1999, S. 454, Anm. 118
2 Lietzcke, S. M. »Nachrichtendienstpsychologie 1« – Beiträge zur inneren Sicherheit, Brühl, 2003, S.160–162
3 Seifert, U. »Fenster zur Welt« – Jugendjahre im Schatten der Stasi, Stuttgart, 1990, S.295
4 Richter, H. »Die Operative Psychologie des Ministeriums der Staatssicherheit der DDR«, Frankfurt/M., 2001, S. 233
5 Schwan, S. »Nachrichtendienstpsychologie 2« – Beiträge zur inneren Sicherheit, Brühl, 2004, S.70
6 Budde, H. »Gestohlene Seelen«, Norderstedt, 2008, S. 178
7 Knabe, H. »Gefangen in Hohenschönhausen« – Stasi-Häftlinge berichten, Berlin, 2008, S.283
8 Wanitschke, M. »Methoden und Menschenbild des Ministeriums für Staatssicherheit der DDR«, Dissertation Erfurt, Theologische Fakultät, 2001, Köln, S.110
9 Wanitschke, M., a.a.O., S.165–167

10 Newberg, A. u.a. »Der Fingerabdruck Gottes« – Wie religiöse und spirituelle Erfahrungen unser Gehirn verändern, Pößneck, 2010, S. 192
11 Bergmann, Chr. »Die Sprache der Stasi« – Ein Beitrag zur Sprachkritik, Kleine Reihe VR 4012, Göttingen, 1999, S. 69
12 Behnke, Kl. u.a. »Zersetzung der Seele« – Psychologie und Psychiatrie im Dienste der Stasi, Hamburg, Leipzig, 2010, S. 161
13 Studt, Ch. »Die Deutschen im 20. Jahrhundert« – Ein historisches Lesebuch, München, 1999, S.224
14 Gieseke, J. »Der Mielke-Konzern« – Die Geschichte der Stasi 1945–1990, München, 2001, S. 200

F 6 Die Zeit vor dem Gerichtstermin

1 Wikipedia »Sira (Datenbank)« – Sira (System zur Informationsrecherche der HVA) http://de.Wikipedia.org./wiki/Sira-(Datenbank)
2 Konopatzky, St. »Thüringer Allgemeine« vom 23.05.2012, www. thüringer-allgemeine.de/1969-kaufte-die-Stasi-Computer-fuer-
3 Möbius, S. »Grundsätzlich kann von jedem Beschuldigten ein Geständnis erlangt werden« – Die MfS – Untersuchungshaftanstalt Magdeburg – Neustadt von 1957 bis 1970, Magdeburg, 2002, S. 100–101
4 BStU, MfS, BV Halle, Strafakte AZ33 Js 15195/94, Beiakte VI, OV »Professor«
5 BStU, MfS, BV Halle, Strafakte AZ 2286/75 – 1 Bs 17/75
6 BStU, MfS, Hauptabteilung VI, Strafakte, Operativ-Dienststelle »Konzeption zur weiteren offensiven Bearbeitung der Menschen- händlerbande Lindner«
7 MfS, JHS, Potsdam, Mikrofilmstelle, Index-Nr. 14937 (Schlussbericht vom 10.04.1975), Tagebuch Nr.833/75
8 Suckut, S. u.a. »Staatspartei und Staatssicherheit« – Zum Verhältnis von SED und MfS, Analyse und Dokumente, Berlin, 1997, S. 235
9 Behling, K. u.a. »Vertuschte Verbrechen« – Kriminalität in der Stasi, Leipzig, 2007, S. 205, Anm. 4
10 Scharrer, M. »Der Leserbriefschreiber« – Tatwaffe Erika, Berlin, 2005, S. 131
11 Engelmann, R. u.a. »Justiz im Dienste der Parteiherrschaft« – Rechtspraxis und Staatssicherheit in der DDR, Berlin, 1999, S. 234 bis 235
12 Engelmann, R. u.a., a.a.O., S. 232
13 Engelmann, R. u.a., a.a.O., S. 35

14 Raschka, J. »Einschüchterung, Ausgrenzung, Verfolgung« – Zur politischen Repression in der Amtszeit Honeckers, Berichte und Studien Nr. 14 des Hannah -Arendt-Institutes für Totalitarismus-Forschung, der TU Dresden, Dresden, 1998, S. 67, Anm. 169

15 Ardorno, T. u.a. »Die Botschaft des Merkur« – Eine Anthologie aus fünfzig Jahren der Zeitschrift, Stuttgart, 1997, S. 62

16 Raschka, J., a.a.O., S.64

17 Schmidt, H. u.a. »Zorn und Trauer« – Als politischer Gefangener in Zuchthäusern der DDR, Essen, 2006, S. 139

18 Österreich, T. »Ich war RF« – Ein Bericht, Stuttgart-Degerloch, 1978, S. 96

19 Aretz, J. u.a. »Die vergessenen Opfer der DDR« – 13 erschütternde Berichte mit Original-Stasi-Akten, Bastei-Lübbe-Taschenbuch, Band 60444, Bergisch Gladbach, 1997, S. 36

20 Storck, M. »Karierte Wolken« – Lebensbeschreibungen eines Freigekauften, Moers, 1994, S.83–84

21 Knabe, H. »Gefangen in Hohenschönhausen« – Stasi-Häftlinge berichten, Berlin, 2008, S.280

22 Krolkiewicz, R.G. »Hafthaus« – Ein Bericht unter Verwendung authentischer Briefe, Wilhelmshorst, 2003, S. 99

23 Fuchs, J. »Gedächtnisprotokolle, Vernehmungsprotokolle« – Nov. 76 – Nov. 77, Reinbek bei Hamburg, 1990, S. 170

24 Fritzsch, G. »Gesicht zur Wand« – Willkür und Erpressung hinter Mielkes Mauern, Leipzig, 1993, S. 61

25 Selitrenny, R. »Doppelte Überwachung« – Geheimdienstliche Ermittlungsmethoden in den DDR-Untersuchungshaftanstalten, Berlin, 2003, S. 151, Anm. 551 und 552

26 Selitrenny, R., a.a.O., S. 150, Anm. 548

27 Zahn, H.E. »Haftbedingungen und Geständnisproduktion in den Untersuchungs-Haftanstalten des MfS« – Psychologische Aspekte und biografische Veranschaulichung, Band 5, Schriftenreihe des Berliner Landesbeauftragten für die Unterlagen des SSD der ehemaligen DDR, Berlin, 2001, S. 65

28 Löw, K. »Bis zum Verrat der Freiheit« – Die Gesellschaft der Bundesrepublik und die »DDR«, München, 1994, S. 14

29 Selitrenny, R., a.a.O., S. 151

30 Müller, K.D. u.a. »Die Vergangenheit lässt uns nicht los« – Haftbedingungen politischer Gefangener in der SBZ/DDR und deren gesundheitliche Folgen, Berlin, 1998, S. 87

31 Seliitrenny, R., a.a.O., S.151

G 1 Der Prozess ohne Öffentlichkeit

1 Raschka, J. »Einschüchterung, Ausgrenzung, Verfolgung« – Zur politischen Repression in der Amtszeit Honeckers, Berichte und Studien Nr. 14 des Hannah-Arendt-Institutes für Totalitarismus-Forschung der TU Dresden, 1998, S. 64

2 Raschka, J. »Zwischen Überwachung und Repression – Politische Verfolgung in der DDR 1971 – 1989« – Am Ende des realen Sozialismus, Band 5, Opladen, 2001, S. 85

3 Behling, K. u.a. »Vertuschte Verbrechen« – Kriminalität in der Stasi, Leipzig, 2007, S. 151

4 Behling, K. u.a. »Lautloser Terror« – Kriminalität in der Stasi, Leipzig, 2009, S. 45

5 Faust, S. »Ich will hier raus«, Berlin, 1983, S. 206

6 Faust, S., a.a.O., S. 242

7 Kockrow, W. »Nicht schuldig!« – Der Versuch einer Aufarbeitung von fünfeinhalb Jahren Zuchthaus in der DDR, Band 11 der Schriftenreihe des Berliner Landesbeauftragten ..., Berlin, 2002, S. 46

8 Skribanowitz, G. »Feindlich eingestellt!« – Vom Prager Frühling ins deutsche Zuchthaus, Böblingen, 1991, S. 53

9 Welsch, W. »Der Stich des Skorpion«- Ich war Staatsfeind Nr. 1, München, 2004, S. 88

10 Ebert, D. u.a. »Und plötzlich waren wir Verbrecher« – Geschichte einer Republik-Flucht, München, 2010, S. 94

11 Suckut, S. u.a. »Staatspartei und Staatssicherheit« – Zum Verhältnis von SED und MfS, Analysen und Dokumente, Band 8, Berlin, 1997, S. 247, Anm. 94

12 Suckut, S., a.a.O., S. 247

13 Selitrenny, R. »Doppelte Überwachung« – Geheimdienstliche Ermittlungsmethoden in den DDR-Haftanstalten, Berlin, 2003, S. 417, Anm. 1617

14 Engelmann, R. u.a. »Justiz im Sinne der Parteiherrschaft – Rechtspraxis und Staatssicherheit in der DDR, Analysen und Dokumente, Band 16, Berlin, 1999, S. 15–24

15 Engelmann, R., a.a.O., S. 234

16 Suckut, S., a.a.O., S. 223, Anm. 32

17 Suckut, S., a.a.O., S. 245, Anm. 86

18 Suckut, S., a.a.O., S. 226

19 Welsch, W., a.a.O., S. 80

20 BStU, MfS, ZA HA IX 4082, Blatt 10–54

21 Raschka, J., a.a.O., S. 65, Anm. 395

22 Wilding, O. »Unser Leben« – Ein Rückblick auf unvergessliche Ereignisse, Werdohl, (Eigenverlag), 2002, S. 140
23 Pingel-Schliemann, S. »Zersetzen« – Strategie einer Diktatur, Schriftenreihe des Robert-Havemann-Archivs 8, Berlin, 2004, S. 329–330
24 Engelmann, R., a.a.O., S. 237–238
25 Wilding, O., a.a.O., S. 139 -140
26 Welsch, W., a.a.O., S. 88
27 BStU, MfS, AZ 1 Bs 20/75 211-33-75, Urteil 1. Strafsenat des BG Halle, Seite 53–60
28 Engelmann, R., a.a.O., S. 9
29 Schweizer, K. »Täter und Opfer in der DDR« – Vergangenheitsbewältigung nach der zweiten deutschen Diktatur, Studien zur DDR-Geschichte, Band 4, Münster, 1999, S. 107
30 Fricke, K.W. »Akten-Einsicht« – Rekonstruktion einer politischen Verfolgung, Berlin, 1997, S. 107, Anm. 115
31 Aretz, J. u.a. »Die vergessenen Opfer der DDR« – 13 erschütternde Berichte mit Original-Stasi-Akten, Bastei-Lübbe-Taschenbuch, Band 60444, Bergisch-Gladbach, 1997, S. 15
32 Raschka, J., a.a.O., S. 67
33 Raschka, J., a.a.O., S. 88
34 Werkentin, F. »Das DDR-Strafgesetzbuch von 1968«, Deutschland-Archiv, 41. Jahrgang, 4/2008, Bielefeld, S. 645–655

G 2 Die Rattenburg neben Grüns Weinstuben

1 Politischer Stadtplan: »Macht kontra Zivilcourage«, S. 1, http:// zeit-geschichten.net/th-10b.htm
2 BStU, MfS, Brief vom 7.6.1975 an A. Wilding, in: BStU-Akte HleAU 904/76, Bl.25
3 Bandelow, B. »Das Angstbuch« – Woher Ängste kommen, wie man sie bekämpfen kann, Reinbek bei Hamburg, 2007, S. 218
4 Fine, C. »Wissen Sie, was Ihr Gehirn denkt?« – Wie in unserem Oberstübchen die Wirklichkeit verzerrt wird und warum, München, 2007, S. 36
5 Siefer, W. u.a. »Die Macht der Intuition«, Magazin Focus, 24/2005, München, S. 80
6 Beleites, J. »Zwei Ausstellungen in einem Buch« – Katalog der Dauerausstellung der Gedenkstätte vom Roten Ochsen in Halle/Saale, Horch und Guck, 3/2008, Berlin, S. 76–77

7 Scherrieble, J. »Der Rote Ochse, Halle/Saale« – Politische Justiz 1933–1945, 1945–1989, Schriftenreihe der Stiftung Gedenkstätte Sachsen-Anhalt, Band 1, Berlin, 2008, S. 534

G 3 Die Akteneinsicht und ihre Aufarbeitung

1 Schweizer, K. »Täter und Opfer in der DDR« – Vergangenheitsbewältigung nach der zweiten deutschen Diktatur, Münster, 1999, S. 136, Anm. 145
2 Welsch, W. »Die verklärte Diktatur« – Der verdrängte Widerstand gegen den SED-Staat, Aachen, 2009, S. 128
3 Welsch, W., a.a.O., S. 287
4 Welsch, W., a.a.O., S. 254
5 Wawrzyn, L. »Der Blaue. Das Spitzelsystem der DDR«,Berlin, 1990, S. 9
6 Hussock, P.A. »Das gestohlene Leben« – Dokumentarerzählungen über politische Haft und Verfolgung in der DDR, Pressemitteilung der »Verbände der Verfolgten kommunistischer Gewaltherrschaft« vom 26.04.2001, Bamberg, 2004
7 Müller, U. u.a. »Vorwärts und Vergessen« – Kader, Spitzel und Komplizen: Das gefährliche Erbe der SED-Diktatur, Berlin, 2009, S. 87–88
8 Landgericht Berlin, Strafsenat: »Rechtsbeugung durch DDR-Richter, StGB § 336«, Urteil vom 13.12.1993 g. T. u. R., Az 5 StR 76/93
9 von Arnim, H.H. »Vom schönen Schein der Demokratie« – Politik ohne Verantwortung am Volk vorbei, München, 2000
10 Der Spiegel »Menschenrechte. Methode 1503«, Nr. 36 vom 01. 09.1980, Hamburg, 1980
11 Klump, B. »UNO – Methode 1503 von Brigitte Klump« – Ein Bürger hilft dem anderen, Internet vom 13.09.1980
12 Der Spiegel, a.a.O., 36/1980
13 Gareis, S. B. »Der UN-Menschenrechtsrat: Neue Kraft für den Menschenrechtschutz?« http://www.bpb.de/apuz/30864/der-un-meschenrechtsrat-neue-kraft-fuer-den-menschenrechtsschutz
14 Hessel, St. »An die Empörten dieser Erde!« – Vom Protest zum Handeln, Berlin, 2012, S. 14
15 Hessel, St., a.a.O,. Text des Klappentextes

H 1 Schlussbemerkungen

1 Löw, K. »Bis zum Verrat der Freiheit« – Die Gesellschaft der Bundesrepublik und der DDR, München, 1994, S. 26

2 Reuth, R. G. »IM Sekretär« – Die »Gauck-Recherche« und die Dokumente zum »Fall Stolpe«, Berlin, Frankfurt/M., 1992, S. 19, 21 und 26

3 Rüdiger, G. »Brandenburger Umweg« – Stand der DDR-Aufarbeitung im Land Brandenburg, Horch und Guck, 3/2011, Heft 73, S. 62

4 Wilding O. »Unser Leben« – Ein Rückblick auf unvergessliche Ereignisse, Privatarchiv, Werdohl, 2002, S. 138-139, dazu als Anmerkung: In einer schriftlichen Erklärung der Eltern ist das Gespräch mit dem zuständigen Konsistorialpräsidenten der Evangelischen Kirche in Magdeburg schriftlich niedergelegt worden.

5 Förster, A. »Akte des IM Sekretär bleibt verschwunden«- Das wirkliche Ausmaß der Beziehungen Manfred Stolpes zur Stasi ist bis heute ungeklärt, Berliner Zeitung vom 21.10.2002

6 Reuth, R.G., a.a.O., S. 51

7 Herles, W. »Wir sind kein Volk« – Eine Polemik, München, 2004, S. 49

8 Maaz, H.J. »Die Entrüstung« – Deutschland, Stasi-Schuld und Sündenbock, Berlin, 1992, S. 13

9 Fromm, E. »Die Seele des Menschen« – Ihre Fähigkeiten zum Guten und zum Bösen, Stuttgart 1979, S. 55 ff.

10 Maaz, H.J., a.a.O., S. 10

11 Lenzen, M. »Die Sache mit dem geblümten Kleid« – Interview, Geist und Gehirn, 5/2005, S. 5

12 Sabrow, M. u. a. »Wohin treibt die DDR-Erinnerung? – Dokumentation einer Debatte, Bundeszentrale für politische Bildung, Bonn, 2007, Seite 92–93

13 Sabrow, M. u. a., a.a.O., S. 173–174

14 Sabrow, M. u. a., a.a.O., S. 220–221

15 Graf Wilding, A. »Lebensphilosophie« – Fremde und eigene Betrachtungen aus dem Leben eines modernen Stoikers, Frankfurt/Oder, 1894, Staatsbibliothek Berlin, Signatur 1a: Nh 9158

16 Siebert, S. »Ein Scanner für Mielkes Schnipsel«, in: Sächsische Zeitung vom 15.11.2014, Seite 2

17 Eismann, E. »Mein ist die Rache« – Hirnforschung/Altruismus, Geist und Gehirn 3/2012, S. 57

18 Bender, P. »Zweimal Deutschland« – Eine ungeteilte Nachkriegsgeschichte 1945–1990, Stuttgart, 2009, S. 294

19 Welsch, W. »Die verklärte Diktatur« – Der verdrängte Widerstand gegen den SED-Staat, Aachen, 2009, S. 269

20 Richter, H. »Der lange Arm der Stasi« – Folter, Psychoterror, DDR-Nostalgie, Persönliche Zeugnisse, Aachen, 2009, S. 80
21 Löw, K., a.a.O., S.73
22 Schweizer, K. »Täter und Opfer in der DDR« – Vergangenheitsbewältigung nach der zweiten deutschen Diktatur, Band IV, Studien zur DDR-Gesellschaft, Münster, 1999, S. 5
23 Weizsäcker von, R. »Weizsäcker-Rede 1985: 8. Mai war ein Tag der Befreiung«, in: www.Bundestag.de

Zitat der Seite 5

Graf Wilding, A. »Lebensphilosophie« – Fremde und eigene Betrachtungen aus dem Leben eines modernen Stoikers, Frankfurt/O., 1894, S. 69, Signatur der Staatsbibliothek Berlin: 1a Nh 9158

Zitate der Kapitel A bis H

Kapitel A (Vorwort) »Ärztezeitung« Nr. 96 vom 25.05.2004, Meister Konfuzius (Kong Qiu)

Kapitel B (Historische Nachlese) »Ärztezeitung« Nr. 193 vom 27.10.2003, Stanislaw Lem

Kapitel C (Deutsche Migration) »Erich Honecker kommt von seinem Staatsbesuch …«, DDR-Witz

Kapitel D (Verhängnis der Flucht) »Lebensphilosophie«- Fremde und eigene Betrachtungen aus dem Leben eines modernen Stoikers, Graf Wilding, A., Frankfurt/Oder,1894,S.40, Signatur der Staatsbibliothek Berlin : 1a Nh 9158

Kapitel E (Flair der Einzelzelle), Internet: www.zitate.eu/de/autor/5309/rudi-dutschke, Rudi Dutschke

Kapitel F (Perversion der U-Haft) »Ärztezeitung« Nr. 164 vom 14.09.2004, Erhard Blanck

Kapitel G (Deutsche Justiz in Ost und West) »Verantwortliche beim Namen nennen –Täter haben ein Gesicht«, Dr. J. Staadt, Baden-Baden, S.45

Kapitel H (Anhang) »Ärztezeitung« Nr.35 vom 25.02.2004, Aldous L. Huxley

H 4 Register

A

B

C

D

E

F

G

H

I

J

K

L

M

N

O

P

S

T

U

V

W

Z

Printed in Poland
by Amazon Fulfillment
Poland Sp. z o.o., Wrocław

77919536R00273